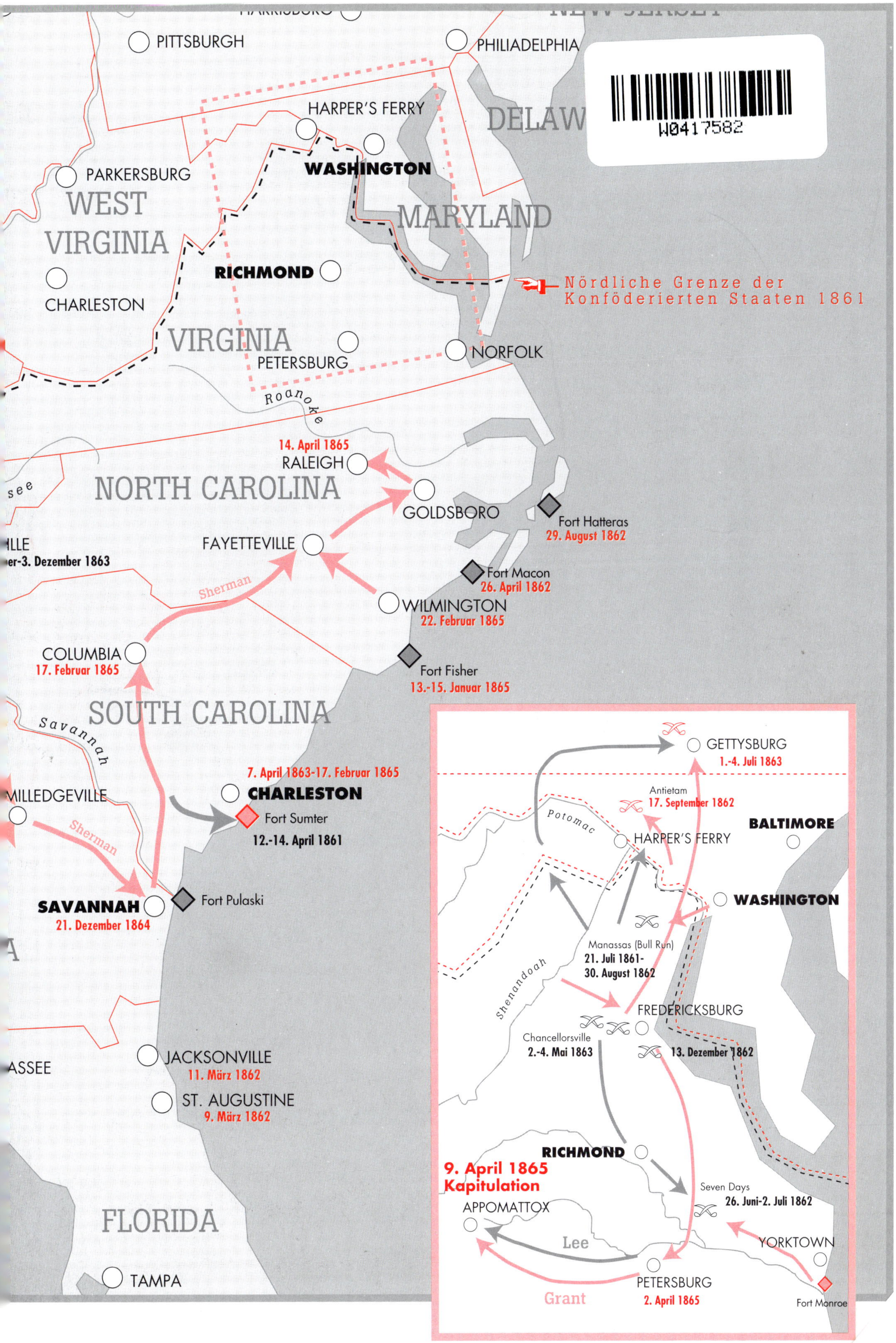
PITTSBURGH
PHILIADELPHIA
HARPER'S FERRY
DELAW
WASHINGTON
PARKERSBURG
WEST VIRGINIA
MARYLAND
RICHMOND
CHARLESTON
Nördliche Grenze der Konföderierten Staaten 1861
VIRGINIA
PETERSBURG
NORFOLK
Roanoke
14. April 1865
RALEIGH
NORTH CAROLINA
GOLDSBORO
Fort Hatteras
29. August 1862
FAYETTEVILLE
er-3. Dezember 1863
Fort Macon
26. April 1862
Sherman
WILMINGTON
22. Februar 1865
COLUMBIA
17. Februar 1865
Fort Fisher
13.-15. Januar 1865
SOUTH CAROLINA
Savannah
7. April 1863-17. Februar 1865
CHARLESTON
MILLEDGEVILLE
Fort Sumter
12.-14. April 1861
Sherman
SAVANNAH
21. Dezember 1864
Fort Pulaski
JACKSONVILLE
11. März 1862
ST. AUGUSTINE
9. März 1862
FLORIDA
TAMPA
GETTYSBURG
1.-4. Juli 1863
Antietam
17. September 1862
Potomac
BALTIMORE
HARPER'S FERRY
WASHINGTON
Manassas (Bull Run)
21. Juli 1861-
30. August 1862
Shenandoah
FREDERICKSBURG
Chancellorsville
2.-4. Mai 1863
13. Dezember 1862
RICHMOND
9. April 1865
Kapitulation
APPOMATTOX
Seven Days
26. Juni-2. Juli 1862
Lee
YORKTOWN
PETERSBURG
2. April 1865
Grant
Fort Monroe

DER AMERIKANISCHE BÜRGERKRIEG

Soldat Edwin Francis Jemison
gefallen am 1. Juli 1862
bei Malvern Hill im Alter von 17 Jahren

BERND G. LÄNGIN

DER AMERIKANISCHE BÜRGERKRIEG

EINE CHRONIK IN BILDERN TAG FÜR TAG

BILDDOKUMENTATION VON HANNS MICHAEL SCHINDLER

BECHTERMÜNZ VERLAG

Der Inhalt

*Seite 2:
Der unbekannte Soldat: Ein Freiwilliger aus New York, typisch für Zehntausende von jungen Männern, die bei Kriegsausbruch zu den Waffen eilen.*

Umschlaggestaltung: Studio Höpfner-Thoma, München
Layout: Helene Fischer, Augsburg
Umschlagmotiv: Abteilung der Keystone Independent Battery Light Artillery beim Einsatz zur Verteidigung von Washington D.C. (Bildarchiv Preußischer Kulturbesitz)
Satz: Cicero Lasersatz GmbH, Dinkelscherben bei Augsburg
Druck und Bindung: Offizin Anderson Nexö – ein Betrieb der INTERDRUCK Graphischer Großbetrieb GmbH
Printed in Germany
ISBN 3-86047-900-8

*Seite 6:
Extrablatt des streng sezessionistisch eingestellten „Charleston Mercury" zur „Auflösung der Union" (20. Dezember 1860).*

Bildnachweis: Chicago Historical Society, Confederate Museum (New Orleans), Archiv Graudenz-Schindler, Illinois State Historical Library, Kansas State Historical Society, Kentucky Historical Society, Library of Congress (Washington), Lousiana State University (Baton Rouge), Mariner Museum (Newport News), Minnesota Historical Society, Museum of the Confederacy, National Archives (Washington), New York Historical Society (New York), State Historical Society Kansas, Southern Historical Collection, US Army Military History Institute (Carlisle Barracks/PA), US Military Academy Archives, US Naval Historical Center, Valentin Museum (Richmond).

Allgemeine Abkürzungen

Abg.: Abgeordneter
BrigGen.: Brigadegeneral
Bvt.: Titularrang
C.H.: Court House
Cty: County
D.C.: District of Columbia
dem.: Demokrat
Div.: Division
DivKom.: Divisionskommandeur
Exp.: Expedition
GenLt.: Generalleutnant
GenMaj.: Generalmajor
gfg: in Gefangenschaft geraten
Gouv.: Gouverneur
Hptm: Hauptmann
IT: Indianer-Territorium
KAdm.: Konteradmiral
Kand.: Kandidat
Kom.: Kommodore, Kapitän zur See
KomGen.: Kommandierender General
Maj.: Major
mi: Meilen
NMT: Territorium von New Mexico
OB: Oberbefehlshaber
Oblt.: Oberleutnant
Obstlt.: Oberstleutnant
Präs.: Präsident
rep.: Republikaner
RR: Railroad/Eisenbahn
verw.: verwundet
VMI: Virginia Military Institute
WP 1842: Abschlußklasse Militärakademie West Point von 1842.
48er: Für politische Flüchtlinge aus Deutschland.

Abkürzungen Lincoln-Blaue und Davis-Graue

F Fronterfahrung vor dem Bürgerkrieg:
Black Hawk, Krieg gegen Sauk-Häuptling Black Hawk 1832
Mexiko, Krieg gegen Mexiko 1846–48
Seminolen, Zweiter Seminolenkrieg 1835–42
3. Seminolen, Dritter Seminolenkrieg 1855–58
Texas: Texas-Mexikanischer Grenzstreit 1836–45
Utah: Expedition gegen die Mormonen 1857

B wichtige Einsätze im Bürgerkrieg:
Atlanta, Shermans Atlanta-Feldzug (7.5.–2.9.1864): Reseca, New Hope Church, Pickett's Mill, Dallas, Kennesaw Mountain, Peachtree Creek, Atlanta, Ezra Church, Jonesborough.
Carolinas, Shermans Carolinas-Feldzug (14.1.–26.4.1865): Kinston, Averasborough, Bentonville, Raleigh, Johnstons Kapitulation bei Durham Station.
Chancellorsville (29.4.– 4.5.1863): Stoneman's Raid, Chancellorsville, Second Fredericksburg, Salem Church.
Early im Shenandoahtal (18.6. 1864–2.3.1865).
Early's Washington-Raid (23.6.–25.7.1864): Monocacy, Fort Stevens, Second Kernstown.
Jackson im Shenandoahtal (23.3.–9.6.1862): Kernstown, McDowell, Front Royal, First Winchester, Cross Keys, Port Republic.
Halbinsel, McClellans Halbinsel-Feldzug (April-August 1862).
Petersburg: Belagerung von Petersburg und Richmond (18.6. 1864–2.4.1865): Crater, Weldon RR, Ream's Station, Chaffin's Farm, Peebles' Farm, Boydton Plank Road, Hatcher's Run, Fort Stedman, Five Forks.
Red-River-Feldzug (12.3.–20.5.1864): Mansfield, Pleasant Hill, Jenkin's Farm, Camden-Exp.
Seven Days (26.6.-1.7.1862): Oak Grove, Mechanicsville, Gaines' Mill, Savage's Station, White Oak Swamp, Malvern Hill.
Sheridan im Shenandoahtal (7.8.–19.10.1864): Third Winchester, Fisher's Hill, Cedar Creek.
Savannah-Feldzug, Shermans »Marsch zum Meer« (15.11.– 21.12.1864): Griswoldville, Honey Hill, Fort McAllister, Savannah.

NK: Nachkriegspositionen

Lied der Konförderierten

The Bonnie Blue Flag

von Harry McCarthy († 1874)

We are a band of brothers
And native to the soil,
Fighting for the property
We gained by honest toil;
And when our rights were threatened,
The cry rose near and far –
"Hurrah for the Bonnie Blue Flag
That bears a single star!"

Chorus: Hurrah! Hurrah!
For Southern rights hurrah!
Hurrah for the Bonnie Blue Flag
That bears a singlestar.

As long as the Union
Was faithful to her trust,
Like friends and like brothers
Both kind were we and just;
But now, when Northern treachery
Attempts our rights to mar,
We hoist on high the Bonnie Blue Flag
That bears a single star. – **Chorus**

First gallant South Carolina
Nobly made the stand,
Then came Alabama,
Who took her by the hand.
Next quickly Mississippi,
Georgia and Florida
All raised on high the Bonnie Blue Flag
That bears a single star. – **Chorus**

Ye men of valor, gather round
The banner of the right;
Texas and fair Louisiana
Join us in the fight.
Davis, our loved president,
And Stephens statesman are;
Now rally round the Bonnie Blue Flag
That bears a single star. – **Chorus**

And here's to old Virginia –
The Old Dominion State –
Who with the young Confederacy
At length has linked her fate;
Impelled by her example,
Now other states prepare
To hoist on high the Bonnie Blue Flag
That bears a single star. – **Chorus**

Then cheer, boys, cheer;
Raise the joyous shout,
For Arkansas and North Carolina
Now have both gone out;
And let another rousing cheer
For Tennessee be given,
The single star of the Bonnie Blue Flag
Has grown to be eleven. – **Chorus**

Zur Geographie des Bürgerkriegs

Etwas generell gesehen, hat das Herzland der Konföderation mit dem Ohio und seinen Nebenflüssen im Norden, dem Golf von Mexiko im Süden, dem Atlantischen Ozean und Mississippi natürliche Grenzen. **Der westliche Schauplatz** umfaßt das Gebiet westlich der Appalachen bis zum Mississippi, Louisiana, Georgia und Florida. **Der östliche Schauplatz** bezeichnet – grob gesehen – den Landstrich östlich der Appalachen (doch mit dem heutigen West-Virginia) mit dem Schwergewicht auf dem Großraum um die beiden Metropolen Washington und Richmond. **Westlich des Mississippi** steht für den gesamten Trans-Mississippi-Raum.

Norden und Süden geben Kampfhandlungen häufig unterschiedliche oder auch mehrere geographische Namen:

Antietam/MD Sharpsburg
Arkansas Post/AR Fort Hindman
Averasborough/NC Taylor's Hole
Ball's Bluff/VA Leesburg, Conrad's Ferry, Harrison's Island
Big Bethel/VA Bethel Church
Bird Creek/IT Chusto-Talasah
Blair's Landing/LA Pleasant Hill Landing
Brandy Station/VA Fleetwood Hill
Brice's Cross Roads/MS Tishomingo Creek, Guntown
Buckhead Creek/GA Reynold's Plantation
Burgess' Mill/VA Boydton Plank Road, Hatcher's Run
Cane River Crossing/LA Monett's Ferry
Cedar Creek/VA Belle Grove
Cedar Mountain/VA Slaughter oder Southwest Mountain, Cedar Run)
Chancellorsville/VA Second Fredericksburg, Salem Church
Chantilly/VA Ox Hill
Darbytown/VA New Market Road, Deep Bottom, Strawberry Plains
Drewry's Bluff/VA Fort Darling
Eltham's Landing/VA West Point, Barhamsville
Fair Gardens/TN Kelly's Ford
First Bull Run/VA First Manassas
Fort Harrison/VA Chaffin's Farm
Fort Sanders/TN Fort Loudon
Franklin's Crossing/VA Deep Run
Gaines' Mill/VA First Cold Harbor, Chickahominy
Globe Tavern/VA Weldon Railroad
Groveton/VA Brawner's Farm
Hatcher's Run/VA Dabney's Mill
Honey Springs/IT Elk Creek
Kinston/NC Wise's Forks
La Glorieta Pass/NMT Apache Canyon, Pigeon's Ranch
Lake Chicot/AR Old River Lake, Ditch Bayou
Legett's Hill/GA Bald Hill
Lookout Mountain/TN Craven's Farm
McDowell/VA Bull Pasture Mountain
Malvern Hill/VA Crew's Farm, Poindexter's Farm
Mansfield/LA Sabine Cross Roads, Pleasant Grove
Mechanicsville/VA Beaver Dam Creek, Ellerson's Mill
Mill Springs/KY Logan's Cross Roads, Somerset, Fishing Creek, Beech Grove
Oak Grove/VA French's Field, King's School House, Orchard
Okolona/MS Ivey Hills, Ivey Farms
Olustee/FL Ocean Pont
Pea Ridge/AR Elkhorn Tavern
Peebles' Farm/VA Poplar Spring Church
Perryville/KY Chaplin Hills
Second Bull Run/VA Second Manassas
Seven Pines/VA Fair Oaks
Shiloh/TN Pittsburg Landing
South Mountain/MD Turner's oder Crampton's Gap, Boonsborough
Stone's River/TN Murfreesboro
Tom's Brook/VA Round Top Mountain
Tunnel Hill/GA Buzzard's Roost
Tupelo/MS Harrisburg
White Oak Swamp/VA Glendale, Frayser's Farm, Nelson's Crossroads
Wilson's Creek/MO Oak Hill, Springfield
Winchester/VA 3. Schlacht von Opequon Creek

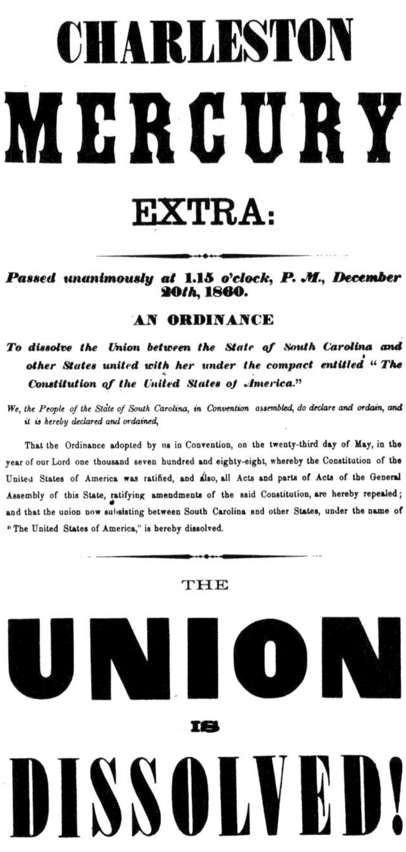
CHARLESTON
MERCURY
EXTRA:

Passed unanimously at 1.15 o'clock, P. M., December 20th, 1860.

AN ORDINANCE

To dissolve the Union between the State of South Carolina and other States united with her under the compact entitled "The Constitution of the United States of America."

We, the People of the State of South Carolina, in Convention assembled, do declare and ordain, and it is hereby declared and ordained,

That the Ordinance adopted by us in Convention, on the twenty-third day of May, in the year of our Lord one thousand seven hundred and eighty-eight, whereby the Constitution of the United States of America was ratified, and also, all Acts and parts of Acts of the General Assembly of this State, ratifying amendments of the said Constitution, are hereby repealed; and that the union now subsisting between South Carolina and other States, under the name of "The United States of America," is hereby dissolved.

THE
UNION
IS
DISSOLVED!

Die Staaten der USA im Jahre 1863

Delaware/DE	seit 1787
Pennsylvania/PA	1787
New Jersey/NJ	1787
Georgia/GA	1788
Connecticut/CT	1788
Massachusetts/MA	1788
Maryland/MD	1788
South Carolina/SC	1788
New Hampshire/NH	1788
Virginia/VA	1788
New York/NY	1788
North Carolina/NC	1789
Rhode Island/RI	1790
Vermont/VT	1791
Kentucky/KY	1792
Tennessee/TN	1796
Ohio/OH	1803
Louisiana/LA	1812
Indiana/IN	1816
Mississippi/MS	1817
Illinois/IL	1818
Alabama/AL	1819
Maine/ME	1820
Missouri/MO	1821
Arkansas/AR	1836
Michigan/MI	1837
Florida/FL	1845
Texas/TX	1845
Iowa/IA	1846
Wisconsin/WI	1848
California/CA	1850
Minnesota/MN	1858
Oregon/OR	1859
Kansas/KS	1861
West-Virginia/WV	1863

Militärische Einheiten

Die Armeen im Norden und Süden sind ähnlich aufgebaut. Kleinere militärische Einheiten wie Kompanien und Regimenter setzen sich häufig aus Freiwilligen aus einer bestimmten Region (Stadt, Landgemeinde), hin und wieder auch nach ethnischem Hintergrund zusammen. Die numerische Bezeichnung erfolgt in chronologischer Folge (das 1. Minnesota ist das erste Freiwilligenregiment, das sich in Minnesota bildet.)

Der Norden führt das Korps im März 1862 ein und listet es von I bis XXV, im Süden ersetzt das Korps die in »Wings« (oder »Commands«) zusammengefaßten Divisionen im November 1862. Einige Korpsnummern duplizieren sich auf dem westlichen und östlichen Kriegsschauplatz.

Armee/Army: Mehrere Korps, geführt von einem GenMaj. oder GenLt., im Norden gerne (aber nicht immer) nach Flüssen, im Süden nach Staaten oder Regionen benannt.

Infanterie/Infantry

USA knapp 80%
CSA rund 65% der Streitkräfte

Kompanie/Company: Sollstärke in Theorie 100 Mann, geführt von Hptm., Oblt. und Lt., Ausbilder: First Sergeant (Spieß) und 4 Feldwebel. 1 Trommler und 1 Pfeifer.

Regiment: 10 Kompanien, Sollstärke 1 000 Mann, geführt von Oberst, Obstlt. und Maj. Jedes Regiment hat 1 National- und 1 Regimentsfahne.

Brigade: 4–6 Regimenter, Sollstärke 4 000 Mann, geführt von einem BrigGen. 1861/62 hat die Infanteriebrigade eine Geschützbatterie.

Division: 3–4 Brigaden und Artillerie, Sollstärke 12 000 Mann, geführt von einem BrigGen. oder GenMaj.

Korps/Corps: 2 oder mehr Divisionen, Sollstärke 24 000 Mann, geführt von einem (US) GenMaj. oder (CS) GenLt.

Artillerie/Artillery

USA und CSA 14% der Streitkräfte

1861/62 hat jede Infanteriebrigade eine Geschützbatterie (4 bis 6 Geschütze). In der Nordarmee bilden ab Mitte des Kriegs 4 Batterien 1 Division.

Kavallerie/Cavalry

USA 14%
CSA: knapp 20% der Streitkräfte

Kompanie/Company (Schwadron): Sollstärke 60 bis 80 Mann.

Regiment: 10 bis 12 Kompanien.

Brigade: USA 4–6 Regimenter, CSA 2–6 Regimenter.

Division: USA 2–3 Brigaden, CSA bis zu 6 Brigaden.

Lied der Konförderierten

The Battle Hymn of the Republic

von Julia Ward Howe († 1874)

Mine eyes have seen the glory
of the coming of the Lord;
He is trampling out the vintage
where the grapes of wrath are stored;
He hath loosed the fateful lightning
of His terrible swift sword,
His truth is marching on.

Chorus: Glory, glory, hallelujah!
Glory, glory, hallelujah!
Glory, glory, hallelujah!
His truth is marching on.

I have seen Him in the watchfires
of a hundred circling camps;
They have builded Him an altar
in the evening dews and damps;
I can read Hisrighteous sentence
by the dim and flaring lamps,
His day is marching on. – **Chorus**

He has sounded forth the trumpet
that shall never call retreat;
He is stifting out the hearts
of men before His Judgement Seat.
Oh! Be swift, my soul, to answer Him,
be jubilant, my feet!
Our God is marching on. – **Chorus**

In the beauty of the lilies
Christ was born across the sea,
With a glory in his bosom
that transfigures you and me;
As he died to make men holy,
let us die to make men free,
While God is marching on. – **Chorus**

Jefferson F. Davis, erster und einziger Präsident der CSA. Der Kentuckier – ein besserer Soldat als Politiker – versteht es nicht, die südstaatlichen Einzelinteressen im Sinne einer Zentralgewalt zu vereinigen.

Die obersten Kriegsherren: Davis und Lincoln

Davis, Jefferson Finis (1808 Fairview/KY – 1889), WP 1828 (Infanterie/Dragoner), GenMaj. der Mississippi-Miliz, Pflanzer, Präs. der CSA (1861-65). **F** Black Hawk (ohne Feindberührung), Mexiko (verw.). – *Jeff* Davis, Anhänger der Demokratischen (Südlichen) oder Sklavenpartei, wird 1845 Kongreßabg. von Mississippi. Bei Ausbruch des Kriegs gegen Mexiko gibt er sein politisches Amt zurück und zeichnet sich als Oberst/1. Mississippi Rifles bei Monterrey und Buena Vista aus. Bundessenator und Vorsitzender des Miltärausschusses (1848-51), Kriegsminister unter Pierce (1853-57), erneut Senator, gibt ihm die Wahl Lincolns zum US-Präs. die endgültige Richtung. Beim Austritt Mississippis aus der Union verläßt er den Senat und wird (tatsächlich ohne recht zu wollen) auf dem Konstituierenden Kongreß in Montgomery/AL zum Präs. der „Konföderierten Staaten von Amerika“ (CSA) gewählt. Ein besserer Soldat als Politiker gelingt es Davis nicht, die südstaatlichen Einzelinteressen im Sinne einer Zentralgewalt zu vereinigen. Mit fortlaufender Kriegsdauer verschlechtert sich sein Gesundheitszustand. Der Entschluß, Negersklaven für die ausgeblutete Rebellenarmee zu bewaffnen, kommt zu spät. **NK** 2 Jahre Festungshaft (gegen Bürgschaft entlassen), Geschäftsmann, Direktor einer Versicherung, Buchautor.

Lincoln, Abraham *Honest Abe* (1809 bei Hodgenville/KY – 1865), Anwalt, Kongreßabg., 16. US-Präs. **F** Black Hawk (Hptm. der Miliz). – Der Präsident, der aus der Blockhütte kommt, beginnt als typischer „Grenzer“. Er verliert die Mutter früh, wächst unter Obhut der pennsylvaniendeutschen Stiefmutter Sarah Bush in bescheidensten Verhältnissen auf. Sein Weg zum „größten Amerikaner“ beginnt bei der Post, führt über das Selbststudium zum Rechtsanwalt, Volksvertreter von Illinois (1834-42) und Kongreßabg. in Washington (1847-49). Seit 1856 Republikaner, verliert er das Rennen gegen Stephen *Little Giant* Douglas um einen Senatssitz, gewinnt jedoch als rep. PräsKan. mit relativer Mehrheit und tritt sein Amt im März 1861 an. 1864 wiedergewählt, wird er 5 Tage nach Kriegsende von John W. Booth tödlich verwundet.

Lincolns Aufstieg zur Symbolfigur des „Uncle Sam“ ist ohne den Sieg im Bürgerkrieg nicht denkbar.

Militärisch gesehen Amateur (das im Blawk Hawk-Krieg verlorene Blut geht ausschließlich zu Lasten von Moskitos), studiert er nach den Schüssen von Fort Sumter Fachliteratur aus der Kongreßbücherei (was nicht verhindert, daß er bei der Wahl seiner Generäle mehrere Nieten zieht). 1861 nimmt Lincoln in der politisch brisanten Sklavenfrage einen gemäßigten Standpunkt ein, das Ziel, das er mit militärischer Hilfe erreichen will, ist die Einheit der Union, nicht die Befreiung der Neger. Erst die empfindlichen Niederlagen der ersten Kriegsjahre rücken die Sklavenbefreiung in den Vordergrund, was von Abolitionisten gefeiert, im Süden als Negerliebhaberei *„Abraham Africanus I.“* abgelehnt wird. In der Nordkritik steht Ehefrau Mary Todd (die ihn gegen Einspruch ihrer Familie heiratete, nachdem er zum ersten Hochzeitstermin „wegen Nervosität“ nicht erschien). Die First Lady hat 4 Halbbrüder in der Südarmee (3 fallen) und in Rebellengeneral Ben H. Helm einen prominenten Schwager ... genug, um ihre Loyalität anzuzweifeln. – Der Präsident hat einen Namensvetter in der Südarmee: Abraham Lincoln aus Jefferson Cty/WV bleibt als Reiter in der F Company/1. Virginia ein unbeschriebenes Blatt, abgesehen davon, daß er 1864 die Fahnenflucht ergreift.

Abraham Lincoln, 16. Präsident der USA. Bei Kriegsbeginn nimmt Honest Abe in der Sklavenfrage einen gemäßigten Standpunkt ein. Militärisches Ziel ist die Einheit der Union, nicht die Befreiung der Sklaven.

Die Lincoln-Blauen

Adams, Charles Francis (1807 Boston/MA – 1886), Republikaner, US-Gesandter in Großbritannien (1861–68). Adams, aus einer Familie, die 2 US-Präsidenten stellte, versucht in London Waffenverkäufe und die Anerkennung der CSA zu verhindern. Seinem diplomatischen Geschick wird zugeschrieben, daß es wegen der Trent-Affäre nicht zu Kriegshandlungen zwischen Großbritannien und den USA kommt.

Anderson, Robert (1805 bei Louisville/KY – 1871), WP 1825 (Artillerie), BrigGen. **F** Black Hawk, Seminolen, Mexiko. **B** Fort Sumter. – Anderson, als Sklavenhalter dem Süden innerlich näherstehend, macht die 34stündige Verteidigung Fort Sumters zum frühen Helden der Nation. Zum General ernannt muß er den Dienst aus Gesundheitsgründen quittieren.

Banks, Nathaniel Prentiss *Commissary* (1816 Waltham/MA – 1894), Anwalt, Gouv. von Massachusetts, GenMaj. **B** Kernstown, Cedar Moun-

US-GenMaj. Don Carlos Buell, Mexikoveteran und wie das Gros der Berufsoffiziere West-Point-Absolvent. 1862 Befehlshaber der Union in Kentucky und Tennessee verliert Buell sein Kommando nach Perryville.

US-GenMaj. Ambrose E. Burnside beginnt den Krieg als Oberst der 1. Rhode Island Volunteers. KomGen. des IX. Korps am Antietam, erhält er im November 1862 den Oberbefehl über die Potomac-Armee.

tain, Port Hudson, Red-River-Feldzug. – Banks, 1853 in den Bundeskongreß gewählt, von 1854-57 dessen Sprecher, ist der typische politische General: ein guter Bürokrat, jedoch unfähiger Soldat. **NK** Kongreßabg., US-Marshall.

Birney, David Bell (1825 Huntsville/AL – 1864), Anwalt, GenMaj. **B** Williamsburg, Seven Days, Second Bull Run, Chantilly, Fredericksburg, Chancellorsville, Antietam, Gettysburg, Wilderness, Spotsylvania, Cold Harbor, Petersburg (stirbt an Malaria).

Blenker, Ludwig (1812 Worms am Rhein – 1863), 48er, BrigGen. **F** Bayerische Legion in Griechenland (1832-37). **B** First Bull Run, Cross Keys. – 1848 Oberst der Wormser Bürgergarde, setzt sich Blenker nach der badisch-pfälzischen Erhebung nach Amerika ab. Bei Kriegsausbruch stellt er das 8. New York mit Deutschamerikanern zusammen und wird KomGen. der Deutschen Brigade (8., 29., 39., 41. New York, 27. Pennsylvania). Mit der Neuordnung der Potomac-Armee übernimmt er den Befehl über die Blenker-Div. (1. BrigGen. Stahel, 2. BrigGen. von Steinwehr, 3. BrigGen. Bohlen). Aufsehen unter liberalen 48ern erregt, als er Felix Konstantin Prinz zu Salm-Salm zu seinem Stabschef macht (worauf einige Offiziere den Dienst quittieren). Blenker stirbt 1863 nach einem Sturz vom Pferd.

Bohlen, Heinrich (1810 Bremen – 1862), BrigGen. **F** Belgische Erhebung 1830, Mexiko, Krimkrieg. **B** First Bull Run, Cross Keys. – Bohlen (Vorfahr der Familie Krupp von Bohlen und Halbach) gründet das 75. Pennsylvania, das Blenkers Division zugeteilt wird. KomGen. der 3. Brig. (41., 68. New York, 74., 75. Pennsylvania, 4. New York Cavalry) fällt er bei Freeman's Ford.

Buell, Don Carlos (1818 Lowell/OH – 1898), WP 1841 (Infanterie), GenMaj. **F** Seminolen, Mexiko. **B** Shiloh, Corinth, Perryville. – Der entscheidungsschwache Buell, KomGen. des Wehrbereichs Ohio, wird nach der Schlacht von Perryville durch Rosecrans ersetzt. **NK** Geschäftsmann.

Buford, John (1826 Woodford Cty/KY – 1863), WP 1848 (Kavallerie/Dragoner), GenMaj. **F** Frontier, Utah. **B** Thoroughfare Gap, Second Bull Run (verw.), Antietam, Fredericksburg, Stoneman's Raid, Gettysburg (stirbt im Dezember an Typhus).

Burnside, Ambrose Everett (1824 Liberty/IN – 1881), WP 1847 (Artillerie), GenMaj. **F** Mexiko, Exp. gegen Apachen (verw.). **B** First Bull Run, North Carolina-Exp., South Mountain, Antietam, Fredericksburg, Knoxville, Wilderness, Spotsylvania, North Anna, Petersburg. – Burnside, dessen selbstentwickelter Hinterlader bei Kriegsbeginn in Serienproduktion geht, operiert erfolgreich im Küstenstreifen North Carolinas, spielt am Antietam eine umstrittene Rolle und übernimmt als Nachfolger McClellans die wichtigste Feldarmee der Union. Mit dem Kommando überfordert, verliert er die blutige Schlacht von Fredericksburg und Lincolns Vertrauen. Er fällt durch mangelndes politisches Gespür und seltsame Rechtsauffassung auf, hält Knoxville gegen Longstreet, verspielt die Schlacht am Petersburger „Krater" und quittiert den Dienst. **NK** Gouv. von Rhode Island, US-Senator (Burnsides Haartracht bereichert die amerik. Sprache: Sideburns steht in Zukunft für den Backenbart).

Butler, Benjamin Franklin *The Beast* (1818 Deerfield/NH – 1898), Anwalt, Senator von Massachusetts, GenMaj. **B** Big Bethel, Hatteras Inlet, Second Drewry's Bluff, Bermuda Hundred, Fort Fisher. – Der Ex-Demokrat und radikale Republikaner, als selbstherrlicher Militärgouv. von New Orleans einer der meistgehaßten *Yanks,* wird von Richmond zum vogelfreien Verbrecher erklärt. Zurück in Virginia, um Operationen gegen Petersburg und Richmond zu unterstützen, bleibt Butler – aufgrund pol. Beziehungen ranghöchster Offizier nach Grant, doch einer der unfähigsten Generäle – gegen Beauregard erfolglos und scheitert an Fort Fisher. **NK** 1866-77 Kongreßabg. (Massachusetts), Drahtzieher des Impeachmentverfahrens gegen Präs. Johnson.

Cameron, Simon (1799 Lancaster Cty/PA – 1889), Politiker und Geschäftsmann, wird 1861 US-Kriegsminister, muß jedoch bereits Anfang 1862 als Mann „der seine Freunde nie vergißt" zurücktreten.

Carson, Christopher *Kit, Rope Thrower* (1809 Madison Cty/KY – 1868), Trapper, Scout, Bvt. BrigGen. **F** Mexiko. **B** Glorietta Pass, New Mexico Territory. – *„Einfach wie ein Kind, mutig wie ein Löwe"* meldet sich Carson, Indianeragent für Utes in Taos, zum Kampf gegen die CSA, wird jedoch gegen Mescalero-Apachen und Navajos eingesetzt.

Chamberlain, Joshua Lawrence (1828 Brewer/ME – 1914), College-Professor, GenMaj. **B** Antietam, Fredericksburg, Chancellorsville, Gettysburg, Spotsylvania, Cold Harbor, Petersburg, Five Forks, Appomattox (nimmt die formelle Kapitulation der Nord-Virginia-Armee entgegen). **NK** Gouv. von Maine.

Chase, Salmon Portland (1808 Cornish/NH – 1873), Anwalt, Gouv. von Ohio, Finanzminister im Kabinett Lincoln (1861-64), danach Oberster Richter der USA.

Cooke, Philip St. George (1809 Leesburg/VA – 1895), WP 1827 (Kavallerie/Dragoner), GenMaj. **F** Black Hawk, Mexiko, Beobachter im Krimkrieg. **B** Halbinsel. – Cooke ist ein Symbol des Kriegs: Sein Sohn ist CS-General, Tochter Flora mit der Südstaatenlegende *Jeb* Stuart verheiratet. **NK** Berufssoldat.

Couch, Darius Nash (1822 Putnam Cty/NY – 1897), WP 1846 (Artillerie), GenMaj. **F** Seminolen, Mexiko. **B** Halbinsel, Second Bull Run, Crampton's Gap, Fredericksburg, Chancellorsville, Nashville, Carolinas. **NK** Präs. einer Minenges.

Crittenden, Thomas Leonidas (1819 Russelville/KY – 1893), Anwalt, GenMaj. **F** Mexiko, Blawk Hawk. **B** Shiloh, Stone's River, Chickamauga. **NK** Dienst an der Frontier.

Crook, George *Grey Fox* (1828 bei Dayton/OH – 1890), WP 1852 (Infanterie), GenMaj. **B** Lewisburg (verw.), South Mountain, Antietam, Chickamauga, Farmington, Winchester, Fisher's Hill, Cedar Creek, Dinwiddie C.H., Five Forks. **NK** Crook, der im Westen als bester Indianerkämpfer gilt, schlägt Aufstände der Apachen (Cochis, Geronimo) nieder und kämpft gegen Sioux und Cheyenne unter Crazy Horse.

Curtis, Samuel Ryan (1805 Clinton Cty/NY – 1866), WP 1831 (Infanterie), Anwalt, Kongreßabg. (Iowa), GenMaj. **F** Mexiko. **B** Pea Ridge, Helena. **NK** Indianerkommissar.

Cushing William Barker (1842 Delafield/WI – 1874), Marineoffizier. – 1861 von der US-Naval Academy gewiesen, heuert Cushing auf der USS Minnesota an und zeichnet sich durch die Versenkung der CSS Albemarle vor Plymouth/NC aus.

Cushman, Pauline (1833 New Orleans/LA – 1893), Schauspielerin, Liebling der Rebellen, Spionin für den Norden.

Christopher Kit Carson, Trapper und Scout. Carson, aus der Geschichte des „Wilden Westens" nicht wegzudenken, meldet sich zum Kampf gegen die Rebellen, wird jedoch gegen Apachen und Navajos eingesetzt.

George A. Custer. Curly, Sohn eines Deutschamerikaners, dessen Familie im 18. Jh. aus dem Rheinland einwanderte, ist einer der jüngsten Generäle der US-Armee.

John C. Frémont. Pathfinder Frémont, vielleicht der unfähigste General auf beiden Seiten der Front, befehligt bis November 1861 die Unionstruppen im „Grenzstaat" Missouri.

Custer, George Armstrong *Curly, Artie* (1839 New Rumley/OH – 1876), WP 1861 (Kavallerie), Bvt. Gen. Maj. **B** First Bull Run, Halbinsel, Antietam, Fredericksburg, Chancellorsville, Aldie, Gettysburg, Yellow Tavern, Third Winchester, Fisher's Hill, Five Forks. – Obwohl vom südlichen Lebensstil angezogen, zeichnet sich Custer gegen die Rebellen aus und wird mit 23 General. Bei Five Forks führt er – in selbstentworfener Fantasieuniform, mit goldenen Sporen und rotem Halstuch – die 3. Kav.-Div., die Lee bis nach Appomattox verfolgt. **NK** Obstlt. der 7. Kav. in Fort Riley/KS, 1867 vom Dienst suspendiert, von Sheridan erneut eingesetzt, wird Custer 1876 während einer Exp. gegen Sioux, Arapahoe und Cheyenne unter Crazy Horse und Gall geschlagen. Sein Tod am Little Big Horn macht ihn zum bekanntesten US-DivKom. des Jahrhunderts.

Davis, Jefferson Columbus (1828 Clark Cty/IN – 1879), BrigGen. **F** Mexiko. **B** Fort Sumter, Wilson's Creek, Pea Ridge, Corinth, Stone's River, Chickamauga, Atlanta, Savannah-Feldzug, Carolinas. – Davis tötet seinen Vorgesetzten GenMaj. William *Bull* Nelson im Streit, kann aufgrund pol. Beziehungen der Anklage entgehen. **NK** Berufssoldat, 1872/73 Feldzug gegen die Modoc in Kalifornien.

Doubleday, Abner *Forty-Eight-Hours* (1819 Ballston Spa/NY – 1893), WP 1842 (Artillerie/Infanterie), GenMaj. **F** Seminolen, Mexiko. **B** Fort Sumter, Groveton, Second Bull Run, South Mountain, Antietam, Fredericksburg, Chancellorsville, Gettysburg. **NK** Schriftsteller.

Du Pont, Samuel Francis (1803 Bergen Point/NJ – 1865), KAdm. **F** Mexiko. **B** Port Royal Sound, Beaufort, Fort Pulaski, Charleston 1863. – Du Pont arbeitet Lincolns Blockadekonzept aus, tritt nach dem fehlgeschlagenen Angriff auf Charleston zurück und wird durch KAdm. John Adolph Bernard Dahlgren (1809-70) ersetzt. Den Lebensabend verbringt er damit, seine Rolle vor Charleston zu klären.

Farragut, David Glasgow (1801 Campbell's Station/TN – 1870), Admiral. **F** Krieg von 1812, Mexiko. **B** New Orleans (Forts Jackson und St. Philip), Vicksburg, Port Hudson, Mobile Bay. – Farragut, mit 12 Jahren Seekadett der Fregatte USS Essex, die den Engländern schwer zu schaffen macht, dient an Bord der USS Greyhound, die das Piratennest Capo Cruz auf Kuba zerstört. Kom. der Kriegsschaluppen Natchez, Saratoga und der Dampffregatte Brooklyn, erklärt sich der mit einer Südstaatlerin verheiratete Südstaatler bei Kriegsausbruch für die Union und übernimmt das Blockadegeschwader Westlicher Golf.

Foote, Andrew Hull (1806 New Haven/CT – 1863), KAdm. **F** USS Perry (gegen Sklavenhandel vor Afrika eingesetzt), USS Portsmouth (Beobachter im Pazifik). **B** Fort Henry, Fort Donelson (an Bord der USS St. Louis verw.), Island No. 10.

Franklin, William Buel (1823 York/PA – 1903), WP 1843 (Pioniere), GenMaj. **F** Mexiko. **B** First Bull Run, Halbinsel, South Mountain, Antietam, Fredericksburg, Red-River-Feldzug (verw.). **NK** Vizepräs. Colt's Fire Arms Mfg.

Frémont, John Charles *Pathfinder* (1813 Savannah/GA – 1890), Entdeckungsreisender, US-Senator, GenMaj. **F** Mexiko. **B** Cross Keys. – Frémont, Hptm. des topographischen Armeekorps, erkundet für das Kriegsministerium den „Wilden Westen", erreicht 1842 den Südpaß der Rocky Mountains und macht ihn zum gangbarsten Weg nach Kalifornien. Er unterliegt als rep. PräsKan. gegen Buchanan und übernimmt 1861 als GenMaj. den Wehrbereich West. Nach eigenmächtigem Vorgehen in der Sklavenfrage entlassen, bleibt er als KomGen. des Wehrbereichs Bergland gegen Jackson erfolglos. Vielleicht der unfähigste General auf beiden Seiten der Front, quittiert Frémont den Dienst, als ihm Pope als KomGen. der Virginia-Armee vorgesetzt wird. **NK** 1878-81 Gouv. des Arizona-Territoriums.

Garfield, James Abram *Hero of the Sandy Valley* (1831 Orange/OH – 1881), Bvt. GenMaj., 20. US-Präs. **B** Middle Creek, Pound Gap, Shiloh, Chickamauga (Generalstabschef Cumberland-Armee). Garfield wird während seiner Amtszeit als US-Präs. ermordet.

Gibbon, John (1827 Philadelphia/PA – 1896), WP 1847 (Artillerie), Ausbilder in West Point, GenMaj. **F** Mexiko, Exp. gegen die Seminolen (1849). **B** Second Bull Run, South Mountain, Antietam, Fredericksburg (verw.), Gettysburg (verw.), Wilderness, Spotsylvania, North Anna, Cold Harbor, Petersburg, Appomattox. **NK** Zeichnet sich gegen Sioux und Nez Percé aus.

Grant, Ulysses Simpson *Sam, US* für Unconditional Surrender (eigtl. Hiram Ulysses, 1822 Point Pleasant/OH – 1885), WP 1843 (Infanterie), Farmer, Holzverkäufer, GenLt., 18. US-Präs. **F** Mexiko. **B** Paducah, Belmont, Forts Henry und Donelson, Shiloh, Champion's Hill, Vicksburg, Chattanooga, Wilderness, Spotsylvania, Cold Harbor, Petersburg, Appomattox. – Grant, ein Mann, den die feine Gesellschaft bewußt von Parties fernhält, stammt aus biederer Durchschnittsfamilie. Nach der Feuertaufe unter Zachary Taylor zeichnet er sich unter Winfield Scott in Mexiko aus. Grant trinkt (wieviel er trinkt bleibt Streitpunkt unter Historikern) und wird 1854 Zivilist. Er versucht sich als Geschäftsmann, ist jedoch keiner, wird Verkäufer in der väterlichen Sattlerei in Galena/IL und wieder Soldat. Hochprozentigem weiterhin zugetan, kann Grant in Shiloh der Katastrophe entkommen, mit der Einnahme Vicksburgs erreicht er einen ersten Karrierehöhepunkt. Er siegt bei Chattanooga und wird von Lincoln, der 3 Vorgänger abgesetzt hat, zum OB der USA ernannt. Seine Offensive führt nach Appomattox.

Eine Mischung aus Napoleon und hochrangigen Offizieren des Ersten Weltkriegs, gilt Grant als militärisches Genie, als erster „moderner" Armeeführer (oder totale Krieger) Nordamerikas. Er zieht gegen Armeen, nicht gegen Städte oder Forts, kann sich dabei auf Generäle wie Sherman, Sheridan oder Thomas verlassen. Er nützt die Überlegenheit an Menschen und Material, manövriert wie es den Umständen, nicht dem Lehrbuch entspricht und schätzt die praktische und moralische Wirkung des totalen Kriegs richtig ein. Grants militärische Erfolge machen Lincoln mehrheitsfähig, zu seinem schlechtesten Zug wird, als er politisches Potential in sich entdeckt. Seine Amtszeit als US-Präs. prägen Kontroversen und Skandale, im Ruhestand schreibt er Memoiren mit Unterstützung Mark Twains.

Greenwald, Aaron (1832 Weisenburg Township – 1863), Müller. **B** First Bull Run, Fairfax, Seven Days, Antietam, Fredericksburg, Rappahannok, Gettysburg. – Die Ehre als erster Freiwilliger der Nordarmee teilt sich der Pennsylvaniendeutsche Greenwald mit Josiah King vom gleichen Regiment. Müller in Anoka/MN, meldet er sich für das 1.

James A. Garfield, Stabschef unter William S. Rosecrans und GenMaj. der Freiwilligen.

Ulysses S. Grant, ab März 1864 Oberbefehlshaber der Nordarmee.

Rutherford B. Hayes beginnt den Krieg als Mayor des 23. Ohio

Andrew Johnson, unionstreuer Senator aus dem Süden. Nach dem Lincoln-Attentat 17. US-Präsident führt Johnsons Aussöhnungspolitik zu schweren Konflikten mit dem republikanisch dominierten Kongreß.

Minnesota, das die Schlachten der Potomac-Armee mitkämpft, bevor es in Gettysburg verblutet. Greenwald ist unter den Toten, sein Leichnam wird mit Tanner's Liquor eingerieben, in eine Holzkiste gelegt und seinem Vater auf dem Schlachtfeld übergeben. Das Begräbnis in Berks Cty/PA leiten die Pfarrer Herman (Deutsch-Reformierte) und Klein (Lutheranische Kirche).

Hahn, Michael (1830 in Bayern – 1886), Demokrat, Kongreßabg., ab Februar 1864 Kriegsgouv. von Louisiana. **NK** Verleger und Pflanzer.

Halleck, Henry Wager *Old Brains* (1815 Westernville/NY – 1872), WP 1839 (Pioniere), Prof. in West Point, Militärschriftsteller, Anwalt, Präs. Pacific & Atlantic RR, GenMaj. **F** Mexiko. **B** Corinth. – Der deutschstämmige Halleck, ein hervorragender Theoretiker und schwacher Vollstrecker, löst aufgrund der Erfolge im Westen (die eher Grant, Buell und Curtis zuzuschreiben sind) McClellan als OB der US-Armee ab. **NK** Berufssoldat.

Hancock, Winfield Scott *Superb* (1824 Montgomery Square/PA – 1886), WP 1844 (Infanterie), GenMaj. **F** Mexiko, 3. Seminolen. **B** Halbinsel, Antietam, Fredericksburg, Chancellorsville, Gettysburg (verw.), Wilderness, Spotsylvania, Cold Harbor, Petersburg. **NK** Berufssoldat, unterliegt 1880 als dem. PräsKan. gegen Garfield.

Harrison, Benjamin (1833 North Bend/OH – 1901), Jurist, Reporter, Bvt. BrigGen., 23. US-Präs. **B** Atlanta, Savannah-Feldzug, Carolinas.

Hayes, Rutherford Birchard (1822 Delaware/OH – 1893), Jurist, Bvt. GenMaj, 19. US-Präs. **B** South Mountain (verw.), Festnahme von General Morgan, Winchester, Cedar Creek.

Heintzelman, Samuel Peter (1805 Manheim/PA – 1880) WP 1826, GenMaj. **F** Seminolen, Mexiko, Frontier. **B** Alexandria, First Bull Run (verw.), Halbinsel, Seven Pines, Seven Days, Second Bull Run. – Heintzelman, dessen Vorfahren aus Augsburg eingewandert sind, verliert sein Korpskommando im Oktober 1862 und wird in den Wehrbereich Washington versetzt. **NK** Berufssoldat.

Hickok, James Butler *Wild Bill* (1837 Illinois – 1876), Scout. – Kundschafter und Scharfschütze der US-Armee, taucht Hickok ab 1863 hinter den feindlichen Linien auf. Nach dem Krieg im Ruf des Wildwesthelden, mit dem sich lediglich Buffalo Bill messen kann, wird er 1876 in Deadwood City/SD am Spieltisch erschossen.

Hodgers, Jennie (1844 Belfast/Irland – 1915), Soldat*in*. Als Mann verkleidet, tritt Jennie unter dem Namen Albert D.J. Cashier der 94. Illinois bei. Sie kämpft vor Vicksburg, während des Red-River-Feldzugs, bei Brice's Cross Roads und Nashville (daß Albert eine Jennie ist, wird erst 1911 bekannt).

Hooker, Joseph *Fighting Joe* (1814 Hadley/MA – 1879), WP 1837 (Artillerie), Farmer, GenMaj. **F** Seminolen, Mexiko. **B** Halbinsel, Second Bull Run, Chantilly, South Mountain, Antietam (verw.), Fredericksburg, Chancellorsville, Bristoe Station, Lookout Mountain, Atlanta. – Hooker übernimmt für den in Fredericksburg geschlagenen Burnside die Potomac-Armee. Ein guter Bürokrat, doch vom Befehl über eine Armee überfordert, wird er von Lee bei Chancellorsville geschlagen und tritt nach Differenzen mit Halleck vor Gettysburg zurück. Hookers Balz- und Beischlafpraktiken bereichern die amerik. Sprache mit dem Begriff

„hooker“ (für Prostituierte). **NK** Berufssoldat.

Howard, Oliver Otis *Christian Soldier* (1830 Leeds/ME – 1909), WP 1854 (Ordnance), Mathematiklehrer in West Point, GenMaj. **B** First Bull Run, Halbinsel (verw., verliert einen Arm), Second Bull Run, South Mountain, Antietam, Fredericksburg, Chancellorsville, Gettysburg, Chattanooga, Atlanta, Savannah-Feldzug, Carolinas. **NK** Der bibeltreue Howard übernimmt das Freedmen's Bureau, kommt unter Korruptionsverdacht, zieht gegen Häuptling Josephs Nez Percé und wird Direktor von West Point.

Hunt, Henry Jackson (1819 Detroit/MI – 1889), WP 1839 (Artillerie), GenMaj. **F** Mexiko. **B** First Bull Run, Halbinsel, South Mountain, Antietam, Fredericksburg, Gettysburg, Wilderness, Spotsylvania, Cold Harbor, Petersburg. **NK** Dienst an der Frontier.

Hunter, David (1802 Washington, D.C. – 1886), WP 1822 (Infanterie/Dragoner), GenMaj. **F** Mexiko. **B** First Bull Run (verw.), Fort Pulaski, Secessionville, Hunter's Raid (Piedmont, Lexington), Lynchburg. – Hunter rekrutiert das 1. South Carolina mit entlaufenen Sklaven, worauf ihn Richmond offiziell zum Verbrecher erklärt. **NK** Berufssoldat.

Johnson, Andrew (1808 Raleigh/NC – 1875), Schneider, Militärgouv. von Tennessee, 17. US-Präs. – Lincoln verspricht sich von einer Koalition zwischen Republikanern und „Kriegsdemokraten“ eine zweite Amtsperiode. Auf der Suche nach einem Vizepräsidenten bietet sich mit Johnson der einzige unionstreue Senator des Südens an. Nach Lincolns Tod US-Präsident, übersteht er ein Impeachmentverfahren mit 1 Stimme.

Kautz, August Valentine (1828 Ispringen/Baden – 1895), WP 1852 (Kavallerie), BrigGen. **F** Mexiko. **B** Halbinsel, Knoxville, Petersburg, Wilson-Kautz-Raid (Ford's -, Stony Creek Station), Appomattox. **NK** Kautz, der in Musestunden des Kriegs den Bestseller „The Company Clerk“ schrieb, nimmt mit der Garnison von Camp Apache die Verfolgung Geronimos auf.

Kearny, Philip (1815 New York/NY – 1862), GenMaj. **F** Frontier, Mexiko (verw., verliert einen Arm), Italienischer Befreiungskrieg. **B** Halbinsel, Seven Pines, Second Bull Run, Chantilly (tödlich verw.). – Kearny, der „perfekte Soldat“ aus Winfield Scotts Sicht, studiert Kavallerietaktik in Frankreich, dient mit den Chasseurs d'Afrique in Algier, kämpft mit der Französischen Legion in Italien und zählt im Bürgerkrieg zu den fähigsten DivKom. Bei Chantilly reitet er aus Versehen – aufgrund der Armamputation mit dem Zügel im Mund – in die Kampflinie des Gegners und wird erschossen.

Kilpatrick, Hugh Judson *Kilcavalry* (1836 Deckertown/NJ – 1881), WP 1861 (Artillerie/Kavallerie), BrigGen. **B** Big Bethel (verw.), Thoroughfare Gap, Second Bull Run, Aldie, Middleburg, Upperville, Hanover, Gettysburg, Kilpatrick/Dahlgren-Raid, Atlanta (verw.), Savannah-Feldzug, Carolinas. – Kilpatrick, bei Untergebenen wenig beliebt, wegen Frauenaffären immer wieder im Gespräch, muß im März 1865 – während eines Raids im Bett überrascht – ohne Hosen flüchten, was das Gefecht zum „Battle of Kilpatrick's Pants“ macht. **NK** Diplomatischer Dienst.

Lyon, Nathaniel (1818 Ashford/CT – 1861), WP 1841 (Infanterie), BrigGen. **F** Seminolen, Frontier, Mexiko, Bleeding Kansas. **B** Camp Jackson,

US-GenMaj. Oliver O. Howard, West-Pointer des Jahrgangs '54 (Viertbester einer Klasse von 46) und Mathematiklehrer. Christian Soldier Howard führt das stark rufgeschädigte XI. Korps in Chancellorsville, Gettysburg und Chattanooga.

GenMaj. John Alexander McClernand. Der Kongreßabgeordnete aus Illinois und Norddemokrat gilt als typischer „politischer General“, dem es weniger an Mut als an militärischem Know how fehlte.

GenMaj. George G. Meade, West-Pointer des Jahrgangs '35 (19. von 56). Während McClellans Halbinsel-Feldzug zweimal verwundet, befehligt Meade die Potomac-Armee von Gettysburg bis Appomattox.

Boonville, Dug Spring, Wilson's Creek (tödlich verw.).

McClellan, George Brinton *Little Mac* (1826 Philadelphia/PA – 1885), WP 1846 (Pioniere), Ausbilder in West Point, Präs. der Ohio & Mississippi RR, GenMaj. **F** Mexiko, Beobachter im Krimkrieg. **B** Rich Mountain, Corrick's Ford, Halbinsel, Seven Pines, Seven Days, South Mountain, Antietam. – Das Multitalent McClellan hat einen Kavalleriesattel entworfen, der zur Standardausrüstung der Yankeereiter gehört. KomGen. der Potomac-Armee löst er im November 1861 den altersstarren General Scott als OB der Nordarmee ab (bis März 1862). Im Prinzip gegen Sklavenhalter *und* Abolitionisten, wird sein Gipfelsturm durch die eigene Persönlichkeit gebremst. Ein fähiger Administrator, der Pomp und Paraden liebt, sich für Bilder in Napoleons typischer Haltung stellt, versteht er es nicht, die überlegenen Ressourcen des Nordens zu nutzen. *Little Mac* trägt seine Meinung auf der Zunge und ist bald militärisch wie politisch nicht mehr zu halten. 1864 unterliegt er als dem. PräsKan. gegen Lincoln. **NK** Memoirenschreiber („McClellans Own Story“), Gouv. von New Jersey.

McClernand, John Alexander (1812 bei Hardinsburg/KY – 1890), Anwalt, Kongreßabg. (Illinois), GenMaj. **F** Blawk Hawk. **B** Belmont, Fort Henry, Fort Donelson, Shiloh, Arkansas Post, Port Gibson, Champion's Hill, Vicksburg, Red-River-Feldzug. – McClernand, Norddemokrat und Möchtegern-Feldherr, ist der typische pol. General, dem es weniger an Mut als an militärischem Know how fehlt. Erbitterter Gegner der „West-Point-Clique“, spielt er der Presse (nicht sehr freundliche) Meldungen über Grant zu und verliert vor Vicksburg sein Kommando. **NK** Richter.

McCook, Alexander McDowell (1831 Columbiana Cty/OH – 1903), WP 1852 (Infanterie), Ausbilder in West Point, GenMaj. **F** Frontier, Exp. gegen Utes und Apachen. **B** First Bull Run, Shiloh, Corinth, Perryville, Stone's River, Chickamauga (wird für die Niederlage verantwortlich gemacht und erhält kein weiteres Kommando mehr). **NK** Dienst an der Frontier.

McDowell, Irvin (1818 Columbus/OH – 1885), WP 1838 (Artillerie), Ausbilder in West Point, GenMaj. **F** Mexiko. **B** First Bull Run, Second Bull Run. **NK** Berufssoldat.

McKinley, William (1843 Niles/OH – 1901), Maj., 25. US-Präs. **B** Carnifix Ferry, Princeton, South Mountain, Antietam, Lynchburg, Berryville, Third Winchester, Fisher's Hill, Cedar Creek. – McKinley wird während seiner Amtszeit als US-Präs. von einem Anarchisten ermordet.

McPherson, James Birdseye (1828 bei Clyde/OH – 1864), WP 1853 (Pioniere), Ausbilder in West Point, GenMaj. **B** Fort Donelson, Shiloh, Champion's Hill, Vicksburg, Atlanta (tödlich verw.).

Meade, George Gordon (1815 Cadiz/Spanien – 1872), WP 1835 (Artillerie), GenMaj. **F** Seminolen, Mexiko. **B** Halbinsel, Seven Days (verw.), Second Bull Run, South Mountain, Antietam, Fredericksburg, Chancellorsville, Gettysburg, Wilderness, Spotsylvania, Cold Harbor, Petersburg, Appomattox. **NK** Berufssoldat.

Ord, Edward Otho Cresap (1818 Cumberland/MD – 1883), WP 1839 (Artillerie), GenMaj. **F** Seminolen, Mexiko, Frontier. **B** Dranesville, Corinth (verw.), Jackson, Vicksburg, Fort Harrison (verw.), Petersburg, Appomattox. **NK** Berufssoldat.

Osterhaus, Peter Joseph (1823 Koblenz – 1917), milit. Ausbildung in Berlin, 48er, GenMaj. **B** Wilson's Creek, Pea Ridge, Champion's Hill, Big Black River (verw.), Chattanooga, Atlanta, Carolinas. **NK** US-Konsul in Frankreich.

Parke, John Grubb (1827 bei Coatesville/PA – 1900), WP 1849 (Pioniere), GenMaj. **B** North-Carolina-Exp., South Mountain, Antietam, Fredricksburg, Vicksburg, Knoxville, Wilderness, Spotsylvania, Petersburg. **NK** Berufssoldat.

Patterson, Robert *Granny* (1792 Cappagh/Irland – 1881), Pflanzer, GenMaj. **F** Krieg von 1812, Mexiko. – Der 69jährige Patterson, KomGen. des Wehrbereichs Pennsylvania, Delaware, Maryland und Washington, D.C., läßt Johnston aus dem Shenandoahtal entkommen und wird in den Ruhestand geschickt.

Pinkerton, Allan *The Eye* (1819 Glasgow/Schottland – 1884), Detektiv. – Pinkerton, aufgrund revolutionärer Umtriebe zur Auswanderung nach Nordamerika gezwungen, arbeitet als Chicagos erster beamteter Detektiv mit Lincoln und McClellan zusammen. 1861 baut er den Geheimdienst des Nordens auf, versagt jedoch in der militärischen Aufklärung und ist für manche verlorene Schlacht auf Virginias Boden mitverantwortlich. Er kann ein Attentat auf Lincoln verhindern, ein zweites nicht.

Pleasonton, Alfred (1824 Washington, D.C. – 1897), WP 1844 (Dragoner), GenMaj. **F** Seminolen, Frontier, Mexiko. **B** Halbinsel, Antietam, Fredericksburg, Chancellorsville, Brandy Station, Gettysburg, Price's Missouri-Raid, Jefferson City, Westport. **NK** Steuerbeamter.

Pope, John (1822 Louisville/KY – 1892), WP 1842 (Pioniere), GenMaj. **F** Mexiko. **B** New Madrid, Island No. 10, Corinth, Second Bull Run, Chantilly. – Pope wird nach der Niederlage von Bull Run als KomGen. des Wehrbereichs Nordwest nach Minnesota geschickt, um anstelle von Rebellen gegen rebellische Indianer zu kämpfen. **NK** Berufssoldat.

Porter, David Dixon (1813 Chester/PA – 1891), KAdm. **F** Mexiko. **B** Fort Pickens (USS Powhatan), New Orleans (Farraguts Mörserboote), Arkansas Post, Vicksburg, Red-River-Feldzug (Mississippi-Flußgeschwader), Fort Fisher (Blokkadegeschwader Nordatlantik). **NK** Direktor der Marineakademie.

Porter, Fitz John (1822 Portsmouth/NH – 1901), WP 1845, Ausbilder in West Point, GenMaj. **F** Mexiko, Utah. **B** Halbinsel, Seven Days, Second Bull Run, Antietam. – Porter, wegen seiner Rolle während Bull Run vor ein Kriegsgericht gestellt, wird aus der Armee entlassen. **NK** Polizeikommissar von New York.

Reynolds, John Fulton (1820 Lancaster/PA – 1863), WP 1841 (Artille-

George B. McClellan, General der Nordarmee. Little Mac löst im November 1861 den altersstarren General Scott als Oberbefehlshaber der Streitkräfte ab und befehligt von März bis November 1862 die Potomac-Armee.

William T. Sherman, West-Pointer des Jahrgangs '40 (6. von 42). Uncle Billy, den die Presse hin und wieder für geisteskrank erklärt, erobert Atlanta und geht als dessen meistgehaßter Besucher in die Geschichte ein.

rie), Ausbilder in West Point, GenMaj. **F** Mexiko, Utah. **B** Halbinsel (gfg), Second Bull Run, Fredericksburg, Chancellorsville, Gettysburg (tödlich verw.).

Rosecrans, William Starke *Old Rosy* (1819 Kingston/OH – 1898), WP 1842 (Pioniere), Ausbilder in West Point, Architekt, GenMaj. **B** Rich Mountain, Carnifix Ferry, Iuka, Corinth, Stone's River, Chickamauga. **NK** Diplomat und Politiker.

Schimmelpfennig, Alexander (1824 Litauen – 1865), preuß. Offizier, 48er, Journalist, BrigGen. **B** Second Bull Run, Chancellorsville, Gettysburg (verw.), Charleston (stirbt an Tuberkulose).

Schofield, John McAllister (1831 New York/NY – 1906), WP 1853 (Artillerie), Philosophielehrer in West Point, GenMaj. **B** Wilson's Creek, Buzzard Roost, Atlanta, Spring Hill, Franklin, Nashville, Wilmington, Kinston, Goldsborough. **NK** Kriegsminister im Kabinett Johnson, nach Sheridan OB der US-Armee.

Schurz, Karl (1829 Liblar bei Bonn – 1906), 48er, Anwalt, Politiker, GenMaj. **B** Second Bull Run, Chancellorsville, Gettysburg, Chattanooga. **NK** 1877-81 Innenminister unter Präs. Hayes.

Scott, Winfield *Old Fuss and Feathers* (1786 bei Petersburg/VA – 1866), General(-in-chief). **F** Krieg von 1812, Seminolen, Black Hawk, Mexiko. – Scott (Spitzname: *alter Wichtigtuer*), seit 1841 OB der US-Armee der USA, entwirft den Anakondaplan zur Niederwerfung der Rebellion, taktiert dann vorsichtig, um seine „grünen" Truppen nicht unnötig zu verheizen. Der Virginier gibt sein Kommando am 1.11.1861 zurück. Sein Nachfolger wird McClellan.

Sedgwick, John *Uncle John* (1813 Cornwall Hollow/CT – 1864), WP 1837 (Artillerie), GenMaj. **F** Seminolen, Mexiko, Utah. **B** Halbinsel (verw.), Antietam (verw.), Fredericksburg, Salem Church, Gettysburg, Rappahannock Bridge, Wilderness, Spotsylvania (tödlich verw.).

Seward, William Henry (1801 Florida/NY – 1872), Anwalt, Gouv. von New York (1838-43), Senator, von 1861-69 US-Außenminister.

Sheridan, Philip Henry *Little Phil* (1831 Albany/NY – 1888), WB 1853 (Infanterie/Kavallerie), GenMaj. **F** Frontier. **B** Booneville, Perryville, Stone's River, Chickamauga, Chattanooga, Wilderness, Spotsylvania, Yellow Tavern, Trevilian Station, Third Winchester, Fisher's Hill, Cedar Creek, Waynesborough, Five Forks, Saylor's Creek. **NK** Militärgouv., Indianerkämpfer, Verbindungsoffizier im Deutsch-Französischen Krieg, OB der US-Armee nach Sherman.

Sherman, William Tecumseh *Uncle Billy* (1820 Lancaster/OH – 1891), WP 1840 (Artillerie), Anwalt, GenMaj. **F** Seminolen, Mexiko. **B** First Bull Run, Shiloh (verw.), Chickasaw Bluffs, Arkansas Post, Jackson, Vicksburg, Chattanooga, Atlanta, Savannah-Feldzug, Carolinas. – Sherman beginnt den Krieg dank Intervention von Bruder John, Senator aus Ohio, als Oberst des 13. Inf.-Reg. Vertrauter Grants – *„Grant war auf meiner Seite, als ich verrückt, ich stand ihm bei, als er besoffen war!"* – erhält er den Befehl über den westlichen Schauplatz, erobert Atlanta und geht als dessen meistgehaßter Besucher in die Geschichte ein. Erbarmungsloser Garant des Konzepts der verbrannten Erde wird sein „Marsch zum Meer" zum Vorgeschmack des totalen Kriegs. **NK** OB der US-Armee (1869-

83), lehnt Sherman die Aufstellung als rep. PräsKan. ab.

Sickles, Daniel Edgar (1819 New York/NY – 1914), Kongreßabg. (New York), GenMaj. **B** Halbinsel, Antietam, Fredericksburg, Chancellorsville, Gettysburg (verw., verliert ein Bein). **NK** Sickles, dem ein US-Gericht zeitweilige geistige Unzurechnungsfähigkeit attestiert, wird Diplomat und Politiker.

Sigel, Franz (1824 Sinsheim/Baden – 1902), Militärakademie Karlsruhe, 48er, Mathematiklehrer, GenMaj. **B** Camp Jackson, Wilson's Creek, Bentonville, Pea Ridge, Second Bull Run, New Market. – Sigel, Ex-Leutnant im 4. badischen Inf.-Reg., organisiert bei Kriegsausbruch das 3. Missouri. Dank nützlicher Kontakte und des Talents, Deutschamerikaner für die Sache des Nordens zu begeistern (*„I figths mit Sigel an I runs mit Schurz"*), wird er BrigGen., nach seiner größten Stunde in Pea Ridge GenMaj. Als pol. General mit Verliererimage heftig umstritten, unterliegt Sigel bei New Market Breckinridge und wird von Lincoln entlassen. **NK** Redakteur des deutschsprachigen „Baltimore Wecker".

Slocum, Henry Warner (1827 Delphi/NY – 1894), WP 1852 (Artillerie), Anwalt, GenMaj. **B** First Bull Run (verw.), Halbinsel, Seven Days, Second Bull Run, Antietam, Chancellorsville, Gettysburg, Atlanta, Savannah-Feldzug, Carolinas. **NK** Kongreßabg.

Stanton, Edwin McMasters (1814 Steubenville/OH – 1869), Anwalt, Justizminister, Kriegsminister von 1862–68.

Steinwehr, Baron Adolf Wilhelm August Friedrich von (1822 Blankenburg – 1877), preuß. Offizier, Farmer, BrigGen. **F** Mexiko. **B** First Bull Run, Cross Keys, Second Bull Run, Chancellorsville, Gettysburg, Wauhatchie, Chattanooga. **NK** Dozent für Geographie in Yale.

Thomas, George Henry *Pap, Rock of Chickamauga* (1816 Southampton Cty/VA – 1870), WP 1840 (Artillerie), Ausbilder in West Point, GenMaj. **F** Seminolen, Mexiko, Frontier (verw.). **B** Mill Springs, Shiloh, Corinth, Perryville, Stone's River, Chickamauga, Chattanooga, Atlanta, Franklin, Nashville. **NK** Berufssoldat.

Wallace, Lewis (1827 Brookville/IN – 1905), Anwalt, Reporter, Senator, GenMaj. **B** Romney, Fort Donelson, Shiloh, Monocacy. **NK** Gouv. des Territoriums New Mexico, Schriftsteller („Ben Hur").

Warren, Gouverneur Kemple (1830 Cold Spring/NY – 1882), WP 1850 (Pioniere), Mathematiklehrer in West Point, GenMaj. **B** Big Bethel, Halbinsel, Seven Days (verw.), Second Bull Run, Antietam, Fredericksburg, Gettysburg (verw.), Bristoe Station, Kelly's Ford, Mine Run, Wilderness, Spotsylvania, North Anna, Cold Harbor, Petersburg, Five Forks (verliert sein Kommando). **NK** Schriftsteller, 1882 als Offizier rehabilitiert.

Weitzel, Gottfried/Godfrey (1835 Cincinnati/OH – 1884), WP 1855 (Pioniere), Ass. Prof. in West Point, GenMaj. **B** Labadieville, Thibodeaux, Fort Bisland, Port Hudson, Sabine Pass, Swift Creek, Second Drewry's Bluff, Fort Harrison, Petersburg, Fort Fisher. **NK** Berufssoldat.

Welles, Gideon *Neptun* (1802 Glastonbury/CT – 1878), Journalist, US-Marineminister (1861-69). **NK** Schriftsteller.

Willich, August von, *Papa Willich* (1810 Braunsberg/Preußen – 1878),

Franz Sigel, Ex-Leutnant im 4. Badischen Inf.-Reg. Rund 180 000 in Deutschland geborene Soldaten stellen – vor den Iren (150 000) – im Bürgerkrieg das größte Kontingent unter den Einwanderernationen (die Statistik stört, daß Österreicher, Schweizer, häufig auch Polen als Deutsche geführt werden).

preuß. Offizier, Zimmermann, Journalist, BrigGen. **B** Rich Mountain, Shiloh, Rowlett's Station, Perryville, Stone's River (gfg), Chickamauga, Reseca (verw., muß Dienst quittieren). – Willich, Pflegesohn des Theologen Friedrich Schleiermacher, kämpft in Baden im gleichen Freikorps wie Friedrich Engels, emigriert 1853 nach Amerika und macht sich bei Kriegsbeginn 10 Jahre jünger, da laut Gesetz niemand über 45 Offizier werden kann.

Wilson, James Harrison (1837 bei Shawneetown/IL – 1925), WP 1860 (Pioniere), GenMaj. **B** Port Royal/SC, Fort Pulaski, South Mountain, Antietam, Vicksburg, Chattanooga, Knoxville, Wilderness, Spotsylvania, Yellow Tavern, Petersburg, Winchester, Franklin, Nashville, Ebenezer Church, Selma, Macon. **NK** Angestellter einer Eisenbahngesellschaft und wieder im Militärdienst.

CS-GenLt. Braxton Bragg. Der Mexikoveteran führt die graue Tennessee-Armee bei Perryville/KY gegen Buell, am Stone's River und Chickamauga gegen Rosecrans und bei Chattanooga gegen Grant.

Die Davis-Grauen

Anderson, Richard Heron *Fighting Dick* (1821 Sumter Cty/SC – 1879), WP 1842 (Dragoner), GenLt. **F** Mexiko, Bleeding Kansas. **B** Fort Sumter, Fort Pickens, Seven Pines, Seven Days, Second Bull Run, Antietam (verw.), Fredericksburg, Chancellorsville, Gettysburg, Spotsylvania, Cold Harbor, Petersburg, Saylor's Creek. **NK** Angestellter einer Eisenbahngesellschaft.

Ashby, Turner (1828 Fauquier Cty/VA – 1862), BrigGen. **B** Jackson im Shenandoahtal (fällt bei Harrisonburg/VA).

Beauregard, Pierre Gustave Toutant (1818 New Orleans/LA – 1893), WP 1838 (Pioniere), Direktor in West Point, GenLt./Full General. **F** Mexiko. **B** Fort Sumter, First Bull Run, Shiloh, Second Drewry's Bluff, Petersburg, Carolinas. – Der Kreole Beauregard, BrigGen. der provisorischen CS-Armee, eröffnet mit dem Angriff auf Fort Sumter den Bürgerkrieg. **NK** Präs. einer Eisenbahngesellschaft, Schriftsteller unter dem Pseudonym Alfred Roman.

Benjamin, Judah Philip (1811 Saint Croix Island – 1884), Anwalt, Senator, Justiz-, Kriegs- und bis 1865 Außenminister der CSA.

Bowen, John Stevens (1830 Savannah/GA – 1863), WP 1853 (Mounted Rifles), Architekt, GenMaj. **B** Camp Jackson (gfg), Shiloh (verw.), Port Gibson, Vicksburg (stirbt an Ruhr).

Boyd, Isabella *La Belle Rebell* (1843 Bunker Hill/VA – 1900), Spionin der Generäle Jackson und *Jeb* Stuart.

Bragg, Braxton (1817 Warrenton/NC – 1876), WP 1837 (Artillerie), Pflanzer, GenLt./Full General. **F** Seminolen, Mexiko. **B** Shiloh, Perryville, Stone's River, Tullahoma-Feldzug, Chickamauga, Chattanooga, Bentonville. – Bragg, Freund Jefferson Davis' seit mexikanischen Tagen, stößt 1862 nach Kentucky vor, verpaßt die Einnahme von Louisville, kämpft bei Perryville mit Buell und am Stone's River gegen Rosecrans. Bei Chattanooga vom handwerklich überlegenen Grant klar besiegt, geht er als militärischer Berater nach Richmond. **NK** Ingenieur.

Breckinridge, John Cabell (1821 bei Lexington/KY – 1875), Anwalt, US-Senator, GenMaj. **F** Mexiko. **B** Shiloh, Baton Rouge, Stone's River, Jackson, Chickamauga, Chattanooga, New Market, Cold Harbor, Early's Washington-Raid. – Der schnauzbärtige Breckinridge, unter Buchanan jüngster Vizepräsident der US-Geschichte, 1860 PräsKan. der Süd-

Pierre G. T. Beauregard, Befehlshaber der Rebellen in Virginia. Im Dauerstreit mit Präsident Davis und General Joe Johnston wird der heißblütige Kreole (auf dem Bild noch in Unionsuniform) an die Westfront versetzt.

lichen Demokraten, besiegt Sigel bei New Market und überwacht als Kriegsminister die Evakuierung Richmonds. **NK** Anwalt in Kentucky.

Buchanan, Franklin (1800 Baltimore/MD – 1874), Admiral. Kom. der CSS Virginia setzt Buchanan im März 1862 die Blockadeschiffe USS Cumberland und Congress außer Gefecht. Schwer verw., vermißt er das historische Duell zwischen CSS Virginia und USS Monitor in Hampton Roads. Im Kampf um Mobile Bay ergibt sich Buchanan Admiral Farragut. **NK** Präs. Maryland Agricultural College.

Buckner, Simon Bolivar (1823 Hart Cty/KY – 1914), WP 1844 (Infanterie), GenLt. **F** Mexiko. **B** Fort Donelson, Perryville, Chickamauga. **NK** Redakteur, Gouv. von Kentucky.

Churchill, Thomas James (1824 Jefferson Cty/KY – 1905), Farmer, GenMaj. **F** Mexiko (gfg). **B** Wilson's Creek, Richmond/KY, Arkansas Post, Red-River-Feldzug (Blair's Landing, Jenkin's Ferry). **NK** Gouv. von Arkansas.

Cleburne, Patrick Ronayne (1828 Cty Cork/Irland – 1864), Apotheker, Anwalt, BrigGen. **B** Shiloh, Perryville, Richmond/KY (verw.), Stone's River, Chickamauga, Chattanooga, Leggett's Hill, Spring Hill, Franklin (tödlich verw.).

Crittenden, George Bibb (1812 Russelville/KY – 1880), WP 1832, Anwalt, GenMaj. **F** Black Hawk, Texas (Mier-Exp., gfg), Mexiko. **B** Mill Springs. – Crittenden, Sohn von Senator John J. und Bruder von US-GenMaj. Thomas L. Crittenden, wird von GenMaj. Hardee in Iuka/MS im Vollrausch überrascht und muß vor ein Kriegsgericht. **NK** Bibliothekar.

Early, Jubal Anderson *Jubilee* (1816 Franklin Cty/VA – 1894), WP 1837 (Artillerie), Anwalt, GenLt. **F** Seminolen, Mexiko. **B** First Bull Run, Williamsburg (verw.), Malvern Hill, Cedar Mountain, Second Bull Run, Antietam, Fredericksburg, Chancellorsville, Gettysburg, Mine Run, Wilderness, Spotsylvania, Cold Harbor, Early's Washington-Raid, Winchester, Fisher's Hill, Cedar Creek, Waynesborough. **NK** Der angriffslustige, trinkfeste Early, einer der populärsten Generäle des Südens, kann über Kuba nach Kanada flüchten und schreibt seine Memoiren.

Evans, Nathan George *Shanks* (1824 Marion/SC – 1868), WP 1848 (Dragoner), BrigGen. **F** Frontier. **B** First Bull Run, Ball's Bluff, Second Bull Run, South Mountain, Antietam, Vicksburg. – Evans, durch Alkoholmißbrauch aufgefallen, wird 1863 vor ein Kriegsgericht gestellt und verliert sein Kommando. **NK** Schulrektor in Midway/AL.

Ewell, Richard Stoddert *Old Baldy* (1817 Georgetown, D.C. – 1872), WP 1840 (Dragoner), GenLt. **F** Mexiko, Frontier, Exp. gegen Mescalero-

Nathan George Shanks Evans erkämpft sich bei Ball's Bluff die Ernennung zum BrigGen., fällt jedoch durch Alkoholmißbrauch auf und verliert sein Kommando.

GenLt. Nathan B. Forrest, militärisches Genie ohne militärische Vorbildung. Forrest beginnt den Krieg als gemeiner Soldat, entwickelt ein neuartiges Kavalleriekonzept und wird der gefürchtetste Reiterführer des Südens.

Apachen (besiegt Kriegshäuptling Santa Anna). **B** Fairfax C.H. (verw.), First Bull Run, Jackson im Shenandoahtal, Seven Days, Cedar Mountain, Groveton (verw., verliert Bein), Chancellorsville, Gettysburg, Kelly's Ford (verw.), Wilderness, Spotsylvania, Sayler's Creek (gfg). – Ewell, im Prinzip Anhänger der Union, hat als hervorragender Taktiker maßgeblichen Anteil an Jacksons Erfolgen im Shenandoahtal. **NK** Ewell verbringt den Lebensabend damit, Kritiker zu widerlegen, die ihn für die Gettysburger Niederlage verantwortlich machen.

Floyd, John Buchanan (1806 Montgomery Cty/VA – 1863), Anwalt, Pflanzer, Gouv. von Virginia, Kriegsminister, GenMaj. **B** Cross Lanes, Carnifix Ferry/Gauley Bridge, Fort Donelson. – Erfolgreicher Politiker, jedoch alles andere als ein Soldat, verliert Floyd Posten und Ruf, als er vor Grant aus Fort Donelson flüchtet.

Forrest, Nathan Bedford *First with the most* (1821 bei Chapel Hill/TN – 1877), Sklavenhändler, Farmer, GenLt. **B** Fort Donelson, Shiloh (verw.), Forrest's First und Second Raid (Tennessee), Chickamauga, Chattanooga, Fort Pillow, Brice's Cross Roads, Athens, Tupelo, Franklin, Nashville, Ebenezer Church, Selma. – Forrest, militärisches Genie ohne militärische Ausbildung, ist als gefürchtetster Kavallerieoffizier der CSA eine Legende auf beiden Seiten der Front. Seine Reiter kämpfen als berittene Infanterie (mit Gewehr und 2 Pistolen anstelle von Pistole und Säbel). **NK** Pflanzer, Präs. der Selma, Marion & Memphis RR, Mitbegründer und erster Imperial Wizard des Ku-Klux-Klans.

Garnett, Robert Selden (1819 Essex Cty/VA – 1861), WP 1841, Ausbilder in West Point, BrigGen. **F** Seminolen, Mexiko. **B** Rich Mountain, Laurel Hill, Corrick's Ford (fällt als erster General des Kriegs).

Gordon, John Brown (1832 Upson Cty/GA – 1904), Anwalt, GenMaj. **B** Halbinsel, Antietam (verw.), Chancellorsville, Gettysburg, Wilderness, Spotsylvania, Early im Shenandoahtal, Early's Washington-Raid, Petersburg, Fort Stedman, Appomattox. **NK** US-Senator und Gouv. von Georgia, Grand Dragon des Ku-Klux-Klans.

Greenhow, Rose O'Neal (um 1817 District of Columbia – 1864). Miss Greenhow, Freundin Buchanans und Spionin der Südstaaten, verrät Beauregard den Aufmarschplan der Union vor First Bull Run.

Hampton, Wade (1818 Charleston/SC – 1902), Jurist, Pflanzer, GenLt. **B** First Bull Run (verw.), Seven Pines (verw.), Antietam, Chambersburg-Raid, Gettysburg (verw.), Trevilian Station, Petersburg, Carolinas. – Hampton, einer der wohlhabendsten Pflanzer des Südens, finanziert bei Kriegsbeginn eine eigene Legion (Infanterie, Artillerie und Kavallerie), in der die reichen Söhne South Carolinas kämpfen. **NK** Gouv. von South Carolina, US-Senator.

Hardee, William Joseph *Old Reliable* (1815 Camden Cty/GA – 1873), WP 1838 (Dragoner), Militärschriftsteller, GenLt. **F** Seminolen, Mexiko. **B** Shiloh, Perryville, Stone's River, Chattanooga, Atlanta, Savannah-Feldzug, Carolinas. – „Hardee's Tactic“, die das französische Modell für amerikanische Verhältnisse umschreibt, ist Handbuch der Infanteristen auf beiden Seiten der Front. **NK** Pflanzer.

Hill, Ambrose Powell (1825 Culpeper/VA – 1865), WP 1847 (Artillerie), GenMaj. **F** Mexiko, 3. Seminolen. **B** First Bull Run, Williamsburg,

Seven Pines, Seven Days, Cedar Mountain, Second Bull Run, Harpers Ferry, Antietam, Fredericksburg, Chancellorsville (verw.), Gettysburg, Bristoe Station, Wilderness, North Anna, Cold Harbor, Petersburg (tödlich verw.).

Hill, Daniel Harvey (1821 York District/SC – 1889), WP 1842 (Artillerie/Infanterie), Direktor des North Carolina Military Institute, GenLt. **F** Mexiko. **B** Big Bethel, Yorktown, Williamsburg, Seven Pines, Seven Days, Second Bull Run, South Mountain, Antietam, Fredericksburg, Chickamauga (verliert sein Kommando), Bentonville. **NK** Präs. der Universität von Arkansas.

Hindman, Thomas Carmichael (1828 Knoxville/TN – 1868), Anwalt, Kongreßabg. (Arkansas), GenMaj. **F** Mexiko. **B** Shiloh (verw.), Prairie Grove, Chickamauga (verw.), Chattanooga, Kennesaw Mountain (verw.). **NK** Hindman flüchtet nach Mexiko und wird nach seiner Rückkehr in Arkansas ermordet.

Hood, John Bell (1831 Owingsville/KY – 1879), WP 1853 (Infanterie), GenLt./Full General. **F** Frontier (verw). **B** Halbinsel, Seven Days, Second Bull Run, Antietam, Fredericksburg, Gettysburg (verw.), Chickamauga (verw., verliert ein Bein), Atlanta, Ezra Church, Franklin, Nashville. – Hood, von Lee als rücksichtsloser Draufgänger bezeichnet, trägt die Narben des Indianerkämpfers. In Gettysburg wird sein linker Arm verkrüppelt, am Chickamauga sein rechtes Bein amputiert, so daß er aufs Pferd gebunden werden muß. Mit 33 jüngster Befehlshaber einer kompletten Armee, erweist er sich als „Witwenmacher". **NK** Versicherungsvertreter, stirbt total verarmt an Gelbfieber.

Jackson, Thomas Jonathan *Stonewall* (1824 Clarksburg/VA – 1863), WP 1846 (Artillerie), VMI-Prof. für Artillerie und Philosophie, GenLt. **F** Mexiko. **B** First Bull Run, Romney, Jackson im Shenandoahtal, Seven Days, Groveton, Second Bull Run, Harpers Ferry, Antietam, Fredericksburg, Chancellorsville (verw.). – Der sauertöpfische Jackson, der Beten und Kämpfen für Merkmale des rechten Mannes hält, führt das VMI-Kadettenkorps während John Browns Hinrichtung. Einer der fähigsten Generäle der CSA, fällt ihm am Bull Run das Markenzeichen *Stonewall* zu. Während des Halbinsel-Abenteuers hält Jacksons mobile „Fußkavallerie" 3 US-Armeen im Shenandoahtal beschäftigt, was zum Scheitern McClellans beiträgt. Strahlender Held und Magier schottisch-irischer Abstammung wird er während einer der spektakulärsten Aktionen des Kriegs von eigenen Leuten angeschossen und stirbt an Lungenentzündung.

James, Jesse Woodson (1847 Clay Cty/MO – 1882), Guerillakämpfer, Outlaw. Der Predigersohn Jesse und

Thomas J. Jackson. Professor für Artillerie und Philosophie am Virginia Military Institute, gilt Stonewall Jackson als einer der fähigsten Generäle des Südens.

GenMaj. Ambrose P. Hill, West-Pointer des Jahrgangs '47 (15. unter 28). Hill, der im Mai 1863 Lees III. Korps übernommen hat, wird in Petersburg tödlich verwundet.

Frank und Jesse James, Outlaws aus Missouri. Die Predigersöhne reiten mit der Südstaatenguerilla, da ihnen die Praxis, wonach „einige 1000 Männer stundenlang kämpfen und nur so wenige Gegner töten" (Frank nach der Schlacht am Wilson's Creek) nicht liegt.

sein schießwütiger Bruder Frank reiten mit der prosüdlichen Guerilla, die Missouri und Kansas in Atem hält. Der ältere Frank, in der Schlacht am Wilson's Creek gefangen und – wie zu Beginn des Kriegs üblich – auf Ehrenwort entlassen, kämpft mit Quantrill, Jesse reitet militärisch genau geplante Angriffe mit *Bloody Bill* Anderson.

Johnston, Albert Sidney (1803 Washington/KY – 1862), WP 1826 (Infanterie), Kriegsminister der Republik Texas, GenLt./Full General. **F** Black Hawk, Texas, Mexiko, Utah. **B** Shiloh. – Johnston, mit *Jeff* Davis eng befreundet, übernimmt als zweithöchster CS-Offizier den Wehrbereich Nr. 2, der sich von den Appalachen bis zum Indianer-Territorium erstreckt. Einer der fähigsten Rebellenoffiziere sind es Fehler seiner Militärs, die zum Verlust Kentuckys und weiter Teile Tennessees führen. Er kann Grant bei der Shiloh-Kirche überraschen, wird im Peach Orchard jedoch von einer Minié-Kugel getroffen und verblutet (was Davis später für den Wendepunkt des Kriegs hält).

Johnston, Joseph Eggleston *Little Joe* (1807 Farmville/VA – 1891), WP 1829 (Artillerie), GenLt./Full General. **F** Black Hawk, Seminolen, Mexiko (verw.), Utah. **B** Harpers Ferry, First Bull Run, Halbinsel, Seven Pines (verw.), Jackson, Atlanta, Carolinas. – Der Defensivtaktiker, im Dauerstreit mit *Jeff* Davis, wird während Shermans Atlanta-Feldzug als KomGen. der Tennessee-Armee von Hood abgelöst, erhält sein Kommando nach dessen Franklin & Nashville-Desaster wieder zurück. **NK** Versicherungsagent, Kongreßabg.

Lee, Fitzhugh (1835 Fairfax Cty/VA – 1905), WP 1856 (Kavallerie), Ausbilder in West Point, GenMaj. **F** Frontier (verw.). **B** First Bull Run, Halbinsel, Seven Days, Second Bull Run, South Mountain, Antietam, Kelly's Ford, Chancellorsville,

Gettysburg, Spotsylvania, Trevilian Station, Early im Shenandoahtal (verw.), Petersburg. **NK** *Fitz* Lee, Neffe Robert E. Lees, wird Gouv. von Virginia.

Lee, Robert Edward *Bobby, Marse Robert* (1807 Westmoreland Cty/VA – 1870), WP 1829 (Pioniere), Direktor von West Point, GenLt./Full General. **F** Mexiko (verw.), Frontier. **B** Cheat Mountain, Seven Days, Second Bull Run, Antietam, Fredericksburg, Chancellorsville, Gettysburg, Wilderness, Spotsylvania, North Anna, Cold Harbor, Petersburg, Appomattox. – Lee, ein Held des Südens, den auch der Norden bewundert, ist die romantischste Gestalt des Kriegs. Vater *Light Horse* Harry glänzte im Unabhängigkeitskrieg, Ehefrau Mary Custis ist Urenkelin Martha Washingtons. Der Virginier zeichnet sich in Cerro Gordo und Chapultepec/Mexiko aus und lehnt nach den Schüssen von Fort Sumter das Oberkommando der US-Armee ab. Als der Heimatstaat die Union verläßt, gibt er sein Offizierspatent zurück und wird – obwohl persönlich gegen Sezession – militärischer Berater von *Jeff* Davis. Während der Seven Days übernimmt er das Kommando über die (neuformierte) Nord-Virginia-Armee und zwingt McClellan von der Halbinsel. Lee schlägt Pope bei Manassas und stößt nach Maryland vor. Er besiegt Burnside bei Fredericksburg, Hooker bei Chancellorsville und scheitert in Gettysburg an Meade. Ab Januar 1865 militärischer Führer der CSA, kapituliert er als einer der letzten Krieger alten Stils vor Grant, dem ersten Krieger einer neuen Zeit. **NK** Präs. des Washington College in Lexington/VA.

Lee, Stephen Dill (1833 Charleston/SC – 1908), WP 1854 (Artillerie), GenLt. **F** 3. Seminolen. **B** Fort Sumter, Seven Days, Second Bull Run, Antietam, Chickasaw Bayou, Vicksburg (gfg), Atlanta, Franklin, Nashville (verw.). **NK** Farmer und Politiker.

Longstreet, James *Old Pete, Old War Horse* (1821 Edgefield District/SC – 1904), WP 1842 (Infanterie), GenLt. **F** Mexiko (verw.). **B** First Bull Run, Williamsburg, Seven Pines, Seven Days, Second Bull Run, South Mountain, Antietam, Fredericksburg, Suffolk, Gettysburg, Chickamauga, Wilderness (verw.), Petersburg, Appomattox. – Longstreet, nach Seven Pines als „lahmer Gaul" bezeichnet, wird von einigen Militärhistorikern die Schuld an der Gettysburger Niederlage zugeschrie-

Robert E. Lee, die romantischste Gestalt des Kriegs. Aus einer der ersten Familien des Landes mit 2 Loyalitäten geboren – je eine für die USA und den Heimatstaat Virginia – wird Lee Oberbefehlshaber der CS-Armee.

ben ... was unter Virginiern ohnehin ausgemachte Sache ist: Longstreet war einer der wenigen Nichtvirginier mit wichtigem Kommando in der Nord-Virginia-Armee. **NK** Versicherungsagent und bester Memoirenschreiber unter den hohen CS-Militärs.

Loring, William Wing *Old Blizzard* (1818 Wilmington/NC – 1886), Anwalt, GenMaj. **F** Seminolen, Mexiko (verw., verliert Arm), Exp. gegen Comanchen und Cheyenne, Utah. **B** Romney, Champion's Hill, Atlanta, Franklin, Nashville, Carolinas. **NK** Militärdienst für Ismail I. von Ägypten.

McCulloch, Benjamin (1811 Rutherford Cty/TN – 1862), Texas-Ranger, BrigGen. **F** Texas, Frontier, Comanchenaufstand von 1840, Mexiko. **B** Wilson's Creek, Pea Ridge (tödlich verw.).

McLaws, Lafayette (1821 Augusta/GA – 1897), WP 1842 (Infanterie), GenMaj. **F** Mexiko. **B** Yorktown, Harpers Ferry, Antietam, Fredericksburg, Chancellorsville, Gettysburg, Chickamauga, Knoxville, Carolinas. **NK** Versicherungsagent.

Magruder, John Bankhead *Prince John* (1807 Port Royal/VA – 1871), WP 1830 (Infanterie), GenMaj. **F** Seminolen, Mexiko. **B** Big Bethel, Halbinsel, Seven Days (fällt durch Alkoholmißbrauch auf und verliert sein Kommando), Galveston, Red-River-Feldzug. **NK** Bietet seine Dienste Kaiser Maximilian von Mexiko an.

Mahone, William (1826 Southampton Cty/VA – 1859), Präs. Norfolk & Petersburg RR, GenMaj. **B** Norfolk, Halbinsel, Seven Pines, Second Bull Run, Fredericksburg, Chancellorsville, Gettysburg, Wilderness, Spotsylvania, Cold Harbor, Petersburg, Appomattox. **NK** US-Senator.

Morgan, John Hunt *Thunderbolt* (1825 bei Huntsville/AL – 1864), Geschäftsmann, BrigGen. **F** Mexiko. **B** Shiloh, Kentucky-, Tennessee-, Indiana- und Ohio-Raids (bei Greenville/TN tödlich verw.).

Mosby, John Singleton *Grey Ghost* (1833 Edgemont/VA – 1916), Partisanenführer, Oberst. – Mosby, der einen Kommilitonen erschossen hat, studiert Jura im Gefängnis und arbeitet nach der Entlassung als Anwalt. 1863 stellt er seine berüchtigte Partisan Rangers auf, die als 43. Virginia Cavalry in die Armee eingegliedert wird. **NK** US-Konsul in Hongkong.

Pegram, John (1832 Petersburg/VA – 1865), WP 1854 (Dragoner), Ausbilder in West Point, BrigGen. **F** Utah. **B** Rich Mountain (gfg), Stone's River, Chickamauga, Wilderness (verw.), Early im Shenandoahtal, Petersburg (bei Hatcher's Run tödlich verw.).

Pemberton, John Clifford (1814 Philadelphia/PA – 1881), WP 1837 (Artillerie), GenLt. **F** Seminolen, Mexiko, Utah. **B** Vicksburg. – Pemberton, mit 2 Brüdern in der Nordarmee, ist als Pennsylvanier Yankee (doch Yankee mit einer Virginierin als Frau). Er kämpft für den Süden, liefert sich und Vicksburg im Juli 1863 aus. **NK** Farmer.

Pickett, George Edward (1825 Richmond/VA – 1875), WP 1846 (Infanterie), GenMaj. **F** Mexiko. **B** Halbinsel (verw.), Fredericksburg, Suffolk, Gettysburg, New Berne, Drewry's Bluff, Cold Harbor, Petersburg, Dinwiddie C.H., Five Forks, Saylor's Creek. **NK** Versicherungsagent.

Polk, Leonidas Lafayette (1806 Raleigh/NC – 1864), WP 1827 (Artillerie), Bischof der Episkopal-

GenLt. John C. Pemberton, West-Pointer des Jahrgangs '37 (27. unter 50), liefert sich und Vicksburg den Yankees aus.

kirche, GenLt. **B** Belmont, Shiloh, Perryville, Stone's River, Chickamauga, Kennesaw Mountain (am Pine Mountain tödlich verw.). – Polk wählt bei Kriegsbeginn zwischen Gottes- und Waffendienst, wird KomGen. des Wehrbereichs Nr. 2, kann als Gegner Grants die in ihn gesetzten Erwartungen jedoch nicht erfüllen.

Price, Sterling *Old Pap* (1809 Prince Edward Cty/VA – 1867), Anwalt, Gouv. von Missouri, GenMaj. **F** Mexiko. **B** Wilson's Creek, Lexington, Pea Ridge, Iuka, Corinth, Helena, Pine Bluff, Steele's Camden Exp., Price's Missouri-Raid. **NK** *Old Paps* Versuch, eine Rebellenkolonie in Mexiko einzurichten, führt zu nichts.

Quantrill, William Clarke *Charley Hart* (1837 Canal Dover/OH – 1865), Schullehrer, Outlaw, Guerillaführer, Hptm. **B** Wilson's Creek, Lexington, Independence, Lawrence, Baxter Springs. – Quantrill kämpft mit krimineller Energie und namhaften Outlaws wie Frank James, *Bloddy Bill* Anderson, Little Archie Clement und George Todd in Missouri und Kansas einen eigenen Guerillakrieg. Im Mai 1865 bei Taylorsville/KY verwundet, erliegt er seinen Verletzungen im Militärgefängnis von Louisville ... um im Volkslied *„Quantrill' a gallant and brave-heardet boy / A maid or a woman he'll never annoy"* weiterzuleben.

Ramseur, Stephen Dodson (1837 Lincolnton/NC – 1864), WP 1860 (Artillerie), GenMaj. **B** Yorktown, Seven Days (verw.), Chancellorsville (verw.), Gettysburg, Wilderness, Spotsylvania (verw.), Cold Harbor, Third Winchester, Fisher's Hill, Cedar Creek (tödlich verw.).

Rosser, Thomas Lafayette (1836 Campbell Cty/VA – 1910) WP 1861 (vor Abschluß ausgetreten), GenMaj. **B** First Bull Run, Halbinsel (verw.), Catlett's Station, Second Bull Run, South Mountain, Kelly's Ford (verw.), Chancellorsville, Gettysburg, Buckland Mills, Wilderness, Spotsylvania, Trevilian Station, Rosser's Beverly-Raid, Rosser's New Creek-Raid, Cedar Creek, Petersburg, Five Forks, Appomattox. **NK** Ingenieur und Hobbyfarmer.

Semmes, Raphael (1809 Charles Cty/MD – 1877), Anwalt, Kom.- Semmes bringt mit der CSS Sumter in 6 Monaten 17, mit der CSS Alabama innerhalb von knapp 2 Jahren 64 Schiffe auf. **NK** Journalist und Rechtsanwalt.

Smith, Edmund Kirby (1824 St. Augustine/FL – 1893), WP 1845 (Infanterie). Mathematiklehrer in West Point, GenLt./Full General. **F** Mexiko, Frontier. **B** First Bull Run (verw.), Richmond/KY, Perryville, Stone's River, Red-River-Feldzug. **NK** Präs. der Universität von Nashville.

Stanley, Henry Morton, (eigtl. John Rowlands, 1841 Denbigh/Wales – 1904), CS- und US-Soldat, Reporter, Afrikareisender. **F** Shiloh, Fort Fisher. – Rowlands, von Henry M. Stanley in New Orleans adoptiert, kämpft mit den „Dixie Grays" (6. Arkansas) und gerät in Shiloh in Gefangenschaft. Als „Galvanized Yankee" für die Sache des Nordens geworben, geht er zur Artillerie, dann zur Marine. **NK** Stanley bringt es als Afrikareisender zu Weltruhm.

Stephens, Alexander Hamilton (1812 Taliaferro Cty/GA – 1883), Anwalt, Vizepräsident der CSA 1861-65.

Stuart, James Ewell Brown *Jeb* (1833 Patrick Cty/VA – 1864), WP 1854 (Mounted Rifles/Kavallerie), GenMaj. **B** First Bull Run, Dranesville, Halbinsel, Seven Days, Groveton,

William C. Quantrill, Guerillaführer. Unter Quantrills schwarzer Flagge reiten Grenzbanditen wie Jesse James und Cole Younger. Berüchtigstes Massaker der Südstaatenguerillas ist der Überfall auf Lawrence/KS.

General Winfield Scott mit seinem Stab. Der Virginier, OB (general-in-chief) der US-Armee seit 1841, ist mit 75 Jahren den Anforderungen des Bürgerkriegs nicht mehr gewachsen und gibt das Kommando an George B. McClellan ab.

Second Bull Run, Antietam, Chambersburg-Raid, Fredericksburg, Chancellorsville, Brandy Station, Gettysburg, Wilderness, Spotsylvania, Yellow Tavern (tödlich verw.). – Stuart steigt als „Auge der Armee" zum legendären Reiterführer und romantischen Helden auf. Seine strategische Aufklärung führt zum Abbruch von McClellans Halbinsel-Feldzug.

Taylor, Richard *Dick* (1826 bei Louisville/KY – 1879), Pflanzer, Senator, GenLt. **F** Mexiko. **B** McDowell, Front Royal, Winchester, Seven Days, Mansfield, Pleasant Hill. – Sohn des Virginiers (Kriegshelden und US-Präs.) Zachary Taylor und Schwager von *Jeff* Davis, dient Taylor unter Jackson im Shenandoahtal. Er bedrängt Butler in New Orleans, schlägt Banks während des Red-River-Feldzugs und übernimmt gegen Kriegsende Teile von Hoods Tennessee-Armee. **NK** Schriftsteller.

Van Dorn, Earl (1820 bei Port Gibson/MS – 1863), WP 1842 (Infanterie), GenMaj. **F** Mexiko, Exp. gegen Comanchen in Texas. **B** Pea Ridge, Corinth, Holly Springs (wird im Mai 1863 in Spring Hill/TN von einem eifersüchtigen Ehemann erschossen).

Wheeler, Joseph *Fightin' Joe* (1836 Augusta/GA – 1906), WP 1859 (Dragoner/Mounted Rifles), GenMaj. **F** Frontier. **B** Shiloh, Perryville, Stone's River, Chickamauga, Chattanooga, Knoxville, Ringgold, Atlanta, Savannah-Feldzug, Carolinas. **NK** Pflanzer, Kongreßabg. und wieder im Militärdienst.

Wirz, Heinrich Hartmann (1823 Zürich/Schweiz – 1865), Fabrikarbeiter, Maj. **B** Seven Pines (verw.), von Februar 1864 bis Mai 1865 Kommandant des Gefangenenlagers Andersonville/GA. – Wirz wird nach dem Krieg in Washington im Namen von Moral und Gerechtigkeit (doch nach dem Motto „die Kleinen hängt man, die Großen läßt man laufen") von einer Militärkommission verurteilt und als einziger Kriegsverbrecher öffentlich gehenkt.

Wise, Henry Alexander (1806 Drummondtown/VA – 1876), Anwalt, Kongreßabg., Gouv. von Virginia, BrigGen. **B** Kanawha Valley, Roanoke Island, Petersburg, Appomattox. – Der Demokrat Wise, der als Gouv. Virginias John Brown hinrichten ließ, ist als pol. General zur Führung größerer Truppenverbände ungeeignet. **NK** Rechtsanwalt.

Zollicoffer, Felix Kirk (1812 Maury Cty/TN – 1862), Journalist, Kongreßabg., BrigGen. **F** Seminolen. **B** Camp Wildcat, Mill Springs (tödlich verw.).

United oder Divided States?

1820 – Die Gegensätze sind alt, gehen im Prinzip auf die Staatsgründung zurück. Die Unionsverfassung überläßt Fragen der Sklavenhaltung (im Süden nicht beim Namen, sondern „besondere Einrichtung" genannt) den Einzelstaaten. Leibeigenschaft ist dort, wo sie bereits existiert, durch die Konstitution geschützt. Womit die Gründerväter nicht rechnen konnten, sind die gewaltigen Landgewinne nach der Unabhängigkeit. 1820 bildet die Mason/Dixon-Linie zwischen Pennsylvania und Maryland (39. Breitengrad, 42 Minuten und 26 Sekunden) die Grenze zwischen freien und Sklavenstaaten, vor Aufnahme neuer Gebiete muß jeweils entschieden werden, ob dort Sklaven gehalten werden dürfen oder nicht. Für die Dixieländer von grundlegender Bedeutung ist das politische Gleichgewicht, jeder zusätzliche freie Bundesstaat gefährdet aufgrund der Stimmen im Kongreß (Senat und Repräsentantenhaus) die südliche Gesellschaftsform. Über die Frage, wie Missouri der Union beitreten soll, kommt es zum „Missouri-Kompromiß": 11 Sklaven- neutralisieren 11 freie Staaten, um den Ausgleich zu schaffen, wird Maine (bisher Teil von Massachusetts) als freier, Missouri als Sklavenstaat aufgenommen, zugleich jedoch festgelegt, daß Sklavenhaltung in Gebieten nördlich des 36°30' Breitengrads in Zukunft verboten ist. Ungeklärt bleibt, weil es die Gründerväter nicht klärten, wie hoch sklavenhalterische Einzelinteressen einzustufen sind, wenn sie im Rahmen der Union mit der Mehrheit des Volks und der Zentralgewalt kollidieren.

1846 – Entkörnungsmaschinen und Verbesserungen am mechanischen Webstuhl, die die Nachfrage nach der im Süden angepflanzten Baumwollart steigern, zwingen Plantagenbesitzer des Old South auf Landsuche in New Southwest. Anbau und Ernte sind arbeitsintensiv, je fortschrittlicher die Textilfabriken als Grundlage der Wirtschaft arbeiten, um so mehr Sklaven werden gebraucht. ■ Die Annexion von Texas führt zum Krieg mit Mexiko.

1848 – Mit dem Sieg über Mexiko fällt den USA Texas, Kalifornien und das New Mexico-Territorium zu, wo es nach Vorstellung des Kongreßabg. David Wilmot keine Sklaven geben soll (Wilmot-Proviso). Die territoriale Expantionspolitik der Regierung Polk vergrößert den Riß zwischen den nunmehr 15 freien und 15 Sklavenstaaten. Umstritten bleibt, ob Umsiedler Sklaven als transportables Eigentum auf Binnenwanderungen nehmen dürfen. ■ Der Wert der mit Hilfe von Abolitionisten nach Norden flüchtenden Sklaven hat Millionenhöhen erreicht und steigt täglich weiter.

1850 – Kalifornien sucht die Aufnahme als freier Staat. Um die fortschreitende Differenzierung zwischen Norden und Süden aufzuhalten, erreicht Senator Henry Clay (Kentucky) den „Kompromiß von 1850": Kalifornien wird als freier Staat aufgenommen, die Südwest-Territorien regeln ihre Negerfrage selbst. Um Sklavenhaltern – vorwiegend US-Bürger irischer Abstammung – entgegenzukommen, verabschiedet der Kongreß das Sklavenfluchtgesetz, nach dem in den Norden geflüchtete Sklaven ihren Besitzern zurückgegeben werden müssen.

1852 – *„God wrote it"*: Harriet Beecher Stowes „Uncle Tom's Cabin: Live Among the Lowly" (Onkel Toms Hütte) erscheint in Buchform. Der Tod des alten Sklaven Tom, der das

Harriet Becher Stowe aus Litchfield/CT, „die kleine Frau, die das Buch schrieb, das den großen Krieg verursachte" (Lincoln). Die Schriftstellerin aus streng puritanischer Familie, obwohl selbst nie in den tiefen Süden vorgedrungen, schreibt mit „Onkel Toms Hütte" den Roman mit der größten Wirkung der Weltgeschichte.

Bei Kriegsbeginn werden in den USA rund 4 Millionen Sklaven gehalten ... für General Ulysses S. Grant „die böseste Sache, für die ein Volk je kämpfte".

John Brown aus Torrington/CT, Landspekulant und militanter Abolitionist, Verrückter für die einen, Heiliger für andere.

James Buchanan, 15. Präsident der USA, mit starken Sympathien für die Sache des Südens.

Gewissen der Nation aufrüttelt, wird schnell zum Roman mit der größten Wirkung der Weltgeschichte.

1854 – Nordamerikas Einwandererstrom geht bevorzugt nach Norden und Westen, eingewanderte Habenichtse und unterprivilegierte Eingesessene zwingt die Gefahr, im gelobten Land mit lohndrückender Sklavenarbeit konkurrieren zu müssen, ins Lager der Abolitionisten. ■ Sklavenhalter erheben Anspruch auf das Nebraska-Territorium, die fruchtbare Zone des Mittelwestens (Nebraska und Kansas). Senator Stephen A. Douglas (Illinois), auf Stimmensuche für die Präsidentschaftswahl, überrascht mit dem Vorschlag, die lokale Bevölkerung in der Negerfrage selbst entscheiden zu lassen. Mit der Annahme durch den Kongreß ersetzt der Kansas-Nebraska Act, der Einzelstaaten die Entscheidung über die Einführung der Sklaverei überläßt, den Missouri-Kompromiß von 1820. Der Süden feiert mit Böllerschüssen und Feuerwerk, der Norden reagiert mit Entrüstung. Bewußt nordstaatlich ausgerichtete Politiker sprechen etablierten Parteien den politischen Willen ab, die Ausbreitung der Sklaverei zu verbieten, und gründen die Republikanische Partei (mit Programm gegen Sklaverei und für Hochschutzzölle). In Kansas kommt es zu bürgerkriegsähnlichen Unruhen („Blutendes Kansas").

1857 – James Buchanan, Demokrat und politischer Vertreter des Südens, wird 15. US-Präsident. ■ Dred Scott, Sklave in Missouri, der mit seinem Eigentümer über den 36°30' gezogen ist, versucht sich mit Hinweis auf die sklavenfreie Zone die Freiheit zu erkämpfen. Der Supreme Court urteilt, daß Scott als „ein Stück Eigentum" keine Rechtsansprüche wie ein US-Bürger stellen kann. Die obersten Richter stärken den Standpunkt des Südens, die Frage, ob die Zentralregierung das Recht hat, Sklaverei irgendwo im Land zu verbieten, wird nicht beantwortet.

1859 – Harpers Ferry, die Grenzgemeinde am Naturspektakel des Zusammenflusses von Shenandoah und Potomac (heute West-Virginia), rückt ins Zentrum der Geschichte. An einem Sonntag im Oktober besetzt der religiöse Fanatiker John Brown mit 21 Helfern das Bundesarsenal, dessen rund 100 000 Waffen einen Sklavenaufstand bewaffnen sollen. Heimwehren drängen Brown ins Feuerwehrhaus ab (in Zukunft: John Brown's Fort). 36 Stunden nach dem Handstreich fällt Brown Marineinfanteristen und Miliz unter Oberst Robert E. Lee und Lt. James E.B. Stuart in die Hand. ■ John Brown, dem Ankläger Mord, Verrat und Aufruf zur Rebellion vorwerfen, wird in Charles Town/WV gehenkt (2.12.). Zum Schutz der Hinrichtung sind 2 000 Soldaten aufgeboten, darunter ein gewisser John W. Booth von den „Richmond Grays". Im Norden läuten die Kirchenglocken, der Süden sieht sich in seiner Abneigung gegenüber den *Yanks* bestärkt.

1860 – In Charleston/SC spaltet sich der demokratische Nationalkonvent wegen der Negerfrage in einen nördlichen und südlichen Flügel. Beide stellen einen Kandidaten für die Präsidentschaftswahlen (23.4.) ■ Der „Hinterwäldler" Abraham Lincoln wird PräsKan. der Republikaner (18.5.). *Honest Abe* ist kein radikaler Abolitionist, toleriert die Sklavenhaltung dort, wo sie bereits besteht: *„Wenn ich die Union dadurch retten kann, daß ich alle Sklaven befreie, werde ich es tun. Wenn ich die Union retten könnte, ohne einen einzigen Sklaven zu befreien, würde ich es auch tun."* Was ihn zum Antagonisten des um seine sklavenabhängige Wirtschaft bangenden Südens macht, ist die Opposition gegen die

Ausbreitung der Sklaverei auf neue Staaten. ■ Republikaner stellen sich in lediglich 5 der 15 Sklavenstaaten dem Wähler. Lincoln wird aufgrund der Stimmen des Nordens zum 16. US-Präs. gewählt (6.11.) ■ South Carolina, einer der 13 Gründerstaaten, unterstreicht mit dem Rückruf der Senatoren aus Washington seine Souveränität (10.11.) ■ Maj. Robert Anderson übernimmt die Forts Moultrie, Sumter und Castle Pinckney vor Charleston/SC. Fort Sumter, 1830 auf einer künstlichen Insel in der Hafeneinfahrt angelegt, ist nicht fertiggestellt, Anderson quartiert seine Garnison in Fort Moultrie ein und wartet Verstärkungen ab (11.11.) ■ Mit der Unterzeichnung der Sezessionserklärung (Ordinance of Secession) in Charlestons Institute Hall erklärt South Carolina den Austritt aus der Union (20.12.) ■ Anderson, im Zweifel, ob er Fort Moultrie gegen einen Landangriff halten kann, richtet sich mit einer Nacht-und-Nebel-Aktion im inzwischen stärker befestigten Fort Sumter ein (26.12.) ■ Sezessionisten nehmen die Forts Moultrie und Castle Pinckney (27.12.) ■ Südstaatler zwischen South Carolina und Texas besetzen Forts, Zollhäuser und Bundesarsenale. Präs. Buchanan weigert sich, US-Truppen aus Charleston abzuziehen.

Blick auf Harpers Ferry, eine Gründung des Pennsylvaniendeutschen Peter Stephens. Die strategische Bedeutung ergibt sich durch die Lage an den Bahnlinien Baltimore & Ohio, Winchester & Potomac, am Chesapeake & Ohio-Kanal und an einer 300 Meter langen Brücke, die Robert Harpers Fähre ersetzt.

Unterwerfung oder Sezession?

Christoph G. Memminger, Finanzminister der CSA. Memminger, aus Württemberg nach Charleston/SC eingewandert, muß zum Opfer der Verhältnisse werden: Den sklavenhaltenden Bruderstaaten fehlt vieles, vor allem das Kapital für ihre Kriegsanstrengungen.

Januar 1861

3.1. – Der Grenz- und Sklavenstaat Delaware, wichtige Station der Untergrundbahn (die Schwarze in die Freiheit schleust), unterstreicht seine Treue zur Union. ■ Rebellen nehmen Fort Pulaski auf Cockspur Island/GA.

5.1. – Das unbewaffnete Handelsschiff Star of the West (Kom. John McGowan) verläßt New York mit 250 Mann Verstärkung, Proviant und Munition für Fort Sumter. ■ Sezessionisten nehmen die Forts Morgan und Gaines/AL.

9.1. – *„All Mississippi is in a fever to get to the field“:* Der Magnolienstaat Mississippi erklärt den Austritt aus der Union. ■ Die Star of the West wird knapp 2 mi vor Fort Sumter von Küstenbatterien beschossen und dreht ab.

10.1. – Florida erklärt als 3. Staat den Austritt. Die US-Garnison von Barrancas Barracks wird nach Fort Pickens auf Santa Rosa Island an der Mündung der Pensacola Bay verlegt. ■ Rebellen nehmen die Forts Jackson und St. Philip/LA und das Bundesarsenal in Baton Rouge.

11.1. – Die Legislative Alabamas, 22. Bundesstaat und „Heart of Dixie“, stimmt mit 61:39 für Sezession. In den Straßen von Montgomery herrscht Karnevalsstimmung. ■ Sezessionisten fordern Fort Sumter zur Kapitulation auf.

12.1. – Milizen aus Florida und Alabama nehmen die Marinewerft Pensacola/FL. ■ Präs. Buchanan, der die Union erhalten und den Krieg verhindern will, erklärt Washingtons Verzicht auf Gewaltanwendung. Wirtschaftskreise im Norden (die im Süden Geschäfte machen) und Gewerkschaften (deren Lohnniveau die Sklavenarbeit bedroht) wollen den Krieg.

19.1. – Die Legislative des Erdnußstaats Georgia, letzte der 13 englischen Kronkolonien, stimmt mit 208:89 für Sezession.

24.1. – Nach New York, Wisconsin und Massachusetts erklärt sich Pennsylvania für die Union. ■ Rebellen nehmen das Bundesarsenal in Augusta/GA.

26.1. – Sezessionisten versuchen, die Sklavenstaaten Virginia und Maryland auf ihre Seite zu bringen, um das in sie eingeklemmte Washington zu isolieren und Lincolns Amtsantritt zu verhindern. ■ Louisiana verläßt die Union.

29.1. – Kansas, mit weniger als 100 000 Einwohnern, wird als freier Staat in die Union aufgenommen.

Februar 1861

1.2. – Die Legislative von Texas erklärt sich mit 166:7 für den Austritt, überläßt die endgültige Entscheidung jedoch dem Wähler.

4.2. – *„The separation is perfect“:* Vertreter Alabamas, Floridas, Louisianas, Mississippis und South Carolinas treten in Montgomery/AL zusammen und arbeiten eine Verfassung der „Konföderierten Staaten von Amerika“ (CSA) aus, die jener der Union ähnlich ist.

9.2. – Sezessionisten wählen Jefferson Davis (Mississippi) zum CS-Präsidenten, Alexander H. Stephens (Georgia) zum Vizepräsidenten auf Zeit.

10.2. – *Jeff* Davis, GenMaj. der Miliz, wird im Blumenbeet seiner Brierfield-Plantage vom Wahlergebnis überrascht.

18.2. – *„The man and the hour have met“:* Davis wird in Montgomery, der ersten Hauptstadt der Konföderation, in das „First White House of the Confederacy“ eingeführt. ■ „Rebellen“ (eine Bezeichnung, auf die Südstaatler stolz sind) nehmen das Bundesarsenal in San Antonio/TX.

19.2. – Davis ernennt LeRoy P. Walker (Alabama) zum Kriegs-, Christoph G. Memminger, Einwanderer aus dem württembergischen Mergentheim, zum Finanzminister.

24.2. – Wähler im dünnbesiedelten Texas stimmen mit 34 794:11 235 für Sezession. ■ Lincoln trifft in Washington ein.

März 1861

1.3. – BrigGen. Pierre G.T. Beauregard wird KomGen. des CS-Wehrbereichs Charleston/SC.

4.3. – Lincoln tritt unter starken Sicherheitsvorkehrungen sein Amt als 16. US-Präs. an. John C. Breckinridge (zukünftiger Kriegsminister der CSA) vereidigt Vizepräs. Hannibal Hamlin aus Maine. In seiner Antrittsrede verurteilt *Honest Abe* die Sezession, da kein Staat das Bündnis mit der Union einseitig lösen könne.

„Lincoln ist ein langer, knochiger Mann mit großen Füßen, knochigen Händen, die noch größer aussehen wegen der zu kurzen Ärmel seines Röckchens, sehr langen Armen, mit denen er nicht richtig weiß, wo er sie hintun soll, magerem, schmutziggelblichen Gesicht, etwas wirrem, bräunlichen Haar, großer Nase, ungeheuer großem Mund, abstehenden großen Ohren und kleinen, etwas matten Augen. Wenn mir Lincoln in Deutschland irgendwo auf der Straße begegnete, würde ich ihn wahrscheinlich für einen Dorfschulmeister halten und bei seinem Anblick leicht lächeln. Seiner Schönheit wegen ist er sicher nicht zum Präsidenten erwählt worden.“ OTTO VON CORVIN nach einem Besuch im Weißen Haus.

Pierre G. T. Beauregard, BrigGen. der provisorischen CS-Armee, eröffnet mit dem Angriff auf Fort Sumter den Bürgerkrieg.

General Winfield Scott. Der Held zweiter Kriege befürwortet die Übergabe der Forts Sumter und Pickens, um die noch unentschiedenen Sklavenstaaten in der Union zu halten.

5.3. – Lincolns Kabinett diskutiert den drohenden Versorgungsengpaß der Garnison Fort Sumter.

6.3. – Die CSA, ohne stehendes Heer, vereidigt 100 000 Freiwillige für eine Dienstzeit von 1 Jahr. Einzelstaaten, Gemeinden und gutgestellte Privatpersonen rüsten Einheiten aus.

11.3. – BrigGen. Braxton Bragg übernimmt den CS-Wehrbereich Florida.

12.3. – England, das alte Rechnungen mit Washington zu begleichen hat, zeigt Sympathien für den Süden.

20.3. – Rebellen beschlagnahmen die USS Isabella im Hafen von Mobile/AL.

27.3. – Der 75jährige Winfield Scott, OB der US-Armee und Held zweier Kriege, befürwortet die Übergabe Fort Sumters aus Rücksicht auf unentschiedene Sklavenstaaten. Lincoln will Fort Sumter und Fort Pickens vor der nordwestlichen Ecke Floridas halten.

28.3. – Am Vorabend des Kriegs verfügt die Berufs- (oder reguläre) Armee der USA über 16 367 Soldaten, dazu kommen Milizen und freiwillige Verbände für den Krisenfall. West-Point-Absolventen mit Feuertaufen in Indianerkriegen und Mexiko stellen das Gros der Berufsoffiziere. ■ Buchanans Kriegsminister John B. Floyd hat auf die Sezession hingearbeitet: 16 000 Offiziere und Mannschaften der US-Armee stehen zum Schutz der Siedler in entlegenen Landesteilen, das Gros der Kriegsmarine ist auf Anordnung des Marineministeriums auf Auslandsmission.

April 1861

1.4. – Die USS Powhatan soll Fort Pickens verstärken.

8.4. – Die USS Harriet Lane verläßt New York in Richtung Fort Sumter. Lincoln informiert Gouv. Pickens von South Carolina, daß die US-Marine der ausgehungerten Garnison Verpflegung schickt. Pickens setzt seine Truppen in Alarmbereitschaft.

9.4. – *„Fire on Fort Sumter“:* Jefferson Davis befiehlt die Besetzung Fort Sumters, bevor die US-Marine die Hafenfestung erreicht. ■ Die USS Baltic und Pawnee nehmen Kurs auf Charleston.

11.4. – Der unionstreue Kentuckier Anderson lehnt die Kapitulation Fort Sumters ab.

12.4. – Der West-Pointer Beauregard läßt Maj. Anderson, seinen ehemaligen Lehrer in West Point, um :0330 wissen, daß er um :0430 Fort Sumter beschießen wird. Pünktlich um :0430 eröffnet die Mörser-Batterie von Fort Johnson den Bürgerkrieg, ab :0700 geben die 48 Geschütze von Fort Sumter das Feuer zurück. Ganz

Charleston ist auf den Beinen, um sich das Schauspiel nicht entgehen zu lassen. Am Horizont erscheinen die ersten Schiffe der Entsorgungsflotte. ■ Unionstruppen verstärken Fort Pickens auf Santa Rosa Island.
„Am Morgen des 12.4. besprechen in den Straßen von Chicago die überall in dichten Haufen zusammenstehenden Bürger auf das Lebhafteste und Leidenschaftlichste die vom Süden eintreffenden Nachrichten, denn vor wenigen Stunden ist durch den Telegrafen das bis jetzt noch fast Unglaubliche gemeldet worden, nämlich die Beschießung von Fort Sumter durch die Rebellen von Charleston aus. Man läuft hin und her und erzählt sich bleich vor Aufregung die Hiobsbotschaft. Ein Schrei der Entrüstung, dem bald der Ruf 'Zu den Waffen' folgt, erschüttert die ganze Stadt und versetzt die Bürger in immer gewaltigere Aufregung. Nur mit Mühe können einige südliche Ritter und Sklavenbarone vor der Wut der guten Chicagoer Bürger gerettet werden." E. DIETZSCH.

13.4. – Die USS Pawnee, Baltic und Harriet Lane bleiben auf Distanz, Anderson kapituliert nach 34stündigem Bombardement ohne Personalverluste.

Montag, 15. April 1861: Mit Stars and Bars über Fort Sumter beginnt der tragischste Abschnitt der amerikanischen Geschichte. (Aufnahme von F. K. Houston).

US-Maj. Robert Anderson, Befehlshaber über die Verteidigungsanlagen im Hafen von Charleston/SC. Die 34stündige Verteidigung Fort Sumters macht Anderson zum frühen Helden der Nation.

14.4. – Charlestons Kirchen läuten zu Dankgottesdiensten zusammen, in den Süd- und oberen Südstaaten löst die Demütigung der *Yanks* gewaltige Massenkundgebungen aus. ■ Eine Explosion während der Übergabe Fort Sumters macht 2 Unionssoldaten zu ersten Opfern des Kriegs. Der Waffengang als *gentleman's war:* Andersons Garnison verläßt das Fort zum getrommelten „Yankee Doodle" und geht nach New York zurück. ■ Minnesota-Gouv. Ramsey bietet Kriegsminister Cameron 1 000 Freiwillige an. Das 1. Minnesota unter Willis A. Gormann, nach der Ausbildung in Fort Snelling der Potomac-Armee zugeteilt, ist das erste US-Freiwilligenregiment des Bürgerkriegs.

15.4. – *„My paramount object in this struggle is to save the Union":* Lincoln fordert 75 000 Milizionäre aus loyalen Staaten an, um der „Revolte irregeleiteter Brüder, die auf dem Gerichtsweg nicht einzudämmen ist" zu begegnen. Der Präsident sucht „90-Tage-Leute" (er glaubt, daß die Rebellion nicht länger dauern kann) und lehnt schwarze Freiwillige ab. ■ Die allgemeine Kriegsbegeisterung, die landesweit zu Auf-, Aus- und Abmärschen führt, entspricht jener bei Ausbruch der Revolution gegen England (abgesehen davon, daß Nord- und Südstaatler jetzt 2 Völker sind).

„Viele der deutschen Einwanderer haben in Europa gedient und stürzen sich auf das Soldatenhandwerk wie die Katze auf neue Milch." CINCINNATI COMMERCIAL

16.4. – Die Gouverneure Kentuckys, Tennessees, Virginias, North Carolinas und Missouris lehnen Lincolns Mobilmachung als verfassungswidrig ab. Tennessee verspricht dem Süden 50 000 Kombattanten. Rund 300 Offiziere der Berufsarmee geben ihr Patent zurück und schließen sich den Rebellen an. ■ Im Norden wie im Süden greifen Tausende von Einwanderern aus allen bekannten und unbekannten Ländern zu den Waffen. Offiziere wie der Deutsche Peter J. Osterhaus, der Ungar Alexander Asboth und der Russe Ivan Vasilevitch (der sich jetzt John Basil Turchin nennt) bringen es schnell zu Rang und Namen, der Pole Wlodzimierz Krzyzanowski muß etwas länger auf die Beförderung warten, weil niemand in Washington seinen Namen sagen kann.

17.4. – Die Legislative Virginias – Englands erster amerikanischer Besitz – entscheidet sich mit 88:55 für Sezession und schließt ein Militärbündnis mit der CSA. Das Abstimmungsergebnis spiegelt die Stimmung im Land: Das Gebiet westlich des Shenandoah (heute West-Virgina) sympathisiert mit der Union. ■ Davis bietet bewaffneten Privatschiffen, die als Freibeuter gegen die US-Handelsmarine fahren, Kaperbriefe der Regierung an. ■ Clairborne F. Jackson, Gouv. von

Missouri, organisiert eine prosüdliche Staatsmiliz und fordert Waffenhilfe für die Erstürmung des Bundesarsenals in St. Louis/MO an.

18.4. – 460 Pennsylvania-Freiwillige treffen als erste Truppen in Washington ein. ■ Virginische Miliz rückt gegen Harpers Ferry, 55 mi nordwestlich von Washington vor. Die 45-Mann-Garnison setzt Bundesarsenal und Rüstungsfabrik in Brand und zieht sich zurück. Die Rebellen können 15 000 Gewehre, Musketen, Pistolen und Einrichtungen der Rüstungsfabrik für den Transport nach Süden retten. Harpers Ferry an den Bahnlinien Baltimore & Ohio (B&O), Winchester & Potomac, am Chesapeake & Ohio-Kanal und einer Brücke (die Robert Harpers Fähre ersetzt) bleibt vorerst in Rebellenhand. ■ Winfield Scott schlägt aufgrund seines Alters den Virginier Robert E. Lee als Nachfolger vor. *Bobby* Lee will „den Arm nicht gegen Eltern, Kinder und Heimatstaat" heben und lehnt ab. ■ In Baltimore/MD, rund 37 mi nordöstlich von Washington, wehen Fahnen der Sezession.

19.4. – Lincoln, der die Seehäfen der CSA blockieren will, um den auf Außenhandel angewiesenen Süden zu isolieren, droht gefangenen Kaperfahrern die Behandlung von Piraten an. Die Seeblockade kommt einer indirekten Anerkennung der CSA gleich: Das Recht Kriegführender, feindliche Häfen, Strommündungen etc. zu blockieren, ist unbestritten und muß von Neutralen honoriert werden, wenn es sich um 2 oder mehr kriegführende Nationen handelt. ■ Der Durchmarsch des 6. Massachusetts löst in Baltimore schwere Unruhen aus. 12 Zivilisten und 4 Soldaten kommen ums Leben. ■ GenMaj. Robert Patterson übernimmt den US-Wehrbereich Delaware, Pennsylvania, Maryland und

Blick auf Charleston/SC. Die Perle des Old South und Wiege der Rebellion ist in der Vorkriegszeit die einflußreichste Stadt des Südens. Jeder 4. Bürger ist deutschstämmig und steht in der Regel zur Sache der Konföderation.

District of Columbia. ■ Rebellen besetzen das Bundesarsenal in Liberty/MO. Studenten des Humbold-Instituts bewaffnen sich, um das Bundesarsenal in St. Louis zu schützen.

20.4. – Kom. Charles McCauley räumt die Marinewerft Gosport (Norfolk), wichtigster Flottenstützpunkt der USA. Unter den 9 selbstversenkten oder in Brand gesteckten Kriegsschiffen ist der später gehobene Dampfkreuzer Merrimack. ■ Washington ist nach Unterbrechung seiner Eisenbahn- und Telegrafenverbindungen isoliert. Truppen aus loyalen Staaten, die zur Sicherung der Stadt anrücken, müssen in Havre de Grace am Susquehanna nach Annapolis eingeschifft werden.

21.4. – Blauröcke setzen sich an der Bahnstrecke von Philadelphia nach Baltimore fest. ■ Truppen aus Chicago richten in Cairo/IL ein Basislager als Ausgangsstellung gegen den Süden ein. ■ Die USS Saratoga bringt das Sklavenschiff Nightingale auf und findet 961 Neger an Bord.

Schwester Mary Joseph von den Sisters of Mercy versorgt Verwundete im Militärhospital von Beaufort/NC.

22.4. – Arkansas lehnt die Einberufung von Truppen für die Union ab. ■ Rebellen nehmen die Bundesarsenale in Fayetteville/NC und Napoleon/AR. ■ Der Pionieroffizier Robert E. Lee wird KomGen. der Truppen Virginias. Die Rebellen errichten die Alexandria Line (eine Verteidigungslinie von den Blue Ridge Mountains entlang des Potomac zur Chesapeake Bay). ■ In St. Louis stellen Deutschamerikaner 5 Freiwilligenregimenter auf (seit dem Unabhängigkeitskrieg ist es üblich, daß Freiwillige ihre Offiziere, die Offiziere ihren Oberst, Obstlt. und Maj. selbst wählen, was die Nordarmee bis 1863 praktiziert).

23.4. – Die USS Pawnee verstärkt den Sicherungsring um Washington. ■ Rebellen nehmen Fort Smith/AR. ■ Deutsche Turnerverbände besetzen das Bundesarsenal in St. Louis, von Kriegsminister Floyd in der Annahme, daß sich Missouri für den Süden entscheidet, randvoll mit Waffen und Munition gefüllt.

„Wir waren unbewaffnet, erregten aber doch einiges Aufsehen. In den amerikanischen Stadtteilen wurden wir mit Hohn und Drohungen, in den deutschen mit Jubelrufen begrüßt. So trafen wir denn im Arsenal ein, ich meldete mich sofort bei [Hptm. Nathaniel] *Lyon und dieser ließ die Kompanie durch den Artillerieoffizier Schofield als Musterungsoffizier einmustern, einschwören, bewaffnen und einquartieren. Nun kamen auch noch die unter Sigels Leitung gebildeten Kompanien, in der Nacht war das Arsenal von 1 000 wohlbewaffneten Freiwilligen und 200 Mann regulärer Infanterie besetzt und gegen jeden möglichen Handstreich gesichert.“ HEINRICH BÖRNSTEIN, St. Louis.*

24.4. – Der Ostküstenstaat Virginia wird Mitglied der CSA. ■ Washington erwartet den unmittelbaren Angriff der Rebellen.

25.4. – US-Hptm. James H. Stokes lagert mit Hilfe Lyons 20 000 Musketen des Bundesarsenals von St. Louis über den Mississippi nach Illinois aus. ■ Das 7. New York trifft in Washington ein. ■ Der Infanterist Wilhelm A. Küffner, Einwanderer aus Mecklenburg, tritt in das 9. Illinois ein (bei Kriegsende hält Küffner mit 110 Kampfhandlungen den Einsatzrekord der Nordarmee).

27.4. – Die Virginier bieten Richmond anstelle von Montgomery als Hauptstadt der CSA an. *Old Dominion's* Metropole ist seit 1779 auf 38 000 Einwohner angewachsen (Sklaven eingeschlossen). ■ Der

US-BrigGen. William Bold Emory, Topograph aus Maryland. Emory gibt das Indianer-Territorium auf, dient unter McClellan auf der Halbinsel, unter Banks während des Red-River-Feldzugs und kämpft mit Sheridan im Shenandoahtal.

etwas exzentrische Prof. Thomas J. Jackson wird KomGen. von Harpers Ferry. Um ihn herum üben virginische Freiwillige (der Kern der zukünftigen Shenandoah-Armee) den Kriegsdienst.

28.4. – Unruhen in Baltimore/MD.

29.4. – Die Legislative des Grenzstaats Maryland hält trotz starker wirtschaftlicher und ideologischer Südbindungen zur Union.

30.4. – US-Oberst William *Bold* Emory, West-Pointer des Jahrgangs ‘31, gibt das Indianer-Territorium westlich von Arkansas auf. Der Abzug der US-Truppen spielt dem Süden eine gewisse Kontrolle über die Fünf Zivilisierten Nationen zu (Krieger der Cherokee, Creek, Choctaw, Chickasaw und Seminolen – zum Teil selbst Sklavenhalter – kämpfen den Krieg der Weißen auf beiden Seiten der Front).

Mai 1861

Der Norden: Der Verlust Fort Sumters arbeitet Scharfmachern im Norden zu. Die heiße Phase des Konflikts beginnt als Klassenkampf zwischen Massendemokratie, puritanischer Industriezivilisation und quasi-feudaler Pflanzeraristokratie (die „Freiheit der Nigger“, für die kaum jemand zur Waffe greifen würde, ist alles andere als historisches Ziel). Politisch steht die Frage im Raum, ob Einzelstaaten nach der Konstitution die Union verlassen können. ■ Die Öffentlichkeit rechnet mit einer einzigen großen Kampfhandlung, die den Krieg (für den Norden) entscheidet. Danach würden die Blauen einfach weitermarschieren, die Rebellenhauptstadt nehmen und die Kapitulation der CSA erzwingen. ■ Der Kriegsheld Scott schließt den Angriffskrieg aus, der das Land – das eines Tages wieder zum eigenen würde – zerstören müßte. Sein Langzeitplan sieht zu Pressionen und Blockaden der CS-Seehäfen die Kontrolle des Mississippis durch die Flußflotte (nach der Riesenschlange Anakonda, die sich um ihr Opfer windet und erdrückt, als Anakondaplan bekannt). ■ Lincoln verstärkt die regulären Truppen auf 22 714 Mann und ruft nach weiteren 42 034 Freiwilligen (tatsächlich melden sich mehr, als er im Augenblick brauchen kann). ■ Washington protestiert gegen „inoffizielle“ Beziehungen Londons zur CSA (3.), Queen Victoria erklärt die Neutraliät Großbritanniens im inneramerikanischen Konflikt (13.) ■ BrigGen. Benjamin F. Butlers Weigerung, 3 geflüchtete Sklaven als „Konterbande“ auszuliefern, wirft die Frage nach der Behandlung flüchtiger Sklaven auf (24.) ■ Washington kündigt den Abbruch der Postverbindungen mit dem Süden an (27.).

Der Süden rechnet mit der diplomatischen Anerkennung durch Frankreich und Großbritannien. ■ Richmond bestellt Kriegsschiffe in England (9.) und stimmt der Einberufung von weiteren 400 000 Freiwilligen zu. ■ Tennessee (16.) und Arkansas (18.) werden in die CSA aufgenommen. ■ North Carolina, im westlichen Landesteil gegen Sezession, verläßt als 11. Staat die Union (20.) ■ Der Kongreß stimmt dem Umzug nach Richmond/VA zu (21.) ■ Die Virginier votieren beim offiziellen Wahlgang für Sezession (23.)

Westlich des Mississippi ist Missouri der in sich zerstrittenste Staat. Missourier ziehen für die Sache des Nordens (110 000) oder Südens (40 000) ins Feld, politisches Intrigantentum blüht, der Riß geht durch Familien und Kirchengruppen. Regulären und Heimwehren der Union stehen prosüdliche Milizen, Guerillaverbände und Grenzbanditen entgegen. Franz Sigels deutsche Turnerverbände – Einwanderer, die ihre schwersten Schlachten bisher am Biertisch schlugen – machen den Versuch, St. Louis für Lincoln zu halten.

„Auf allen Punkten, die das Vereinigte-Staaten-Arsenal umgeben, wird unermüdlich exerziert, und wenn die Tagesarbeit vorüber ist, ertönen an allen Ecken und Enden deutsche Kriegslieder und Soldatenchöre wie Lützows 'Wilde Jagd' und das 'Schwertlied' ... Ich kann mich nicht erinnern, jemals so heitere, aufgeregte, stimmungsvolle Tage erlebt zu haben.“ HEINRICH BÖRNSTEIN

5.5. – Rebellen besetzen Fort Arbuckle im Indianer-Territorium.

6.5. – BrigGen. Daniel M. Frost zieht in Camp Jackson bei St. Louis prosüdliche Milizen zusammen. Hptm. Lyon observiert als Bauersfrau verkleidet den Gegner.

10.5. – Lyon schließt mit 720 Berufssoldaten und Freiwilligen Camp Jackson ein, Frost ergibt sich unter Protest. Unruhen in St. Louis fallen 27 Zivilisten und 4 Soldaten zum Opfer.

11.5. – Schießereien in St. Louis fordern weitere 6 Todesopfer.

17.5. – Häuptling John Ross erklärt die Neutralität der Cherokees.

31.5. – Lyon löst William S. Harney als KomGen. des Wehrbereichs West ab.

Der östliche Schauplatz:

3.5. – GenMaj. George B. McClellan wird KomGen. des US-Wehrbereichs Ohio (die Staaten Indiana, Illinois und Ohio).

5.5. – Rebellen räumen Alexandria/VA, gegenüber von Washington am Westufer des Potomac.

13.5. – BrigGen. Butler verhängt das Kriegsrecht über Baltimore und läßt Truppen von Relay Station/MD in die Stadt verlegen. Das entschlossene Handeln sichert Maryland für die

Joseph E. Johnston, General der Südstaaten. Der Virginier löst Jackson in Harpers Ferry ab, entkommt Granny Patterson im Shenandoahtal und führt die Rebellen in der ersten Schlacht am Bull Run als ranghöchster Offizier.

US-GenMaj. George B. McClellan (Bildmitte) mit Adjutanten und Offizieren der Potomac-Armee. Der Organisationsprofi McClellan zeigt einen Hang zu Pomp und Paraden und geht der offenen Schlacht aus dem Weg.

Union, Baltimore – mit offenen Sympathien für den Süden – gleicht bis Kriegsende einer besetzten Stadt.

15.5. – CS-BrigGen. Joseph *Joe* Johnston löst Thomas J. Jackson in Harpers Ferry ab. ■ Butler übernimmt das strategisch wichtige Fort Monroe an Hampton Roads (dem Wasserweg an der Mündung des James, der Norfolk und Hampton trennt).

18.5. – Unionstruppen testen den Gegner bei Sewell's Point/VA.

20.5. – Gouv. Beriah Magoffin streicht die Neutralität Kentuckys heraus.

21.5. – Richmond am James River wird Hauptstadt der CSA.

24.5. – BrigGen. Joseph K.F. Mansfield überquert mit 3 Yankee-Regimentern den Potomoac und besetzt Alexandria, bedeutende Handels- und Hafenstadt am Endpunkt von 3 Bahnlinien. Beim Versuch, die über dem Marshall House Hotel wehende Fahne der CSA einzuholen, wird Elmer Ellsworth, Oberst der 11. New York Fire Zouaves, von Hotelbesitzer James T. Jackson erschossen. Nach Ellsworth ist Jackson das zweite Opfer der ersten „Yankeeinvasion" Virginias.

25.5. – Ellsworth, ehemaliger Jurastudent in Lincolns Anwaltsbüro in Illinois, wird im Weißen Haus in Washington aufgebahrt. Mansfield baut sein Stellungssystem in Alexandria aus.

26.5. – McClellan schickt 3 Kolonnen über den Ohio. Strategisches Ziel ist Grafton an der Baltimore & Ohio, die Washington mit dem mittleren Westen verbindet.

28.5. – US-BrigGen. Irvin McDowell übernimmt die um Washington und in Nordost-Virginia stehenden Truppen.

29.5. – BrigGen. Benjamin Butler (12 000 Mann) besetzt Newport News an der Mündung des James in Hampton Roads und befestigt seine Stellung (Camp Butler).

30.5. – US-Oberst Benjamin F. Kelley rückt mit Verbänden der Ohio-Armee in Grafton/WV ein. Die zahlenmäßig unterlegenen Rebellen gehen nach Philippi zurück.

US-GenMaj. Irvin McDowell, Befehlshaber der in Washington und Nord-Virginia stehenden Truppen. Der West-Pointer des Jahrgangs '38 (13. von 45) tritt mit 5 Divisionen zum Offensivstoß gegen Manassas Junction an.

Operationen der Marine: Lincoln warnt unter fremden Flaggen fahrende Kapitäne durch diplomatische Mitteilung und öffentliche Proklamation, daß die US-Marine Schiffe, die einen Hafen der CSA anlaufen oder verlassen, beschlagnahmen kann.

9.5. – Washington verstärkt die Küstenblockade Virginias.

14.5. – Die Blauen halten in Hampton Roads 4 Blockadebrecher auf.

19.5. – US-Kriegsschiffe blockieren die Mündung des Rappahannock und wechseln Feuer mit den Batterien von Sewell's Point/VA.

21.5. – Die USS Constellation bringt vor Afrikas Küste ein Sklavenschiff auf.

28.5. – Die USS Brooklyn blockiert die Zufahrt nach New Orleans, USS Powhatan liegt vor Mobile Bay im Golf, USS Union an der Einfahrt nach Savannah/GA.

30.5. – Rebellen heben den Dampfkreuzer USS Merrimack (und verwenden dessen Rumpf beim Bau des ersten Panzerschiffs der Seekriegsgeschichte).

„Prof." Thaddäus S. C. Löwe überzeugt Washington von den Vorteilen des Heißluftballons für die militärische Aufklärung. Mit dem Sold eines Obersten engagiert, observiert Löwe den Gegner nach First Bull Run.

Juni 1861

Der Norden: Militärerfahrene, die Freiwillige zu Soldaten machen, sind rar, die Gerangel um Posten groß: Persönlichkeiten aus Politik und Wirtschaft, die anstelle militärischer Erfahrung über einflußreiche politische Freunde verfügen, stehen im Wettbewerb um Offizierspatente an. ■ Washington stimmt der Einrichtung der US Sanitary Commission zu, die den Sanitätsdienst der Armee revolutioniert (8.) ■ „Prof." Thaddäus S.C. Löwe stellt in Washington einen Seidenstoff-Ballon mit tragbarem Gasgenerator vor (17.), der in der militärischen Aufklärung eingesetzt werden soll. ■ Unionstreue Politiker im Westen Virginias wählen Francis H. Pierpoint zum Gouv. eines von Restvirginia unabhängigen „Federal Virginia" (19.).

Der Süden versichert, daß er keinen Gebietszuwachs auf Kosten des Nordens suche. Kriegsziel bleibe die Sicherung der Unabhängigkeit (militärisch gesehen die Verhinderung oder Abwehr einer Invasion). ■ Tennessees Wähler bestätigen den Austritt aus der Union (8.), in sich zerstritten kämpfen Tennessees Söhne auf beiden Seiten der Front. ■ Die Rebellenstaaten unterstreichen ihre Solidarität mit einem Fasttag (13.).

Westlich des Mississippi:
11.6. – *„This means war"*: Lyon schließt eine neutrale Haltung Missouris gegenüber Gouv. Jackson und Ex-Gouv. Sterling Price aus. Jackson will 50 000 Freiwillige gegen einen „Staatsstreich" der Union mobilisieren.

15.6. – Lyon (1 700), nach dem Schachzug von Camp Jackson zum BrigGen. ernannt, besetzt Missouris Hauptstadt Jefferson City und schifft seine Truppe nach Boonville ein.

19.6. – Rebellen machen mit deutschen Freiwilligen in Camp Cole/MO kurzen Prozeß.

24.6. – Geplänkel bei Jackson/MO.

Der östliche Schauplatz: Die ersten Schüsse sind gefallen, machen jedoch noch keinen Krieg. Der Endsechziger Robert Patterson will Harpers Ferry zurückerobern, dem eine Schlüsselstellung in der Sicherung Washingtons zukommt. McClellan richtet sein Hauptquartier im westlichen Virginia ein.

2.6. – P.G.T. Beauregard, KomGen. in Nord-Virginia, konzentriert seine Truppen beim Eisenbahnknotenpunkt Manassas Junction, 33 mi südwestlich von Washington.

Mit der Potomac-Armee auf dem Weg nach Manassas, fällt der erste konföderierte Soldat bei Fairfax Court House/VA. McDowell kampiert hier über Nacht und zieht über Centreville zum Bull Run weiter.

3.6. – 2 Kolonnen der Ohio-Armee (3 000) überraschen die Rebellen in Philippi/WV und zwingen sie nach Beverly zurück.

4.6. – *„A reckless tyrant has invaded your soil"*: Beauregard ruft die Virginier zum Kampf gegen Lincoln, den Tyrannen aus dem kapitalkräftigen Norden auf.

6.6. – CS-BrigGen. Henry A. Wise übernimmt die Streitkräfte im westvirginischen Kanawhatal.

9.6. – Butler tritt im Süden der Virginia-Halbinsel zum Angriff gegen den Rebellenposten am Big Bethel an. Die in Fort Monroe und Newport News zusammengestellte Truppe ist unerfahren, kaum ein Soldat hat je „einen Elefanten gesehen" (Bürgerkriegssprache für „die Feuertaufe erhalten").

10.6. – Gefecht am Big Bethel/VA. Butler (2 500) trifft 15 mi vor Fort Monroe auf Oberst *Prince John* Magruder (1 300). Im Zwielicht des Morgens verwechseln die Blauen Freund und Feind, Musketenschüsse, die das 7. New York (Oberst Bendix) in Richtung des 3. New York (Oberst Townsend) schickt, wecken den gut verschanzten Feind. Butler verliert den Überraschungseffekt, das Gefecht und 76, Magruder 8 Mann. ■ US-Oberst Charles P. Stone bricht zur Rockville-Exp. auf.

13.6. – US-Oberst Lewis Wallace rückt in Romney/WV ein.

14.6. – Charles P. Stone hat vor Seneca Mills/MD Feindberührung.

15.6. – Joseph E. Johnston weicht vor Patterson von Harpers Ferry nach Bunker Hill im Shenandoahtal aus. Harpers Ferry, zeitweise etwas wie „no-man's land", wechselt in den kommenden Monaten achtmal den Besitzer. – Stone besetzt Edward's und Conrad's Ferries/MD am Potomac.

17.6. – Das 1. South Carolina (Oberst Maxcy Gregg) kapert einen Zug der Loudon & Hampshire.

21.6. – McClellan übernimmt das Feldkommando in Grafton, um seine Truppen persönlich gegen die Grauröcke zu führen.

26.6. – Scharmützel am Patterson's Creek/WV.

29.6. – Von der realitätsfernen Öffentlichkeit unter Druck gesetzt, legt McDowell einen Operationsentwurf gegen Manassas Junction vor. Winfield Scott erklärt die Ziele einer Mississippi-Exp., beide Militärs wollen Offensivpläne aufschieben, bis die Rekruten ihre Grundausbildung abgeschlossen haben.

Operationen der Marine:
13.6. – Die USS Massachusetts stoppt im Golf 4 Blockadebrecher.

30.6. – Kom. Raphael Semmes verläßt New Orleans mit dem Kanonenboot CSS Sumter (als „Marques de Habana" bisher unter spanischer Flagge) und kann der USS Brooklyn vor der Mississippimündung entkommen. Die CSS Sumter (520 Tonnen, 5 Kanonen) bringt in den kommenden Monaten 18 Yankee-Schiffe auf.

Kom. Raphael Semmes, Rechtsanwalt aus Maryland. Kapitänleutnant der US-Marine im Krieg mit Mexiko, bringt Semmes mit der CSS Sumter in wenigen Wochen 18, mit der CSS Alabama innerhalb von 2 Jahren 64 US-Schiffe auf.

Amateure im Kriegsgeschäft

Juli 1861

Der Norden: Schießereien machen weiterhin keinen Krieg, Politiker und Presse befürchten, daß Kriegsbe-

Falls Church, westlich von Arlington/VA. Die Kirche, in der George Washington einst den Gottesdienst besuchte, dient bei Kriegsbeginn als Hospital, danach als Pferdestall der Nordarmee.

geisterung und Patriotismus ohne eine richtige Schlacht verebben könnten. Scotts Anakondaplan scheint zu langwierig angelegt, Säbelrassler fordern für Lincolns 90-Tage-Verbände (die für den Sieg nur 90 Tage Zeit haben) die schnelle Aktion. Die verantwortlichen Militärs zeigen weiterhin wenig Lust, ihre „grünen" Truppen gegen die Rebellen zu werfen. *Honest Abe* denkt mehr an Wähler als Soldaten und befiehlt McDowell, Beauregard bei Manassas Junction anzugreifen, um das Herzland Virginias offenzulegen. ■ Lincoln bestätigt, daß die Sklavenhaltung in Staaten, wo sie bereits besteht, weiterhin geduldet würde. Der 37. Kongreß (der Verlust des Südens hat den Anteil der Demokraten auf ein Viertel reduziert) stimmt der Einberufung von weiteren 500 000 Freiwilligen zu (4.) ■ Lincoln lehnt eine Invasion des Grenzstaats Kentucky ab (10.) ■ Der Kongreß verabschiedet die Crittenden-Johnson-Resolution, nach der der Schutz der Verfassung, nicht die Abschaffung bestehender Institutionen (wie die Sklaverei) Ziel des Konflikts mit dem Süden ist (22.).

Der Süden geht davon aus, daß er einige Schlachten verlieren, den Krieg trotzdem gewinnen kann. Mut und Opferbereitschaft sind groß, Formeln, nach denen es 1 *Johnny Reb* mit 5 oder mehr *Billy Yanks* aufnehmen kann, alltäglich. Der Optimismus scheint auf gesundem Boden zu wachsen: Der Norden hat das Menschenmaterial, die überlegene Logistik, ist technisch und industriell überlegen, doch der Süden kämpft auf vertrautem Heimatboden defensiv und hat bei Kriegsbeginn die fähigeren Offiziere als Kommandierende Generäle. Die Rebellen schießen und reiten besser, sprechen häufiger von jener Ehre, die Soldatsein zum männlichsten aller Abenteuer macht.

BrigGen. Hermann Haupt, Chef des ersten Baukorps der Nordarmee (vor der Lokomotive Herman Haupt der US Military Railroads). Die Ingenieurskunst des Pennsylvaniendeutschen begründet die Legende, daß „Yanks Brücken schneller bauen als Rebs sie verbrennen können". (Aufnahme von Andrew J. Russell)

Westlich des Mississippi:
1.7. – Oberst John R. Baylor, gestandener Indianerkämpfer aus Kentucky, reitet mit der 2. Texas Mounted Rifles „zur Büffeljagd" im New Mexico-Territorium (NMT) ein.

3.7. – GenMaj. John C. Frémont übernimmt den US-Wehrbereich West, in dem unter rund 23 000 Soldaten jeder 3. für 90 Tage verpflichtet ist. ■ Die Blauen geben Fort McLane/NMT auf.

5.7. – Oberst Sigel (1 100) greift Gouv. Jackson bei Carthage/MO an. Die deutschen Missourier, dem Gegner 4:1 unterlegen, gewinnen das einleitende Artillerieduell, glauben beim Auftauchen von Jacksons (tatsächlich unbewaffneter) Kavallerie jedoch, für einen Tag genug gekämpft zu haben und ziehen sich nach Springfield zurück. Die Blauen zählen 44, die Grauen 170 Tote und Verwundete. Carthage ist weitgehend zerstört.

8.7. – BrigGen. Henry *Hopkins* Sibley, West-Pointer des Jahrgangs '38 und trinkfester Veteran des Mexikokriegs, soll die grauen Streitkräfte im New Mexico-Territorium organisieren (das sich von Texas bis Kalifornien erstreckt).

9.7. – Die Grauen verlieren bei Monroe Station/MO 100 Mann.

10.7. – Apachen, die ohne Partei zu ergreifen im Bruderzwist den Vorteil für den eigenen Kriegspfad sehen, greifen Fort Breckinridge/NMT an und stecken es in Brand.

12.7. – CS-BrigGen. Albert Pike unterschreibt einen Beistandspakt mit Choctaws und Chickasaws im Indianer-Territorium.

25.7. – Frémont trifft in St. Louis ein. ■ Maj. Isaac Lynde (500) zieht gegen Oberst John R. Baylor (280) bei Mesilla/NMT den kürzeren.

27.7. – Lyndes Yankees füllen ihre Feldflaschen mit Whiskey, evakuieren Fort Filmore/NMT und fallen den Reitern der 2. Texas Mounted Rifles südlich von Augustine Springs buchstäblich in die Hand.

28.7. – Rebellen besetzen New Madrid/MO.

31.7. – Missouris „provisorische" Regierung verlegt den Regierungssitz von Jefferson City nach St. Louis und wählt den Unionsloyalisten Hamilton R. Gamble zum Gouverneur.

Der westliche Schauplatz:

23.7. – BrigGen. William S. Rosecrans übernimmt den US-Wehrbereich Ohio mit dem westlichen Virginia.

31.7. – Lincoln fordert Offensiven gegen Memphis und das östliche Tennessee. Ulysees S. Grant wird General der Freiwilligen.

William S. Rosecrans, General der Nordstaaten. Der deutschstämmige Rosecrans – ein Bruder ist katholischer Bischof von Cincinnati – übernimmt den Wehrbereich Ohio mit dem westlichen Virginia.

BrigGen. Albert Pike, Schriftsteller und Anwalt aus Boston/MA. Pike, ein Nordstaatler, der für den Süden kämpft, erreicht einen Beistandspakt mit Choctaws und Chickasaws im Indianer-Territorium.

Der östliche Schauplatz: Washington und Richmond trennen 100 mi, die der Krieg zu den „blutigsten 100 mi" Amerikas macht. Am Überlandweg liegt der Bach Bull Run, der nördlich von Manassas durch üppiges, leicht gehügeltes Farmgebiet fließt. Auf Chinn Ridge arbeitet Ben Chinn mit 9 Sklaven, im Henry House hält das Alter die 85jährige Judith Henry fest, im Steinhaus (das bald als Feldhospital dient) wohnt Henry Matthew. Beim nahen Manassas an den Bahnlinien Manassas Gap und Orange & Alexandria hat Beauregard 22 000 Mann der Südarmee konzentriert. ■ Das Shenandoahtal, von Deutschen urbar gemacht und prominent besiedelt, gilt als Brotkorb der CSA. Einem breiten, von Bergen geschützten Highway gleich, ist es zur landwirtschaftlichen Bedeutung die natürliche Lage, die das Tal zu einem Hauptkriegsschauplatz ... Jackson, Early, Sheridan, Custer und Mosby zu Legenden macht.

William S. Rosecrans mit Soldaten der 47. Illinois. Die 47er kämpfen vor Island No. 10, Corinth, Iuka, Jackson, Vicksburg und Pleasant Hill (der Staat Illinois stellt 256 000 Freiwillige für die Nordarmee).

2.7. – Patterson, der *Joe* Johnstons Shenandoah-Armee (10 000) während der Offensive gegen Manassas Junction im Shenandoahtal halten soll, überquert den Potomac. ■ Thomas J. Jackson hat bei Falling Waters/WV die erste Feindberührung.

3.7. – *Granny* Patterson steht bei Martinsburg, *Joe* Johnston zieht sich nach Winchester am Nordeingang des Shenandoahtals zurück.

5.7. – Schießereien bei Newport News/VA.

9.7. – McClellan (20 000) wird im bergigen Westen Virginias durch Rebellenstellungen am Laurel Hill und Rich Mountain aufgehalten.

11.7. – Ohio- und Idaho-Regimenter unter Rosecrans (2 000) greifen im strömenden Regen Obstlt. John Pegram (1 320) am Rich Mountain an. Die Grauen weichen zurück, McClellan (6 000) blockiert den falschen Fluchtweg und läßt sie entkommen. BrigGen. Morris (4 000) zwingt BrigGen. Robert S. Garnetts bunt zusammengewürfelte Rebellentruppe (3 000) vom Laurel Hill. McClellan, der mit dem bisher verlustreichsten Gefecht die Grundlage für die Sicherung der Region West-Virginia legt, hat 61, Garnett rund 300 Mann verloren. ■ McClellan schickt BrigGen. Jacob D. Cox (2 900) gegen Henry A. Wise im Kanawhatal.

12.7. – Morris setzt dem flüchtenden Garnett nach. Das 4. und 9. Ohio (August von Willichs deutsche „Neuner“) kämpfen sich nach Beverly/WV vor.

13.7. – BrigGen. Garnett, ehem. Ausbilder in West Point und wie McClellan Mexikoveteran, versucht bei weiterhin regnerischem Wetter über den Cheat Mountain ins Cheat River-Tal zu entkommen. Von Morris eingeholt, als er die zurückhängende Wagenkolonne bei Corrick’s Ford deckt, fällt Garnett als erster General des Kriegs. ■ Bei Beverly ergeben sich 555 Rebellen aus Pegrams Kommando. ■ Richmond steht kopf: Unter Garnetts am Laurel Hill geschlagenen Truppen sind die Richmond Blues (46. Virginia) mit den Söhnen der High Society der Stadt.

14.7. – Die Siege im Westen Virginias (die eher Rosecrans und Morris zuzuschreiben sind) machen McClellan zum frühen Helden der Nation. ■ Patterson läuft sich im Shenandoahtal gegen Johnston fest.

16.7. – *„On to Richmond“:* McDowell tritt in Washington mit 5 Div. (35 000) zum Offensivstoß gegen Manassas Junction an. Das Gros der gut gerüsteten, schlecht ausgebildeten Kolonnen bilden für 90 Tage von der Farm oder aus der Werkstatt geholte Rekruten. Freiwillige, die – vom Schottenrock zum Ulanengewand in die farbenprächtigsten Uniformen der Kriegsgeschichte gesteckt – absolut keine Ahnung haben, was vor ihnen liegt, den Aufmarsch immer wieder aufhalten, um Brombeeren zu sammeln. Der Armee folgen Journalisten, Politiker und Schaulustige, die in Erwartung eines „Picknicks“ Stirnbänder mit dem „Auf nach Richmond“ umgebunden haben. Die „Nachhut“ bilden Wagen mit Champagner für die erwartete Siegesfeier. Auf dem Weg nach Manassas läuft die Dienstzeit der ersten 90-Tage-Regimenter aus, was das 4. Pennsylvania und die Artilleristen des 8. New York anstatt gegen den Feind nach Hause marschieren läßt. In der Nacht erfährt Beauregard durch die Spionin Rose

Ruinen von Henry House. First Bull Run, der erste Waffengang zwischen 2 großen Armeen, hat mit der 85jährigen Judith Henry auf dem Henry-Haus-Hügel ein einziges ziviles Opfer gekostet.

O'Neal Greenhow von den Plänen McDowells (einem Kameraden aus West-Point-Tagen), am nächsten Morgen kann er Einzelheiten darüber in der Presse lesen.

17.7. – *Joe* Johnston (10 000) soll Beauregard am Bull Run verstärken, was Patterson verhindern will. Bei Bunker Hill kommt es zum Schlagabtausch.

„Die Frauen schicken ihre Männer, Söhne und Liebsten so fröhlichen Herzens in die Schlacht, als ginge es zur Hochzeit." RICHARD TAYLOR, General der CSA.

18.7. – Die Blauen erreichen Centreville/VA gegen Mittag. McDowell schickt Oberst Richardson zum Aufklärungsvorstoß gegen die rechte Flanke des Gegners bei Blackburn's Ford (Furt), wo ihn James Longstreets Dixieboys erwarten. Die Yankees verlieren 83 Mann (*Jeff* Davis telegrafiert Longstreet sein Lob). Beauregard ist stärker als erwartet, McDowell muß seinen Operationsplan ändern. ■ Johnston täuscht Patterson, setzt sich zur Manassas Gap RR ab und nutzt erstmals in der Militärgeschichte den Schienenweg für die strategische Mobilität einer Armee.

19.7. – Beauregard, der entlang einer 8 mi langen Frontlinie Brücken und Furten hält, verstärkt sein Stellungssystem südlich des Bull Run. McDowell vergeudet den Tag damit, auf Proviant und Munition zu warten. Am Nachmittag trifft T.J. Jackson mit Johnstons 1. Brigade in Manassas ein.

20.7. – Johnston erreicht mit seiner Hauptstreitmacht Manassas und arbeitet mit Beauregard einen Operationsplan aus, der jenem McDowells auffallend gleicht: Die Rebellen wollen ihren rechten gegen den linken Flügel der *Yanks* schicken, die Yankees ihre Rechte gegen die Linke der Rebellenfront. Nord- und Südstaatler marschieren am nächsten Morgen nur deshalb nicht im Kreis, weil die Blauen früher auf den Beinen sind als der Gegner. ■ Der 21. Juli ist ein Sonntag, viele Washingtoner haben nichts besseres zu tun, als mit gepackten Picknickkörben zum Bull Run zu fahren, wo das

Oberst Ambrose E. Burnside mit Offizieren der 1. Rhode Island Volunteers. Die Rhode Islander sind die ersten, die am Bull Run die Waffen strecken.

Pioniere der 8. New York State Miliz in Arlington/VA wenige Tage vor First Bull Run. Recht generell gesehen, rücken Nordstaatler im Dunkel- und Himmelblau der Vorkriegsarmee ins Feld. Die Rebellen tragen grau, dann auch nußbraune Uniformen, was zum Spitznamen *Butternuts* führt.

Schauspiel einer richtigen Schlacht erwartet wird. Freund und Feind sind dankbar, daß sie „die Schlacht, die den Krieg entscheidet" nicht vermissen.

21.7. – Erste Schlacht am Bull Run. McDowell trifft an einem hochsommerlich-heißen Tag auf *Joe* Johnston (ranghöchster Offizier) und Beauregard. Beide Seiten verfügen über rund 30 000, in der Regel unerfahrene, von inkompetenten Offizieren geführte Truppen. McDowell, der auf den Überraschungseffekt und zügige Manöver setzt, läßt 11 000 Mann um :0230 von Centreville nach Sudley Springs Furt marschieren, um die linke Flanke des Gegners zu umgehen. Gegen :0530 eröffnen blaue Artilleristen mit einer 30-Pfünder-Parrott das Feuer auf die von Oberst Nathan G. Evans gehaltene Steinbrücke der Warrentoner Landstraße, um von Bewegungen der Hauptarmee abzulenken. Gegen :0830 erkennt Evans das Täuschungsmanöver und stellt sich Oberst Ambrose E. Burnsides Rhode Island-Brigade entgegen. Zum Rückzug gezwungen, weicht er nach Matthews Hill und über den Turnpike nach Henry House Hill zurück. In Washington spuckt der Telegraf erste Siegmeldungen aus.

„There stands Jackson, like a stone wall": In der kritischen Phase vor Henry House kommen T.J. Jacksons Virginier und Wade Hamptons Legion dem bedrängten Evans zu Hilfe. Gegen :1600 durchbrechen die vereint schlagenden Rebellen McDowells rechte Flanke auf Chinn Ridge, worauf die 90-Tage-Leute – seit 14 Stunden auf den Beinen – den Kampf aufgeben und laufen. Der von Berufsoffizieren geführte Rückzug über den Bull Run beginnt geordnet, wird jedoch zur panikartigen Flucht, als ein Artilleriegeschoß auf der Cub-Run-Brücke landet. Der Weg nach Norden ist durch „Schlachtenbummler" und ihre Ausflugswagen blockiert, unter den Verbänden, die den Rückzug an der Straße nach Centreville decken, sind Ludwig Blenkers Deutschamerikaner aus

Das Spinner-Haus bei Centreville/VA, von Unionstruppen während First Bull Run als Hospital genutzt. Nach der Schlacht wird auf beiden Seiten der Front der Ruf nach einer besseren Versorgung von Verwundeten laut.

New York und Pennsylvania. McDowell hat 2900, der Gegner 2000 Mann verloren, einziges ziviles Opfer ist die alte Judith Henry. ■ Im ersten Waffengang zwischen 2 großen Armeen haben sich neben Uniformen die *Stars and Stripes* des Nordens und die *Stars and Bars* des Südens als zu ähnlich erwiesen: Am Henry House Hill bezahlten Yankees dafür, daß sie Virginier aus Jacksons Brigade mit Kameraden verwechselten. ■ *Jeff* Davis, im Prinzip Soldat und kein Politiker, trifft im Kampfraum ein und fordert zur Verfolgung der planlos nach Washington zurückflutenden Blauröcke auf. Johnston und Beauregard, durch den Sieg so desorganisiert wie die *Yanks* durch die Niederlage, lehnen ab.

„Obgleich auch die anderen Teile unserer tapferen Armee großen Ruhm erworben haben, bevorzugte Gott meine Brigade mehr als die anderen, indem er sie den Hauptangriff des Feindes zurückschlagen ließ. Dies zu Deiner Information, sprich nicht darüber. Sollen die anderen meine Taten preisen, nicht ich.“ JACKSON, der während des Gefechts – BrigGen. Bee an seine Leute: „Dort steht Jackson wie eine Steinwand“ – *das Prädikat Stonewall erhalten hat, an seine Frau.*

22.7. – *„Disaster to The National Army, Retreat, Panic!“*: Die Schlagzeilen der Nordpresse spiegeln die Bestürzung über die unerwartete Niederlage am Bull Run. Der Kriegsberichterstatter, der das Kampfgeschehen aus persönlichem Erleben schildert, gehört zu den „Innovationen" des Kriegs (von William T. Sherman stammt die Behauptung, daß *Jeff* Davis durch die Presse mehr erfahren habe als durch Aufklärer und Spione). ■ McClellan wird nach Washington gerufen, Richmond ordnet einen Tag der Danksagung an.

24.6. – Henry A. Wise zieht sich vor General Cox von Charleston/WV nach Gauley Bridge zurück.

25.7. – Patterson, der Johnston aus dem Shenandoahtal entkommen ließ, wird durch GenMaj. Nathaniel P. Banks ersetzt. ■ Cox nimmt Charleston/WV.

27.7. – McClellan, den Rich Mountain zum „jungen Napoleon" macht, löst McDowell, den Verlierer von Bull Run ab.

30.7. – Cox besetzt Gauley Bridge/WV. ■ Butler, im „Besitz" von rund 1000 entlaufenen Sklaven, stellt in Washington die Frage nach ihrem Status: Sind sie frei oder Eigentum der Armee?

Operationen der Marine
4.7. – Die Yankeeflotte blockiert Galveston/TX und bringt im Golf 4 Blockadebrecher auf.

15.7. – Die USS Daylight kreuzt in der Zufahrt zum Hafen von Wilmington/NC.

August 1861

Der Norden: Washington ist aufgebracht: Tage nach Bull Run schleppen sich immer noch Verwundete in die Stadt. Ambulanzkutscher, tatsächlich unter den ersten, die die Flucht ergriffen, stehen in der Kritik, der Ruf nach einer besseren Versorgung der Verwundeten wird laut. ■ Die Spekulationsfrist ist abgelaufen, die Rebellion zum Krieg geworden. Der Kongreß bewilligt den Bau von 3 gepanzerten Kriegsschiffen (3.)

Philip H. Sheridan (Mitte) und George Crook (links) in West-Point-Tagen. Crook führt die Kanawha Division am South Mountain und Antietam und die West-Virginia-Armee während Sheridans Shenandoah-Feldzug.

und verabschiedet das Konfiskationsgesetz, das Sklaven in die Freiheit entläßt, die von ihren Besitzern „zum Vorteil der Rebellion" eingesetzt werden (6.) ■ Washington bestellt bei James B. Eads in St. Louis 7 Kanonenboote mit geringem Tiefgang für die Flußflotte, gerne Pook's Schildkröten genannt (7.) ■ Kriegsminister Cameron verbietet die Rückgabe flüchtiger Sklaven an Eigentümer in der CSA (8.) ■ In Washington meutern Soldaten des 79. New York und 2. Maine (14./15.) ■ Der Norden bricht die Handelsbeziehungen zum Süden ab (16.) ■ Cameron legt die Wehrbereiche Nordost-Virginia, Washington und Shenandoah im Wehrbereich Potomac zusammen (17.) ■ König Kamehameha erklärt Hawaiis Neutralität (26.).

Der Süden erliegt der Gefahr, die Bedeutung eines taktischen Siegs unter erträglichen Verlusten zu überschätzen. Spekulationen, nach denen bei Manassas die erste und letzte Schlacht geschlagen wurde, enden damit, daß man sich in der Unabhängigkeit einrichten könne. ■ Richmond schließt eine (weitgehend theoretische) Allianz mit Missouri (19.) und ernennt John Slidell, James M. Mason und Pierre A. Rost zu Agenten in Frankreich, Großbritannien und Spanien (24.) ■ Davis ernennt Samuel Cooper, Albert S. Johnston, Robert E. Lee, Joseph E. Johnston und Pierre G.T. Beauregard zu Full Generals (was in dieser Reihenfolge auf Protest *Joe* Johnstons stößt). ■ Texas enteignet Personen, die den Treueid auf die CSA verweigern (31.) ■ *„In Dixie Land I'll take my stand to lib and die in Dixie":* Der Süden hat mit dem Dixie Song – obwohl vom *Yank* Daniel D. Emmet komponiert – seine inoffizielle Nationalhymne.

Sally Port (Ausfalltor) von Fort Slemmer/VA, eines von 161 Forts, Erdwerken und Batterien zum Schutz Washingtons. First Bull Run hat die Rebellion zum Krieg gemacht, die Verteidiger der Metropole stehen häufig in Sichtweite konföderierter Vorposten.

Westlich des Mississippi: Die Lage in Missouri gibt Anlaß zur Sorge: Südsympathisanten verschärfen die Krise, Frémont kann Freiwillige für die Sache des Nordens werben, was ihm fehlt, sind Ausrüstungsgegenstände von der Infanteriemuskete bis zu Säbel und Sattel der Kavallerie.

BrigGen. Nathaniel Lyon, Befehlshaber der im US-Arsenal in St. Louis stationierten Truppen. Lyon, später BrigGen., fällt im Kampf gegen McCulloch und Price am Ufer des Wilson's Creek.

1.8. – Oberst John R. Baylor erklärt das Territorium von New Mexico südlich des 34. Breitengrads zum konföderierten Territorium Arizona und setzt sich als Gebietsgouverneur ein.

2.8. – Lyon verliert bei Dug Springs/MO 4, der Gegner 40 Mann. ■ Die Blauen geben Fort Stanton und die Indianeragentur am Bonito/NMT auf.

3.8. – Scharmützel bei Mesilla/NMT.

5.8. – Nathaniel Lyon, vom ehemaligen Texas Ranger Benjamin McCulloch (5 000) und GenMaj. *Old Pap* Price (8 000) bedroht, weicht nach Springfield/MO aus.

9.8. – Lyon, der seine einzige Chance gegen McCulloch und Price im Überraschungsangriff sieht, bricht in Springfield zu einem kräftigen Nachtmarsch auf.

10.8. – Schlacht am Ufer des Wilson's Creek. Lyon (5 400) greift McCulloch und Price (11 000, darunter Indianer eines Arkansas-Regiments) gegen :0500 an. Das 1. Iowa (Einwanderer aus Schleswig-Holstein) erstürmt Oak Hill auf der Westseite des Wilson's Creek (in Zukunft: „Bloody Ridge") und bringt die Kanoniere der 2. US gegen Pulaskis Arkansas Battery in Stellung. Sigels Missourideutsche (1 200), die die Rebellen entlang der Telegraph Road umgehen wollen, verwechseln ein graues Louisiana-Regiment mit dem Grau der Iowa-Miliz und scheitern. Lyon, der 2 Angriffe auf Oak Hill abschlagen kann, fällt. Maj. Samuel D. Sturgis, West-Pointer des Jahrgangs '46, übernimmt den Befehl, wird jedoch zum Rückzug gezwungen, als seine Schützen die letzten Kugeln verschießen. Die Rebellen gewinnen ihre zweite bedeutende Schlacht, Sturgis geht nach Rolla südwestlich von St. Louis zurück. Personalverluste: 1 300 (USA), 1 200 (CSA).

12.8. – Mescalero-Apachen töten südlich von Fort Davis/TX 15 Rebellen.

15.8. – Washington verstärkt seine Truppen in Missouri. ■ In Kalifornien stoßen Indianer und Bundestruppen zusammen.

17.8. – Geplänkel bei Kirksville, Brunswick und Palmyra/MO.

19.8. – Das 22. Illinois verliert vor Bird's Point/MO 7, der Gegner 42 Mann. Rebellen greifen die Eisenbahnlinie bei Lookout Station/MO an.

30.8. – Frémont erklärt die Sklaven für frei und verhängt das Kriegsrecht über Missouri. Der Besitz von Süd-

Ruf zu den Waffen. Der Süden erliegt der Gefahr, die Bedeutung des taktischen Siegs von First Bull Run zu überschätzen . . . der Norden ruft weitere Freiwillige zum Dienst am Vaterland.

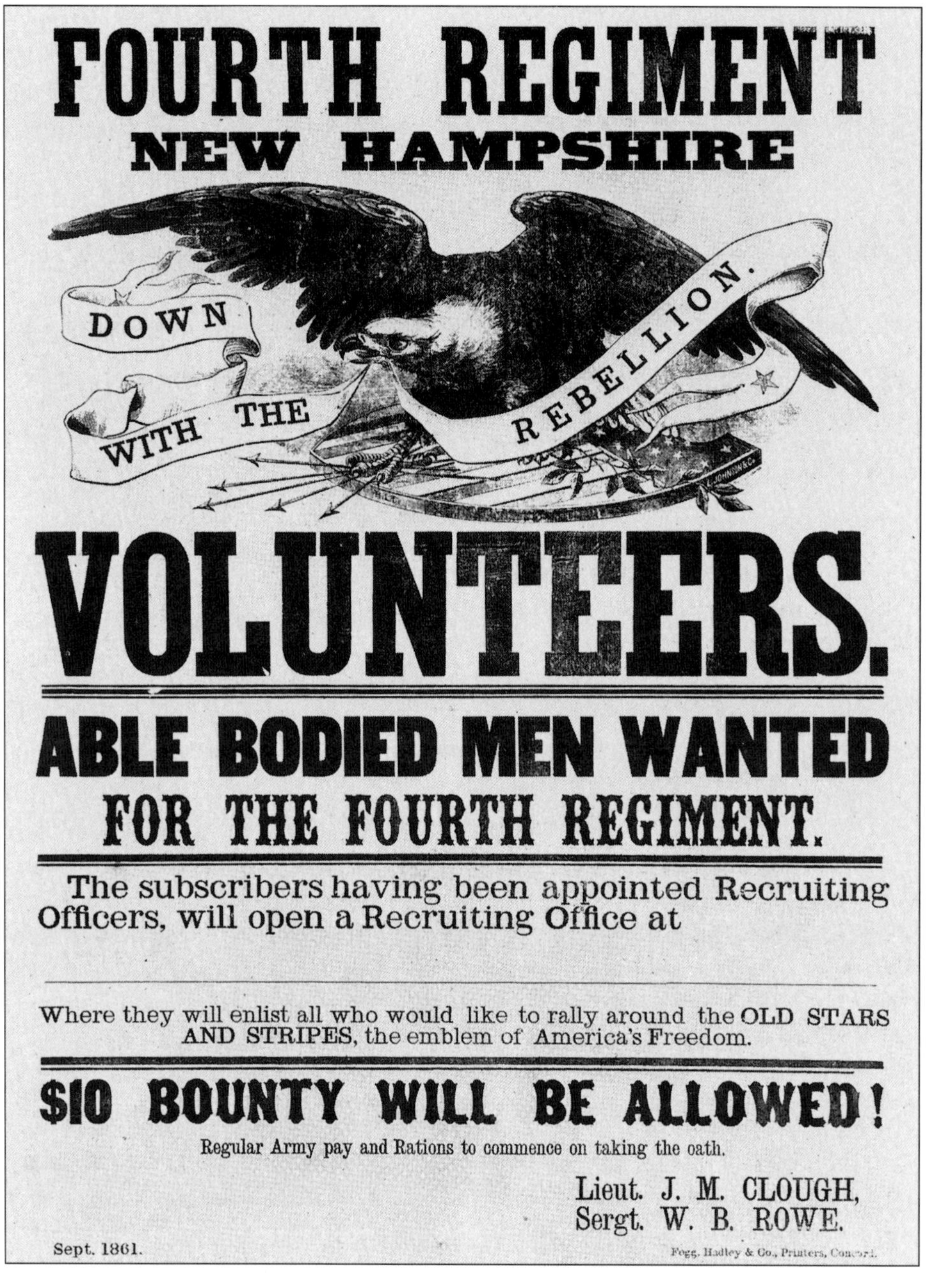

sympathisanten kann beschlagnahmt werden, Partisanen droht die Todesstrafe. Washington dementiert spontan, der weiterhin kompromißbereite Lincoln ruft seinen *Pathfinder* zum Widerruf auf.

Der westliche Schauplatz:
12.8. – Die zu Kanonenbooten umgebauten hölzernen Flußdampfer USS Tyler, Conestoga und Lexington legen in Cairo/IL an.

15.8. – BrigGen. Robert Anderson übernimmt den US-Wehrbereich Cumberland (Kentucky und Tennessee) mit Hauptquartier in Cincinnati/OH.

25.8. – US-Marineminister Gideon Welles ernennt Andrew H. Foote zum Kom. der Flußflotte im Westen.

28.8. – *Sam* Grant übernimmt den Truppen- und Flottenstützpunkt

Cairo an der Dreistaatenecke Illinois-Kentucky-Missouri.

Der östliche Schauplatz: McClellan organisiert die Potomac-Armee auf den Arlingtoner Höhen und verstärkt den Sicherungsring um Washington.

2.8. – Benjamin F. Butler, KomGen. von Fort Monroe, verbietet den Verkauf von Alkohol an Militärs, um ein aus den Indianerkriegen hinreichend bekanntes Problem unter Kontrolle zu bringen.

3.8. – John La Mountain, Ballonfahrer aus New York, steigt in Hampton Roads von Bord der USS Fanny auf, um Rebellenstellungen zu observieren.

7.8. – John B. Magruder, der Butler beschuldigt, dort entlaufene Sklaven anzusiedeln, brennt das Virginiadorf Hampton nieder.

10.8. – Lincoln versucht, einen Streit zwischen *Old Fuss and Feathers* Scott und *Little Mac* McClellan zu schlichten.

12.8. – Henry A. Wise protestiert gegen BrigGen. John B. Floyds Ernennung zum KomGen. im Kanawhatal. Wise und Floyd, die als Ex-Gouverneure Virginias eigene Truppenverbände aufgestellt haben, verbergen die gegenseitige Abneigung nicht und operieren in Zukunft eher gegen- als miteinander.

18.8. – GenMaj. John E. Wool Mexikoveteran aus Newburgh/NY, löst Butler als KomGen. des US-Wehrbereichs Virginia ab.

24.8. – Rose O'Neal Greenhow, die Beauregard McDowells Aufmarschpläne vor Bull Run verraten hat, wird festgenommen, wenig später jedoch wieder freigelassen.

26.8. – Das 7. Ohio verliert bei Cross Lanes in der Nähe von Summerville/WV 260 Mann (wovon 200 gefangen sind). ■ Butler will mit 7 Kriegsschiffen (Kom. Silas H. Stringham) und 850 Infanteristen die Forts Hatteras und Clark am Hatteras Inlet/NC nehmen. Die Festungen schützen die von Blockadebrechern frequentierte Durchfahrt vom Atlantik zum Pamlico- und Albemarle Sound (Sund).

27.8. – Die glatten Geschütze der Forts Hatteras und Clark (Marineoffizier Samuel Barron) erweisen

US-GenMaj. George B. McClellan in der Haltung Napoleons. Bürgerkriegsgeneräle wie Little Mac tragen Bild und Vorbild des Korsen mit sich herum, fragen sich bei wichtigen Entscheidungen, wie Napoleon in dieser oder jener Situation reagiert hätte.

John Ericsson. Der Erfinder des Schiffspropellers, 1839 aus Schweden in die USA eingewandert, konstruiert das Panzerschiff Monitor, das im Januar 1862 vom Stapel läuft.

sich als keine Gefahr für Stringhams außer Reichweite operierende Flotte, die stürmische See bleibt Butlers einziger Gegner. Barron läßt Fort Clark am Abend evakuieren, Dunkelheit und schlechte Wetterverhältnisse zwingen die Kriegsschiffe aus der Meerenge auf hohe See zurück. ■ Das 23. New York wird bei Ball's Cross Roads/VA in Scharmützel verwickelt.

29.8. – Samuel Barron erfragt die Konditionen, Butler, dessen Landungstruppen keinen Schuß abgegeben haben, besteht auf bedingungsloser Kapitulation. Die Forts Hatteras und Clark (700) ergeben sich. (Die Ironie der Kriegsgeschichte will es, daß unter Stringhams Schiffen die USS Monticello ist, deren Kommandant Barron noch zu Jahresbeginn war).

31.8. – Das 23. New York hat bei Munson's Hill/VA Feindberührung.

Operationen der Marine: Findige Rebelleningenieure bauen nahezu alles zu Kriegsschiffen um, was schwimmt. Richmonds Wunschliste führen Rammschiffe mit eisernem Sporn an, die die Holzschiffe der Blockadeflotte in die Tiefe bohren können. ■ Noch gelingt es 8 von 10 Schiffen, den Yankees auf hoher See zu entkommen. Die wendigen Blokkadebrecher operieren von Bermuda, Kuba oder den Bahamas aus, laden Baumwolle für Europa und kommen mit Schießpulver, Waffen und Handelswaren zurück.

Edwin M. Stanton aus Steubenville/OH, Justizminister unter Buchanan und erfolgreicher Rechtsanwalt, wird im Januar 1862 Kriegsminister der USA.

5.8. – Die USS Vincennes bringt vor Floridas Küste den Blockadebrecher Alvarado auf.

September 1861

Der Norden: Missouris Sklavenbefreiung zeigt negative Folgen im neutralen Kentucky. Frémont ist mit seinem Emanzipationsedikt in die richtige Richtung, aber eindeutig zu weit gegangen. Lincolns Berater drängen den Präsidenten, den *Pathfinder* an die Leine zu legen (2.) ■ *Honest Abe* widerruft Frémonts Emanzipationsedikt und schickt GenMaj. David Hunter nach St. Louis

(11.) ■ Der Norden legt einen Fasttag ein (26.).

Der Süden: Richmond fehlen die industriellen Kapazitäten, um einen langen Krieg durchzustehen, die Zeit arbeitet für den Gegner. Die bei Manassas stehenden Streitkräfte haben sich seit Bull Run kaum bewegt, Davis befiehlt seinen Militärs, Aktionen nicht weiter aufzuschieben (8.). ■ Judah P. Benjamin löst den farblosen LeRoy P. Walker als Kriegsminister ab (17.).

Westlich des Mississippi: Sterling Price, nach dem taktischen Erfolg von Wilson's Creek mit neuem Vertrauen, will Missouri von Jayhawkers (Dr. Charles R. Jennisons berüchtigte 7. Kansas Cavalry), *Yanks* und „Hessian-Yankees" befreien (Hessian/Hessen, seit der Revolution Synonym für Deserteure, als Spottbezeichnung für pronördliche Deutsche).

1.9. – Schießereien im Jefferson County/MO.

8.9. – CS-Oberst Livingstons Indianer brennen Humboldt/KS nieder. Als Antwort darauf zerstören Jayhawkers Osceola/MO (22.).

13.9. – Price belagert Lexington am Missouri, die US-Garnison (Oberst James A. Mulligan) gräbt sich auf dem Gelände des Masonic College ein. Frémont, der 20 000 Blauröcke im Umkreis von ein paar Tagesmärschen stehen hat, versäumt die

Blockhaus bei Aqueduct Bridge, Arlington Heights. Nach dem „Schwarzen Sonntag" von First Bull Run ist Washington direkt bedroht. Der Norden baut auf McClellan und die gut ausgerüstete Potomac-Armee.

Verstärkung Mulligans. ■ Bei Boonville/MO verlieren die Rebellen 13 Mann.

18. bis 20.9. – Kampf um Lexington/MO. Price (12 000) greift Oberst Mulligan (2 800) an.

1. Kampftag (18.) – Die Grauen nutzen das Terrain, werden jedoch von Landminen (einer weiteren Innovation) aufgehalten. Die verbissen kämpfenden Verteidiger ziehen sich auf einen inneren Verteidigungsring zurück, verlieren dabei ihr Wasserreservoir. Gegen :1300 stürmt die 2. Div. (Thomas A. Harris) das Anderson House, das den Blauen als Feldhospital dient. Dunkelheit verhindert weitere Kampfhandlungen. In der Nacht werden mehrere *Yanks* beim Wasserreservoir erschossen (die galanten Missourier erlauben Frauen die Wasserentnahme, wissen jedoch die Versorgung ihrer Männer zu verhindern).

2. Kampftag (19.) – Mulligan protestiert gegen die Erstürmung seines Feldhospitals, das vorschriftsmäßig mit der gelben Flagge gezeichnet war. Price läßt den Gegner nicht zur Ruhe kommen, BrigGen. Samuel D. Sturgis, der Lexington entsetzen will, wird aufgehalten.

3. Kampftag (20.) – Prices Missourier rollen am Morgen Hanfballen als bewegliche Brustwehren in Richtung Unionsstellungen (was den Waffengang zum „Gefecht der Hanfballen“ macht). Ohne Wasser, dann auch

Yankeesoldaten kontrollieren Passagiere der Georgetown-Fähre im District of Columbia. Washington gilt Politikern und Militärs als Symbol der nationalen Einheit, das um jeden Preis verteidigt werden muß.

ohne Munition, ergibt sich Mulligan gegen :1400.

Der Norden hat 1 795 Mann verloren (worunter 1 600 Gefangene sind), der Süden 168. Die Rebellen erbeuten 3000 Gewehre und Musketen, 7 Geschütze, 750 Pferde und 1 Million Dollar, die Mulligan im Tresor der lokalen Bank unterm Zelt vergraben hat.

22.9. – Der Krieg zeigt seine menschliche Seite: Nach dem Sieg von Lexington laufen *Old Pap* die Soldaten davon, um zu Hause die Ernte einzuholen. ■ Die Union verliert vor Papinsville/MO 18 Reiter.

23.9. – Die Evening News in St. Louis, Missouri müssen das Erscheinen einstellen, nachdem sie Frémont für den Verlust Lexingtons verantwortlich machten.

Der westliche Schauplatz:

3.9. – Leonidas L. Polk, KomGen. entlang des Mississippi, in Tennessee, Arkansas und Missouri, will mit dem Einmarsch ins neutrale Kentucky einer erwarteten Yankeeinvasion zuvorkommen.

4.9. – CS-BrigGen. Gideon J. Pillow besetzt Columbus/KY auf einer Klippe über dem Mississippi. ■ Grant richtet sein Hauptquartier in Cairo/IL ein.

5.9. – *Jeff* Davis überstimmt seinen Kriegsminister, der Pillow aus Kentucky zurückrufen will. Polk läßt Columbus zur Festung ausbauen.

6.9. – Grant reagiert auf den Rebellenvorstoß nach Kentucky und besetzt Paducah/KY an der Mündung des Tennessee und Smithland/KY am Cumberland. ■ Der Mexikoveteran Charles F. Smith, West-Pointer des Jahrgangs '25, übernimmt die Nordarmee im westlichen Kentucky.

17.9. – Die USS Massachusetts schießt Ship Islands Rebellengarnison in die Flucht. Die Insel im Mississippi Sund, nur 65 mi vor New Orleans, dient den Blauen als Stützpunkt für zukünftige Operationen.

18.9. – Kentucky gibt seine Neutralität auf und erklärt sich für die Union. ■ Mit der Einnahme Bowling Greens steht die graue Verteidigungslinie zwischen Cumberland Gap und Columbus/KY.

19.9. – CS-BrigGen. Felix K. Zollicofer stößt nach Barboursville/KY vor.

21.9. – A.S. Johnston will in Tennessee 30 000 Freiwillige für die Sache des Südens werben.

Der östliche Schauplatz: Lincoln drängt McClellan, das ideale Herbstwetter militärisch zu nutzen. *Little Mac* mauert am Sockel, auf dem er am liebsten steht, und schiebt die

James A. Mulligan, Oberst der US-Garnison in Lexington/MO. Mulligans Blauröcke verlieren – von Frémont im Stich gelassen – das „Gefecht der Hanfballen" und kapitulieren vor Sterling Price.

Untätigkeit der Potomac-Armee seinem Vorgesetzten, dem „alten General Scott“ zu.

1.9. – Bei Boone C.H./WV fallen 30 Rebellen im Kampf mit dem 1. Kentucky.

7.9. – Schießereien in Great Falls/MD.

8.9. – Robert E. Lee hat die nach Garnetts Niederlage zersprengten Truppen übernommen. US-BrigGen. Joseph J. Reynolds hält Cheat Mountain, Cox operiert im Kanawhatal, Rosecrans bewegt sich auf Carnifix Ferry (Fähre) am Gauley River: Im Westen Virginias kündigt sich eine weitere Kraftprobe an.

10.9. – Gefecht von Carnifix Ferry/-WV. Rosecrans trifft mit 3 Ohio-Brigaden auf John B. Floyd (2 600). Floyd hat seine Artillerie auf der einen, die Infanterie auf der anderen Seite des Gauley River, als er von US-Oberst Tyler angegriffen wird. Henry A. Wise campiert mit seiner „Legion“ in der Nähe, verweigert Floyd jedoch die Waffenhilfe. *Yanks* und *Rebs* kämpfen, bis schlechtes Wetter und Dunkelheit den Abbruch erzwingen. In der Nacht zieht sich Floyd nach Meadow Bridge zurück. ■ Robert E. Lee stößt gegen blaue Schlüsselstellungen am Cheat Mountain vor, die mehrere Bergpässe und die Überlandstraße von Staunton nach Parkersburg kontrollieren.

11. bis 13.9. – Gefecht am Cheat Mountain/WV. Lee (15 000) greift die 14. Indiana (Oberst Nathan Kimball) am Cheat Mountain Summit und Joseph J. Reynolds an der Überlandstraße bei Elkwater an. BrigGen. William W. Loring drängt Reynolds nach Elkwater ab, BrigGen. Samuel R. Anderson unterbricht Kimballs Zufahrt, doch BrigGen. Henry J.

Unionstruppen landen mit Hilfe von Kom. Du Ponts Salzwasserflotte vor Fort Walker auf Hilton Head Island/SC. (Der Chronist ist auf Stiche angewiesen, bei Belichtungszeiten zwischen 5 und 20 Sekunden gelingt es Fotografen noch nicht, bewegte Szenen aufzunehmen).

Jackson kann Cheat Summit nicht nehmen.

15.9. – Anhaltende Regenfälle, ein allzu komplizierter Angriffsplan und ernste Nachschubprobleme erzwingen die Einstellung der Operationen beim Cheat Mountain. Lee hat in seinem ersten Kampfeinsatz die in ihn gesetzten Erwartungen enttäuscht und findet sich in der Südstaatenpresse als „Großmütterchen" wieder.

16.9. – Geplänkel bei Princeton/WV und Harpers Ferry.

23.9. – Rebellen, die vor Hanging Rock/WV mit dem 4. und 8. Ohio experimentieren, verlieren 35 Mann.

25.9. – Yankeereiter nehmen Lewinsville/VA.

28.9. – Blauröcke dringen in die evakuierte Rebellenstellung Munson's Hill südwestlich von Washington ein und „erbeuten" ihre erste „Quäkerkanone" (ein Geschütz aus Holz, mit dem die Grauen den Gegner narren).

Operationen der Marine:
9.9. – Yankees bringen vor North Carolinas Küste 4 Blockadebrecher auf.

11.9. – Samuel F. Du Pont übernimmt das Blockadegeschwader Südatlantik.

14.9. – Die USS Colorado versenkt den Blockadebrecher Judah vor Florida.

Oktober 1861

Der Norden hat Bull Run hinter sich gebracht. Die Öffentlichkeit fordert den Offensivstoß der Potomac-Armee, bevor sie ihr Winterquartier bezieht. McClellan will aus rund 134 000 Rekruten erst noch Soldaten machen. ■ Butler übernimmt den Wehrbereich Neuenglandstaaten und stellt eine Exp. gegen New Orleans zusammen (1.) ■ Der Kongreß, durch Meldungen über eine schwimmende Geheimwaffe des Gegners aufgeschreckt, stimmt dem Bau neuartiger Kriegsschiffe nach den Plänen des schwedischen Immigranten John Ericsson zu (3.) ■ Washington diskutiert Vorschläge, übergelaufene Sklaven für die Union kämpfen zu lassen. Farbige bauen bereits Lager, reparieren Straßen, arbeiten als Krankenhelfer, Kutscher oder Wäscher, um Weiße für den Kriegsdienst freizustellen (7.) ■ Mit der Fertigstellung der Telegrafenlinie von Küste zu

Marineminister Gideon Welles. Neptun Welles, Journalist und Demokrat, der ins Lager der Republikaner wechselte, organisiert die Seeblockade der südlichen Häfen.

Küste erreicht die USA einen weiteren Meilenstein (24.) ■ Scott reicht seinen Abschied als OB der US-Armee ein (31.).

Der Süden: Englands Ruf nach Baumwolle bestärkt Richmond im Glauben, daß London die Royal Navy zum Schutz seines Handels einsetzen wird. ■ Alabama geht gegen Kriegsgewinnler vor (2.) ■ Louisiana stellt den Baumwollexport ein, um Druck auf England und Frankreich auszuüben (3.) ■ Die Rebellen gewinnen die Unterstützung von Senecas und Shawnees. Auch der Norden hat die Stämme umworben, doch der Süden die große Schlacht am Bull Run gewonnen und bessere Angebote gemacht (4.) ■ Die Cherokees stimmen für Sezession (7.) ■ Die Agenten James M. Mason und John Slidell gehen in Charleston an Bord des Blockadebrechers Theodora. Mason soll in England die Sache des Südens vertreten, Slidell will nach Frankreich (12.) ■ Davis versucht im Kompetenzstreit zwischen *Joe* Johnston und Beauregard zu vermitteln (28.) und lastet Presseberichte, die ihn für das Versäumnis, Washington nach Bull Run anzugreifen, verantwortlich machen, Beauregards Selbstdarstellung an (30.).

Merriwether J. Thompson, Ex-Trapper und Ex-Bürgermeister von St. Joseph/MO in Generalsuniform (obwohl er keiner ist). Swamp Fox Thompson führt seine Missourier („Swamp Rats“) 4 Jahre lang gegen Einrichtungen der Union.

Westlich des Mississippi:
2.10. – Unruhen in Charleston/MO.

7.10. – Price, von Nachschubproblemen zur Aufgabe eroberter Gebiete gezwungen, zieht sich in Missouris Südwesten zurück.

11.10. – Rebellenreiter aus Fort Inge/TX brechen zur Exp. gegen rebellische Indianer auf.

15.10. – Merriwether *Swamp Fox* Thompson, mit seinen „Swamp Rats“ zum persönlichen Feldzug gegen nordstaatliche Einrichtungen angetreten, bringt bei Potosi/MO 30 *Yanks* ein.

16.10. – Yankees erobern Lexington/MO zurück. ■ Scharmützel am Linn Creek/MO.

21.10. – US-Oberst Plummer wird südlich von Fredericktown/MO in ein dreistündiges Gefecht verwickelt. ■ Jeff Thompsons Partisanen kämpfen bei Ironton/MO gegen Yankeeregimenter aus Illinois, Wisconsin und Indiana.

24.10. – Lincoln löst Frémont – „ausgenommen, daß er gerade Feindberührung hat“ – durch David Hunter ab. Der *Pathfinder* marschiert Sterling Price hinterher.

25.10. – Yankees nehmen den Rebellen Springfield/MO ab.

27.10. – Bei Spring Hill/MO kommt es zu kleineren Aktionen.

31.10. – Prosüdliche Politiker erklären in Neosho Missouris Austritt aus der Union.

Der westliche Schauplatz:
4.10. – Bei Buffallo Hill/KY fallen 22 Nord- und 48 Südstaatler.

Die 96. Pennsylvania Infantry bei Exerzierübungen in Camp Northumberland bei Washington, D.C. McClellan baut die Potomac-Armee zu einer schlagkräftigen Kriegsmaschine aus, zieht sich dann jedoch ins Winterlager zurück.

7.10. – Küstenbatterien der Rebellen halten die Kanonenboote USS Tyler und Lexington vor Columbus Kentucky auf.

8.10. – Robert Anderson gibt aus Gesundheitsgründen den Wehrbereich Cumberland an BrigGen. William T. Sherman ab.

9.10. – Auf Santa Rosa Island/FL bereitet das 6. New York Zouaves (Oberst Billy Wilson) Richard *Fighting Dick* Anderson (1 500) einen heißen Empfang. Die Rebellen gehen auf ihre Schiffe zurück, Fort Pickens, auf der Westseite der Insel an der Einfahrt zum Tiefseehafen Pensacola, bleibt in Yankeehand.

12.10. – Geplänkel bei Paducah und Schießereien bei Upton Hill/KY.

19.10. – Felix K. Zollicoffer, KomGen. des CS-Wehrbereichs Ost-Tennessee, testet den Gegner vor Camp Wildcat/KY.

23.10. – Der Krieg erreicht Hodgenville, Lincolns Geburtsort in Kentucky.

26.10. – Truppen von Bord der USS Conestoga nehmen Saratoga/KY.

28.10. – A.S. Johnston erhält den Befehl über die grauen Kampfverbände in Kentucky.

31.10. – Schußwechsel bei Morgantown/KY.

Der östliche Schauplatz:

3.10. – Am Greenbrier River/WV verlieren die Blauen 40, die Grauen 200 Mann.

4.10. – Schießereien bei Chicamacomico/NC und Springfield Station/VA.

Winterlager der Südarmee beim Eisenbahnknotenpunkt Manassas/Va. Im ersten Kriegswinter hat General Joe Johnston das Problem, daß sich mehr und mehr Rebellen verabschieden, um zu Hause nach dem Rechten zu sehen (. . . im Frühjahr würde man weiterkämpfen).

5.10. – BrigGen. Joseph K.F. Mansfield übernimmt die Yankeetruppen am Hatteras Inlet.

13.10. – Turner Ashbys graue Reiter attackieren Harpers Ferry.

19.10. – US-BrigGen. George A. McCall besetzt Dranesville/VA.

20.10. – McClellan schickt BrigGen. Charles P. Stone, West-Pointer des Jahrgangs '45, von Poolesville/MD gegen das von Nathan G. Evans gehaltene Leesburg. Der Operationsplan sieht eine „Demonstration" Stones auf der Marylander Seite des Potomac, während eine weitere Unionskolonne in Virginia flußaufwärts marschiert.

21.10. – Gefecht von Ball's Bluff (gegenüber von Harrison's Island) am Potomac. Oberst Edward D. Baker, persönlicher Freund Lincolns, trifft mit 1 Brigade aus Stones Div. auf Evans, beide Seiten verfügen über rund 1700 Mann. Baker, Kommandeur des 71. Pennsylvania („California Regiment"), doch als Senator mehr Politiker als Soldat, setzt über den Potomac, was mit dem einzigen Fährboot nahezu 9 Stunden dauert. Bei Ball's Bluff von dem in einem Waldstück verschanzten Evans angenommen, flüchten die Blauen zum Potomac zurück. Baker fällt, die Nordarmee verliert 821, der Süden 155 Mann. Das Gefecht macht Evans zum Helden der Nation, Baker zum Märtyrer der guten Sache. Die Suche nach einem Schuldigen an der Niederlage führt politisch beeinflußt zu BrigGen. Stone, der beschuldigt wird, als Befürworter der Sklaverei Kontakte zum Feind zu unterhalten. Im Februar 1862 festgenommen und 6 Monate eingesperrt reichen die Beweise gegen ihn nicht zum (Hochverrats)Prozeß.

22.10. – Richmond organisiert den Wehrbereich Virginia neu: KomGen. ist Joseph E. Johnston, Beauregard übernimmt den Potomac-, BrigGen. Theophilus Holmes den Aquia-Distrikt, *Stonewall* Jackson das Shenandoahtal.

26.10. – US-BrigGen. Benjamin F. Kelley rückt in Romney/WV ein.

29.10. – Die US-Marine, auf der Suche nach einem südöstlichen Atlantikhafen für die Blockadeflotte, schickt 17 Kriegs-, 60 Transport- und Versorgungsschiffe (Kom. Du Pont) und 12 000 Mann Landungstruppen (BrigGen. Thomas W. Sherman) von Hampton Roads gegen Port Royal/ SC.

30.10. – Du Ponts Flotte wird vor North Carolinas Küste durch schlechtes Wetter aufgehalten.

Operationen der Marine: Der Norden kauft jedes Schiff, das eine Kanone tragen kann, um seinen Blockadering zu verstärken. Neuenglands Werften arbeiten auf Hochtouren, ein kleines Kriegsschiff wird aufgrund der Bauzeit zum „90-Tage-Kanonenboot“.

Flaggenoffizier Andrew H. Foote, Kom. der Flußmarine auf dem Oberen Mississippi. Foote nimmt mit seiner Flottille Fort Henry/TN und unterstützt Sam Grant bei der Eroberung von Fort Donelson.

4.10. – Die USS South Carolina bringt 2 Blockadebrecher auf.

19.10. – Die USS Massachusetts und das Kaperschiff CSS Florida duellieren sich vor Ship Island.

November 1861

Der Norden: Das Organisationsgenie McClellan hat die Potomac-Armee zu einer schlagkräftigen Kriegsmaschine aufgebaut, zeigt jedoch weiterhin wenig Lust, sie einzusetzen. *Little Mac* läßt sich mit einem Fackelzug feiern und zieht es nach einer Party vor, lieber ins Bett zu gehen, als den in seinem Haus wartenden Lincoln zu empfangen (eine der bekanntesten unwichtigen Episoden des gesamten Kriegs). ■ Der 34jährige McClellan folgt Winfield Scott als OB der US-Armee (1.) ■ Die USS San Jacinto (Kom. Charles Wilkes) bringt im Bahamakanal das unbewaffnete britische Postschiff Trent auf und nimmt die Agenten

Nathan Shanks Evans, CS-Oberst aus Marion/SC. West-Pointer des Jahrgangs '48 (36. von 38) und Veteran der Frontier, erkämpft sich Evans bei Ball's Bluff die Ernennung zum BrigGen.

Ulysses Sam Grant, General der Nordarmee. Grant, ein Mann, den die feine Gesellschaft von ihren Parties fernhält, wird Befehlshaber der Union in Kentucky und Tennessee.

James M. Mason und John Slidell von Bord. Die Trent fährt nach London, die San Jacinto nach Fort Monroe (8.) ■ Im Rahmen einer Neuordnung der Wehrbereiche übernimmt Henry W. Halleck Missouri (Kentucky westlich des Cumberland, Arkansas, Illinois, Wisconsin, Minnesota, Iowa, Missouri), David Hunter Kansas (Dakota-Territorium, Colorado, Nebraska, Indianer-Territorium, Kansas), Don Carlos Buell Ohio (Kentucky östlich des Cumberland, Tennessee, Indiana, Michigan, Ohio) und Oberst Edward R.S. Canby New Mexico. West-Virginia bleibt die Verantwortung von Rosecrans, Potomac untersteht McClellan (9.) ■ Mason und Slidell werden in Fort Wadell/Boston inhaftiert (24.), auf die „Trent-Affäre" aufmerksam geworden, antwortet London mit einem geharnischten Protest und verstärkt seine Truppenpräsenz in Kanada (27.).

Der Süden: Der erste Urnengang im Rahmen einer permanenten Konstitution wird zur Wahl ohne Auswahl: Interimspräsident *Jeff* Davis ist ohne Gegenkandidat geblieben, die Demokratische die einzige Partei (6.) ■ Richmond nimmt Missouri als 12. Staat in die CSA auf, was Formsache bleibt, solange Missouris prosüdliche Regierung exiliert ist (28.).

Westlich des Mississippi:

2.11. – Frémont, von Lincoln endgültig seines Kommandos enthoben, wird durch GenMaj. David Hunter ersetzt. Darüber aufgebrachte Abolitionisten rufen nach einem unabhängigen Staat Missouri.

11.11. – Jayhawkers und Rebellen treffen am Little Blue River/MO aufeinander.

18.11. – Scharmützel bei Palmyra/MO. ■ *Swamp Fox* Thompson nimmt den *Yanks* bei Price's Landing einen Flußdampfer ab.

19.11. – Opothleyohola, der unionstreue Unterhäuptling der Upper Creeks, ist mit 1 700 Kriegern und über 2 000 Frauen und Kindern auf der Flucht nach Kansas. Am Round Mountain/IT greifen ihn Cherokees und Texas-Kavallerie an.

20.11. – Unruhen in Süd-Kalifornien.

21.11. – Rebellen richten in Warsaw/MO einigen Schaden an.

Der westliche Schauplatz: Missouri bleibt Schwachstelle, Grant will die blauen Missourier mit einer Aktion gegen die Rebellenfestung Columbus entlasten. ■ Im Osten Tennessees, mit einem starken pronördlichen Bevölkerungsteil, kommt es zu Unruhen.

6.11. – *Sam* Grant schifft seine Illinois- und Indiana-Regimenter in

Cairo ein und fährt im Schutz der Kanonenboote USS Tyler und Lexington den Mississippi hinunter. Zwischen Columbus/KY und Belmont/MO haben die Rebellen dem Gegner mit einer 6 Tonnen schweren Kette den Wasserweg verlegt.

7.11. – Gefecht von Belmont. Grant (3 000), der seine Truppen bei Hunter's Point an Land gebracht hat, fällt über Polks Rebellenlager her (5 000). Die Blauen vertreiben die Grauen und sind noch dabei, deren Lagerbestände zu plündern, als die schweren Geschütze von Columbus das Feuer eröffnen. Bischof Polk schickt Verstärkungen über den Fluß, die Yankees gehen auf ihre Schiffe zurück. Grant hat 607, Polk 641 Mann verloren. Nach dem letzten Schuß erweist sich der Krieg als Fehde unter Ehrenmännern: Der Mexikoveteran Grant (vor ein paar Monaten noch Verkäufer in Illinois) und BrigGen. Benjamin F. Cheatham (Farmer aus Tennessee) setzen sich zusammen und tauschen ihre Gefangenen aus. Danach wird über Belangloses gesprochen.

11.11. – CS-GenMaj. George B. Crittenden, garantiert kein Gegner des Alkohols, übernimmt den Wehrbereich Cumberland.

18.11. – In Kentucky, wie Missouri mit einer blauen und grauen Regierung, stimmen Anhänger der CSA für den Austritt aus der Union.

21.11. – CS-General Lloyd Tilghman wird Kommandant der Forts Henry und Donelson knapp unterhalb der Grenzlinie zwischen Tennessee und Kentucky.

24.11. – US-BrigGen. George H. Thomas will von Danville/KY nach Ost-Tennessee vorstoßen, um hart bedrängten Unionsloyalisten militärisch beizustehen ■ Nathan B. Forrest, ein Name, den noch kaum jemand kennt, bricht zu seinem ersten Kentucky-Raid auf.

Der östliche Schauplatz: Richmond, von Du Ponts mächtiger Salzwasserflotte aufgeschreckt, warnt die Küstenbevölkerung der Carolinas vor einer bevorstehenden Yankeeinvasion.

1.11. – Du Ponts Flotte wird vor Cape Hatteras, einer der gefürchtetsten Küstenstrecken der Welt, auseinandergetrieben. Mehrere Schiffe und der Großteil der Landungsboote gehen verloren. ■ Rosecrans schlägt Floyd bei Gauley Bridge. (Das heutige) West-Virginia sieht noch zahlreiche Kampfhandlungen, doch der blaue Sieg markiert die Alleghenies (ein Teil der Appalachen) als Grenze zwischen Union und CSA.

5.11. – Robert E. Lee übernimmt den Wehrbereich South Carolina, Georgia und Ost-Florida.

7.11. – Du Pont passiert Fort Beauregard (Bay Point/St. Philip's Island)

CS-GenMaj. George B. Crittenden, Befehlshaber des konföderierten Wehrbereichs Cumberland. Crittendens Vater ist namhafter US-Senator, sein Bruder Thomas L. GenMaj. der Nordarmee.

David Hunter aus Washington, D.C. Hunter, ein radikaler Republikaner, der sich während First Bull Run die Ernennung zum GenMaj. erkämpfte, löst Frémont in St. Louis ab.

und Fort Walker (Hilton Head Island) im Morgengrauen und dringt in den Port Royal Sound (Sund) ein. Während des Vormittags üben die Yankeekapitäne ein neues, durch Dampfkraft ermöglichtes seetaktisches Manöver: Um 41 Geschützen des Gegners keine sicheren Ziele zu bieten, kreuzen die Kriegsschiffe während des Angriffs im Oval. Fort Beauregard kapituliert gegen :1100, Fort Walker, nachdem die Munition ausgegangen ist, am frühen Nachmittag. Die Verluste sind mit 31 (USA) und 66 (CSA) Mann relativ gering, Port Royal, zwischen Charleston und Savannah sicherster Naturhafen am Südatlantik, bleibt bis Kriegsende US-Stützpunkt.

9.11. – Thomas W. Sherman rückt in Beaufort/SC ein. In den kommenden Wochen laufen den Yankees rund 9000 Sklaven zu, die von Abolitionisten in Testprojekten der freiwilligen Plantagenarbeit eingesetzt werden.

14.11. – Geplänkel bei Romney und Fayetteville/WV.

24.11. – Unionstruppen landen auf Tybee Island/GA in der Mündung des Savannah River.

29.11. – Im Küstenstreifen South Carolinas wird die Baumwollernte verbrannt, bevor sie der Feind requirieren kann. Nach dem größten Feuerwerk des Kriegs muß der Weltmarkt mit einer weiteren Verknappung von Baumwolle rechnen.

Operationen der Marine:
7.11 – Die USS Santee versenkt die Royal Yacht im Golf.

12.11. – Die in England erworbene Fingal (die zukünftige CSS Atlanta) durchbricht die Blockade und läuft in Savannah ein.

17.11. – Die USS Connecticut bringt vor Cape Canaveral/FL einen britischen Blockadebrecher auf.

19.11. – Die CSS Nashville setzt die Harvey Birch auf Grund.

22.11. – Die USS Richmond, Niagara und Montgomery beschießen Fort Rae, Fort Barrancas und die Marinewerft von Pensacalo.

Dezember 1861

Der Norden: London verhängt wegen der „Trent-Affäre“ ein Ausfuhrverbot in die USA, eine militärische Konfrontation scheint nicht ausgeschlossen. ■ Die Potomac-Armee steht lediglich 25 mi von Johnstons Rebellen entfernt, doch McClellan ist an Typhus erkrankt. ■ John C. Breckinridge, der aktiv für den Süden kämpft, verliert seinen Senatsposten (4.) ■ Washington richtet das „Joint Committee on the Conduct of War“ ein, das die Niederlagen von First Bull Run und Ball's

Bluff untersuchen soll (9.) ■ Lincoln gibt dem Druck Londons nach und ordnet unter Berufung auf völkerrechtliche Zwänge die Freilassung der Südagenten Mason und Slidell an (25.) ■ US-Banken stellen den Goldhandel ein (30.).

Der Süden überprüft seinen Grundkriegsplan und kann mit dem ablaufenden Jahr zufrieden sein: *Johnny Reb* war *Billy Yank* in den Waffengängen von Big Bethel, First Bull Run, Ball's Bluff, Lexington, Belmont und am Wilson's Creek überlegen. Probleme sind nicht zu übersehen: Eines ist die Logistik (der Norden verfügt über 22 000, der Süden über 8 500 mi Schienenwege), ein anderes, daß sich vor Einsetzen des Winters mehr und mehr Rebellen verabschieden, um zu Hause nach dem Rechten zu sehen (... im Frühjahr würde man weiterkämpfen). ■ Die CSA nimmt Kentucky als 13. Staat auf, wie im Falle Missouris ein eher symbolischer Akt (10.).

Westlich des Mississippi:
2.12. – Lincoln ermächtig Halleck, die Habeaskorpusakte (das Grundrechte garantierende rechtsstaatliche Prinzip) in seinem Befehlsbereich auszusetzen, falls es die Situation erzwingt.

3.12. – Die 10. Missouri Cavalry verliert bei Salem/MO 16, der Gegner 40 Mann.

7.12. – Rebellen nehmen Glasgow.

9.12. – Unionstreue Indianer holen sich bei Chusto-Talasah/IT eine Niederlage ab.

12.12. – Scharmützel vor Charleston/MO.

26.12. – Halleck verhängt das Kriegsrecht über St. Louis und entlang der Eisenbahnlinien in Missouri. Personen, die bei Aktionen gegen Brücken und Telegrafenleitungen gestellt werden, können auf der Stelle erschossen werden. ■ 1 400 Indianer und Texas-Kavallerie greifen Creek-Häuptling Opothleyohola am Bird Creek/IT an. Die unionstreuen Creeks entkommen der Vernichtung als den Rebellen die Munition ausgeht.

The German Light Artillery. Im Dezember 1860 rekrutierten Charlestons deutschstämmige Bürger die German Light Artillery. Die Einheit besetzte Fort Moultrie im Hafen der Stadt und wird im August 1861 als Company H (German Volunteers) in das Infanteriebataillon der Legion Wade Hamptons eingegliedert.

29.12. – Unruhen im Indianer-Territorium.

Der westliche Schauplatz:
1.12. – Schießereien im Umland von Mill Springs/KY.

3.12. – Die USS Constitution trifft mit dem 9. Connecticut und 26. Massachusetts auf Ship Island ein.

5.12. – GenMaj. William J. Hardee, bewährter Indianerjäger aus Georgia, erhält den Befehl über Kentuckys Rebellenarmee.

17.12. – August von Willich, der mit dem 32. Indiana die Green River-Brücke bei Rowlett's Station/KY deckt, schlägt den Angriff von 3 000 Texas Rangers zurück ... für die Cincinnati Gazette zu diesem Zeitpunkt „der brillianteste Sieg der Union im Bürgerkrieg".

28.12. – Bei Sacramento/KY fallen 30 Südstaatler.

Robert H. Milroy, General der Nordarmee aus Salem/IN. Der Mexikoveteran kämpft im westlichen Virginia und während Second Bull Run, verliert nach einer bösen Niederlage gegen Ewell das Kommando und stirbt als Indianeragent.

Der östliche Schauplatz: Rebellen bauen mit Schienen, die Jackson an der B&O bei Harpers Ferry abmontiert hat, zwischen Manassas und Centreville die erste ausschließlich für militärische Zwecke gedachte Bahnlinie der Geschichte.

6.12. – Lincoln-Blaue von Hilton Head Island operieren vor Beaufort/SC.

13.12. – BrigGen. Robert H. Milroy greift mit Truppen aus Indiana, Ohio und West-Virginia Camp Alleghany (Buffalo Mountain/WV) an. Die Rebellen schlagen zurück, die Verluste liegen bei 125 (USA) und 136 (CSA) Mann.

15.12. – Schießereien bei Meadow Bluff/WV.

17.12. – Jackson stört den Schiffsverkehr auf dem Chesapeake & Ohio-Kanal bei Damm Nr. 5.

20.12. – In den Winterquartieren werden die Vorräte knapp, was *Johnny Reb* und *Billy Yank* auf Futtersuche für Pferd und Maulesel zwingt. Rein zufällig dringen US-BrigGen. Edward O.C. Ord und CS-BrigGen. *Jeb* Stuart zur gleichen Zeit ins Farmland um Dranesville/VA ein. Ein erster Feindkontakt am Leesburg Pike führt zum Artillerieduell. Ord verliert 68, Stuart knapp 200 Mann.

21.12. – Yankees versenken ausrangierte Schiffe, um Blockadebrecher vor Charleston/SD aufzuhalten. Die Aktion verspricht viel mehr als sie hält. ■ Richmond ruft wegen des Gerangels unter seinen Generälen Henry A. Wise aus West-Virginia zu neuen Aufgaben nach North Carolina.

25.12. – Geplänkel bei Cherry, West-Virginia.

Operationen der Marine:
1.12. – Die USS Penguin bringt vor Charleston den Blockadebrecher Albion auf.

7.12. – Die USS Santiago de Cuba stoppt die im Golf unter britischer Fahne fahrende Eugenia Smith und holt den Kaufagenten der Südstaaten J.W. Zacharie von Bord.

15.12. – Die US-Marine entert 2 Blockadebrecher im Südatlantik.

26.12. – Rebellenschiffe drängen die Yankees aus der Mündung des Savannah aufs offene Meer, wo sie nicht lange bleiben: Die US-Marine ist dem Gegner auf hoher See und auf den Flüssen klar überlegen.

Aus Milizionären werden Krieger

Januar 1862

Der Norden erwartet ein aggressiveres Vorgehen seiner Militärs, doch McClellan ist weiterhin krankgemeldet und Halleck und Buell, die sich das Oberkommando auf dem westlichen Schauplatz teilen, zeigen wenig Neigung zur Zusammenarbeit. ■ Ambrose E. Burnside übernimmt den Wehrbereich North Carolina (7.) ■ Edwin Stanton löst Simon Cameron als Kriegsminister ab (13.) ■ Lincolns Kriegserlaß Nr. 1 legt mit Washingtons Geburtstag im Februar das

Quäker-Kanonen in einer konföderierten Erdbefestigung bei Centreville/VA: Was täuschend echt in Richtung Washington zeigt, sind bemalte Holzattrappen und der Schornstein einer Dampflokomotive.

CS-BrigGen. Henry A. Wise, Ex-Gouverneur von Virginia und „politischer General". Obwohl zur Führung größerer Verbände ungeeignet, wird Wise im Januar Befehlshaber auf Roanoke Island.

Datum fest, an dem Halleck und Buell im Westen, McClellans Potomac-, Rosecrans' West-Virginia-Armee, die Streitkräfte von Fort Monroe und Marineeinheiten im Golf Offensiven beginnen müssen (27.).

Der Süden: Die Küstenblockade von Virginia bis Texas wird noch ständig durchbrochen, doch der Verlust von Hatteras Inlet/NC, Port Royal Sound/SC und Ship Island/MS führt zu ersten Mangelerscheinungen. ■ Davis ruft nach weiteren Freiwilligen (8.) und erklärt die südliche Hälfte des New Mexico-Territoriums zum konföderierten Arizona-Territorium (18.) ■ Beauregard geht zur Verstärkung Albert S. Johnstons an die Westfront (26.) ■ Die Agenten Mason und Slidell treffen in England ein (30.).

Westlich des Mississippi beginnt das Jahr mit Kampfhandlungen bei Dayton/MO. Geplänkel um Columbus und Bloomfield folgen, die Föderierten nehmen Lebanon. Bei Charleston verliert das 10. Indiana 25 Mann. Mit CS-GenMaj. Earl Van Dorn übernimmt ein bewährter Indianerkämpfer die Trans-Mississippi-Sektion des Wehrbereichs Nr. 2.

Der westliche Schauplatz: Wer eine Invasionsarmee flußabwärts schikken will, muß den Mississippi, seine schiffbaren Nebenflüsse und Zubringer beherrschen. Tennessee und Cumberland sind seit Sommer 1861 durch die Forts Henry und Donelson blockiert. Fort Henry, von Bergen umgeben und durch Hochwasser gefährdet, gilt allgemein als Planungsdesaster, Donelson gleicht eher einem eingezäunten Lager als einem Fort. ■ Albert S. Johnston (70 000) rechnet mit einem Angriff auf Columbus/KY.

7.1. – US-Flaggenoffizier A.H. Foote läßt den Mississippi flußabwärts bis Columbus erkunden.

9.1. – Grant, der mit einer Aktion gegen Columbus von Operationen in Tennessee ablenken will, schickt 1 000 Reiter unter BrigGen. John A. McClernand über den Ohio.

10.1. – US-Oberst James A. Garfield attackiert den Kentuckier Humphrey Marshall am Middle Creek bei Prestonburg/KY. (Der zukünftige US-Präs.) Garfield verliert 28, Marshall 42 Mann, wer Sieger ist, bleibt Auslegungssache. ■ Weitere 4 000 Blauröcke setzen über den Ohio.

11.1. – Kanonenboote fechten vor Columbus.

13.1. – George *Pap* Thomas (7 Regimenter) nähert sich Somerset/ KY. George B. Crittenden hat beim Rebellenstützpunkt Mill Springs 5 Regimenter stehen, die er durch auf dem Nordufer des Cumberland campierende Infanterie und Kavallerie verstärken kann. Die Versorgungslage ist ausgesprochen schlecht, die Rebellen sind seit Wochen auf halbe Ration gesetzt.

15.1. – McClernand und Grant bewegen sich auf Milburn, östlich von Columbus.

17.1. – Felix K. Zollicoffer aus Crittendens Kommando positioniert seine Truppen auf der Nordseite des Cumberland mit dem Rücken zum Fluß. Thomas' Vorausdivision steht 9 mi vor Mill Springs.

19.1. – Zollicoffer greift Thomas am Fishing Creek zwischen Somerset und Mill Springs an, beide Seiten verfügen über 4 000 Mann. Das 15. Mississippi bedrängt das 10. Indiana in Einleitungsgefechten, doch das 4. Kentucky schlägt mit Unterstützung der Unionsartillerie die Rebellen zurück. Im strömenden Regen verwechselt der extrem kurzsichtige Zollicoffer Freund und Feind und wird erschossen. Die Personalverluste liegen bei 260 (USA) und 530 (CSA).

20.1. – Thomas will den Gegner am Morgen angreifen, stößt jedoch nur noch auf zurückgelassene Geschütze und Ausrüstung. Die Rebellen haben sich nach Mill Springs zurückgezogen, die *Yanks* dank überlegener Artillerie ihren ersten bedeutenden Sieg an der Westfront erkämpft. Die Bresche in der Verteidigungslinie westlich der Alleghenies öffnet den Weg ins östliche Tennessee, was Thomas bremst, ist das Winterwetter.

21.1. – Grant bricht die Aktion gegen Columbus ab und geht nach Cairo

Kom. Louis M. Goldsborough (Blockadegeschwader Nordatlantik) setzt Burnsides Truppen bei Port Royal an Land. Erstes Ziel der föderierten Land/See-Expedition ist Roanoke Island, die geheimnisumwitterte Insel zwischen Pamlico und Albemarle Sound.

zurück. Halleck stimmt dem Angriff auf Fort Henry zu.

Der östliche Schauplatz sieht aufgrund des relativ harten Winters nur sporadische Aktionen. In Hampton Roads stellen Burnside (15 000) und Kom. Louis M. Goldsborough vom Blockadegeschwader Nordatlantik (100 Schiffe) eine Land/See-Expedition gegen North Carolinas Küstenstrich zusammen.

1.1. – *Stonewall* Jackson geht aus dem Winterquartier in Winchester/VA gegen die B&O und den Chesapeake & Ohio-Kanal vor.

4.1. – Jackson (10 000) besetzt Bath/WV und steht am Tag darauf am Potomac, gegenüber von Hancock/MD.

7.1. – Schießereien bei Romney/WV enden mit 15 Toten.

10.1. – Die Blauen überlassen Jackson Romney.

13.1. – Goldsboroughs Flotte, unterwegs zum Unionsstützpunkt Port Royal/SC, verliert im Sturm vor Cape Hatteras 3 Schiffe.

22.1. – Henry A. Wise übernimmt den Befehl auf Roanoke Island, der geheimnisumwitterten Insel zwischen Pamlico und Albemarle Sound.

Operationen der Marine
16.1. – Yankees zerstören vor Cedar Keys/FL 7 Schiffe.

30.1. – In New York läuft die nach Plänen John Ericssons in nur 100 Tagen gebaute USS Monitor vom Stapel. Rein äußerlich gibt das erste Panzerschiff des Nordens wenig her: In Stahlpanzer gehüllt, die Decksplanken kaum über dem Wasserspiegel, mit zwei 120-Pfündern im

Ruinen von Hampton/VA. In der Annahme, die Union plane hier einen Ansiedlungsversuch für entlaufene Sklaven, haben abziehende Rebellentruppen das Virginiadorf unweit von Fort Monroe zerstört.

drehbaren Geschütz- oder Panzerturm, ist der Vergleich mit einer „Käseschachtel auf einem Floß“ angebracht.

Februar 1862

Der Norden erklärt, gefangene Kaperfahrer nicht als Piraten, sondern als Kriegsgefangene zu behandeln (3.) und verspricht eine Amnestie für politische Häftlinge, die sich zur Union bekennen (14.) ■ Lincoln ernennt Andrew Johnson zum Militärgouv. von Tennessee (23.).

Der Süden diskutiert die Rekrutierung freier Neger (4.) und läßt 2 000 Kriegsgefangene laufen (19.) ■ *Jeff* Davis tritt sein Amt als vom Volk gewählter Präsident an (22.) ■ Der Kongreß erlaubt Davis, die verfassungsmäßige Machtbeschränkung der Habeaskorpusakte auszusetzen (27.) ■ Südstaatler unterstreichen ihre Solidarität mit einem gemeinsamen Fasttag (28.).

Westlich des Mississippi:
8.2. – Über Kansas wird das Kriegsrecht verhängt.

10.2. – Samuel R. Curtis, Kongreßabg. aus Iowa, zieht mit der Südwest-Armee (11 500) gegen *Old Pap* Price (8 000).

11.2. – Scharmützel am Aransas Pass/TX.

13.2. – Curtis besetzt Springfield/MO, Price zieht sich mit seinen Missouriern ins nordwestliche Arkansas zurück.

17.2. – Yankees verlieren am Sugar Creek/AR 14 Reiter. ■ Schießereien bei Mount Vernon/MO.

21.2. – Bei Valverde/NMT schlagen 2 500 Rebellen aus *Henry H.* Sibleys Arizona-Brigade Oberst E.R.S. Canby

US-GenMaj. Henry W. Halleck, von März bis Juli 1862 KomGen. der Mississippi-Armee. Old Brains Halleck, als Militärtheoretiker ein hervorragender Bürokrat, erweist sich als entscheidungsschwacher Armeeführer.

(3 700) in die Flucht. Sibley verliert 185, Canby 260 Soldaten.

22.2. – William C. Quantrills Guerillas, auf der Suche nach Waffen und Munition, holen sich vor Independence eine böse Überraschung ab.

23.2. – Die Blauen besetzen Fayetteville/AR. ■ US-BrigGen. John Pope übernimmt die Mississippi-Armee.

24.2. – Schießereien bei New Madrid und am Mingo Creek/MO.

Der westliche Schauplatz: Grants Angriffsarmee (McClernand mit 11 und Charles F. Smith mit 10 Reg.) geht in Cairo an Bord. Foote schickt die Kanonenboote USS Tyler, Lexington, Conestoga, Carondelet, Essex, Cincinnati, Louisville und St. Louis gegen die Forts Henry und Donelson. ■ An der Verteidigungslinie zwischen Columbus und Bowling Green stehen die Rebellengeneräle Polk, Tilghman, Pillow, Hardee, Floyd und Buckner.

5.2. – Grant (15 000) landet unterhalb von Fort Henry. Ein Aufklärungsversuch der umgebauten Fähre USS Essex bleibt im Rebellenfeuer stecken.

6.2. – Footes Kanonenboote beschießen Fort Henry (BrigGen. Lloyd Tilghman mit 3 000 Mann), Grants Aufmarsch wird durch ein Unwetter gebremst. Der Tennessee, vom Regen über die Ufer getrieben, setzt einen Teil des Forts unter Wasser. Tilghman schätzt die Situation richtig ein, läßt Kanoniere zurück, um Footes Flußflottille aufzuhalten, und evakuiert das Fort. Die graue Rumpfmannschaft (92) schießt die USS Essex außer Gefecht, kapituliert jedoch vor Grants Eintreffen.

7.2. – Die USS Tyler, Lexington und Conestoga fahren den Tennessee hinauf und zerstören die Eisenbahnbrücke der Memphis & Ohio, die Columbus mit Bowling Green verbindet.

Präsident Lincoln mit GenMaj. John A. McClernand und Geheimdienstchef Allan The Eye Pinkerton. Der Präsident, der aus der Blockhütte kam, ist militärisch gesehen Amateur geblieben, was ihn bei der Wahl seiner Armeeführer etliche Nieten ziehen läßt.

8.2. – Grants Marsch auf das 12 mi östlich gelegene Fort Donelson wird durch Regenfälle aufgehalten.

11.2. – McClernand führt den Offensivstoß nach Fort Donelson, Foote dampft den Tennessee hinunter zum Ohio, von dort den Cumberland hinauf.

12.2. – C.F. Smith und McClernand schließen Fort Donelson im Halbkreis ein. ■ Die Rebellen evakuieren Bowling Green, das die Blauen 2 Tage später besetzen.

13.2. – Die USS Carondelet eröffnet das Feuer auf Fort Donelson, Grants geplanter Angriff muß wegen der Wetterverhältnisse abgeblasen werden. John B. Floyd, der an die Westfront versetzte pol. General, löst Gideon J. Pillow als Kommandant Fort Donelsons ab. Grant wird in der Nacht durch BrigGen. Lewis Wallace (10 000) verstärkt.

14. bis 16.2. – Kampf um Fort Donelson/TN. Grant (25 000) hat das Fort auf 3 Seiten eingeschlossen, Foote greift vom Fluß her an. Festungskommandant Floyd verfügt über 13 000 bis 15 000 Mann und 2 Geschützbatterien.

1. Kampftag (14.) – Die blaue Flotte beginnt das Bombardement, steht jedoch zu dicht vor den gegnerischen Geschützbatterien und muß abdrehen. Die USS Louisville und St. Louis sind beschädigt, Foote hat 54 Mann verloren und ist selbst schwer verwundet. Wallace geht neben McClernand in Gefechtsposition bevor ein heftiges Schneetreiben den Angriff vertagt. Während der Nacht bereiten die Rebellen einen Ausbruchversuch vor.

2. Kampftag (15.) – Pillows Infanteristen, die den Gegner bei Sonnenaufgang während des Frühstücks

Camp Winfield Scott, auf dem Foto von James F. Gibson mit McClellans Zelt im Vordergrund. Im Camp, 2 Meilen vor Yorktown/VA, hat McClellan während seiner Frühjahrsoffensive rund 30 000 Mann zusammengezogen.

überraschen, schlagen eine Bresche und haben die Blauen am Laufen, als Unstimmigkeiten zwischen Pillow und BrigGen. Simon B. Buckner den Sieg zur Niederlage machen. Gegen Abend nehmen die Blauen die verlorenen Stellungen zurück. Grant hat 2 800, Floyd 1 500 Mann verloren.

3. Kampftag (16.) – Obstlt. Forrest gelingt die Flucht mit 700 Reitern. Floyd übergibt Pillow den Befehl und setzt sich in den Morgenstunden mit 1 500 Mann und 2 Schiffen ab, Pillow gibt das Kommando an Buckner weiter und flüchtet mit seinem Stab. Buckner läßt bei Grant die Kapitulationsbedingungen erfragen. Der Kamerad aus West-Point-Tagen antwortet mit dem in die Geschichte eingegangenen „Ich akzeptiere nur die bedingungslose Kapitulation". Buckners Garnison ergibt sich mit 10 000 bis 12 000 Mann (Genaueres ist nicht bekannt).

Mit der Kapitulation der Forts Henry und Donelson hat A.S. Johnston ein Drittel seiner Streitmacht verloren, was zum Überdenken der grauen Verteidigungslinie auf dem westlichen Schauplatz zwingt.

17.2. – In Nashville, Tennessee werden die Koffer gepackt. Unter den ersten, die die Stadt am Cumberland verlassen, ist Kriegsgouv. Isham G. Harris. Neuer Regierungssitz wird Memphis.

20.2. – Die Rebellen ziehen strategische Konsequenzen aus dem Doppelschlag gegen Fort Henry und Donelson, evakuieren Columbus und ziehen sich nach Island No. 10, Corinth und Fort Pillow zurück.

22.2. – Buells Ohio-Armee stößt auf dem Weg von Bowling Green nach Nashville auf keinen nennenswerten Widerstand.

CS-GenMaj. E. Kirby Smith, Mathematiklehrer in West Point. Smith übernimmt den Wehrbereich Ost-Tennessee und wird im Oktober zum GenLt. ernannt.

25.2. – Mit Nashville, je nach Standpunkt des Betrachters ein „Athen des Südens" oder „Vatikan der Protestanten", fällt die erste Hauptstadt eines Rebellenstaats in Yankeehand. ■ GenMaj. E. Kirby Smith übernimmt den CS-Wehrbereich Ost-Tennessee.

Der östliche Schauplatz: Kom. Goldsborough hält Kurs auf Roanoke Island, wo ihm die Rebellen 3 Forts, 22 Geschütze, 3 000 Soldaten aus North Carolina und eine „Moskitoflotte" (7 Kanonenboote mit je einem Geschütz unter Flaggenoffizier William F. Lynch) entgegenstellen.

7.2. – Goldsborough und Burnside greifen Roanoke Island an (Oberst Henry M. Shaw hat den Befehl für den erkrankten Henry A. Wise übernommen). Die 16 Kanonenboote der Yankeeflotte schalten mit ihren 64 Geschützen zuerst Lynchs Moskitos, danach Shaws Küstenbatterien aus. Burnside geht mit einem amphibischen Landeunternehmen unter gegnerischem Feuer (ein Sonderfall der Kriegführung) bei Ashby's Harbor an Land.

8.2. – Burnside besetzt Roanoke Island. Shaw ergibt sich mit 2 527 Mann, Wise kann entkommen.

10.2. – Burnside nimmt Elizabeth City/NC auf dem Festland (in den kommenden Wochen die restlichen Häfen am Albemarle und Pamlico Sound).

22.2. – Ein widerborstiger McClellan läßt Washingtons Geburtstag verstreichen ohne laut Befehl seines Dienstherrn in die Offensive zu gehen.

24.2. – *Commissary* Banks besetzt Harpers Ferry.

Operationen der Marine:
3.2. – Die CSS Nashville kann mit Hilfe der Royal Navy der USS Tuscarora vor Englands Küste entkommen.

10.2. – Die USS Commodore Perry zerstört das Rebellenflaggschiff Sea Bird vor New Berne.

28.2. – Die USS Monitor verläßt New York. Das erste Duell der Seekriegsgeschichte zwischen 2 Panzerschiffen ist eine Frage der Zeit.

März 1862

Der Norden hat mit Ulysses S. Grant den General, der zu militärischen Eigenschaften den festen Willen zeigt, den Gegner mit allen Mitteln zu schlagen. ■ Lincoln sichert Grenzstaaten, die die Sklaverei abschaffen, finanzielle Unterstützung zu (6.) und erklärt die Stelle des OB der US-Armee für zeitweise vakant (11.), was McClellans Kommando auf die Potomac-Armee beschränkt.

Der Süden: Zwei wichtige Flüsse in Yankeehand, Kentucky verloren, der Weg nach Tennessee ungeschützt: Die Nachrichten von der Westfront schlagen in Richmond wie Bomben ein. Am Endsieg kommen auch weiterhin keine Zweifel auf, fraglich ist nur, ob er unter *Jeff* Davis erfochten werden kann. ■ Davis verhängt das Kriegsrecht über Richmond/VA, läßt Bürger, die offen für ein Kriegsende eintreten, verhaften (1.) und ruft Lee als militärischen Berater zurück (3.). Beobachter sehen den Staatenbund auf dem Weg zur Militärdiktatur. ■ Die aus Fort Donelson geflüchteten Generäle Floyd und Pillow verlieren ihre Kommandos (11.) ■ George W. Randolph löst Judah P. Benjamin als Kriegsminister ab (18.) ■ Davis schlägt dem Kongreß die Einführung der allgemeinen Wehrpflicht vor (28.).

Westlich des Mississippi: Der Mexikoveteran Earl Van Dorn hat die Divisionen von Sterling Price und Benjamin McCulloch (17 000) bei Fayetteville/AR zusammengezogen, um in das weiterhin unentschiedene Missouri vorzustoßen. Zwischen Van Dorn und Missouri steht der im nordwestlichen Arkansas operierende Samuel R. Curtis (Jefferson C. Davis', Eugene A. Carrs und Sigels Divisionen unter Peter J. Osterhaus und Alexander Asboth).

2.3. – Die Blauen geben Albuquerque/NMT auf.

3.3. – Sibleys Arizona-Brigade reitet in Santa Fe/NMT ein. ■ Schießereien bei Berryville/AR.

4.3. – Van Dorn tritt im heftigen Schneetreiben zum Angriff gegen

Ruinen von Manassas Junction/VA im März 1862. Mit McClellan auf dem Vormarsch zerstören die Rebellen was sich hier zerstören läßt und gehen nach Fredericksburg zurück.

Geschützturm des Panzerschiffs USS Monitor. Als Antwort auf die nicht geheimgehaltene Geheimwaffe CSS Virginia hat Konstrukteur John Ericsson die Monitor mit zwei 120-Pfünder-Dahlgrens im drehbaren Panzerturm armiert.

Yankeestellungen am Sugar Creek, nördlich von Fayetteville an. Price und McCulloch haben sich durch Kampfgruppen der Indianer verstärkt (Choctaws und Chickasaw Mounted Rifles/Oberst Douglas H. Cooper, Seminolen/Baptistenprediger Maj. John Jumper, Creeks/Oberst Daniel L. McIntosh und 2 verfeindete Cherokee-Fraktionen unter Oberst John Drews und Stand Watie). Zu Propagandazwecken hat BrigGen. Albert Pike – ohne Zweifel ein Bleichgesicht – Indianerkleidung und Kriegsschmuck angelegt.

6.3. – Van Dorn zieht nach Einleitungsgefechten mit Sigel gegen die Stellungen bei Lee Town und entschließt sich zu einem Flankenmarsch. Der Yankeespäher *Wild Bill* Hickok erkennt im Manöver den Umgehungsversuch, worauf die blauen Divisionen ihre Positionen ändern.

7./8.3. – Schlacht von Pea Ridge. Van Dorn (17 000) trifft bei einer steil abfallenden Hügelkette am Little Sugar Creek auf Curtis (10 500). Der graue Feldherr ist erkrankt und dirigiert seine Truppen aus einem Ambulanzwagen.

1. Kampftag (7.) – Prices Missourier marschieren durch die Nacht, um den Gegner beim Wirtshaus Elkhorn Tavern zu überraschen. McCulloch steht vor dem rechten Yankeeflügel, Pikes Indianer reiten auf Kriegsponies gegen Osterhaus. Price kann die Höhe des Big Mountain und die

Straßenkreuzung vor Elkhorn Tavern besetzen, Van Dorn, der sich im Rücken des Gegners wähnt, wird an der linken Flügelfront mit schwerem Artilleriefeuer begrüßt. Stand Waties Cherokees erobern eine Geschützbatterie deutscher Artilleristen, verzichten jedoch aufs Weiterkämpfen, als beim Tanz um *„die Wagen, die schießen“* Munition explodiert. Der Tag endet mit Vorteilen Van Dorns, ohne daß er sich als Sieger fühlen kann. McCulloch und Reitergeneral James M. McIntosh sind gefallen.

2. Kampftag (8.) – Am Morgen konzentrieren sich die Kämpfe bei der Straßenkreuzung von Elkhorn Tavern. Sigels Deutschamerikaner aus Illinois und Missouri brechen die Rebellenfront auf, Van Dorn muß zum Rückzug blasen, als ihm die Munition ausgeht. Die Grauen zählen 1300, die Blauen 1380 Tote und Verwundete (der eine oder andere Nordstaatler wurde skalpiert).

Old Pap Price mag andere Pläne haben, doch Van Dorns Niederlage in der größten Schlacht westlich des Mississippi setzt einen Schlußstrich unter die ernste Bedrohung Missouris durch die Konföderation.

26.3. – Reiter der 1. und 2. Colorado (Maj. John *Fighting Parson* Chivington) treffen an der Südspitze der Sangre des Cristo-Berge auf Sibleys Texaner (Maj. Charles L. Pyron). Chivington, Pfarrer in Denver, verliert 24 Mann und übernachtet auf Kozlowki's Ranch.

27.3. – Pyron wird auf Johnson's Ranch durch die 4. Texas Cavalry (Obstlt. William E. Scurry) verstärkt.

28.3. – Gefecht von La Glorieta Pass/NMT. Scurry läßt Verwundete, Kutscher und Köche zum Schutz seiner 73 Proviant- und Munitionswagen zurück und greift die 1. und 2. Colorado (Oberst John P. Slough) mit 900 Reitern an. Die Grauen fühlen sich nach sechstündigem Kampf als Sieger, erfahren gegen Abend jedoch, daß Maj. Chivington (400) ihre Wagenkolonne zerstört und die Zugtiere getötet hat (was zum Abbruch der Rebelleninvasion im New Mexico-Territorium führt). ■ Bei Warrensburg/MO kommt es zum Schlagabtausch.

Der westliche Schauplatz: *Old Brains* Halleck wirft dem gerade erst zum GenMaj. ernannten Grant Alko-

James Wild Bill Hickok, Scout und Scharfschütze der US-Armee. Hickok observiert den Gegner vor der Schlacht von Pea Ridge und taucht ab 1863 als Kundschafter hinter den feindlichen Linien auf.

Judah P. Benjamin, dem farblosen LeRoy P. Walker als Kriegsminister der CSA gefolgt, wird nach dem Verlust von Roanoke Island zum Rücktritt gezwungen. George W. Randolph wird neuer Kriegs-, Benjamin Außenminister.

holmißbrauch und Pflichtverletzung vor und hält ihn in Fort Henry zurück. KomGen. der entlang des Tennessee vorstoßenden Yankeetruppen wird C.F. Smith. ■ Nach dem Verlust von Columbus übernimmt Island No. 10 bei New Madrid (7 000, 52 Geschütze) den Schutz des Mississippi-Wasserwegs.

1.3. – Die US-Flußmarine zerstört eine Geschützbatterie bei Pittsburg Landing, 20 mi nordöstlich von Corinth/MS.

4.3. – Yankees besetzen Amelia Island/FL.

5.3. – Beauregard erhält den Befehl über die konföderierte Mississippi-Armee. ■ C.F. Smith erreicht Savannah flußabwärts von Pittsburg Landing/TN.

8.3. – Die Rebellen bauen Chattanooga/TN zum Stützpunkt aus. ■ John H. Morgans Reiter setzen Nashville in Schrecken.

11.3. – Bei Paris/TN fallen 5 blaue Reiter. ■ Kansas und Teile Ohios gehen im Wehrbereich Mississippi auf, womit Halleck das Kommando über die westlich der Appalachen stehenden Streitkräfte erhält.

12.3. – Yankees rücken in Jacksonville/FL ein.

14.3. – Popes Mississippi-Armee besetzt New Madrid/MO.

15.3. – *„I can't spare this man, he fights":* Lincoln gibt Grant den Befehl über die Streitkräfte in Tennessee zurück. ■ William T. Shermans und Stephen A. Hurlbuts Div. treffen in Pittsburg Landing auf dem Westufer des Tennessee ein. Die Blauröcke legen auf einer Hochfläche (mit Bezug auf die Holzkirche Shiloh) Camp Shiloh an.

16.3. – Schießereien bei Pound Gap/KY.

18.3. – Pope verliert vor Point Pleasant/MO 50, der Gegner 90 Mann.

20.3. – GenMaj. Butler übernimmt den Wehrbereich Golf.

23.3. – Grant (39 000) und Buell (36 000) wollen sich in Camp Shiloh treffen. Von dort sollen beide Armeen nach Südwesten vorstoßen und Corinth an den Bahnlinien Mobile & Ohio (M&O) und Memphis & Charleston (M&C) nehmen.

28.3. – A.S. Johnston schließt in Corinth Vorbereitungen für einen Vorstoß nach Camp Shiloh/Pittsburg Landing ab, um Tennessee zurückzugewinnen.

31.3. – Die Blauen nehmen Union City/TN.

Der östliche Schauplatz: McClellan (105 000) will Manassas erobern, danach mit einer Frühjahrsoffensive zum entscheidenden Schlag gegen Richmond ausholen. Anstatt die 100 mi von Washington nach Richmond zu marschieren, was McDowell zum Verhängnis wurde, soll die Flotte das Gros der Potomac-Armee nach Fort Monroe bringen. *Little Mac* besorgt dann den Rest: Zwischen Fort Monroe im Süden der Virginischen Halbinsel und Richmond stehen entlang einer 8 mi langen Linie lediglich die 17 000 Rebellen von GenMaj. John B. Magruders Halbinsel-Armee.

3.3. – Geplänkel bei Martinsburg/WV.

7.3. – Mit McClellan auf dem Marsch zerstört *Joe* Johnston in und um Manassas, was sich dort zerstören läßt, und geht in Richtung Fredericksburg zurück. ■ Bei Winchester treffen Banks Vorhut und *Stonewall* Jackson aufeinander.

8.3. – Die Blauen nehmen Leesburg/VA.

10.3. – Die Potomac-Armee erreicht das evakuierte Manassas. Der Defensivstratege Johnston hat sich hinter den Rappahannock, etwa auf halbem Weg zwischen Washington und Richmond zurückgezogen.

11.3. – Lincoln – politisch unter Druck gesetzt – übergibt Frémont den neueingerichteten Wehrbereich Bergland (die Berglandschaft Virginias und West-Virginias). ■ *Johnny Reb* und *Billy Yank* liefern sich bei Stephenson's Depot/VA ein kurzes Gefecht. Jackson geht von Winchester in das 44 mi südlich gelegene Mt. Jackson an der Manassas Gap RR zurück.

13.3. – McClellan legt seinem Führungsstab in Fairfax C.H. die Pläne der Frühjahrsoffensive vor. ■ Burnside (11 000) steht vor New Berne. North Carolinas frühe Hauptstadt unterhält eine 4 000 Mann starke Rebellengarnison (BrigGen. Lawrence O. Branch).

Ulysses S. Grant. Die Union hat mit Grant den General, der zu militärischen Eigenschaften den Willen zeigt, den Gegner mit allen Mitteln zu schlagen. Bild unten: Grant während der Schlacht von Shiloh.

Kom. David D. Porter. Der Pennsylvanier hat den Krieg als Kapitän der USS Powhatan begonnen. 1862 übernimmt er das Mississippi-Geschwader und führt Farraguts Mörserboote nach New Orleans/LA.

14.3. – Burnside verliert vor New Berne knapp 500, Branch 600 Soldaten. Die Grauen, ohne Chancen gegen eine drückende Übermacht, räumen das Feld, die Blauen machen die Stadt zum Ausgangspunkt für Operationen nach Plymouth und Washington/NC.

18.3. – Die Potomac-Armee schifft erste Truppenteile nach Fort Monroe ein. ■ Washington ruft Banks aus dem Shenandoahtal zurück, um McClellans Halbinsel-Feldzug zu unterstützen.

19.3. – Jackson, der die blauen Divisionen um jeden Preis im Shenandoahtal halten will, trifft bei Strasburg auf James Shields (einen irischen Einwanderer, den freundschaftliche Beziehungen zu Lincoln zum BrigGen. machen).

20.3. – Shields, von Jackson hart bedrängt, weicht nach Winchester aus.

22.3. – *„Oh Lord, help Jackson“:* Ein Treffen zwischen Turner Ashbys Reitern und Shields bei Kernstown eröffnet Jacksons legendären Feldzug im Shenandoahtal. Im nahen, bewußt südstaatlich gesinnten Winchester hängen Bürger Losungen auf wie *„Schaut Euch die Stadt ein letztesmal an, Yanks“* oder *„Morgen servieren wir Jackson das Abendessen“* (wofür Pfarrer Brooke den Himmel ganz offiziell um Unterstützung bittet).

23.3. – Erste Schlacht von Kernstown. Jackson (4 200) greift nach einem Eilmarsch Shields an, dessen Div. (9 000) er irrtümlich für Banks Nachhut hält. Shields Kanoniere decken das Gelände von Pritchard's Hill aus ein, blaue Infanteristen schlagen eine Flankenattacke zurück, BrigGen. Richard B. Garnetts berühmte Stonewall-Brigade kämpft bis ihr die Munition ausgeht. Jackson verliert 720, Shields, der verwundet wurde, 600 Mann. Die Grauen beziehen eine taktische Niederlage, die ein strategisches Ziel erreicht: Die Yankeeführung überschätzt Jacksons Truppenstärke, sieht die Hauptstadt akut bedroht, und hält Banks Div. im Shenandoahtal, McDowells Korps im Süden Washingtons zurück. Winchesters yankeefeindliche Bürger – in Festtagskleidung, um *Stonewall* Jackson zu empfangen – reagieren ihre Enttäuschung ab. ■ Fort Macon (500 Mann, 67 Geschütze unter Oberst Moses J. White) verweigert Burnsides DivKom. John G. Parke die Kapitulation.

29.3. – Der Pennsylvanier Parke belagert Fort Macon, einen strategisch wichtigen Stützpunkt am Ostende von Bogue Banks Island/NC

30.3. – Jackson geht nach Harissonburg zurück.

31.3. – Hunter löst Thomas W. Sherman als KomGen. der Garnison Port Royal/SC ab und beginnt mit der Anwerbung von Negersoldaten. ■ Lincoln, erneut unter politischem Druck, nimmt Blenkers Deutsche Division aus McClellans Kommando und überstellt sie Frémont in West-Virginia.

„Blenkers Division war etwas ganz besonderes. Wenn es zu Stolz, Pomp und kriegerischen Ehren kam, überstrahlte sie alle übrigen Divisionen. Im Exerzieren und Zurschautragen soldatischer Haltung war die Division ausgezeichnet, da alle Offiziere und wahrscheinlich auch alle Soldaten in Europa gedient hatten. Ich habe es immer bedauert, daß man mir diese Division wegnahm.“ MCCLELLAN, Kriegserinnerungen.

Operationen der Marine: Der Süden stellt mit der CSS Virginia – ein

BrigGen. Franz Sigel (Bildmitte) führt seine Deutschamerikaner aus Illinois und Missouri in der Schlacht von Pea Ridge. Nach seiner größten Stunde zum GenMaj. ernannt, kann Sigel die in ihn gesetzten Erwartungen nicht erfüllen.

Neubau mit dem Rumpf des Dampfkreuzers USS Merrimack – seine (tatsächlich nicht geheimgehaltene) Geheimwaffe vor. Das Panzerschiff (Kom. Franklin Buchanan), durch schräge Panzerplatten an Seiten und Verdeck verstärkt, mit 10 großkalibrigen Geschützen und einem mächtigen Rammsporn armiert, ist ein formidabler Gegner des Blockadegeschwaders in Hampton Roads.

8.3. – Die CSS Virginia, in Norfolk zur „Probefahrt" aufgebrochen, trifft vor Newport News auf die hölzernen Dampffregatten Roanoke und Minnesota und die Segelfregatten Congress und Cumberland. Die rund 200 Geschütze der Yankeeschiffe können die Panzerung der Virginia nicht durchschlagen und richten an Deck nur leichten Schaden an. Das Rebellenschiff rammt und versenkt die USS Cumberland, schießt die USS Congress in Flammen und zwingt die USS Minnesota zur Strandung. Die US-Marine hat 250 Blaujacken verloren, auf der CSS Virginia übernimmt Kapitänleutnant Catesby ap Roger Jones das Kommando für den schwer verwundeten Buchanan. Die Grauen heben sich die Minnesota für den nächsten Tag auf und kehren nach Norfolk zurück. In der Nacht nach dem ungleichen Duell läuft die USS Monitor (Kapitänleutnant John L. Worden) in Hampton Roads ein und geht vor der Minnesota in Gefechtsposition.

9.3. – Die CSS Virginia verläßt Norfolk am frühen Morgen und nimmt Kurs auf die gestrandete Minnesota. In Hampton Roads wartet die USS Monitor. Tausende von Neugierigen, die vom Ufer her das Duell verfolgen, sehen den Nachteil der tiefgehenden Virginia gegenüber der kürzeren, manövrierfähigeren und doppelt so schnellen Monitor, doch keines der Schiffe kann in den nächsten 3 Stunden einen entscheidenden Treffer landen.

April 1862

Der Norden: Die Nordstaatenpresse hat ihr (makabres) Frühjahrsspektakel. Berichte über Pikes „Skalpjäger", die während Pea Ridge die Skalpmesser zückten, widersprechen dem amerikanischen Geist einer *„ehrlichen, zivilisierten, männlichen"* Kriegführung, auf der Journalisten und Politiker eisern bestehen.
■ Der Kongreß unterstützt Lincolns

Oberst Ludwig Blenker vor seiner Ernennung zum BrigGen. (Bildmitte mit deutschamerikanischen Offizieren aus New York). Nach ethnischen Gesichtspunkten zusammengestellte Truppenteile sind populär: New York stellt 11 deutsche Regimenter . . . im 5. und 11. kämpfen die Sänger des Teutonia-Männerchors und des Liederkranzes.

Resolution, nach der Staaten, die die Sklaverei abschaffen, mit finanziellen Zuschüssen rechnen können (10.) ■ Das Repräsentantenhaus stimmt dem Verbot der Sklavenhaltung im District of Columbia zu (11.).

Der Süden: Die Öffentlichkeit wirft Albert S. Johnston zur Trunksucht die Unfähigkeit vor, eine Armee durch eine Schlacht zu führen. Ernste Zweifel kommen auch an *Joe* Johnston auf, der Manassas angeblich zu leichtfertig aufgegeben hat. ■ Davis verhängt das Kriegsrecht über Ost-Tennessee (8.) und stimmt der Einführung der allgemeinen Wehrpflicht zu (16.): Erstmals in der Landesgeschichte müssen sich weiße Männer zwischen 18 und 35 zum Waffendienst melden, sog. Einjährige 2 weitere Jahre dienen. Pazifisten wie Mennoniten oder Quäker können sich gegen $500 freikaufen, finanziell Bessergestellte einen Ersatzmann stellen. Berufszweige wie Beamte, Eisenbahner, Geistliche, Lehrer und Drucker sind vom Wehrdienst befreit.

Westlich des Mississippi: Missouri sieht Aktionen bei Doniphan, Whitewater, Jackson, Neosho, Warrensburg, Montevallo und Diamond Grove, am Turnback und Medicine Creek, was im allgemeinen Kriegsgeschehen jedoch nahezu untergeht.

8.4. – Yankees testen *Henry H.* Sibley bei Albuquerque/NMT und drängen ihn zur texanischen Grenze ab.

15.4. – Picacho Pass, nördlich von Tucson, sieht die einzige Kampfhandlung im heutigen Arizona. Unter den Gefallenen sind 3 Reiter der Fort-Yuma-Garnison.

Der westliche Schauplatz: A.S. Johnston und Beauregard wollen mit der Kentucky- und Mississippi-Armee (42 000 Mann, DivKom. George B. Crittenden, Leonidas Polk, William J. Hardee und Braxton Bragg) *Sam* Grant bei Pittsburg Landing überraschen, bevor Buell zu ihm stößt. Der Norden hat in Camp Shiloh 5 Div. stehen, *Lew* Wallace deckt das 5 mi entfernt liegende Nachschubdepot. ■ Die Situation an der Westfront hat den Abzug von 15 000 Mann (GenMaj. Braxton Bragg) und eines Teils der Flußflotte aus Louisiana und Alabama nach Tennessee erzwungen. Stadtkommandant Mansfield Lovell bleiben zur Verteidigung von New Orleans lediglich 4 000 Soldaten. Ernsthafter Widerstand droht Yankees, die die Stadt vom Golf her auf dem Wasserweg nehmen wollen, durch die Forts Jackson und St. Philip. Im Umland ist der Untere Mississippi mit verketteten Schiffswracks blockiert, zwischen Flußblockade und New Orleans stehen Kriegsschiffe und Feuerfähren (die mit brennenden Baumwollballen Gegnern entgegengetrieben werden).

3.4. – A.S. Johnston und Beauregard verlassen Corinth/MS, bei der Shilohkirche kommt es zu Schießereien.

4.4. – Anhaltende Regenfälle und die Unerfahrenheit der Militärs bremsen den Aufmarsch gegen Pittsburg Landing: Was als Tagesmarsch geplant war, zieht sich über knapp 3 Tage hin. Mit einem erneuten Schußwechsel bei Grants Feldlager geht der Überraschungseffekt verloren, Beauregard plädiert für den Abbruch der Aktion, wird jedoch überstimmt. ■ Die USS Carondelet passiert im Schutz eines nächtlichen Gewittersturms die Mississippiinsel Nr. 10, um Pope mit 13 Geschützen stromabwärts mehr Feuerkraft zu geben.

5.4. – Die Zeichen stehen auf Angriff, doch Grants blaue Truppen wiegen sich weiterhin in Sicherheit (die Militärs haben auf eine Befestigung Camp Shilohs verzichtet, um die offensiv gestimmten Divisionen nicht unnötig zu demoralisieren).

6./7.4. – Schlacht von Shiloh. A.S. Johnston und Beauregard greifen Grants Tennessee-Armee mit 6 Div. vor Pittsburg Landing an. Das Kampfgebiet erstreckt sich über 12 Quadratmeilen, Buells Vorausdivision steht 9 mi entfernt bei Savannah.

1. Kampftag (6.) – Hardee, Bragg, Polk und Breckinridge (40 000) treten am frühen Sonntagsmorgen gegen :0515 zum Angriff an. Von blauen Vorposten aufgehalten, erreichen sie jene Stelle bei der Shilohkirche, wo William T. Shermans „grüne" Truppen stehen, erst gegen :0800. Sherman und die beiden pol. Generäle Benjamin M. Prentiss und John A. McClernand werden überrannt, die Katastrophe verhindert, daß die (ebenfalls „grünen") Rebellen ihre Feldvorteile nicht nutzen. Regen und Schnee weichen das Gelände auf, die Schlacht zerfällt schnell in viele kleine Schlachten. Grant, in Savannah vom Angriff überrascht, trifft gegen :0900 im Kampfraum ein. Held des Tages ist Prentiss (4 500), der einen Hohlweg (das sog. „Hornissennest") gegen 18 000 Rebellen lange genug hält, damit sich die Blauen hinter der Straße von Hamburg nach Savannah neu formieren können. William *Bull*

John Lincoln „Johnny" Clem (10), als „Trommlerjunge von Chickamauga" unsterblich, wird in Shiloh die Trommel zerschossen.

CS-GenLt. Albert S. Johnston, der ranghöchste Offizier, der im Bürgerkrieg fällt. Johnston kann Sam Grant bei der Shilohkirche überraschen, wird im Peach Orchard jedoch von einer Minié-Kugel getroffen und verblutet.

James J. Andrews und die Lokomotive „General" der Western & Atlantic RR. Der Virginier Andrews, Spion und Saboteur des Nordens, entführt die „General" aus dem Bahnhof von Big Shanty/GA.

Nelson trifft mit ersten Einheiten der Ohio-Armee ein. Albert S. Johnston fällt im Peach Orchard, US-General William H.L. Wallace (2. Div.) wird in Hell's Hollow tödlich verwundet. Am Abend haben die Rebellen beide Flügel der 6 mi langen Yankeefront aufgerollt, was Beauregard als „Sieg" nach Richmond meldet. ■ *„We've had the devil's own day, haven't we?"* (Sherman). – *„Lick 'em tomorrow, though"* (Grant). ■ In der Nacht treffen *Lew* Wallace, der sich auf dem Weg zum Schlachtfeld verlaufen hatte, und Einheiten der Ohio-Armee unter T.L. Crittenden, Wood und McCook ein. Geschützfeuer der USS Lexington und Tyler läßt das konföderierte Lager nicht zur Ruhe kommen.

2. Kampftag (7.) – Grant (54 000) tritt um :0520 zum Gegenangriff an. Beauregards auf 34 000 Mann reduzierte Armeen erwarten Van Dorn (18 000), um die Straße von Corinth, auf der er kommen soll, wird am heftigsten gekämpft. Am Vormittag treffen weitere Verbände Buells ein. Beauregard wird in die Ausgangsstellungen vom Vortag abgedrängt, gibt das Warten auf Van Dorn auf und zieht sich nach Corinth zurück.
Die bisher blutigste Schlacht des Kontinents, ein technisches Unentschieden doch strategischer Sieg des Nordens, hat Grant 1 754 Tote, 8 408 Verwundete und 2 885 Vermißte, Beauregard 1 728 Tote, 8 012 Verwundete und 959 Vermißte gekostet.

8.4. – Sherman, der Beauregard verfolgen will, geht nach einem Gefecht mit Forrests Reitern nach Camp Shiloh zurück. ■ BrigGen. William W. Mackall, West-Pointer des Jahrgangs '37, gibt das von Footes Flottille und Popes Artillerie sturmreif geschossene Island No. 10 auf und marschiert mit 7 000 Mann in Gefangenschaft. Mit dem Fall des Rebellenstützpunkts steht den Blauen der Mississippi bis Fort Pillow offen. ■ Pope soll in Pittsburg Landing zu Grant und Buell stoßen.

11.4. – US-BrigGen. Ormsby M. Mitchel, Mathematiklehrer aus Kentucky, nimmt Huntsville auf dem Cumberland Plateau/AL und unterbricht die M&C. ■ Halleck trifft in Pittsburg Landing ein, um die Armeen Grants,

Wagenkolonne der Union vor Yorktown/VA. McClellans Potomac-Armee fährt im Frühjahr an Joseph E. Johnston vorbei und landet im Süden der Virginischen Halbinsel.

Buells und Popes (100 000) persönlich nach Corinth zu führen.

12.4. – Der Rahmen ist alltäglich (die Lokomotive „General“ zieht einen Zug der Western & Atlantic in den Bahnhof von Big Shanty), die Umstände an diesem Samstag sind sensationell: Während den Reisenden das Frühstück serviert wird, überfällt James J. Andrews mit 21 Komplizen den Zug und dampft mit der „General“ und 3 Frachtwagen in Richtung Chattanooga davon. Andrews verzweifelter Versuch, Eisenbahnbrücken hinter sich anzuzünden, wird erst durch regnerisches Wetter, dann durch die Lokomotive „Texas“ durchkreuzt, mit der ihn die Grauen verfolgen. Bei Ringgold/GA geben die *Yanks* die „General“ und ihre Pläne auf und flüchten zu Fuß (festgenommen, werden Andrews und 7 seiner Männer hingerichtet).

14.4. – Die US-Flußflottille beschießt Fort Pillow/TN.

16.4. – Bei Savannah/TN geraten 60 Rebellen in Gefangenschaft.

18.4. – Flaggenoffizier David G. Farragut vom Blockadegeschwader Westlicher Golf und Kom. David D. Porter (8 Dampfschaluppen mit dem Flaggschiff USS Hartford, 12 Kanonen-, 19 Mörserboote, 1 besegelte Schaluppe) verlassen Ship Island zum Vorstoß gegen New Orleans.

19.4. – Farraguts Flotte steht vor den Forts St. Philip und Jackson, 75 mi stromabwärts von New Orleans.

20.4. – St. Philip und Jackson (3 000 Mann, 126 Geschütze) überstehen Farraguts Bombardement nahezu unbeschädigt. Die Kanonenboote USS Itasca und Pinola versuchen

BrigGen. Ormsby M. Mitchel. Der Mathematiklehrer aus Kentucky erobert Huntsville auf dem Cumberland Plateau im nördlichen Alabama. Zum GenMaj. ernannt, stirbt Mitchel im Oktober an Gelbfieber.

einen Fahrweg durch die Mississippisperre zu sprengen.

23.4. – Farragut hat sich vor St. Philip und Jackson festgefahren und will die Forts in Kiellinie gegen den Strom passieren. ■ Scharmützel bei Bridgeport/AL.

24.4. – Farragut durchbricht die Mississippisperren mit einem der bedeutendsten Marineunternehmen des Kriegs. Die USS Varuna sinkt im Abwehrfeuer der Forts St. Philip und Jackson, 4 weitere Schiffe bleiben hängen, doch die Rebellenflotte erlebt ihr Waterloo: 9 der 17 armierten Dampfer und Rammboote werden versenkt oder geentert. Die CSS Manassas (der ehem. Eisbrecher Enoch Train) läuft auf Grund, das halbfertige Panzerschiff CSS Louisiana wird 4 Tage nach dem Stapellauf selbstversenkt.

26.4. – Farragut passiert die Chalmette-Flußbatterien und wirft Anker vor New Orleans. GenMaj. Lovell lehnt die Kapitulation ab, stimmt einem Abzug seiner Garnison jedoch zu (was eine Spotthymne auf Lovells militärische Qualitäten und Trinkernase zum Volkslied macht). Eine Reihe von kleineren Forts im Umland gibt auf.

28.4. – Die offene Meuterei deutschstämmiger Kanoniere zwingt die Festungskommandanten der Forts St. Philip und Jackson zur Kapitulation. ■ Butler trifft in New Orleans ein.

29.4. – Über New Orleans, der größten Stadt des Südens, wehen die Farben der Union. ■ Die 3. Div./ Ohio-Armee bringt bei Bridgeport/ AL 300 Gefangene ein. ■ Halleck beginnt den Vorstoß nach Corinth.

Der östliche Schauplatz: McClellan (105 000, 300 Geschütze) ist an *Joe* Johnston vorbeigefahren und im Süden der Virginischen Halbinsel gelandet. Den ursprünglichen Plan, die Potomac-Armee zwischen die graue Hauptarmee und Richmond zu schieben, ist durch Johnstons Rückzug aus Manassas vereitelt. McClellans Aufmarsch wird durch schwere Regenfälle gebremst.

3.4. – *„You must act“:* Lincoln drängt McClellan zur Initiative auf der Halbinsel, am Big Bethel führt ein Aufklärungsvorstoß des III. Korps zum Gefecht. ■ *Stonewall* Jackson experimentiert im Shenandoahtal mit Banks.

4.4. – McClellan (55 000) geht am Warwick River vor Yorktown in Stellung, zögert den Angriff auf die Stadt jedoch hinaus. ■ Johnston verlegt Truppen vom Rappahannock nach Yorktown.

5.4. – John B. Magruder (17 000), KomGen. im Bereich Yorktown, bewegt die Halbinsel-Armee mit so großem Geschick, daß McClellan – unter dem Eindruck, „mehr als

CS-GenMaj. John B. Magruder, Befehlshaber der Halbinsel-Armee im Bereich Yorktown.

100 000 Mann“ gegenüber zu stehen – einen Angriff absagt.

9.4. – McClellan gräbt sich vor Yorktown ein, um das Eintreffen schwerer Belagerungsgeschütze abzuwarten. ■ Blenkers Überstellung zu Frémont wird zum Todesmarsch. Schlecht ausgerüstet und ohne ausreichend Proviant verliert die Deutsche Division in ein paar Tagen rund 2 000 Mann durch Krankheit und Verletzung.

10.4. – BrigGen. Quincy A. Gillmore beschießt Fort Pulaski/GA von Tybee Island aus. Die neuen, gezogenen Geschütze und Haubitzen sind den glatten Versionen der Rebellen überlegen, das mehrstündige Duell räumt gemauerte Befestigungen, wie sie an der Atlantik- und Golfküste üblich sind, für alle Zeiten als Hindernisse der modernen Artillerie aus.

11.4. – Oberst Charles H. Olmstaed (385) übergibt Fort Pulaski nach 29stündigem Gefecht. Mit der Kapitulation der Festung ist die Zufahrt zum Hafen von Savannah/GA für Blockadebrecher blockiert.

12.4. – McClellan läßt auf sich warten, *Joe* Johnston verstärkt Magruder auf 30 000 Mann. ■ Hunter erklärt die Sklaven im Umland von Fort Pulaski für frei.

16.4. – Die Blauen verlieren bei Lee's Mill/VA 160, die Grauen 95 Mann.

18.4. – Das 2. New York aus McDowells Kommando rückt in Falmouth/VA ein. ■ Das 75. Pennsylvania aus Blenkers Division verliert beim Übersetzen über den Potomac bei Harpers Ferry 41 Mann. ■ Jackson, vor New Market/VA von Banks bedrängt, geht nach Elk Run östlich der Massanuttenberge.

19.4. – Yankees verlieren vor South Mills/NC 100 Mann.

Flaggenoffizier (später Admiral) David G. Farragut, ein Veteran des Kriegs von 1812. Obwohl Südstaatler und mit einer Südstaatlerin verheiratet, erklärt sich Farragut bei Kriegsbeginn für die Union. Im April nimmt seine Flotte New Orleans/LA.

25.4. – Fort Macon/NC kapituliert, Parke marschiert 450 Rebellen in die Gefangenschaft.

27.4. – Schießereien bei Pollocksville/NC.

30.4. – *„If this Valley is lost, Virginia is lost“:* Jackson, durch Richard S. Ewells Div. verstärkt, bricht von Elk Run zum entscheidenden Teil des Shenandoahtal-Feldzugs auf.

Operationen der Marine: Das Duell der Panzerschiffe in Hampton Roads schreibt ein neues Kapitel der Marinegeschichte. Die USS Monitor hat den Gegner weitgehend neutralisiert. Richmonds Pläne, die Seehäfen mit Hilfe der CSS Virginia zu öffnen, sind durchkreuzt, die Überlegenheit der US-Kriegsmarine ist wiederhergestellt.

11.4. – Die CSS Virginia bringt in Hampton Roads 3 Handelsschiffe auf.

28.4. – Das englische Schiff Oreto (nach Umbau und Armierung das CS-Kaperschiff Florida) läuft in Nassau/Bahamas ein.

Mai 1862

Der Norden: Grant hat die Schlacht von Shiloh mit einem blauen Auge gewonnen. Kritiker haben den Verdacht, daß er am ersten Kampftag betrunken war. ■ Kriegsminister Stanton, durch die Erfolge von Fort Henry bis New Orleans in Siegerlaune, läßt Rekrutierungsbüros schließen. ■ Washington öffnet die Häfen von Port Royal, Beaufort und New Orleans für den Warenverkehr (12.) ■ *„Give every poor man a*

Feldlager der Potomac-Armee bei Cumberland Landing am Pamunkey River. Im Mai zieht McClellan bei Cumberland Landing 70 000 Mann zusammen.

home“: Lincoln unterzeichnet den Homestead-Act, der Siedlern im Westen billiges Land verspricht (20.).

Der Süden: Die *Yanks* waren am Boden ... Beauregard wehrt sich gegen den Vorwurf, am Abend des 6.4. – damit vor dem Eintreffen Buells – den Angriff auf Grants zurückgezogene Positionen verschlafen zu haben. ■ Die Aushänge der Kriegsopfer ernüchtern, die Einführung der Wehrpflicht kommt einer Versklavung der Weißen gleich: In den Rebellenstaaten läßt die Kriegsbegeisterung zusehends nach. ■ Im englischen Liverpool läuft die (angeblich für den Kaiser von China gebaute) Nummer 290 (die zukünftige CSS Alabama) vom Stapel (15.).

Westlich des Mississippi: Die unmittelbare Gefahr ist gebannt, doch Missouri kommt nicht zur Ruhe. *Rebs* und *Yanks* treffen bei Orten wie Bloomfield, Independence, Miami, Crows Station, Osceola, Waynesville und Spring Hill, am Horse Creek und Salt River aufeinander. ■ Arkansas sieht Aktionen bei Litchfield, Cotton Plant, Calico Rock und Whitesburg, am White River und Village Creek. Bei Searcy Landing/AR verlieren die Blauen 50, die Grauen 140 Mann.

4.5. – Sibleys Arizona-Brigade, von 3 700 auf halbverhungerte 1 700 Mann geschrumpft, trifft in El Paso/TX ein.

5.5. – Morgan holt sich vor Lebanon/TN Prügel ab.

20.5. – Maj. James H. Carltons California Volunteers besetzen Tucson.

23.5. – Schießereien bei Fort Craig/NMT.

Der westliche Schauplatz: P.G.T. Beauregard, nach Shiloh auf 70 000 Mann verstärkt, erwartet Halleck in Corinth. Das graue Aufgebot täuscht:

US-GenMaj. Robert Schenck, Jurist und Politiker aus Franklin/OH. Schenck führt Frémonts Vorausdivision in das Gefecht von McDowell/VA.

Jeder 3. Soldat leidet unter Durchfallerkrankungen, während bei anderen die Wunden, die Shiloh geschlagen hat, nur langsam verheilen. ■ Nach dem Verlust von Island No. 10 fällt Fort Pillow oberhalb von Memphis (40 Geschütze, 8 zu Rammschiffen umgebaute Dampfer) die Sicherung des Mississippi-Wasserwegs zu.

3.5. – Halleck stößt bei Farmington/MS auf Widerstand.

5.5. – Die 5. Iowa Cavalry verliert bei Dresden/TN 100 Reiter, vor Lebanon/TN kommt es zum kurzen Gefecht.

8.5. – Scharmützel bei Athens/AL.

9.5. – Die Rebellen räumen Pensacola/FL.

10.5. – Gefecht von Plum Run Bend/TN. 8 gepanzerte Rammschiffe der Rebellenflottille (Kom. James E. Montgomery) fahren oberhalb von Fort Pillow einen Angriff auf 7 Kanonenboote der Union (Kom. Charles H. Davis). Die Grauen setzen

Yankeeartilleristen bei Fair Oaks Station/VA vor der Schlacht von Seven Pines. Mit McClellan nur 6 Meilen vor Richmond scheint das Schicksal der Konföderation besiegelt.

die USS Cincinnati und Mound City außer Gefecht, die Blauen richten auf 4 Rammschiffen erheblichen Schaden an.

12.5. – Yankees besetzen Baton Rouge, bis zur Bedrohung durch die Union Hauptstadt Louisianas, und Pensacola/FL.

13.5. – Der Kentuckier Ormsby M. Mitchel nimmt Rogersville/AL.

15.5. – *Beast* Butler, Militärgouv. von New Orleans, stellt die berüchtigte General (Woman's) Order No. 28 aus, nach der Frauen, die einen Offizier oder Soldaten der USA beleidigen, wie Dirnen zu behandeln sind.

17.5. – Hallecks Aufmarsch gegen Corinth ist zur Belagerung erstarrt.

18.5. – Vicksburg, die Hafenstadt am Ostufer des Mississippi – nach *Jeff* Davis der Nagel, der die 2 Hälften der Konföderation zusammenhält – verweigert Farragut die Kapitulation.

28.5. – Beauregard, der in den letzten Wochen durch Krankheiten noch einmal soviele Soldaten verloren hat wie während der Schlacht von Shilo, evakuiert Corinth und zieht sich ins 50 mi südlich liegende Tupelo/MS zurück.

30.5. – Halleck besetzt Corinth. Mit dem Verlust des Bahnknotenpunkts sind die für die Rebellenlogistik wichtigen Bahnlinien M&C (die den mittleren Süden mit der Atlantikküste) und M&O (die den Norden mit dem Süden verbindet) unterbrochen. ■ Reiter der 2. Michigan und 2. Iowa nehmen bei Booneville/MS knapp 2 000 Rebellen gefangen.

Der östliche Schauplatz: McClellans Halbinsel-Feldzug, durch mangelnde Risikobereitschaft, schlechtes Wetter und falsche Furcht vor gegnerischer Übermacht behindert, hat sich in taktischen Manövern festgefahren. ■ *Joe* Johnston (55 000) plädiert für die Aufgabe Yorktowns zugunsten einer neuen Verteidigungslinie bei Richmond, *Jeff* Davis, ohne Vertrauen in seinen General, will die Stadt halten. ■ Jackson (17 000) bindet Banks am Shenandoah.

1.5. – McClellan setzt Yorktown verstärkt unter Druck. Bei Rapidan Station/VA kommt es zu kleineren Gefechten.

3.5. – Johnston räumt Yorktown bevor McClellans schwere Belagerungsgeschütze in Stellung sind und setzt sich in Richtung Richmond ab. ■ *Stonewall* Jackson arbeitet an seiner Legende: Der Sohn des Shenandoahtals läßt seine Armee nach Süden marschieren, biegt dann nach Osten ab und überquert die Blue Ridge Mountains. Unionsspäher wähnen ihn auf dem Weg nach Richmond, doch Jackson übergibt seine Truppen bei Charlotteville der Virginia Central RR und fährt mit der Eisenbahn nach Staunton im Westen zurück.

4.5. – Die Potomac-Armee besetzt Yorktown: McClellan fällt die Stadt ohne größere Kampfhandlung zu, doch die Belagerung hat ihn 4 Wochen gekostet. ■ BrigGen. George

Ferdinand A. A. Graf von Zeppelin (2. von rechts) mit der Battery A, 2. US Artillery, Hptm. John C. Tidball. Der Kavallerieoffizier von Zeppelin schließt sich als Beobachter Preußens dem XI. Korps an und lernt die Bedeutung der Ballonfahrt kennen, was zum Bau seines starren, in Zellen eingeteilten Luftschiffs führt.

Stonewall Jackson. Der puritanische Exzentriker, den Lee als seine „rechte Hand“ bezeichnet, beschäftigt mit seiner „Fußkavallerie“ 3 US-Armeen im Shenandoahtal.

Stoneman trifft bei Fort Magruder, 2 mi östlich von Williamsburg, auf heftigen Widerstand und wartet Verstärkung durch BrigGen. *Fighting Joe* Hooker ab. Die Blauen werden lange genug aufgehalten, damit sich Johnstons Hauptarmee ordnungsgemäß zurückziehen kann.

5.5. – Schlacht von Williamsburg. Hooker und Philip Kearny (40 000) greifen GenMaj. *Old Pete* Longstreet (31 000) in und um Fort Magruder an. Winfield S. Hancocks Brigade kann den Gegner mit einem Flankenmarsch umgehen, die zu Longstreets Verstärkung zurückeilende Brigade Jubal A. Earlys aus GenMaj. Daniel H. Hills Kommando wird geschlagen. Die Blauen gewinnen das erste größere Gefecht des Feldzugs, verlieren jedoch 2 200 Mann. Die Verluste Longstreets sind unbekannt, dürften bei 1 700 liegen. Mit McClellans Sieg bei Williamsburg ist Ost-Virginia in der Hand der Union.

6.5. – Jackson stößt von Stanton nach McDowell vor. Banks steht bei Strasburg an der Manassas Gap RR, Frémont, der den verwegenen Plan hat, ins östliche Tennessee vorzustoßen und Knoxville zu nehmen, bei Franklin. ■ Die Potomac-Armee besetzt Williamsburg, Lincoln trifft mit Stanton und Chase in Fort Monroe ein.

7.5. – Gefecht von Eltham's Landing. CS-GenMaj. Gustavus W. Smith, West-Pointer des Jahrgangs '42, greift BrigGen. William B. Franklin am Pamunkey River an. Smith verliert 48, Franklin 194 Mann.

8.5. – Gefecht von McDowell/VA. Jackson (9 000) schlägt einen Angriff von Frémonts Vorausdivision unter den Generälen Robert H. Milroy und Robert Schenck (6000) zurück. Personalverluste: knapp 500 (CSA), 253 (USA).

9.5. – Mit der Evakuierung Norfolks verliert das Panzerschiff CSS Virginia den Heimathafen und wird selbstversenkt. ■ Hunter weitet die Sklavenemanzipation auf Florida, Georgia und South Carolina aus und erlaubt die Bewaffnung wehrtüchtiger Neger. (Das erste farbige Freiwilligenregiment von South Carolina ist innerhalb weniger Monate gefechtsbereit.)

10.5. – Die Blauen besetzen Norfolk und Portsmouth/VA. ■ Jackson folgt Milroy in Richtung Franklin/WV, westlich des Bull Pasture Mountain.

11.5. – *Billy Yank* und *Johnny Reb* schlagen sich bei Fredericksburg/VA. ■ Die Deutsche Division stößt zu Frémont, Jackson marschiert nach Harrisonburg.

15.5. – Die USS Monitor, Galena und 3 hölzerne Kanonenboote werden auf dem James River vor Drewry's Bluff aufgehalten. Die Panzerschiffe erweisen sich als unbeweglich, graue Kanoniere (die Besatzung der versenkten CSS Virginia) richten in 4

Stunden auf der Galena erheblichen Schaden an. ■ *Joe* Johnston geht über den Chickahominy, ein Nebenfluß des James. ■ Belle Boyd, gutgebaute Spionin Jacksons, überhört ein Gespräch, wonach der Großteil der Unionstruppen aus Front Royal/VA abgezogen wird, und gibt die Nachricht weiter.

16.5. – Yankees verlieren bei Princeton/WV über 100, die Rebellen 18 Mann. ■ McClellan richtet sein Hauptquartier in White House am Pamunkey River ein. ■ McDowell geht von Fredericksburg in Richtung Richmond.

18.5. – Die Blauen nehmen Suffolk/VA an der Bahnlinie nach Petersburg.

19.5. – Lincoln widerruft Hunters Sklavenbefreiung.

„Der Armeebefehl des im Süden kommandierenden Generals Hunter, welcher die Sklaven der Staaten Süd-Carolina, Georgia und Florida für unbedingt frei erklärt, ist wie eine Bombe ins Land gefallen. Was sich auch sonst ereignete, es trat in den Schatten dieser kolossalen Erklärung, welche fast einer Million Menschen mit einem Federstrich die

George Stoneman, US-Reitergeneral aus Busti/NY mit seinem Stab. Das reiterliche Können der Rebellen ist mehr als eine Legende. In den ersten Kriegsjahren bleibt die US-Kavallerie den auf südlichen Farmen und Plantagen aufgewachsenen Rebellenreitern klar unterlegen.

Thaddäus S. C. Löwe signalisiert Nachrichten aus dem Korb seines Ballons „Intrepid". Löwes Ballonkorps, dank tragbarer Gasgeneratoren mit der Potomac-Armee im Feld, steigt während des Kriegs rund 3000mal auf.

Freiheit gibt, und noch mehr vor der Erwägung der Frage, ob der Präsident den Akt billigen und gutheißen werde. Die Antwort ist sehr schnell gekommen. Lincoln hat unterm 19. d.M. seinen General unbedingt desavouiert, jede endgültige Bestimmung in der Sklavenfrage seiner eigenen Erwägung vorbehalten." FRIEDRICH KAPP, Chefredakteur der New Yorker Abendzeitung.

21.5. – *Stonewall* Jackson ist entlang des Valley Turnpike auf New Market marschiert, dann nach Osten abgebogen und beim Überqueren der Massanuttenberge den blauen Aufklärern entgangen. Die schnellen, bisher unbekannten strategischen Manöver verstören den Gegner und stellen Jacksons (aufgrund chronischen Schuhmangels barfuß marschierende) Soldaten in den Ruf einer „Fußkavallerie". ■ Die Potomac-Armee zieht am Chickahominy entlang.

22.5. – Turner Ashby reitet an der Straße nach Strasburg Scheinattacken, was Banks im Glauben läßt, daß die Rebellen den Angriff auf Strasburg planen. Tatsächlich steht Jacksons Kerntruppe jedoch im Luraytal, östlich der Massanuttenberge, die das Shenandoahtal teilen.

23.5. – Von Belle Boyd auf die Truppenreduzierung aufmerksam gemacht, überrascht Jackson (16 000) die Unionsgarnison von Front Royal (Oberst John R. Kenly) und macht 700 Gefangene. Banks, mit dem unberechenbaren Jackson zwischen sich und Washington, gibt Strasburg auf und versucht, Winchester zu erreichen. ■ George Crooks Yankees schlagen Henry Heth bei Lewisburg/WV.

24.5. – Jackson attackiert eine Wagenkolonne auf der Talchaussee bei Middletown und schlägt ihre Begleitmannschaft in die Flucht. ■ Lincoln ruft Frémont ins Shenandoahtal, um Jackson in den Rücken zu fallen. McDowell unterbricht den Vormarsch auf Richmond und schickt den bis vor kurzem noch Banks unterstellten Shields wieder ins Shenandoahtal (worauf sich der Demokrat McClellan vom Republikaner Lincoln im Stich gelassen fühlt).

25.5. – Erste Schlacht von Winchester/VA. Der gläubige Presbyterianer Jackson (15 000) überwindet religiöse Skrupel und greift Banks (8 000) an einem Sonntag an. Die Blauen beziehen eine böse Niederlage und setzen sich entlang der Martinsburg-Chaussee nach Williamsport am Nordufer des Potomac ab. Personalverluste 400 (CSA), 2 000 (USA). ■ Lincoln stellt McClellan vor die Wahl, gegen Richmond vorzugehen oder nach Washington zurückzukehren. ■ McDowell führt eine weitere Division zum Shenandoahtal.

26.5. – Jackson versorgt seine Fußkavallerie mit Schuhwerk aus Banks Lagerbeständen und bereitet einen Vorstoß nach Harpers Ferry vor. Lincoln erwartet von seinen Generälen Frémont, Shields, McDowell und Banks (40 000), daß sie Jackson in die Zange zu nehmen.

27.5. – Ein Sonderierungsangriff bei Hanover C.H./VA bringt 3 US-Regimenter unter BrigGen. John H. Martindale in Verlegenheit.

29.5. – Die Blauen nehmen Ashland, nördlich von Richmond.

30.5. – Im Umland von Richmond geht ein Unwetter nieder. Der Chickahominy steigt über die Ufer und nimmt mehrere Brücken mit. Das Hochwasser teilt die Potomac-Armee: 3 Korps stehen auf der Nord-, 2 weitere auf der Südseite des Chickahominy. *Joe* Johnston (75 000), durch Truppen aus den Carolinas verstärkt, erkennt seinen Vorteil und will McClellan angreifen. ■ Jackson (15 000) in Gefahr, eingekesselt zu werden, zieht sich vor Harpers Ferry zurück und entkommt Frémont und McDowell am Nordende des Shenan-

Samuel P. Heintzelman, General der Nordarmee. Heintzelman, dessen Vorfahren aus Augsburg nach Pennsylvania eingewandert sind, führt das III. Korps der Potomac-Armee, taktiert auf der Halbinsel jedoch zu vorsichtig und verliert nach Second Bull Run sein Kommando.

Erasmus D. Keyes, US-GenMaj. aus Brimfield/ MA. Keyes führt das IV. Korps der Potomac-Armee in die Schlacht von Seven Pines.

doahtals. ■ Shields (10 000) trifft in Front Royal/VA ein.

31.5. – Schlacht von Seven Pines, östlich von Richmond. Johnston greift Samuel P. Heintzelman und Erasmus D. Keyes (III. und IV. Korps) bei Seven Pines und Fair Oaks Station am Südufer des Chickahominy an, beide Seiten verfügen über 40 000 Mann. Longstreet verläuft sich während des Aufmarschs am frühen Morgen und kommt D.H. Hill in den Weg, worauf der rundherum schlecht koodinierte Angriff auf den Nachmittag verschoben wird. Ab :1500 drängen Hills Rebellen Keyes Yankees hinter das Dorf Seven Pines zurück. Das Gelände steht teilweise unter Wasser oder ist so schlammig, daß viele Verwundete ertrinken. McClellan schickt Edwin *Bull* Sumners II. Korps über den Fluß, das die Grauröcke bei Fair Oaks zum Stehen bringt. Bei Einbruch der Dunkelheit wird *Joe* Johnston schwer verwundet und durch den Kentuckier Gustavus W. Smith ersetzt. Der Tag endet ohne klaren Sieger. In der Nacht werden die Yankeestellungen erheblich verstärkt.

Juni 1862

Der Norden: McClellan vor Richmond verspricht ein Ende der Rebellion, doch die Yankees haben das Jubeln verlernt. Auf der Suche nach Motivation bietet sich auch weniger radikalen Republikanern die Sklavenbefreiung an. Demokraten halten dagegen, daß die Armeen des Nordens für die Wiederherstellung der alten Union, nicht für die Abschaffung der Sklaverei ins Feld gezogen sind. ■ Washington verbietet die Sklavenhaltung in den Territorien (19.).

Westlich des Mississippi sieht Missouri Zusammenstöße bei Eleven Points, Warrensburg, Raytown, Pineville, Cassville, Waverly, Frankfort und Hambright's Station. ■ In Arkansas kommt es zu Aktionen bei Waddell's Farm, Jacksonport, Fairview, Augusta, Knight's Cove und Stewart's Plantation, am White River und Village Creek.

Der westliche Schauplatz: *Old Brains* Halleck will den Krieg mit exzentrischen Operationen ins restliche Tennessee tragen: Buell soll nach Chattanooga stoßen, ein Bahnknotenpunkt, über den Richmond mit dem Westen der CSA verbunden ist. Die Flußflotte wird nach Memphis, den Umschlagplatz an der Memphis & Ohio und Memphis & Charleston geschickt.

2.6. – Schießereien bei Rienzi/MS.

3.6. – Die Rebellen geben Fort Pillow auf, das nach dem Fall Corinths militärisch nicht zu halten ist. Mit dem Verlust des Stützpunkts fällt der

Schutz des Wasserwegs nach Memphis einer grauen Behelfsflottille zu.

4.6. – Scharmützel bei Huntsville/AL.

6.6. – Charles H. Davis und Charles Ellet Jr. (5 Panzer-, 4 Rammschiffe mit 68 Geschützen) greifen von Island No. 45 aus James E. Montgomery (8 Rammschiffe) an. Die USS Carondelet und Queen werden beschädigt, doch die Bürger von Memphis, die das Duell der Flußflottillen ab :0630 vom Ostufer aus verfolgen, sehen ihre Farben untergehen. Lediglich die CSS General Van Dorn und CSS General Sterling Price können der überlegenen Feuerkraft oder dem Rammsporn des Gegners entkommen. Memphis ergibt sich gegen :1100. Die Rebellen haben knapp 200 Mann verloren, auf Unionsseite wurde Charles Ellet Jr., der Gründer der Mississippi-Rammflotte, tödlich verwundet.

7.6. – *„The Union Must and Shall Be Preserved“:* Butler versieht das Reiterdenkmal Andrew Jacksons in New Orleans mit einer neuen Inschrift und läßt William B. Mumford hängen, weil er eine Unionsfahne zerrissen hat. Die lokale Bevölkerung ist aufgebracht (die Deutschen in den Hauptwohnvierteln 3. Distrikt, Lafayette und Carollton bilden die Ausnahme). ■ Chattanooga schlägt einen Angriff Ormsby M. Mitchels zurück. ■ Die Blauen nehmen Jackson/TN.

Benson's Battery M (2. US Artillery, Hptm. Henry Benson), während des Halbinsel-Feldzugs. Benson's Battery hat mit 6 Geschützen ihre Sollstärke, jedes Geschütz eine Begleitmannschaft von 15 Mann.

Feldlazarett der Union in Savage's Station/VA an der Richmond & York River RR. Im Rahmen der Seven Days hart umkämpft, läßt Edwin Bull Sumners II. Korps während des Rückzugs hier 2500 kranke und verwundete Blauröcke zurück.

11.6. – Blauröcken fallen bei Monterey/KY 80 Rebellen in die Hand.

16.6. – Plänkeleien vor Winchester/TN.

17.6. – *Jeff* Davis, mit Beauregard über Kreuz, ernennt Braxton Bragg zum KomGen. der Mississippi- (ab November: Tennessee-) Armee.

18.6. – US-BrigGen. George W. Morgan besetzt Cumberland Gap im Dreistaateneck Kentucky-Tennessee-Virginia. ■ Schlagabtausch am Wilson's Gap/TN.

20.6. – US-BrigGen. Thomas Williams (3 000) startet einen Versuch, den auf dem Wasserweg schwer passierbaren Rebellenstützpunkt Vicksburg teilweise trockenzulegen. Yankeeingenieuren schwebt der Aufriß des Landstreifens Swampy Toe durch einen Stichkanal vor, um dem Mississippi ein neues Flußbett zu geben, auf dem die Flotte die Vicksburger Batterien umfahren kann.

21.6. – Schußwechsel bei Jasper/TN.

25.6. – Farragut steht erneut vor Vicksburg.

27.6. – 3 Schiffe bleiben hängen, die Yankees verlieren 45 Mann, doch Farraguts Flotte kann am frühen Morgen Vicksburg flußaufwärts passieren und zu Porters Flußflotte (Kom. Charles H. Davis) stoßen.

Der östliche Schauplatz:
1.6. – Bei Seven Pines werden die

Kämpfe am frühen Morgen wieder aufgenommen, erneut verdirbt Longstreet das eigene Konzept. Die Grauen bleiben an der verstärkten Front des Gegners hängen, Robert E. Lee, der das Kommando von G.W. Smith übernommen hat, bricht die Kampfhandlungen ab und zieht sich auf seine Ausgangspositionen zurück. Die Schlacht am Chickahominy, ein taktischer Sieg McClellans, hat die Union 5 030, den Süden 6 130 Mann gekostet. In Richmond, in den nächsten Tagen ein riesiges Feldhospital, setzt sich eine Karawane aus Ambulanzwagen und Pferdekarren in Bewegung, um die Toten und Verwundeten zu bergen. ■ Lincolns „Falle" schnappt nicht zu: *Old Baldy* Ewell liefert Frémont westlich von Strasburg ein Hinhaltegefecht, das den Rückzug der Hauptarmee deckt. Jackson läuft 3 feindlichen Kolonnen (35 000) davon.

2.6. – Im Shenandoahtal marschieren *Rebs* und *Yanks* um die Wette: Frémont verfolgt Jackson am Nordarm, Shields zieht östlich der Massanuttenberge am südlichen Arm des Shenandoah entlang. Ashbys Reiter, die Jacksons Nachhut bilden, zerstören Brücken und Furten.

4.6. – McClellan, durch die hohen Verluste von Seven Pines nur noch vorsichtiger geworden, richtet sich zur Belagerung Richmonds ein. ■ Schießereien auf James Island/SC.

6.6. – *Jeb* Stuart macht mit Lanzenreitern des 6. Pennsylvania vor Richmond kurzen Prozeß. ■ Jacksons Reiterführer Ashby fällt während

Von Yankeepionieren errichtete Notbrücke über dem Chickahominy River. Auf dem Rückzug nach Harrison's Landing muß McClellans Potomac-Armee erneut über den Chickahominy und durch die White Oak Sümpfe.

eines Nachhutgefechts bei Harrisonburg.

7.6. – Jackson ist in Port Republic in Gefahr, zwischen Frémont und Shields aufgerieben zu werden. ■ Auf James Island verlieren die Blauen 17, die Grauen 50 Mann.

8.6. – Schlacht von Cross Keys. Jackson erwartet mit seiner Hauptarmee den Angriff Shields bei Port Republic und entgeht der Gefangennahme durch Yankeereiter nur knapp. Das eigentliche Kampfgeschehen spielt sich beim 3 mi entfernten Cross Keys ab, wo Frémont (10 600) ab Mitte des Vormittags vergeblich gegen Ewell (6 400) anläuft. Ewell verliert um 300, Frémont 680 Mann (Blenkers Deutsche Division hat mit Abstand am schwersten gelitten).

9.6. – Schlacht von Port Republic/VA. Jackson (6 000) trifft auf Shields BrigGen. Erastus Tyler (3 000). Die Blauen wehren mehrere Angriffe ab, bevor Ewell die Entscheidung erzwingt. Richard Taylors Louisiana-Brigade wirft den Gegner beim Flankenangriff zurück, Frémont kann nicht eingreifen, weil er auf der falschen Seite des South Fork steht. Personalverluste: 650 (CSA), 1 020 (USA). ■ Mit Port Republic im Schatten der Blue Ridge Mountains ist die letzte Schlacht des Shenandoahtal-Feldzugs geschlagen. Jackson hat in 5 wichtigen Waffengängen 3 verschiedene Armeen besiegt und an den Shenandoah gebunden. Lee, in kritischer Lage vor Richmond, ist entlastet, McClellan der Verzweiflung nahe.

James E. B. Stuart, West-Pointer des Jahrgangs '54 (13. von 46). Stuarts strategische Aufklärung führt zum Abbruch von McClellans Halbinsel-Feldzug.

12.6. – So werden Helden gemacht: Lee beauftragt *Jeb* Stuart mit der bewaffneten Aufklärung im Rücken der Potomac-Armee. Stuart (1 200) reitet von Richmond zum South Anna, biegt nach Hanover C.H. ab und verpaßt einen Yankeegeneral (der sein Schwiegervater ist) bei Old Church nur knapp. Die Rebellen erreichen Tunstall's Station, ziehen nach Süden über den Chickahominy und kehren im weiten Bogen nach Richmond zurück. In 4 Tagen hat Stuart die Potomac-Armee umritten, dabei die Stellungen von BrigGen. Fitz J. Porters V. Korps ausgemacht und erkannt, daß McClellans rechte Flanke relativ ungeschützt ist. Unterwegs hat er dem Gegner mehrere Gefechte geliefert, einige Wagenladungen mit Nachschub zerstört und 170 Gefangene eingebracht. Stuart unterstrich mit seinem Ritt das reiterliche Können der auf südlichen Farmen und Plantagen aufgewachsenen Rebellen, die den Kavalleristen aus den Städten des Nordens zu diesem Zeitpunkt klar überlegen sind.

16.6. – BrigGen. Henry W. Benham (6 400) greift Nathan G. Evans (2 300) bei Secessionville/SC an. Benham verliert knapp 700 Mann (und sein

Kommando), Evans 200. Die Bundestruppen geben den Versuch, Charleston zu nehmen, vorläufig auf.

17.6. – Jackson verläßt das Shenandoahtal in Richtung Richmond. ■ Lincoln ernennt Pope, den Sieger von Island No. 10, zum KomGen. der neuformierten Virginia-Armee (die Korps Frémonts, Banks und McDowells, die gegen Jackson kaum überzeugten). Frémont, der sich durch Popes Ernennung übergangen fühlt, reicht seinen Abschied ein und wird durch Franz Sigel ersetzt. (Sigels Ernennung zum Korpskommandeur entspricht dem ethnischen Proporz: Im 1. Korps der Virginia-Armee kämpfen vorwiegend Deutschamerikaner aus Wahlkreisen, die Lincolns Republikanern nahestehen).

21.6. – Im Umland von Richmond bleibt es – abgesehen von einem Zusammenstoß bei Fair Oaks Station – relativ ruhig.

23.6. – Lee legt den grauen Generälen seine Offensiv/Defensiv-Strategie vor und sagt eine größere Aktion gegen McClellan für den 26.6. an, in der *Stonewall* Jackson eine prominente Rolle spielen soll.

24.6. – Rebellen testen McClellan bei Mechanicsville. Lee läßt zwischen der Potomac-Armee und Richmond 25 000 Mann und schickt das Gros seiner Armee gegen McClellans Rechte.

25.6. – Gefecht von Oak Grove, östlich von Richmond. Hookers Div./III. Korps, die McClellans linken Flügel bildet, trifft auf GenMaj. Benjamin Huger (9 000). Am Abend ist der Frontverlauf wieder der alte, was Hooker 520, Huger 310 Mann gekostet hat.

26.6. bis 1.7. – Seven Days (die Schlacht der 7, die tatsächlich nur 6 Tage dauert). Die Nord-Virginia- trifft auf die Potomac-Armee.

1. Kampftag (26.) – Schlacht von Mechanicsville, nordöstlich von Richmond. Lee und McClellan setzen je 15 000 Mann ein. Magruder führt den Scheinangriff gegen die 4 Yankeekorps auf der Südseite des Chickahominy, Jackson soll Fitz J. Porter auf der Nordseite des Flusses, Ambrose P. Hill, D.H. Hill und Longstreet den Gegner frontal angreifen. A.P. Hill wartet am Morgen vergeblich auf Jackson, überquert den Chickahominy dann im Alleingang und greift Porter ab :1500 an, bis er am Beaver Dam Creek steckenbleibt. Jackson, mit 3 Div. in der Nähe, hält sich im seltsamen Kontrast zu sei-

Fitz J. Porter, General der Nordarmee. Der Mexikoveteran führt das V. Korps während der Seven Days. In der Schlacht von Second Bull Run umstritten, wird Porter vor ein Militärgericht gestellt und aus der Armee entlassen.

Die USS Cairo, ein Kanonenboot der „Schildkröten-Klasse" („Pook's Turtles"). Die USS Cairo, im Januar 1862 in Dienst gestellt, sinkt im Dezember auf dem Yazoo River in der Nähe von Vicksburg.

Die „White Oak Swamps", Ort heftiger Gefechte.

nem Ruf zurück. Personalverluste: 360 (USA), 1 500 (CSA). *Little Mac* erklärt sich zum Sieger und ruft Porter auf eine starke Gefechtsposition bei Gaines' Mill zurück, wo Jacksons Angriff erwartet wird.

2. Kampftag (27.) – Schlacht von Gaines' Mill. A.P. Hill, D.H. Hill, Jackson und Longstreet (57 000) greifen Porter (35 000) an und zwingen ihn zum Rückzug über den Chickahominy. Die Hauptlast auf Rebellenseite trägt wiederum A.P. Hill, der besonders hohe Verluste hat, während Longstreet und Jackson nur sporatische Entlastungsangriffe führen. Gegen Abend gelingt BrigGen. John B. Hoods Texanern und George E. Pickett der Durchbruch in Porters Frontmitte. McClellan setzt 70 000 Mann, die auf der gegenüberliegenden Seite des Flusses stehen, nicht ein. Die Rebellen haben die Bundestruppen am Rand einer katastrophalen Niederlagen, sind jedoch zu desorganisiert, um den entscheidenden Schlag zu führen. Personalverluste: 6 800 (USA), 8 700 (CSA). Lee erbeutet große Mengen an Waffen und Munition und übernimmt die Initiative auf der Halbinsel. McClellan gibt sein Hauptquartier am Pamunkey auf und tritt den Rückzug an.

3. Kampftag (28.) – Die Potomac-Armee nutzt den am Standard der Seven Days gemessen relativ ruhigen Tag, um sich aus ihren Stellungen östlich von Richmond in Richtung James River zurückzuziehen. Lees Versuch, den Gegner an den Flanken zu fassen, führt zu Gefechten bei Garnett's und Golding's Farmhäusern und beim Bahnhof Dispatch. ■ Die US-Kriegsmarine verläßt Fort Monroe, um McClellan bis Harrison's Landing entgegenzufahren.

Benjamin Huger, CS-Brig-Gen. aus Charleston/SC. Huger, in Mexiko in Winfield Scotts Stab, kann während der Seven Days Lees Erwartungen nicht erfüllen und verliert sein Kommando.

4. Kampftag (29.) – Schlacht von Savage's Station. Lee trifft 3 mi südlich des Chickahominy auf 3 Divisionen, die McClellans Nachhut bilden und ein Feldlazarett decken. Der graue Feldherr schickt Jackson gegen die rechte, Magruder und Huger gegen die linke Flanke der blauen Front. Jackson bleibt an einem Flußübergang hängen, Huger verspätet sich, Magruders Angriff wird von Sumners Korps abgewiesen. Sumner läßt 2 500 kranke und verwundete Soldaten bei Savage's Station zurück und setzt sich zum White-Oak-Sumpf ab.

5. Kampftag (30.) – Schlacht von White Oak Swamp. Lees Plan, McClellan mit 7 Divisionen anzugreifen, fehlt einmal mehr die Koordination. Die Kampfhandlungen beginnen am Nachmittag und ziehen sich bis tief in die Nacht. Lediglich Longstreet und A.P. Hill kommen zum Einsatz, Jackson, der sich völlig uncharakteristisch am White Oak Creek aufhalten läßt, und Huger erreichen das Schlachtfeld zu spät. Lees zweiter Versuch, der Potomac-Armee den Rückzug abzuschneiden, scheitert am zähen Widerstand der Blauröcke. Der Süden verliert 3 500, der Norden 2 800 Mann.

Der Halbinsel-Feldzug ist nicht zu Ende, doch Richmond vorerst gerettet: Die einzigen Yankees in der grauen Metropole sind weiterhin die Gefangenen.

Die Vielen und die Wenigen

Juli 1862

Der Norden: Lees Erfolg auf der Halbinsel zwingt Politiker und Militärs zum Abschied vom begrenzten Krieg. Mit den Seven Days wird der Konflikt in Theorie und Praxis brutaler, schonungsloser. Wo die Erhaltung der alten Union bisher Kriegsziel war, ist es jetzt die Vernichtung des alten Südens. Washingtons Generäle verlassen das Prinzip, wonach Heere nach bestimmten Regeln gegen Heere kämpfen, Militärs sich gegenseitig testen. In Zukunft wird der Zivilist genauso geschädigt wie der Soldat, werden Ernten vernichtet und ganze Landschaften zu Wüsteneien gemacht. ■ Lincoln ruft nach weiteren 300 000 Freiwilligen, um den „unnötigen Krieg" zu beenden (2.), Halleck wird OB der US-Armee (11.) ■ Der Kongreß stimmt der Bildung eines Staats West-Virginia zu (14.) und genehmigt das 2. Konfiskationsgesetz, das Rebellen, die sich nicht innerhalb von 60 Tagen ergeben, mit dem Entzug von Privateigentum (Sklaven eingeschlossen) straft (16.) ■ Der Kongreß ermächtigt den Präsidenten, Farbige zum Dienst in Heer und Marine einzuziehen (17.) ■ Das Bürgerwehrgesetz zwingt wehrtüchtige Männer zwischen 18 und 45 zum neunmonatigen Milizdienst (17.) ■ *Honest Abe* ernennt John S. Phleps zum Militärgouv. von Arkansas (19.) und diskutiert die Sklaven-Emanzipation mit seinem Kabinett (22.).

Der Süden richtet den Wehrbereich Mississippi unter GenMaj. Earl Van Dorn ein (2.), GenMaj. Price übernimmt die West-Armee und den Wehrbereich Tennessee (3.), GenMaj. Theophilus H. Holmes Trans-Mississippi (16.).

Westlich des Mississippi: Missouri sieht Aktionen bei Pleasant Hill, Columbus, Big Piney, Bollinger's Mill, Salem, Newark, Greenville, Boles' Farm, Columbus, Fulton und Bloomfield. ■ Arkansas meldet Feindseligkeiten bei Batesville, Fayetteville, Helena, Gaines' Landing, Trenton und am Black Run.

4.7. – Die „Union Loyal League", bereit für den Norden zu kämpfen, stellt im texanischen Comfort mit einigen hundert Männern aus den Counties Kendall, Gillespie und Kerr ein „Deutsches Bataillon" zusammen. Die deutschen Texaner werden der Rebellion beschuldigt, über die 3 Landkreise wird das Kriegsrecht verhängt.

Im Tod beinahe gleich: Gefallener Soldat der Nord-Virginia-Armee neben dem Grab eines Yankeeoffiziers.

15.7. – 600 Chiricahua und Mimbreno-Indianer unter Mangas Colorados und Cochis kämpfen am Apache Pass mit Yankeeinfanteristen (Hptm. Thomas R. Roberts) und -reitern (Hptm. John C. Cremony). Gebirgshaubitzen entscheiden das Gefecht.

Der westliche Schauplatz: Farragut und C.H. Davis liegen vor Vicksburg, das der Volksmund zum „Gibraltar des Südens" macht. ■ GenMaj. E. Kirby Smith schickt Forrest gegen Versorgungslinien der Cumberland-Armee in Tennessee.

1.7. – Der bisher kaum aufgefallene Oberst Philip H. Sheridan erkämpft sich bei Bonneville/MS die Ernennung zum BrigGen.

4.7. – Oberst John H. Morgan bricht mit Hurras auf *Jeff* Davis und Hohngeschrei für Lincoln zu seinem ersten Raid nach Kentucky und Mittel-Tennessee auf. Morgans Kentuckier, durch Rangers aus Georgia und Texas und 2 Tennessee-Kompanien verstärkt, besetzen Tompkinsville/KY (9.), zerstören ein Nachschublager südlich von Frankfort (11.), erobern Lebanon (12.) und fordern die Bevölkerung zum Kampf gegen die „Yankee-Hessians" auf.

Kom. William Dirty Bill Porter, Kapitän der USS Essex. Die Porters scheinen es in sich zu haben: Williams Vater ist Marinekapitän, sein Bruder David KAdm., Adoptiv-Bruder David G. Farragut Admiral und Cousin Fitz J. Porter GenMaj. William votierte für den Norden, 2 seiner Söhne kämpfen in der Südarmee.

13.7. – Forrest überfällt die Unionsgarnison Murfreesboro/TN (1 040), zerstört den Schienenstrang nach Nashville und kann entkommen. Der Süden hat 150, die Union 890 Mann verloren (worunter 800 Gefangene sind).

15.7. – Das Panzerschiff CSS Arkansas, von Isaac N. Brown auf dem Yazoo gefechtsbereit gemacht, dampft den nördlich von Vicksburg stehenden Kriegsschiffen Farraguts und C.H. Davis' entgegen. Das Duell mit 3 Kanonenbooten richtet einigen Schaden auf der USS Carondelet an. Um in den Schutz der Vicksburger Batterien zu kommen, passiert die Arkansas die an beiden Mississippi-Ufern liegende Yankeeflotte, deren Kanoniere das Schiff beschädigen, jedoch nicht aufhalten können.

16.7. – Ein Angriff auf Cynthiana/KY kostet Morgan 35, den Gegner 50 Mann.

17.7. – *Sam* Grant erhält den Befehl über die Tennessee- und Mississippi-Armee.

18.7. – Rebellen setzen über den Ohio und fallen über Newburg/IN her.

22.7. – Die Yankees haben ihre Kanalarbeiten bei Vicksburg abgeschlossen, wer nicht mitspielt ist der Mississippi.

23.7. – Braxton Bragg verlegt Truppenverbände der konföderierten Mississippi-Armee (34 000) von Tupelo/MS nach Chattanooga.

24.7. – In Alabama ist es im Juli zu Zusammenstößen bei Huntsville und

Russelville gekommen. An diesem Donnerstag setzt eine Kompanie des 31. Ohio bei Trinity 40 Rebellen außer Gefecht, verliert selbst 15 Mann. ■ Scharmützel am Amite River/LA.

26.7. – KAdm. David G. Farragut gibt die Aktion gegen Vicksburg auf und fährt den Mississippi bis Helena/AR hinauf.

29.7. – Tennessee hat in den letzten Tagen Kampfhandlungen in oder bei Walden's Ridge, Hartsville, Wallace's Cross Road, Mount Pleasant, Columbia, Clinton Ferry, Toone's Station und Humboldt gesehen. Heute kommt es zu kleineren Treffen bei Brownsville und Denmark.

30.7. – Die Rebellen verlieren im Kampf gegen Reiter des 9. Pennsylvania vor Paris/KY 60 Mann.

Der östliche Schauplatz: McClellan hat sich mit 4 Divisionen und 100 Geschützen in strategisch günstiger Lage auf dem Malvern Hill eingeigelt. Weitere 4 Div. (150 Geschütze) stehen in Reserve. Lee unterschätzt den Überlebenswillen der *Yanks,* sieht eine Chance, die Potomac-Armee zu vernichten, und weist A.P. Hills Warnungen vor einem selbstmörderischen Angriff zurück.

1.7. – Schlacht von Malvern Hill, südlich von Glendale. *Bobby* Lee greift am letzten Tag der Seven Days McClellan an. Dem grauen Feldherrn

US-Transporter auf dem Tennessee. Der Norden, dem Gegner auf den Flüssen klar überlegen, kauft jedes Schiff, das Truppen oder eine Kanone tragen kann.

Franz Ferdinand (Sohn König Louis Philipps von Frankreich), seine Neffen Louis Philippe, Graf von Paris, und Robert Philippe d'Orléans, Herzog von Chartres, und Kameraden beim Dominospiel. Das Haus Orléans ist aus Frankreich verbannt, Franz, Louis und Robert machen die ersten Kriegsjahre als aide-de-camps im Stab McClellans mit.

gelingt es nicht, seine DivKom. aufeinander abzustimmen, noch am Vormittag zeichnet sich ein Debakel ab. Von Jackson ist lange nichts zu sehen, Magruder verläuft sich, der Befehl, die Blauen in Vorbereitung des Infanterieangriffs einzudecken, erreicht nur einen Teil der grauen Kanoniere. Ab :1500 bringen Unionsbatterien unter BrigGen. Henry J. Hunt die gegnerische Artillerie zum Schweigen. Während des grauen Sturmangriffs, der ohne Artillerieschutz auskommen muß, rechnen Yankee-Schützen mit den unabhängig voneinander operierenden Brigaden D.H. Hills, Hugers und Magruders ab. Lee verliert 5 350, McClellan 3 200 Soldaten (was den Gesamtverlust der Nord-Virginia-Armee in einem Monat auf 27 000, der Potomac-Armee auf 21 000 Mann schraubt). ■ Mehrere Generäle drängen McClellan, den Sieg von Malvern Hill zum erneuten Vorstoß nach Richmond zu nutzen, doch *Little Mac* gibt den Kampf um die Hauptstadt auf. Die Blauen gehen in der Nacht nach Harrison's Landing am Nordufer des James zurück, womit Lee, der den Gegner lediglich bei Gaines' Mill taktisch besiegte, den Seven Days einen strategischen Sieg abringt.

2.7. – Rebellen und Yankees begraben ihre Toten, während ein schweres Unwetter über die Halbinsel geht.

4.7. – McClellan baut sein Stellungssystem in Harrison's Landing aus. ■ Bereit, Soldaten zu stellen, halten Bürger von Haleyville/AL konföderierten Rekrutenwerbern ihre Loyalität zum Norden vor. Die Grauen zünden einige Häuser an, vereinzelt kommt es zu Schießereien. In den nächsten Tagen treten Haleyville und das umliegende Winston County aus der CSA aus (!) und stellen 2 000 Mann ... für die Sache des Nordens.

7.7. – McClellan, der die Truppe hinter sich hat, macht Lincolns Weigerung, ihm weitere Divisionen zu stellen, für das Scheitern des Halbinsel-Feldzugs verantwortlich.

8.7. – Lee geht nach Richmond zurück, Lincoln trifft in Harrison's Landing ein.

10.7. – Pope erlaubt Offizieren der Virginia-Armee, gefangene Partisanen, die auf Bundestruppen geschossen haben, hinzurichten.

11.7. – Zu den Konsequenzen, die Lee aus den Seven Days zieht, gehört die Entlassung GenMaj. Hugers. ■ Schießereien bei Williamsburg/VA.

13.7. – Pope schiebt sich zur Entlastung McClellans zwischen die Rebellen und Washington. Lee sieht in Pope die größere Gefahr und schickt *Stonewall* Jackson (13 000) nach Gordonsville/VA an der Bahnlinie Richmond-Shenandoahtal.

14.7. – McClellan, der den Gegner über-, die eigene Kraft unterschätzt, fordert 50 000 Mann Verstärkung, um erneut gegen Richmond vorzugehen.

US-General John Pope, Befehlshaber der neuformierten Virginia-Armee. Als Sieger von Island No. 10 gefeiert, erweist sich Pope Robert E. Lee und Stonewall Jackson handwerklich klar unterlegen.

22.7. – Burnside übernimmt das IX. Korps.

23.7. – Pope ermächtigt seine Offiziere, männliche Zivilisten, die den Eid auf die Union verweigern, in den Süden abzuschieben und bei Rückkehr wie Spione zu behandeln.

26.7. – Durchfall, Malaria und „böses Fieber" lassen die Krankenliste in Harrison's Landing sprunghaft anwachsen. Erkrankungen, die epidemischen Charakter annehmen, sind keine Seltenheit: Von 3 Todesopfern, die der Bürgerkrieg fordert, sterben 2 im Krankenbett. ■ Geplänkel bei Orange C.H./VA.

27.7. – A.P. Hill (13 000) stößt bei Gordonsville zu Jackson.

CS-GenMaj. Ambrose P. Hill, Mexikoveteran aus Culpeper/VA. Hill trägt die Hauptlast der Seven Days und wird einer von Lees bevorzugten Generälen. Nach Jacksons Tod erhält er dessen Kommando.

29.7. – Yankees greifen Fort McAllister vor Savannah/GA an.

Operationen der Marine:
29.7. – Die Enrica (das zukünftige Kaperschiff CSS Alabama) entkommt britischen Behörden im Hafen von Liverpool, wenig später 2 US-Kreuzern auf hoher See. Das Schiff nimmt Kurs auf die Azoren, wo es armiert und CS-Kapitän Semmes unterstellt wird.

Obstlt. Thomas L. Kane, 42. Pennsylvania Volunteer Infantry (besser bekannt als Bucktails). Im Kampf mit den „Bucktailed Wildcats" fällt Jacksons Reiterführer Turner Ashby bei Harrisonburg/VA.

August 1862

Der Norden: Copperheads – Norddemokraten mit Sympathien für den Süden – nützen das Konfiskationsgesetz, um Stimmung gegen Lincoln zu machen. ■ Washington sucht weitere 300 000 Freiwillige für 9 Monate. Zu einem Zeitpunkt, als auch im Norden äußerst umstritten ist, ob Neger (die noch Nigger oder Darkies heißen) überhaupt kämpfen können, ruft Gouv. Sprague von Rhode Island Farbige zum Kriegsdienst auf (4.) ■ Lincoln schlägt Vertretern der schwarzen Volksgruppe die Auswanderung nach Mittelamerika vor (14.) ■ Ab sofort werden Briefmarken als offizielle Zahlungsmittel akzeptiert (21.) ■ Der Krieg, mit der Sklavenfrage lediglich verknüpft, wird weiterhin nicht aus Gründen der Humanität, sondern zur Erhaltung der Union geführt: Lincoln wiederholt, daß das Kriegsziel die Wiederherstellung der Union, nicht die Sklavenbefreiung ist (22.). Wie der Präsident lehnt auch McClellan einen Waffengang zur Befreiung der Sklaven ab.

Der Süden: *Bobby* Lee, der die Seven Days schlecht koordinierte, wird als Bezwinger der Potomac-Armee gefeiert. Der Feldherr hat den selbstmörderischen Angriff auf Malvern Hill befohlen, doch die Dixieländer sind auf Helden angewiesen. ■ Die Unterbrechung des Transportsystems, Embargo und die Blockade der Seehäfen beginnen durchzuschlagen: Papier, Streichhölzer, Stoffe, Wagenräder, Salz, Tee oder Korsetts (was den Damen besonderes Kopfzerbrechen bereitet) sind Mangelware, selbst die verwöhntesten Südstaatler müssen kürzertreten. ■ Richmond erklärt die US-Generäle Hunter und Phelps, die Schwarze rekrutieren, zu vogelfreien Verbrechern (21.).

Westlich des Mississippi: In Minnesota wählen die Santee den Kriegspfad (bis 23.9.). Der Norden schiebt die Schuld dem Süden zu, tatsächlich sind die Santee, ein östlicher Waldindianerstamm der Siouxna-

Unionsartillerie auf der Virginischen Halbinsel. Hauptträger der Kampfhandlungen auf beiden Seiten der Front ist die Infanterie. Erst mit fortlaufender Kriegsdauer kommt den (nicht sehr zielsicheren) Artilleristen mehr Bedeutung zu.

tion, nach Landraub und Agentenwillkür vom Hungertod bedroht.

3.8. – Die 1. Wisconsin Cavalry verliert bei Jonesboro und L'Anguille Ferry/AR 80 Reiter. In den nächsten Tagen sieht Arkansas Feindseligkeiten bei Scatterville, Helena, Clarenton und Clear Creek.

10.8. – Auf dem Westufer des Rio Nueces überfallen Rebellenreiter (Lt. C.D. McRae) 65 Freiwillige des „Deutschen Bataillons", die sich unter Führung Fritz Tegeners via Mexiko nach New Orleans absetzen wollen. 19 deutsche Texaner werden erschossen, 9 verwundete Stunden später ermordet. Auf Rebellenseite sind 2 Reiter gefallen, 18 verwundet. (Aus Angst vor texanischen Hardlinern bergen die Deutschen ihre Toten erst nach Kriegsende.)

11.8. – William C. Quantrill greift Independence/MO an und schlägt die US-Garnison (7. Missouri) in die Flucht. Am Abend nehmen die Yankees Independence zurück.

16.8. – Die Blauen verlieren bei Lone Jack/MO 160, die Grauen 110 Mann.

17.8. – Santees töten bei Acton/MN mehrere weiße Siedler.

18.8. – Von 45 Soldaten, die bei Redwood Ferry/Minnesota in einen Santee-Hinterhalt geraten, überleben nur 19.

Der Republikaner Simon Cameron, erster Kriegsminister im Kabinett Lincoln. Cameron – ein „Mann, der seine Freunde nicht vergißt" – entfremdet sich von Lincoln und wird als Botschafter der USA nach Rußland geschickt.

19.8. – Santees greifen das von deutschen Sozialisten gegründete New Ulm/MN an, töten mehr als 100 Weiße und zerstören 190 Gebäude.

20.8. – Fort Ridgely/MN (180) schlägt einen Angriff von 400 Santees zurück.

25.8. – Die Bürger von New Ulm/MN evakuieren ihre Siedlung aus Angst vor einem neuen Überfall.

28.8. – Oberst H. Hastings Sibley – Trapper, erster weißer Siedler und Gouv. Minnesotas – eilt der Besatzung von Fort Ridgely/MN zu Hilfe.

31.8. – Missouri hat im August kleinere Kampfhandlungen bei Chariton Bridge, White Oak Ridge, Stockton, Salem, Cravens-, Kirks- und Taberville, Neosho, Hickory Grove, Dallas und Bloomfield, am Walnut und Linn Creek gesehen.

Der westliche Schauplatz: Don Carlos Buell, der auf dem Weg nach Chattanooga immer wieder stecken bleibt, erwartet den Großangriff der Rebellen auf einer Linie zwischen McMinnville/TN und Bridgeport/AL. In Wirklichkeit bereiten sich Braxton Bragg und E. Kirby Smith auf einen Offensivstoß nach Kentucky vor, während Van Dorn und Price das mittlere Mississippi halten.

3.8. – Scharmützel bei Morganfield/Kentucky.

5.8. – GenMaj. John C. Breckinridge (2 600) greift Baton Rouge/LA an, das Panzerschiff CSS Arkansas, das seine schwimmende Artillerie stellen soll, verspätet sich. BrigGen. Thomas Williams (2 500), West-Pointer des Jahrgangs '37, kann die Stadt mit Hilfe der Kanonenbootflotte halten, wird jedoch tödlich verwundet. Die Blauen verlieren knapp 400, die Grauen 450 Mann (darunter Lincolns Schwager Oberst Alexander A. Todd). Breckinridge zieht sich nach Port Hudson/LA zurück.

6.8. – Die CSS Arkansas, die die Unionsflotte seit 3 Wochen in Auf-

Edwin M. Stanton, Nachfolger Camerons als Kriegsminister der Union. Rechte Hand Lincolns behält Stanton den Posten über dessen Tod hinaus.

regung hält, ist wegen eines Maschinenschadens nicht mehr zu manövrieren und wird von ihrer Besatzung gesprengt. ■ Südguerillas überfallen eine Wagenkolonne bei Huntsville/AL und töten den verletzt in einem Ambulanzwagen liegenden BrigGen. Robert L. McCook.

13.8. – Butler appelliert an die Farbigen von New Orleans, für die Union ins Feld zu ziehen.

14.8. – E. Kirby Smith (18 000) verläßt mit der Kentucky-Armee (DivKom. Thomas J. Churchill, Patrick R. Cleburne und Henry Heth) und einer Div. Braggs Knoxville, um durch die Cumberland Mountains nach Kentucky vorzustoßen.

18.8. – Bei Milliken's Bend/LA fällt Blauröcken der Dampfer CSS Fairplay in die Hand. ■ Oberst Mason liefert den Rebellen Clarksville/TN und 200 Mann des 71. Ohio aus (seine Entlassung wegen Feigheit vor dem Feind läßt nicht lange auf sich warten).

20.8. – GenMaj. *Dick* Taylor übernimmt den CS-Wehrbereich Ost-Louisiana.

21.8. – Die Bundestruppen geben Baton Rouge auf.

28.8. – Bragg (30 000) verläßt Chattanooga und marschiert parallel zu E. Kirby Smith nach Norden. ■ Nach Scharmützel bei Totten's Plantation,

Yankee-Pioniere legen bei Fauquier Sulphur Springs/ VA eine Brücke über den Nordarm des Rappahannock. (Aufnahme von Timothy H. O'Sullivan, August 1862).

Getrennte Loyalitäten: Percival Drayton aus South Carolina, Kom. der USS Pocahontas, kämpft für die Union, sein Bruder BrigGen. Thomas F. Drayton als KomGen. des Militärbezirks Port Royal für den Süden. Percival und Thomas treffen während der Port Royal-Expedition im Kampf um Hilton Head Island/SC aufeinander.

Austin, Greenville, Rienzi und Kossuth treffen *Rebs* und *Yanks* vor Corinth/MS aufeinander.

29.8. – Patrick R. Cleburnes Div./Kentucky-Armee trifft an der Straße nach Richmond/KY auf BrigGen. Mahlon D. Manson. ■ Die USS Anglo-American testet Port Hudson/LA. ■ US-BrigGen. Frederick Steele übernimmt die Südwest-Armee. ■ In Alabama folgt Geplänkel bei New Market, Decatur und Trinity ein Feuergefecht in Bridgeport. ■ Tennessee hat in den letzten Tagen Feindberührungen bei Gallatin, Edgefield, Fort McCook, Huntsville, Medon, Sparta, Williamsport, Kinderhook, Saulsbury, Trenton, Mount Pleasant und am Cumberlandpaß gesehen. Heute verlieren die Rebellen vor Manchester 100 Mann.

30.8. – Schlacht von Richmond/KY. E. Kirby Smith schlägt Mansons und William *Bull* Nelsons „grüne" Truppen. Manson gerät in Gefangenschaft, Nelson und Cleburne sind verwundet. Während des Rückzugs der Bundestruppen wird Richmond teilweise zerstört. Personalverluste USA: 1 046 Tote und Verwundete, 4 300 Vermißte, von denen die meisten in Gefangenenschaft sind, CSA: 500 Tote und Verwundete.

Der östliche Schauplatz: Lincoln setzt auf einen koordinierten Vorstoß McClellans (100 000) und Popes (50 000) nach Richmond, doch *Little Mac* teilt die Abneigung der Armee gegenüber dem als Schwätzer und Großmaul bekannten Pope. ■ Um Pannen wie während der Seven Days, wo er sich mit vielen Generälen abstimmen mußte, in Zukunft zu vermeiden, reorganisiert Lee die Nord-Virgina-Armee in 2 Wings (Korps) unter *Old Pete* Longstreet und *Stonewall* Jackson.

2.8. – Eine Streifabteilung Popes setzt über den Rapidan und nimmt

Orange C.H./VA. ■ Yankees setzen sich erneut am Malvern Hill fest.

3.8. – Washington, ohne rechtes Vertrauen in McClellan und wegen der hohen Zahl von Krankmeldungen besorgt, ruft die Potomac-Armee nach Aquia Landing und Alexandria zurück. McClellan protestiert. ■ Geplänkel am Greenbrier River/WV.

4.8. – Bei der White-Oak-Swamp-Brücke fallen der 3. Pennsylvania Cavalry 28 Rebellen in die Hand.

8.8. – Scharmützel vor Madison C.H./VA.

9.8. – Gefecht am Cedar Mountain. *Stonewall* Jackson (16 500), der Popes Vormarsch von Culpeper zum Bahnknotenpunkt Gordonsville aufhalten will, wird von einer Vorauskolonne unter *Commissary* Banks (8 000) angegriffen. Die Yankees können 2 von Jacksons Div. (Ewell und BrigGen. Charles S. Winder) in Verlegenheit bringen, bevor die dritte unter A.P. Hill zum wütenden Gegenangriff übergeht. Beide Seiten werden schlecht geführt, Winder fällt, doch Jackson hält das Feld. Banks verliert 2 300 Mann und zieht sich zurück, um Verstärkungen durch Pope abzuwarten. Jackson, mit 1 350 Toten und Verwundeten, geht nach Gordonsville.

13.8. – Der Aufmarsch der Nord-Virgina-Armee vor Gordonsville wird zum Auftakt des 2. Manassas-Feldzugs. ■ Die Kollision der USS

Von US-Pionieren reparierte Brücke der Orange & Alexandria RR mit der Lokomotive „Firefly" der US Military Railroads. Bahnlinien sind durch Kavallerie-Raids und Guerillas verwundbar, Lincoln-Blaue und Davis-Graue wetteifern miteinander, Schienen zu verbiegen und Schwellen zu verbrennen.

West Point und USS George Peabody auf dem Potomac kostet 73 Personen das Leben.

14.8. – McClellan verlegt das III. und V. Korps von Harrison's Landing nach Aquia Creek/VA.

17.8. – Stuart wird Kommandierender Reitergeneral der Nord-Virginia-Armee. ■ Lee hat vor Richmond 22 000, am Rappahannock 55 000 Mann stehen.

19.8. – Die Grauen campieren auf der West-, die Blauen in etwa gleicher Stärke auf der Ostseite des Rappahannock. Lee, der Pope vor einer Verstärkung durch McClellan angreifen will, versucht vergeblich, über den Fluß zu setzen.

20.8. – Bei Brandy und Rappahannock Station, Kelly's und Racoon's Ford (Furt) kommt es zu kleineren Gefechten.

22.8. – Stuarts Dixieboys fallen während eines Gewittersturms über Popes Hauptquartier Catlett's Station her und können mit einigen hundert Pferden, Popes Ausgehuniform und wichtigen militärischen Unterlagen entkommen. ■ Bei Freeman's Ford am Rappahannock holt sich Popes rechter Flügel (das vorwiegend aus Deutschamerikanern rekrutierte I. Korps der Virginia-Armee) Prügel ab. Der Bremer BrigGen. Heinrich Bohlen ist unter den Toten.

23.8. – Schwere Regenfälle halten Lee und Pope am Rappahannock auf.

25.8. – Lee teilt seine Armee und schickt Jackson mit dem II. Korps (24 000) auf einen seiner legendären Flankenmärsche in den Rücken des Gegners (die der Süden als Husarenstücke feiert). Jackson geht über Orange C.H. nach Brandy Station, von dort in nordwestlicher Richtung entlang des Rappahannock, überquert den Fluß und dringt parallel zu den Blue Ridge Mountains nach Salem an der Manassas Gap RR vor. Popes Kundschafter verlieren ihn während des Richtungswechsels nach Osten. ■ Fitzhugh Lees Rebellenreiter überfallen Popes Nachschubbasis in Manassas.

26.8. – Jackson erreicht Manassas nach einem 50-mi-Marathon, Longstreet gibt seine Position am Rappahannock auf, um Jackson zu folgen.

27.8. – Pope geht vom Rappahannock in Richtung Manassas. In

GenMaj. McClellan (Bildmitte) mit seinen Generälen. Rund ein Jahr lang ist der Krieg im Osten McClellans Krieg. Sein Scheitern auf der Halbinsel zwingt Politiker und Militärs im Norden zum Abschied vom begrenzten Konflikt. Wo die Erhaltung der Union bisheriges Kriegsziel war, ist es jetzt die Vernichtung des alten Südens.

Gefahr, von Lee und Longstreet abgeschnitten zu werden, plündert Jackson Popes Lagerbestände und zieht sich auf eine Linie am Warrenton Turnpike in Höhe von Groveton zurück. Als Pope vor Manassas eintrifft haben seine Kundschafter Jackson erneut aus den Augen verloren. ■ Lee und Longstreet marschieren mit dem I. Korps der Nord-Virgina-Armee an den Blue Ridge Mountains entlang zum Thoroughfare Paß.

28.8. – *„Cut the enemy in two and beat him in detail“:* Pope zieht entlang der Orange & Alexandria RR über Manassas hinaus, dreht nach Centreville ab und überquert den Bull Run. Gegen Abend läuft seine Vorausdivision (BrigGen. Rufus King) auf dem Warrenton Turnpike bei Brawner's Farm Jackson in die Hände. Während des Gefechts zeichnen sich BrigGen. John Gibbons „Black Hats“ – das aus Iren und Skandinaviern rekrutierte 2., 6., 7. Wisconsin und 19. Indiana – und Jacksons kampfstarke Stonewall-Brigade – das 2., 4., 5., 27. und 33. Virginia mit der Rockbridge Artillerie – aus. (Die „Black Hats“, später als Iron Brigade (of the West) bekannt, und die im Shenandoahtal aus Einwanderern rekrutierte Stonewall-Brigade bezahlen ihre Einsätze im Bürgerkrieg mit dem höchsten Blutzoll auf beiden Seiten der Front). ■ McClellan gibt klar zu erkennen, daß er Pope nicht unterstützen will, und hält 2 Korps der Potomac-Armee im rund 30 mi entfernten Alexandria zurück. ■ Die Spionin Belle Boyd, am 29.7. festgenommen, wird aufgrund mangelnder Beweise aus Washingtons Old Capitol-Gefängnis entlassen.

29./30.8. – Zweite Schlacht am Bull Run. Der Kentuckier Pope (65 000), trifft zwischen Sudley Springs und Groveton auf den Virginier Lee (55 000). Popes Virginia-Armee wird durch 2 Korps der Potomac-Armee (Porter und McDowell) und Truppen aus Burnsides Kommando verstärkt. Im Gegensatz zur ersten Schlacht am Bull Run hat der Krieg aus „grünen“ Amateuren kampferprobte Veteranen gemacht.

George B. McClellan trägt sein Herz auf der Zunge und ist politisch wie militärisch bald nicht mehr zu halten.

Konterbande auf BrigGen. Thomas F. Draytons Hilton Head-Plantage/SC. Konterbande, ein von Generalmajor Butler geprägter Begriff für übergelaufene Sklaven, stellen Washington vor die Frage: Sind sie frei oder Eigentum der Armee?

1. Kampftag (29.) – Pope (31 000), der nur einen Teil seiner Truppen zu Verfügung hat, greift den hinter einer halbfertigen Bahntrasse verschanzten Jackson (21 000) an. Fitz J. Porter (10 000) jagt einen heißen Sommertag lang an der Manassas Gap RR einem imaginären Gegner hinterher. Die Blauen, mit dem Bull Run im Rücken, bedrängen den Gegner, ohne ihn aus seinen Stellungen zu zwingen. Am Nachmittag trifft Longstreet (30 000) im Kampfraum ein. Pope, gegen Abend durch McDowell verstärkt, hält die Frontbegradigung der Grauen für einen Rückzug, erklärt die Schlacht für geschlagen und sich zum Sieger. In Wirklichkeit besteht ein militärisches Patt.

2. Kampftag (30.) – Pope folgt dem angeblich retierierenden Gegner, läuft sich jedoch vor Jacksons Stellung an der unfertigen Eisenbahntrasse fest. Longstreets 5 Div. drücken mit Deckungsschutz der Artillerie Popes linken Flügel ein. Die blauen Truppen, die auf Chinn Ridge heldenhaft Widerstand leisten, während sich McDowell, Sigel, Reno und Porter auf Henry House Hill sammeln, können die Niederlage nicht verhindern. Pope wird zum großen Verlierer, seinen Rückzug über den Bull Run versucht GenMaj. Sigel mit deutsch-amerikanischen Regimentern zu decken. Personalverluste Popes in einer Woche: 16 100, Lees: 9 300.

31.8. – Ein *Yank* war immer seine Stiefel wert! Als Sanitäter am Morgen nach Second Bull Run das Schlachtfeld betreten, sind den Gefallenen nicht nur die Schuhe, sondern Kleidungsstücke ganz generell ausgezogen. ■ Pope sammelt seine Truppen bei Centreville und wird durch 2 Korps der Potomac-Armee verstärkt. ■ Die Bundestruppen räumen Fredericksburg/VA.

Oberst Hiram Berdan, 1. US Sharpshooters/Potomac-Armee. Berdans Scharfschützen tragen eine eigene Uniform und sind mit .52 Sharps Rifles ausgerüstet.

Operationen der Marine:
3.8. – Die USS Santiago de Cuba bringt den randvoll mit Waffen und Munition beladenen britischen Blockadebrecher Columbia auf.

10.8. – Blaujacken stellen die CSS General Lee in der Zufahrt nach Savannah.

16. bis 18.8. – Die US-Marine beschießt Corpus Christi/Texas. Den Landungsversuch Hauptmann John W. Kittredges weist Major Alfred Hobby mit dem 8. Texas zurück.

24.8. – Die Rebellenmarine stellt die CSS Alabama in Dienst, die mit englischer Besatzung unter einem Südstaatenkapitän schnell zum Schrecken der US-Handelsmarine im Atlantischen Ozean wird.

September 1862

Der Norden: *„Slavery must die that the nation might live“:* Lincoln gibt eine vorläufige Emanzipationserklärung ab, die am 1.1.1863 in sezessionistischen Gebieten wirksam werden

Company C, 41. New York Infantry („Carl Bornemanns Regiment“) nach der Schlacht von Second Bull Run. In der 41. dienen deutsche Freiwillige aus New York City.

GenLt. Robert E. Lee. Der Virginier, überragender Stratege auf beiden Seiten der Front, will den Krieg mit einem offensiven Befreiungsschlag nach Norden tragen.

soll. Die Emanzipation ist eingeschränkt, pronördlichen Sklaven- und Rebellenstaaten, die vor dem Stichtag zurück zur Union kommen, bleibt die Sklavenhaltung erlaubt (22.) ■ Lincoln setzt die Habeascorpusakte aus und verhängt das Standrecht über Personen, die Widerstand gegen die Bildung von Bürgerwehren leisten oder Rebellen im Norden zu Vorteilen verhelfen (27.).

„Die Emanzipationsbotschaft des Präsidenten hat endlich die Aussicht eröffnet, daß der Krieg in Zukunft nicht mehr wie bisher unter falscher Fahne geführt wird ... Lincoln wiederholt, daß der Krieg für die unbedingte Wiederherstellung der Union geführt wird. Die angedrohte Emanzipation der Sklaven wird demnach nicht der Zweck, sondern nur das äußere Mittel der Kriegführung sein. Lincoln handelt als Oberbefehlshaber des Heeres und der Flotte und macht von dem Kriegsrecht Gebrauch, den Feind durch jedes Mittel zu schwächen. Die Verfassung erlaubt ihm nicht die Abschaffung der Sklaverei, das Kriegsrecht aber bevollmächtigt ihn, dem Feinde die Sklaven wegzunehmen oder ihm in denselben Feinde zu bereiten."
FRIEDRICH KAPP

Der Süden stellt sich hinter Lee, der den Krieg rund 16 Monate nach den Schüssen von Fort Sumter mit einem offensiven Befreiungsschlag nach Norden tragen will. Militärisch kaum in der Lage, Washington zu nehmen, kann ein erfolgreicher Feldzug in Maryland und Pennsylvania (a) zur völkerrechtlichen Anerkennung und (b) zum Kompromißfrieden führen, (c) eine Herbstinvasion in Virginia verhindern und (d) Lincolns Position gegenüber der Friedenspartei schwächen. ■ Richmond hebt das Höchstalter von Wehrpflichtigen von 35 auf 45 Jahre an (27.), und bestätigt erneut, daß es keinen Landgewinn auf Kosten des Nordens suche.

Westlich des Mississippi löst der Aufstand des roten Mannes Schockwellen aus. In Minnesota fallen den Santee rund 500 Weiße zum Opfer, eine allgemeine Indianererhebung scheint nicht ausgeschlossen.

6.9. – Fort Abercrombie im Dakota-Territorium schlägt einen Angriff der Sioux zurück.

18.9. – James H. Carlton löst E.R.S. Canby als KomGen. des Wehrbereichs New Mexico ab.

19.9. – Nach Scharmützel bei Lawrenceville und St. Charles kommt es zu Schießereien bei Helena/AR.

23.9. – Oberst H. Hastings Sibley (1 600) schlägt mit dem 6. Minnesota Little Crows aufständische Santee-Sioux beim Wood Lake/MN und macht über 1 000 Gefangene.

24.9. – GenMaj. Samuel R. Curtis übernimmt den US-Wehrbereich Missouri.

30.9. – Missouri hat im September Aktionen bei Neosho, Putnam, Roanoke, Lancaster, Bloomfield, Mount Vernon, Carthage und Cassville gesehen. Heute verlieren Yankees während eines scharfen Gefechts bei Newtonia 250, die Rebellen über 500 Mann.

Der westliche Schauplatz: Braxton Bragg und E. Kirby Smith stehen in Kentucky, Buell, durch 2 Div. Grants verstärkt, hetzt beiden hinterher. ■ Butler stellt sein „Corps d'Afrique" zusammen (bis Kriegsende dienen 179 000 „schwarze Yankees" in Heer und Marine, 135 000 davon stammen aus Sklavenstaaten).

US-GenMaj. Samuel R. Curtis, der Sieger von Pea Ridge. Curtis, Politiker aus Iowa, der seinen Kongreßsitz aufgegeben hat, um in den Krieg zu ziehen, übernimmt im September den Wehrbereich Missouri.

2.9. – E. Kirby Smith nimmt Lexington in Kentuckys Bluegrassregion und besetzt am Tag darauf Frankfort.

7.9. – Die USS Essex testet Port Hudson/LA.

12.9. – Aktionen bei Brandenburg und Glasgow/KY. ■ Van Dorn und Price wollen mit einer Entlastungsoffensive verhindern, daß Grant Buell verstärken kann.

14.9. – Price nimmt mit der West-Armee (14 000) Iuka, ein Dorf an der M&C-Bahnlinie. Grant, mit Hauptquartier im nahen Corinth, schickt 2 Div. unter Rosecrans (9 000), 2 weitere unter E.O.C. Ord (8 000) zu einer Zangenbewegung in Richtung Iuka.

15.9. – E. Kirby Smith taucht im Umland von Cincinnati/OH auf, zieht sich jedoch schnell wieder zurück.

17.9. – Bragg zwingt Oberst John T. Wilders Garnison von Munfordville/KY (4 000) nach viertägiger Belagerung zur Kapitulation.

19.9. – Gefecht von Iuka/MS. Rosecrans (5 000) stößt auf BrigGen. Lewis H. Little (4 000). E.O.C. Ord steht in der Nähe, kommt aufgrund eines akustischen Schattens (eines atmosphärischen Phänomens, das Schlachtenlärm verstummen läßt) jedoch nicht zum Einsatz. *Old Rosy* (der Ords akustische Theorien für eine schlechte Entschuldigung hält) verliert 800, Price 1 510 Mann, darunter BrigGen. Lewis H. Little (1. Div.). Der Rest der Rebellen entkommt und stößt zu Van Dorn, der Corinth angreifen will.

Braxton Bragg, General der Südstaaten. Bragg verpaßt die Einnahme von Louisville, setzt in Frankfort/KY einen prosüdlichen Gouverneur ein und zieht in die Schlacht von Perryville.

CS-GenMaj. Earl Van Dorn scheitert vor Corinth/MS an Rosecrans, muß vor ein Militärgericht und kann sich gegen Sam Grant in Holley Springs rehabilitieren.

20.9. – Bragg verpaßt die Chance, Louisville einzunehmen, und marschiert von Munfordville nach Bardstown/KY, um sich mit Smith zu treffen. ■ Südlich von Iuka kommt es zu Schießereien.

22.9. – Bragg steht in Bardstown, Buell (55 000) rückt auf Louisville/KY. ■ Yankees nehmen Munfordville zurück.

25.9. – Buell, von Washington dringend aufgefordert, Bragg anzugreifen, erreicht Louisville.

30.9. – Nach Feindseligkeiten bei Humboldt, Clarksville, Columbia/TN, Van Buren und Durhamville treffen *Rebs* und *Yanks* bei Goodlettsville/TN aufeinander.

Der östliche Schauplatz: Lee, der nach Bull Run die eigene Offensivkraft überschätzt, will mit einem Invasionsheer das westliche Maryland durchqueren und Pennsylvania erreichen, bevor ihn die *Yanks* einholen und zum Kampf stellen können. Das strategische Konzept kalkuliert McClellans zögernde Natur und die Stimmung der nach Bull Run demoralisierten Nordarmee als feste Größen ein. ■ Das I., II. und III. Korps der Virginia-Armee gehen als XI., XII. und I. Korps in der Potomac-Armee auf.

1.9. – Gefecht von Chantilly/VA. Jacksons Fußkavallerie versucht Popes Rückzug durch einen Flankenmarsch aufzuhalten, was 18 mi vor Washington zum schweren Gefecht führt. Jackson verliert 550, Pope 1 000 Mann, darunter GenMaj. *Phil* Kearny (DivKom. Heintzelmans) und BrigGen. Isaac I. Stevens.

2.9. – McClellan erhält das Oberkommando über die Truppen in Virginia zurück, Pope wird als KomGen. des Wehrbereichs Nordwest (Dakota-Territorium, Nebraska, Minnesota, Iowa, Wisconsin) in den Westen versetzt. ■ Die Blauen geben Winchester auf, bei Leesburg, Fairfax C.H. und Vienna/VA kommt es zu kleineren Aktionen.

3.9. – Pope wirft in einer schriftlichen Erklärung zu Second Bull Run McClellan und Porter mangelnde Kooperation und Befehlsverweigerung vor. ■ Lee (55 000), durch 3 Div. aus Richmond verstärkt, bewegt sich auf Leesburg.

4.9. – Die ersten Rebelleneinheiten erreichen den Potomac, die Föderierten räumen Frederick/MD.

5.9. – Lee setzt zum „Maryland, my Maryland“ der Regimentskapelle (Melodie: „O Tannenbaum“) bei White’s Ford über den Potomac. Der Vormarsch auf Frederick bleibt ungestört, doch Hoffnungen, mit freiwilligen Marylandern die stark gelichteten Reihen der Südarmee aufzufüllen, werden enttäuscht. ■ Das Weiße Haus trifft Vorkehrungen, um Lincolns Kabinett im Falle einer Bedrohung der Hauptstadt zu evakuieren.

Reparaturarbeiten an der Orange & Alexandria RR bei Catlett's Station nach einem Raid Stonewall Jacksons (5. von links: BrigGen. Hermann Haupt).

6.9. – Jackson besetzt Frederick, Lee richtet sein Hauptquartier 40 mi vor Washington auf Best's Farm ein. ■ Die Blauen geben Aquia Creek bei Fredericksburg auf.

7.9. – *„Shoot, if you must, this old gray head, but spare your country's flag"*: Barbara Fritchie zieht (durch Amerikas sentimentalen Volksdichter John G. Whittier verewigt) in die Geschichte ein: Während Jacksons Fußkavallerie durch das 1733 von eingewanderten Pfälzern gegründete Frederick marschiert, soll die 95jährige Barbara Fritchie die Fahne der Union aufgezogen haben. ■ McClellan setzt Lee hinterher.

8.9. – Banks übernimmt die Sicherung Washingtons.

9.9. – Robert H. Chilton, Lees erster Stabsoffizier, schreibt mit dem Sonderbefehl Nr. 191 kommende Truppenbewegungen aus: Lee will seine Armee teilen, mit getrennten Kolonnen nach Hagerstown/MD, von dort als Einheit nach Pennsylvania marschieren. Jackson soll über den Potomac setzen, die US-Garnison Martinsburg/WV und Harpers Ferry nehmen. Jeder graue Korpskommandeur erhält eine Kopie und merkt sich den Inhalt, bevor er sie zerstört. Jackson fertigt eine weitere Kopie für Hill an, die diesen nie erreicht.

10.9. – Lee zieht zu den Klängen der „Bonnie Blue Flag" durch Frederick, kann die Frauen begeistern, jedoch weiterhin keine Rekruten werben (Harper's Weekly meldet als Grund, daß wer die ungewaschenen Grauröcke rieche, die Nase vom Kriegführen vollhabe). ■ McClellan nähert sich Frederick.

11.9. – Jackson marschiert auf Martinsburg. ■ Der Nordstaat Pennsylvania, von Lee direkt bedroht, ruft 50 000 Mann zu den Waffen.

Zerstörte Eisenbahnbrücke in Harpers Ferry am Dreistaateneck von Virginia, West-Virginia und Maryland. Harpers Ferry mit seinen 2600 Einwohnern – meist Deutsche und Iren, die beim Eisenbahnbau geholfen haben – wechselt während des Kriegs mehrfach die Hand.

12.9. – McClellans Vorhut trifft in Frederick ein und verwickelt BrigGen. Wade Hampton bei der Straßenecke Market und Patrick in ein Gefecht. ■ Die Unionsgarnison von Martinsburg (2 500) setzt sich nach Harpers Ferry ab. Als Jackson durch den Ort reitet, reißen ihm weibliche Souvenirjägern die Knöpfe von der Uniform.

13.9. – Damen werfen Blumen, Bürger stehen Spalier: McClellan rückt mit Stil und einem Hang zu großen Gesten in Frederick ein. ■ John M. Bloss und Barton W. Mitchell (Kompanie F/27. Indiana) finden auf Best's Farm in einem Umschlag 2 Zigarren und Lees Sonderbefehl Nr. 191 (als eine der kuriosesten Varianten des Kriegs in Zukunft „Lee's Lost Order" genannt). McClellan verspricht, den Gegner zu schlagen oder nach Hause zu gehen. Der Rest ist Selbstläufer. ■ Nach Aktionen bei Martinsburg, Weston, Fayetteville, Gauley und Hurricane Bridge schlägt *Old Blizzard* Loring die Blauen bei Charleston/WV.

14.9. – Schlacht von Crampton's Gap und South Mountain. Lee (18 000) steht westlich von Frederick McClellan (28 000) gegenüber. William B. Franklin, der mit dem VI. Korps (12 000) Harpers Ferry entsetzen soll, trifft im Cramptons Paß auf Oberst William A. Parham (1 300). Lafayette McLaws eilt Parham zu Hilfe, die Grauen können den Durchbruch nicht verhindern, Franklin jedoch lange genug beschäftigen, um Jacksons Aktion gegen Harpers Ferry zu retten. Personalverluste: 530 (USA), rund 1 000 (CSA). ■ Alfred Pleasontons Reiter, durch GenMaj. Jesse L. Renos und *Fighting Joe* Hookers Korps verstärkt, treffen im Turners und Foxs Paß des South Mountain auf D.H. Hill. Die Rebellen halten sich, bis Longstreet eintrifft, und gehen in der Nacht nach Sharpsburg/MD zurück. McClellan hat weitere 440 Tote (darunter der KomGen. des IX. Korps Reno), 1 800 Verwundete und 75 Vermißte, Lee 320 Tote, 1 560 Verwundete und 800 Vermißte. ■ Vor Harpers Ferry, der Halbinsel am Zusammenfluß von Shenandoah und Potomac, kämpft Jackson gegen die Uhr. Oberst Dixon S. Miles (14 000), alkoholabhängiger Veteran des Mexikofeldzugs, hat den Befehl, die Rebellen so lange wie möglich zu binden.

15.9. – Jackson, der Harpers Ferry aufgrund der natürlichen Lage lieber 40 mal angreifen als ein einziges Mal verteidigen will, hat die beherrschenden Maryland -, Loudoun – und Bolivar Heights besetzt. Miles verschießt die letzte Munition und wird beim Zeigen der weißen Flagge tödlich verwundet. Die Nordarmee hat 217 Mann verloren, Jackson mit 12 693 *Yanks* den größte „Fang" des Kriegs an der Ostfront gemacht. A.P. Hill bleibt zur Überwachung des Parolsystems zurück, Jackson eilt zur gefährlich gespaltenen Hauptarmee. ■ Lee hat auf einer Anhöhe über dem Antietam, einem Nebenfluß des Potomac, Stellung bezogen.

16.9. – Jackson trifft nach einem Nachtmarsch am Antietam ein. General George B. McClellan schickt das I. Korps/Hooker gegen Abend zu einem Sondierungsangriff gegen Lees rechten Flügel. Bei der Dunkard Church, dem steingemauerten Gotteshaus der deutschen Brüdergemeinde, kommt es zum kurzen Gefecht.

17.9. – Schlacht am Antietam bei Sharpsburg/MD. McClellans deutlich besser gerüstete Potomac-Armee (77 000) greift Lee (41 000) an, die Nord-Virginia-Armee, mit dem Rücken zum Potomac, hat eine einzige Furt als möglichen Rückzugsweg. Beide Armeen stehen vor Sonnenaufgang in Kampflinie, Hookers Artillerie eröffnet das Feuer auf Lees Linke in Millers Maisfeld (Jackson, Hood, McLaws und Walker) im Morgengrauen. Yankeeinfanterie bringt Jackson in Verlegenheit, bevor der kampffreudige John Bell Hood dem Gegner gegen :0700 nördlich der Dunkardkirche eine Lektion erteilt. In den nächsten 5 Stunden kämpfen 10 Divisionen

US-GenMaj. John Sedgwick, West-Pointer des Jahrgangs '37 (24. von 50). Uncle John, der sich die Sporen im Kampf gegen Seminolen und Mexikaner verdiente, wird am Antietam (DivKom. II Korps/ Sumner) mehrmals verwundet.

Die Rohrbach- (später Burnside-)Brücke. An der Brücke über dem Antietam halten 400 Georgier unter Ex-Außenminister Robert A. Toombs Burnsides großes IX. Korps 5 Stunden lang fest.

um jeden Fußbreit Boden. Der unschlüssige McClellan hat seinen Angriff schlecht koordiniert, große Truppenverbände stehen herum, ohne zum Einsatz zu kommen. Mansfields XII. Korps kann gegen :0900 Landgewinne machen, die zur Unterstützung eingreifende Div. John Sedgwicks (II. Korps/ Sumner) wird dezimiert. William H. French und Israel B. Richardson, die Sedgwick gegen Mittag mit 2 weiteren Div. Sumners zu Hilfe eilen, werden am alten Hohlweg (in Zukunft: „Bloody Lane") im Zentrum der Rebellenfront von D.H. Hills Veteranen aufgefangen. Die Kämpfe am Hohlweg, der die Farmen der Familien Piper und Roulette trennt, ziehen sich über 4 Stunden hin. – Südlich von Sharpsburg hält BrigGen. Robert A. Toombs, Ex-Außenminister der CSA, eine Antietambrücke mit 400 Georgiern 5 Stunden lang gegen Burnsides großes IX. Korps. Die Blauen erkämpfen sich den Übergang gegen :1500 und drängen Lees rechten Flügel bis kurz vor Sharpsburg zurück. Dort steht aufgrund gängiger Beutepraktiken die textile Fallgrube offen: A.P. Hills im Eilmarsch gegen :1630 anrückende Soldaten tragen in Harpers Ferry erbeutete blaue Uniformen, was unter Yankees erhebliche Verwirrung stiftet. Die Schlacht am Antietam – tatsächlich ohne einen klaren Sieger – wird mit Lees Rückzug aus Maryland zu McClellans strategischem Erfolg. Auf dem 12 Quadratmeilen großen Schlachtfeld sind am „blutigsten Tag der amerikanischen Geschichte" 4 700 Mann gefallen, 18 450 verwundet, 3 050 vermißt. Unter den Toten ist der KomGen. des XII. Korps Joseph K.F. Mansfield, der im Mais-

Sharpsburg/MD am Boonsborough Turnpike. Der Vorwärtsverteidiger Lee hat die Schlacht am Antietam (im Süden: Schlacht von Sharpsburg) nicht verloren, doch das taktische Unentschieden führt zum Abbruch seiner Maryland-Invasion.

feld Feind und Freund verwechselt hatte.

18.9. – Am Antietam stehen sich die dezimierten Armeen gegenüber. Anstatt zu neuen Kampfhandlungen kommt es zu Austausch und Kurzweil zwischen den Fronten (die Grauen haben Tabak, aber keinen Kaffee, die Blauen Kaffee, aber keinen Tabak).

19.9. – Die Nord-Virginia-Armee schleppt sich über Blackford's Ford (Furt) nach Virginia zurück. McClellan, der den Gegner einmal mehr grotesk überschätzt, schickt Fitz J. Porters V. Korps hinterher, hält seine Hauptarmee jedoch bei Sharpsburg zurück.

21.9. – Porter verliert gegen A.P. Hill bei Blackford's Ford 350 Mann.

22.9. – Die Blauen erobern Harpers Ferry zurück.

29.9. – Lee erreicht Winchester. ■ US-GenMaj. John F. Reynolds übernimmt das I. Korps.

Operationen der Marine:
18.9. – Die CSS Alabama legt Feuer an Bord des Walfangschiffs Elosha Dunbar.

Oktober 1862

Der Norden: GenMaj. John A. McClernand, der sich auf politische Freunde verlassen kann, stellt in Iowa, Illinois und Indiana ein Exp.-Korps zusammen, das er persönlich gegen Vicksburg führen will (20.). Probleme mit Grant sind vorprogrammiert. ■ West-Virginia votiert für einen eigenen Staat (24.).

Der Süden: *Jeff* Davis fordert 4 500 Neger für den Ausbau von Erdwerken und Außenforts um Richmond an (10.) ■ Der Präsident, der dringend Soldaten, ebenso dringend Arbeitskräfte für Fabriken und Landwirtschaft braucht, stellt auf Plantagen mit 20 oder mehr Sklaven einen Weißen vom Kriegsdienst frei (11.).

Westlich des Mississippi: In Missouri werden mit Freiwilligen aus Kan-

BrigGen. Gottfried Weitzel (vordere Reihe, 2. von rechts) mit Kameraden in New Orleans. Weitzel, GenMaj. Butlers Chefingenieur, erhält ein Feldkommando und führt Einheiten der Golf-Armee nach Labadieville/LA.

sas erstmals Farbige in Uniform eingesetzt.

27.10. – BrigGen. Gottfried Weitzel bringt mit Verbänden der Golf-Armee bei Labadieville/LA 200 gefangene Rebellen ein.

28.10. – Nach Schießereien bei La Grange, Huntsville und Helena erzwingen Unionsreiter die Aufgabe eines Rebellenlagers am White River bei Fayetteville/AR.

30.10. – In Missouri, im Oktober mit Aktionen bei Columbia, Newtonia, Granby, Liberty, Marshfield und im Clarke County, haben die Blauen in den letzten 2 Monaten rund 600, Südstaatenguerillas und -partisanen rund 3 000 Mann verloren.

Der westliche Schauplatz: Braxton Bragg, mit 40 000 Mann entlang einer knapp 60 mi langen Linie, steht in Kentucky einem überlegenen, erheblich besser ausgerüsteten Gegner gegenüber. Vor einem Treffen mit Buell muß er sich mit E. Kirby Smith vereinigen. ■ Van Dorn und Price ziehen gegen Corinth.

1.10. – Buell (50 000) schickt GenMaj. Alexander M. McCook und GenMaj. Thomas L. Crittenden nach Bardstown und Harrodsburg/KY, während BrigGen. Ebenezer Dumont einen Scheinangriff auf Frankfort führt. ■ GenMaj. John C. Pemberton übernimmt den CS-Wehrbereich Mississippi und Ost-Louisiana mit der militärischen Verantwortung für Vicksburg. ■ Die US-Süßwassermarine geht aus der Verantwortung des Kriegs- in das Marineministerium. David D. Porter übernimmt das Mississippi-Geschwader.

3./4.10. – Kampf um Corinth/MS. Van Dorn und Price (22 000) greifen Rosecrans (23 000) an.

1. Kampftag (3.) – Van Dorn marschiert am Vormittag entlang der Bahnlinie M&C-, Price entlang der M&O. Im Norden der Stadt fällt der äußere Verteidigungsring, bevor unerträglich hohe Temperaturen und akuter Wassermangel die Einstellung der Kampfhandlungen erzwingen.

2. Kampftag (4.) – Van Dorn und Price greifen am Morgen an. Rosecrans kommt in Bedrängnis, kann Corinth mit einen Gegenangriff jedoch halten. Personalverluste CSA: 4 300, USA: 2 460.

Van Dorn zieht Konsequenzen aus

der Niederlage, entläßt seine DivKom. Louis Hébert (der sich während der Kämpfe krankgemeldet) und Mansfield Lovell (der einen Angriff verschlafen hat) und zieht sich ins rund 10 mi entfernte Chewalla zurück. Mit der gescheiterten Aktion gegen Corinth ist Bragg in Gefahr, von seinen südlichen Stützpunkten abgeschnitten zu werden.

4.10. – Bragg und Smith setzen in Frankfort, seit 1792 politisches Zentrum Kentuckys, Richard Hawes als Gouverneur ein. Der Scheinangriff Dumonts läßt Bragg im Glauben, daß Buells Hauptstreitmacht im Raum Lawrenceburg-Frankfort operiert.

5.10. – Rosecrans versucht, Van Dorn und Price im Rücken zu fassen, während ihnen eine Div. der Tennessee-Armee den Weg verlegt. Am Hatchie River/TN verliert BrigGen. Stephen A. Hurlbut 500, Van Dorn 600 Mann.

7.10. – *Little Phil* Sheridan, im trockensten Oktober seit Menschengedenken mehr auf Wasser- als Rebellensuche, greift Leonidas Polk am Doctor's Fork bei Perryville an. In der Nacht trifft Bragg ein, Smith bleibt im Frankforter Raum zurück. ■ BrigGen. John M. Palmer schlägt sich bei La Vergne/TN mit den Rebellengenerälen Joseph R. Anderson und Forrest.

8.10. – Schlacht von Perryville. GenMaj. George H. Thomas (37 000) trifft entlang der Chaplin Hills auf Bragg (16 000). Buell, mit knapp der Hälfte seiner Truppen in der Nähe, wird aufgrund eines akustischen Schattens erst am Nachmittag auf die Kämpfe aufmerksam und sieht keine Feindberührung. Sheridans Angriff in der Morgendämmerung gibt den Yankees strategische Vorteile, McCook und T.L. Crittenden bauen beide Unionsflügel aus. Polk rollt mit 2 seiner 3 Div. den von „grünen"

Dunkardkirche auf dem Schlachtfeld von Antietam. Am steingemauerten Gotteshaus der deutschen Brüdergemeinde erteilte der kampffreudige Rebellengeneral John B. Hood den Yankees eine Lektion.

Edwin V. Sumner, US-GenMaj. aus Boston/MA. Der Mexikoveteran, auf der Halbinsel zweimal verwundet, führt das II. Korps am Antietam und übernimmt vor Fredericksburg die Right Grand Division (II./Couch und IX./Willcox).

Truppen gehaltenen linken Frontabschnitt auf, Sheridan durchstößt die konföderierte Mitte. Bei Einbruch der Dunkelheit hat Bragg rund 3 300, Buell 4 200 Mann verloren, darunter BrigGen. William R. Terrill (ein Virginier mit Sympathien für den Norden).

9.10. – Perryville endet ohne strahlende Sieger, als die Blauen am Morgen zum Sturmangriff ansetzen, haben sich die Grauen in Richtung Harrodsburg zurückgezogen. Buell hat die Rebellenarmee nicht vernichtet, doch zum Abbruch ihrer Herbstoffensive gezwungen.

10.10. – Bei Harrodsburg ergeben sich 1 000 abgekämpfte Rebellen, Braggs Hauptarmee geht nach Knoxville und Chattanooga zurück.

18.10. – John H. Morgan schlägt Unionsreiter bei Lexington/KY.

19.10. – Van Dorn sammelt seine dezimierten Truppen bei Holly Springs/MS. ■ Washington gibt Buell den Befehl zur Verfolgung Braggs. ■ Geplänkel bei Woodville/TN.

22.10. – Joseph Wheelers Rebellenreiter nehmen London/KY.

24.10. – Buell, der Bragg nach Perryville entkommen ließ, verliert sein Armeekommando an Rosecrans, den Sieger von Corinth. ■ Schießereien bei Morgantown/KY.

29.10. – GenMaj. Rosecrans übernimmt mit dem XIV. Korps (die zukünftige Cumberland-Armee), die militärische Verantwortung für Tennessee östlich des Tennessee River und die besetzten Gebiete in Georgia und Alabama.

Der östliche Schauplatz: *„Give battle to the enemy“:* Lincoln inspiziert die Potomac-Armee und verbringt den Rest des Monats dann damit, McClellan immer dringender zur Verfolgung Lees aufzufordern.

1.10. – Yankees töten bei Shepherdstown/WV 60 Rebellen.

10.10. – Stuart, der General mit der Feder am Hut, überquert mit 1 800 Reitern den Potomac und greift Chambersburg in Pennsylvania an. In

John H. Morgan, CS-BrigGen. aus Huntsville/AL. Thundertbolt Morgan verunsichert mit seinen Guerillas Tennessee und Kentucky und dringt nach Indiana und Ohio ein.

Lincoln und McClellan Anfang Oktober mit Offizieren der Potomac-Armee. Die Schlacht am Antietam ist durch Lees Rückzug aus Maryland zum strategischen Erfolg McClellans geworden.

den nächsten 2 Tagen kann er Telegrafen und Schienenstränge unterbrechen und 1 200 Pferde erbeuten. Seine neueste (100-Meilen-)Provokation kostet ihn lediglich 2 Reiter.

18.10. – Schießereien bei Haymarket/VA.

22.10. – Yankees verlieren westlich von Charleston/SC 300 Mann, die Rebellen knapp die Hälfte.

25.10. – Die Potomac-Armee setzt über den Fluß, der ihr den Namen geliehen hat.

26.10. – Lee (70 000) steht im Shenandoahtal. ■ Banks gibt die Sicherung Washingtons an Heintzelman ab.

28.10. – Eine Vorausabteilung der Potomac-Armee marschiert auf Warrenton/VA. Lee zieht sich im Shenandoahtal zurück, um von McClellan nicht umgangen zu werden.

Operationen der Marine:
5.10. – Die US-Marine nimmt Galveston/TX.

11.10. – Die CSS Alabama versenkt das Frachtschiff Manchester und setzt die Mannschaft (Gepflogenheiten entsprechend) in einem neutralen Hafen ab.

November 1862

Der Norden: Der „Langweiler" McClellan, der Lee aus Maryland vertrieben, die Nord-Virginia-Armee jedoch nicht verfolgt hat, erhält zusehends schlechte Noten. ■ Zwischen New York und Minneapolis beginnt die Stimmung umzuschlagen: Die Etappe rebelliert, in den Rekrutierungsbüros verstärkt sich der Wider-

„Bloody Lane" auf dem Schlachtfeld von Antietam. Der alte Hohlweg – das von D. H. Hills Brigaden aus Alabama und North Carolina verteidigte Zentrum der Rebellenfront – sah die blutigsten Kämpfe des Tages.

stand gegen den Kriegsdienst. ■ Republikaner können trotz deutlicher Wahlverluste ihre Kongreßmehrheit halten, die Demokraten machen besonders in New York deutliche Gewinne (4.).

Der Süden: Davis nimmt den Rücktritt von Kriegsminister George W. Randolph an (15.) und ersetzt ihn durch James A. Seddon (21.) ■ Richmond fordert die Mitgliedsstaaten auf, die Kriegsanstrengungen mit weiteren Kampfverbänden zu unterstützen (26.).

Westlich des Mississippi:
28.11. – US-BrigGen. James G. Blunt, praktischer Arzt aus Maine, trifft bei Cane Hill/AR mit 3 Brigaden auf BrigGen. John S. Marmaduke. Blunt erkämpft sich die Ernennung zum GenMaj., die Rebellen verlieren das Gefecht und 420 Mann.

29.11. – GenMaj. John B. Magruder übernimmt den CS-Wehrbereich Texas, Arizona und New Mexico.

30.11. – Bei Harrisons-, Cass-, Pine-, Huntsville, Lamar und Carthage ist es zu Aktionen gekommen, 300 Yankees kapitulierten am Beaver Creek, doch alles in allem geht in Missouri ein relativ ruhiger Monat zuende.

Der westliche Schauplatz: Grant will mit dem XIII. Korps Vicksburg, die letzte mächtige Rebellenstellung am Mississippi nehmen. ■ Braggs

Herbstoffensive war militärisch kein Erfolg, doch das Beutegut, das er nach Tennessee schleppt, füllt einen 40 mi langen Wagenzug. ■ Rosecrans verlegt die Cumberland-Armee von Kentucky nach Nashville/TN.

2.11. – Grant marschiert entlang der Bahnlinie Mississippi-Central, die seinen Nachschub transportiert, und legt an strategisch wichtigen Punkten wie Trenton, Jackson oder Grand Junction/TN Versorgungsdepots an.

5.11. – Yankees nehmen bei Nashville 23 Rebellen gefangen.

6.11. – Rebellen verlieren im Kampf gegen die 8. Kentucky Cavalry bei Garrettsburg/KY 100 Mann.

8.11. – Bei Hudsonville/MS ergeben sich 185 Grauröcke.

13.11. – Grant nimmt den Bahnknotenpunkt Holly Springs/MS. ■ Bragg marschiert von Chattanooga auf Murfreesboro, die alte Hauptstadt Tennessees.

18.11. – Bei Rural Hill/TN fallen 16 Rebellen.

20.11. – Bragg unterstellt Bischof Polk, E. Kirby Smith und William J. Hardee je ein Korps der neuformierten Tennessee-Armee.

24.11. – *Joe* Johnston hat sich von seiner schweren Verwundung aus der Schlacht von Seven Pines erholt und übernimmt den Wehrbereich West (Ost-Louisiana, Mississippi, Alabama, Nord-Georgia, Tennessee und North Carolina).

26.11. – Yankeereiter bringen bei Somerville/TN 28 Rebellen ein.

29.11. – BrigGen. Alvin P. Hovey (7 000), Staatsanwalt aus Indiana, geht über den Tallahatchie River, um den aus Holly Springs entkommenen Van Dorn an der Flanke zu fassen.

Der östliche Schauplatz: Lee schiebt Longstreet zwischen die Potomac-Armee und Richmond. Jackson bleibt im Shenandoahtal zurück, wo er McClellans Rechte beobachten kann.

2.11. – Pleasontons Reiter schlagen sich im Loudon County/VA.

5.11. – McClellan verliert den Befehl über die Potomac-Armee, Fitz J. Porter wird für seine Rolle während Second Bull Run durch Hooker ersetzt und verbringt den Rest des Kriegs als Statist. ■ Pleasonton fechtet bei Chester Gap.

6.11. – Scharmützel vor Martinsburg/WV.

8.11. – Lee steht bei Culpeper/VA, ein paar Meilen südlich von McClellans Hauptquartier in Warrenton.

Israel B. Richardson, US-GenMaj. aus Fairfax/VT. Fighting Dick Richardson, Veteran der Kriege gegen Seminolen und Mexikaner, wurde am Antietam tödlich verwundet.

9.11. – Ambrose E. Burnside, tatsächlich ohne Ehrgeiz für den Posten und das nötige Vertrauen in sich, übernimmt die Potomac-Armee. McClellans Ablösung löst unter jungen Offizieren einige Unruhe aus. ■ Unionsreiter stoßen nach Fredericksburg vor und nehmen 34 Rebellen fest.

15.11. – Im Gegensatz zu McClellan, dem Nichtstun zum Verhängnis wurde, plant Burnside die schnelle Aktion, die die Potomac-Armee (130 000) zum drittenmal nach Richmond führen soll. Der in Küstenoperationen bisher recht erfolgreiche blaue Feldherr hat seine Kampfverbände neu organisiert: Franklin kommandiert die Left Grand Division (I. Korps/J.F. Reynolds, VI./W.F. Smith), Sumner die Right Grand Division (II./Couch und IX./Willcox), Hooker die Center Grand Division (III./Stoneman und V./Butterfield). Das XI. (oder Dutch) Korps (Sigel/Schurz) bleibt bei Manassas Junction, Henry W. Slocums XII. Korps in Harpers Ferry.

CS-GenLt. Leonidas L. Polk, kämpfender Bischof der Episkopalkirche aus Raleigh/NC. Polk übernimmt ein Korps der neuformierten konföderierten Tennessee-Armee und führt es in die Schlacht am Stone's River.

16.11. – Die Potomac-Armee marschiert von Warrenton nach Fredericksburg am Rappahannock.

17.11. – Sumners Vorausdivision erreicht Falmouth, gegenüber von Fredericksburg. Der Angriff auf die Stadt wird aufgeschoben bis tragfähige Pontonbrücken eintreffen, um Menschen und Material über den Rappahannock zu setzen.

18.11. – Burnside richtet sein Hauptquartier bei Falmouth ein. Longstreet geht im Hügelland hinter Fredericksburg in Stellung.

21.11. – Fredericksburgs Bürgermeister verweigert die Kapitulation. Burnside gibt Alten, Kranken, Frauen und Kindern 16 Stunden, um die Stadt zu verlassen.

30.11. – *Stonewall* Jackson erreicht Fredericksburg und gräbt sich neben Lee und Longstreet ein.

Dezember 1862

Der Norden: Lincoln lehnt erneut die Sklavenemanzipation als eigentliches Kriegsziel ab (1.) ■ Grant weist mit der General Order No. 11 jüdische Zivilpersonen aus seinem Militärbereich (17.). Der Handel (Schmuggel) zwischen den Fronten blüht, besonders Juden stehen im Verdacht, Geschäftsbeziehungen mit dem Feind zu unterhalten. ■ West-Virginia tritt der Union bei. Lincoln setzt sich für die Ansiedlung ehemaliger Sklaven in Haiti ein (31.).

Der Süden: Lee wird in Virginia von Burnside, Bragg in Tennessee von Rosecrans, Vicksburg von Grant und Sherman bedroht. In den Dixieländern findet sich kaum eine Frau,

GenMaj. Ambrose E. Burnside – obwohl von Selbstzweifeln geplagt – übernimmt als Nachfolger McClellans die wichtigste Feldarmee der Union. Mit dem Kommando überfordert, verliert Burnside die Schlacht von Fredericksburg und Lincolns Vertrauen.

die in Trauer um nahe Verwandte nicht schwarz geht: Das 2. Kriegsjahr läuft ohne allzu großen Optimismus aus. ■ Richmond ächtet Butler als „Feind der Menschheit“, der bei Gefangennahme ohne Prozeß exekutiert werden kann (23.).

Westlich des Mississippi: GenMaj. Thomas C. Hindman hat in Arkansas bisher unabhängig voneinander operierende Rebellenverbände zusammengezogen, um James G. Blunts Grenzarmee (7 000) im Umland von Fayetteville anzugreifen.

3.12. – Hindman (11 000) marschiert von Van Buren nach Fayetteville. BrigGen. Francis J. Herron bricht mit 4 000 Infanteristen und 2 000 Reitern in Springfield/MO auf, um den rund 110 mi entfernt stehenden Blunt zu verstärken.

6.12. – Hindman, der die gegnerischen Kolonnen getrennt attackieren will, schiebt sich zwischen Blunt und Herron. ■ Lincoln begnadigt 264 der 303 zum Tode verurteilten Santee-Sioux.

7.12. – Schlacht von Prairie Grove, südwestlich von Fayetteville. Hindman greift bei der Prairie Grove-Kirche Herron an, beide Seiten setzen rund 10 000 Mann ein. Am Morgen schlagen Marmadukes Kavallerie und Quantrills Guerillas solange auf Herrons Vorhut ein, bis sich die Yankees zurückziehen, um auf Blunt zu warten. Joseph O. Shelbys Reiter bringen Blunt gegen :1400 in Verlegenheit, doch Hindman gerät in Schwierigkeiten, als ein Arkansas-Regiment mit neuen Rekruten geschlossen desertiert. Mit Hereinbrechen der Dunkelheit hat die Union 1 250, die CSA 1 340 Soldaten verloren. In der Nacht setzen sich die Rebellen von Prairie Grove ab.

26.12. – In Mankato/MN werden im Rahmen einer der größten Massenexekutionen der amerikanischen Geschichte 38 Santees hingerichtet.

28.12. – Blunts Grenzarmee fallen bei Van Buren/AR 100 Rebellen und 38 Bagagewagen in die Hand.

31.12. – Marmaduke bricht in Lewisburg/AR zu einem Missouri-Raid auf.

Der westliche Schauplatz: Grant stößt auf dem Landweg, Sherman mit einer Flußexpedition nach Vicksburg vor. Die Stadt am großen Fluß ist im Norden durch Sumpfland und Wasserläufe des Yazoo Deltas geschützt. ■ Washington gibt Rosecrans den formellen Befehl, den bei Murfreesboro stehenden Gegner anzugreifen. ■ Bragg schickt Forrest und Morgan gegen Grants Nachschublinien, Joseph Wheeler soll Rosecrans beschäftigt halten.

Lutherische Kirche an Sharpsburgs Main Street. Sharpsburg hat den blutigsten Tag der amerikanischen Geschichte gesehen. Auf dem Schlachtfeld am Antietam fielen 4 700 Mann, 18 450 wurden verwundet, 3 050 sind vermißt.

1.12. – Grant (40 000) läßt Holly Springs/MS zum Basislager ausbauen und geht entlang der Mississippi Central RR nach Süden. ■ John C. Pemberton (20 000) steht am Yalabusha River vor Grenada.

3.12. – Grant nimmt den Bahnknotenpunkt Grenada.

5.12. – CS-BrigGen. Lloyd Tilghman schlägt Grants Oberst T. Lyle Dickey bei Coffeeville/MS. Tilghman verliert 50, Dickey rund 100 Mann.

7.12. – John H. Morgan (1 400) überrascht die Yankeegarnison Hartsville/TN mit einen Blitzangriff, macht 1 800 Gefangene und wird dafür zum BrigGen. befördert.

11.12. – Forrest (2 300) verläßt Columbia/TN zum Raid gegen die Mississippi Central RR und M&O.

12.12. – Die USS Cairo, eine von Pook's „Schildkröten", läuft im Yazoo River auf eine Mine und sinkt.

13.12. – *Jeff* Davis hält in Murfreesboro Kriegsrat mit seinen Generälen.

16.12. – GenMaj. Banks folgt dem umstrittenen Butler als Militärgouv. von New Orleans.

17.12. – Forrest demoliert die M&O zwischen Jackson/TN und Columbus/KY so nachhaltig, daß sie für den Rest des Kriegs unterbrochen bleibt.

18.12. – Forrest schlägt Oberst Robert C. Ingersolls Reiter bei Lexington/TN und macht 150 Gefangene.

20.12. – Van Dorn (3 500) fällt über Grants Basislager Holly Springs her, zerstört Militärgut im Wert von $1.5 Millionen, legt Feuer an ein neues

2 000-Betten-Hospital und nimmt 1 500 Yanks gefangen. Grant, der bei Oxford/MS steht, schätzt aufgrund des unsicheren Schienenwegs seine Logistikkapazitäten neu ein und bricht den Vicksburg-Feldzug ab. ■ Forrest entläßt 1 200 Gefangene, die ihn in seiner Mobilität behindern. ■ Sherman, ohne Nachricht von Grant, bricht in Memphis/TN zur Flußexpedition nach Vicksburg auf.

21.12. – Morgan (3 100) greift Grants Nachschublinien in Tennessee an und geht am Tag darauf zum „Christmas-Raid" über den Cumberland nach Kentucky. Operationsziel ist die Unterbrechung der Louisville & Nashville RR, über die Rosecrans seinen Nachschub bezieht. ■ *Jeff* Davis besucht Vicksburg.

23.12. – GenMaj. Simon B. Buckner übernimmt den CS-Wehrbereich Golf. ■ Forrest reitet durch Union City/TN.

24.12. – John H. Morgan nimmt Glasgow/KY.

26.12. – Rosecrans (47 000) verläßt sein Winterquartier Nashville, um Bragg bei Murfreesboro anzugreifen. ■ Sherman, auf dem Weg flußabwärts nach Vicksburg, steht am Yazoo River.

27.12. – Yankees blockieren die Vicksburg, Shreveport & Texas RR westlich des Mississippi, um Vicksburg von seiner Versorgungslinie abzuschneiden. ■ Morgan überrascht die Garnison von Elizabethtown/KY und macht 500 Gefangene.

28.12. – Sherman (32 000) zieht den Yazoo River entlang und trifft oberhalb des Chickasaw Bayou auf John C. Pembertons gut ausgebaute Stellungen.

29.12. – Schlacht von Chickasaw Bayou/MS. Sherman greift 14 000 Rebellen an, verliert die Schlacht und knapp 1780, der Gegner lediglich 210 Mann. Pemberton lobt den Einsatz von Regimentern aus Georgia, Tennessee und Louisiana, Sherman bricht den Versuch ab, Vicksburg über Chickasaw Bayou zu erreichen. ■ *Fightin' Joe* Wheeler umreitet Rosecrans bei La Vergne/TN und erbeutet gewaltige Mengen an Waffen und Ausrüstung.

30.12. – Rosecrans geht bei Murfreesboro in Gefechtsposition. Thomas bildet die Frontmitte, McCook und T.L. Crittenden die Flügel. Bragg steht mit Polks und Hardees Korps und Breckinridges Div. am Stone's River. Die Nacht über unterhalten die Yankees Lagerfeuer weit über ihre Frontlinie hinaus, um den Gegner zu täuschen.

31.12. bis 2.1.1863 – Schlacht am Stone's River. Rosecrans (42 000) trifft auf Bragg (36 000).

US-GenMaj. Benjamin The Beast Butler. Der Ex-Demokrat und radikale Republikaner stellt in Louisiana ein „Corps d'Afrique" auf und wird dafür von Richmond zum „Feind der Menschheit" erklärt.

CS-GenLt. William J. Hardee führt ein Korps der grauen Tennessee-Armee in die Schlacht am Stone's River. Nicht ganz ohne Ironie ist „Hardee's Tactic" Handbuch für Infanteristen auf beiden Seiten der Front.

1. Kampftag (31.) – Hardee (13 000) greift an, als die Blauen mit Ausnahme von Sheridans Div. noch beim Frühstück sitzen, und schiebt Alexander M. McCook einige Meilen zum Nashville Pike zurück. Breckinridge setzt über den Fluß und läuft gegen die Yankeestellung Round Forest (in Zukunft: „Hell's Half-Acre"). Die Kämpfe flauen bei Einbruch der Dunkelheit ab. Sheridan hat mehr als ein Drittel seiner Soldaten und 3 Brigadechefs verloren, BrigGen. August von Willich sitzt in Gefangenschaft. Bragg hält die Schlacht für entschieden und feiert die Neujahrsnacht – dank dem Allmächtigen – mit einem gewaltigen Sieg. Die Kampfhandlungen werden am nächsten Tag fortgesetzt.

Der östliche Schauplatz: Burnside will Fredericksburg nehmen, um Lee aus seinen Stellungen auf offenes Gelände zu locken, wo er der Potomac-Armee unterlegen ist. Die Rebellen bauen ihre Verteidigungslinie aus.

1.12. – Schießereien bei Berryville/VA.

4.12. – Im Umland von Fredericksburg kommt es zu kleineren Gefechten. ■ Mit dem Einzug der Blauen wechselt Winchester am Nordeingang zum Shenandoahtal einmal mehr die Hand.

10.12. – Yankeepioniere wollen 6 Brücken über den Rappahannock bauen, 3 vor Fredericksburg, 3 südlich der Stadt. Burnsides Plan, ausgerechnet dort über den Fluß zu setzen, wo der Gegner in Stellung liegt, soll Lee überraschen, stößt im Führungsstab jedoch auf Widerstand. ■ Fredericksburg evakuiert die Zivilbevölkerung.

11.12. – Burnsides Pioniere beginnen den Brückenbau im dichten Morgennebel. Südlich der Stadt gehen die Arbeiten unter dem Deckungsschutz der Artillerie relativ zügig voran, doch vor Fredericksburg geraten die Pioniere ins Abwehrfeuer von William Barksdales Mississippians. Burnsides Kanoniere radieren einen Teil des Wohnviertels aus, eine Sondertruppe der Infanterie setzt über den Fluß und zwingt die grauen Scharfschützen zur Flucht. Gegen Abend besetzt Sumner die Stadt.

12.12. – Die Potomac-Armee geht ungestört über den Rappahannock und verbringt die Nacht damit, die historische Stadt (in der George Washingtons Mutter lebte und Präs. James Monroe arbeitete) zu plündern. Lee steht mit 75 000 Mann und 300 Geschützen – Longstreets I. Korps (die Div. McLaws, Woods, R.H. Andersons, Picketts und Ransoms) und Jacksons II. Korps (A.P. Hill, D.H. Hill, Ewell, Taliaferro und Stuarts Kavallerie) – entlang einer 7 mi langen Linie zwischen dem Rappahannock und Massaponax Creek.

13.12. – Schlacht von Fredericksburg. Burnside (110 000) greift an einem kalten, nebelverhangenen Morgen Lee in den Hügelketten westlich und südlich der Stadt an. Sumner und Hooker stehen Longstreet gegenüber, der Marye's Heights im Nordabschnitt hält. Franklins Grand Division soll Jackson vom Prospect Hill im Süden vertreiben, doch Franklin hat Burnside mißverstanden und wirft lediglich einen Teil seiner Truppen ins Gefecht. George G. Meades Pennsylvanier schlagen eine Bresche in Jacksons Riegel, die von Early wieder geschlossen wird. Zum Angelpunkt der Schlacht wird das von 6 000 Rebellen mit 20 Geschützen verteidigte Marye's Heights. Sumners und Hookers Div. laufen an einem tiefliegenden Feldweg entlang gegen eine Steinmauer ... am Marienhügel liegen die Toten bald aufgeschichtet wie Jahresringe am Baum. Mit Hereinbrechen der Dunkelheit sind auf Unionsseite 1 200 Mann gefallen, über 9 000 verwundet und 2 000 vermißt. Die Rebellen haben 570 Tote, 3 870 Verwundete und 125 Vermißte. ■ Schießereien am Southwest Creek/NC und bei Leesburg/VA.

14.12. – Burnside will weiterkämpfen, Franklin, Hooker und Sumner halten ihn nur mit Mühe von einem weiteren Abenteuer ab. ■ US-Gen-Maj. John G. Foster (10 000) nimmt Kinston/NC.

15.12. – Burnsides dezimierte Divisionen gehen während eines Regensturms über den Rappahannock zurück.

Operationen der Marine:
7.12. – Die CSS Alabama bringt den Dampfer Ariel auf (Gepflogenheiten entsprechend behalten Mannschaften von Kaperfahrern die Hälfte der von ihnen erjagten Beute).

31.12. – Die USS Monitor sinkt während eines Sturms vor Kap Hatteras, die USS Rhode Island kann 47 von 63 Blaujacken retten.

Blick auf Fredericksburg am Rappahannock. Die historische Stadt, in der George Washingtons Mutter lebte und Präs. James Monroe als Anwalt arbeitete, liegt an Burnsides Weg nach Richmond.

Der Krieg der Zukunft

Januar 1863

Der Norden: Burnside hat die Schlacht von Fredericksburg verloren, seinen schwer angeschlagenen blauen Divisionen laufen die Soldaten davon. Die Statistik der Nordarmee weist für 1863 im Schnitt 4 650 Deserteure pro Monat aus, wie die Grauen bringen die Blauen die Fahnenflucht nicht unter Kontrolle. (Bis Kriegsende werden rund 200 000 Deserteure registriert, im Süden rund die Hälfte). ■ *„Today unbind the captive“:* Lincolns Emanzipation setzt die Sklaven auf dem Gebiet der CSA frei (1.) ■ Washington fordert Grant nach Protesten jüdischer Organisationen zum Widerruf der General Order Nr. 11 auf (4.).

Der Süden: Das immer effektiver werdende Embargo führt zu ernsten Versorgungsengpässen, Rohstoffmangel gefährdet die Kriegführung, Inflation schwächt die Währung: Das neue Jahr beginnt mit der Prognose, daß die Rebellen um den Preis der Unabhängigkeit die Gürtel eine weitere Nummer enger schnallen müssen. Besonders akut ist der Mangel an „Davis-Schuhen“ (ein von *Jeff* Davis während seiner Zeit als Kriegsminister eingeführtes Modell, das in ein paar Größen geliefert „jedem paßt“, jedoch spätestens nach 4 Wochen abgelaufen ist).

Westlich des Mississippi: McClernand bricht mit dem XIII. und Shermans XV. Korps zu einer Exp. gegen Arkansas Post am Arkansas River auf. KAdm. David D. Porter stellt mit 3 Panzerschiffen und 6 Kanonenbooten die schwimmende Artillerie.

1.1. – Die USS Westfield läuft auf Grund und wird selbstversenkt, die USS Harriet Lane gibt auf: John B. Magruder erobert Galveston/TX, seit Oktober in Yankeehand, zurück. Personalverluste 150 (CSA), 420 (USA). Galveston, obwohl von US-Schiffen blockiert, bleibt bis Kriegsende der wichtigste Golfhafen in Rebellenhand.

7.1. – BrigGen. John S. Marmaduke, am Vortag in Ozark einmarschiert, scheitert an Springfield/MO.

10.1. – McClernand geht in der Nähe von Arkansas Post an Land.

11.1. – David D. Porters Süßwasserflotte eröffnet das Feuer auf Arkansas Post, McClernand (29 000) zwingt BrigGen. Thomas J. Churchill (5 000) zur Kapitulation. Die Blauen haben knapp 1 000 Mann verloren und 4 600 Gefangene gemacht.

14.1. – BrigGen. Gottfried Weitzel trifft auf dem Bayou Teche/LA auf Widerstand. Die Grauen geben das Kanonenboot CSS Cotton auf. ■ GenLt. E. Kirby Smith übernimmt die Südwest-Armee.

15.1. – Yankees stecken Mound City/AR, das Guerillas als Basis diente, in Brand.

20.1. – Marmaduke rückt in Patterson/MO ein.

Der westliche Schauplatz:
31.12. bis 3. Januar – Schlacht am Stone's River. Die Cumberland-Armee (William S. Rosecrans) und Braxton Braggs Tennessee-Armee stehen sich in einer der blutigsten Kampfhandlungen des Kriegs gegenüber.

2. Kampftag (1.) – Im Umland des Stone's River bleibt es relativ ruhig. Rosecrans hat seine Truppen vom Round Forest am Ostufer des Stone auf eine taktisch günstigere Linie

gestellt, Graue und Blaue suchen vor Ausbruch weiterer Aktionen den Geländevorteil. In der Nacht geht T.L. Crittendens 3. Div. über den Fluß und baut sich gegenüber GenMaj. John C. Breckinridge auf.

3. Kampftag (2.) – Breckinridge greift Crittenden an, sein Vorstoß bleibt im mörderischen Sperrfeuer der Unionsartillerie (Maj. John Mendenhall) stecken. Aufklärer beider Seiten geben kein klares Lagebild, die Generäle Benjamin F. Cheatham und John. M. Withers fordern Bragg zur Einstellung der Kampfhandlungen auf.

3.1. – Bragg, dem der notwendige Überblick fehlt, ordnet den Rückzug an. Die Schlacht am Stone's River endet ohne wirklichen Sieger, obwohl sich beide Seiten zeitweise dafür halten. Rosecrans hat die Sicherung des mittleren Tennessees 1 730 Gefallene, 7 800 Verwundete und 3 717 Vermißte gekostet, Bragg hat 1 300 Gefallene, 7 945 Verwundete und 3 720 Vermißte.

5.1. – Bragg, nach Stone's River im lästigen Dauerstreit mit seinen Generälen, führt seine erschöpften Truppen in Richtung Tullahoma/TN, Rosecrans besetzt Murfreesboro.

Ambulanzfahrer in Falmouth/VA. Mit fortlaufender Kriegsdauer kommt es zur Einrichtung spezieller Ambulanz- (im Süden: Sanitäts-)Korps, die die Verwundeten versorgen. Erstmals in der Militärgeschichte kommen Hospitalschiffe und -züge zum Einsatz.

Die Generäle Meade und Sedgwick mit ihren Stäben in Falmouth, dem Hauptquartier der Union gegenüber von Fredericksburg.

9.1. – Den Blauen fallen bei Ripley/TN 46 Rebellen in die Hand. ■ Joseph Wheeler beginnt einen Raid im Rücken des Gegners.

10.1. – Geplänkel bei Clifton/TN.

22.1. – Die Blauen als Kanalarbeiter: McClernand nimmt den abgebrochenen Versuch wieder auf, einen Stichkanal durch Swampy Toe zu bauen, auf dem die Flotte Vicksburg umfahren kann. Sherman arbeitet am Duckport-Kanal, der aus Vicksburgs Nordwesten zu einem Punkt 20 mi südlich der Stadt führen soll. GenMaj. James B. McPherson engagiert sich für die Lake-Providence-Route, eine Wasserstraße vom Mississippi zum Lake Providence, über den die blaue Flotte den Red River erreichen kann.

31.1. – Reiter der 4. Ohio bringen bei Dover/TN 300 gefangene Rebellen ein.

Der östliche Schauplatz: *„Mac Will Win the Union Back“:* Burnside, der auf dem Nordufer des Rappahannock steht, hat das Vertrauen seiner Generäle verloren. Der Ruf nach McClellan wird laut, doch Lincoln lehnt Burnsides erstes Rücktrittsangebot ab.

19.1. – Burnside, schwer angeschlagen aber nicht entmutigt, verläßt gegen den Rat seiner Korpskommandeure das Winterquartier. Der blaue Feldherr will bei Bank's Ford den Rappahannock überqueren und den Gegner mit einem Flankenangriff aus dem Stellungssystem locken.

20.1. – Hooker und Franklin werden vor Bank's Ford von heftigen Regenfällen aufgehalten. ■ GenMaj. David Hunter erhält den Befehl über den Wehrbereich Süd.

22.1. – Anhaltende Regenfälle blockieren jede Truppenbewegung. Burnside bricht den als Mud March bekanntgewordenen Vorstoß ab und geht in seine Ausgangsstellung gegenüber von Fredericksburg zurück.

24.1. – Ein genervter Burnside fordert in Washington die Abberufung von Generälen wie Franklin, Hooker und Smith. Lincoln hält es für besser, Burnside zu entlassen.

25.1. – *Fighting Joe* Hooker entsagt der Flasche und löst Burnside als Befehlshaber der Potomac-Armee ab. Franklin und Sumner verlieren ihre Kommandos.

26.1. – Schießereien bei Fairfax C.H./VA.

30.1. – Die Nordarmee verliert bei Suffolk/VA 100 Mann.

Operationen der Marine:
11.1. – Das Kaperschiff CSS Alabama versenkt die US-Fregatte Hatteras vor Galveston/TX.

13.1. – Die USS Columbia, vor North Carolina auf Grund gelaufen, wird von Rebellen in Brand gesteckt.

16.1. – Die CSS Florida kann der Blockadeflotte im Golf entkommen (dem Kaperfahrer fallen in den nächsten Monaten 15 Handelsschiffe zum Opfer).

27.1. – Ein Angriff der US-Marine auf Fort McAllister/GA am Südufer des Ogeechee River erweist sich als Fehlschlag.

29.1. – Die Yankees verlieren auf dem Stono River bei Charleston/SC das Kanonenboot Isaac Smith.

31.1. – Die CSS Palmetto State und Chicora fahren von Charleston aus einen Angriff gegen die Blockadeflotte und beschädigen die USS Keystone State und Mercedita.

Februar 1863

Der Norden: Lincolns Sklavenemanzipation, die Leibeigene in Yankeestaaten übersieht, geht den einen zu weit, den anderen nicht weit genug. Lediglich das Ausland legt (bisher durchaus berechtigte) Zweifel an der moralischen Überlegenheit der Yankees ab. ■ Washington beziffert die täglichen Kosten seiner Kriegführung mit $2.5 Millionen. ■ Lincoln lehnt ein Vermittlungsangebot Napoleons III. ab (6.) ■ Massachusetts rekrutiert sein erstes Negerregiment (21.) ■ Washington trennt das Arizona- vom New Mexico-Territorium (24.) ■ Die Cherokees widerrufen ihr Engagement für den Süden, schaffen die Sklaverei ab und bekennen sich zur Union (26.).

Der Süden gibt sich wieder optimistisch: Noch ein paar Siege wie bei Fredericksburg, und die öffentliche Meinung im Norden würde Washingtons „Diktator" Lincoln zum Verhandlungsfrieden zwingen.

Westlich des Mississippi:
4.2. – Die Blauen drücken Marmaduke aus Batesville/AR.

8.2. – Schießereien bei Independence/MO.

17.2. – Yankees stecken Hopefield/AR in Brand.

Der westliche Schauplatz: Ulysses S. Grant will mit der Tennessee-Armee (XIII. Korps/McClernand, XV./Sherman, XVI./Hurlbut, XVII./McPherson) erneut nach Vicksburg vorstoßen. ■ Rosecrans hat sich in Murfreesboro eingerichtet, Bragg steht südlich davon am Duck River und bei Tullahoma/TN.

1.2. – Föderierte besetzen Franklin/TN.

2.2. – Die Yazoo-Pass-Exp. sucht nach einem Wasserweg für Truppenbewegungen im Norden Vicksburgs (bis 20.3.).

US-GenMaj. Joseph Hooker. In Fredericksburg Befehlshaber der Center Grand Division (III./Stoneman und V./Butterfield), übernimmt Fighting Joe Hooker als Nachfolger Burnsides die Potomac-Armee.

3.2. – Ein Angriff auf Fort Donelson/TN kostet Nathan B. Forrest 650 Reiter. ■ Die USS Queen of the West (Kom. Charles R. Ellet) bringt oberhalb von Vicksburg 3 Rebellenschiffe auf.

12.2. – Die USS Queen of the West passiert Vicksburg bei Tageslicht.

13.2. – Das Panzerschiff USS Indianola (Kom. George Brown) fährt in dunkler Freitagsnacht an den Batterien von Vicksburg vorbei.

14.2. – Die USS Queen of the West bringt auf dem Red River die CSS New Era Nr. 5 auf, läuft unterhalb von Fort Taylor jedoch auf Grund und gerät in Rebellenhand. Die Besatzung läßt sich an Baumwollballen geklammert den Fluß hinuntertreiben und entkommt der Gefangenschaft.

20.2. – Die Grauen versuchen Grant bei Yazoo Pass/MS aufzuhalten.

22.2. – In Tuscumbia/AL kommt es zum Schlagabtausch.

24.2. – 4 Rebellenschiffe, darunter die CSS Webb und die jetzt unter CS-Flagge fahrende Queen of the West, stellen die USS Indianola auf dem Mississippi. Die CSS Webb rammt die Indianola schwer genug, daß sie aufgegeben werden muß.

26.2. – Porter schickt ein Kriegsschiff der „Quäker-Klasse" (damit nichts anderes als ein Attrappe) mit der Strömung an den Batterien von Vicksburg vorbei.

Der östliche Schauplatz: Hooker löst im Rahmen einer Neuorganisation der Potomac-Armee Burnsides Grand Divisions wieder auf. Reynolds, Sigel, Meade, Smith, Sickles, Couch, Sedgwick und Slocum als Korpskommandeure sind Männer seines Vertrauens. Zur wichtigsten Neuerung in Hookers Reformkonzept wird die Bildung eines eigenen Kavalleriekorps (12 000 Reiter/GenMaj. George Stoneman).

1.2. – Die Blauen bauen ihre Stützpunkte an North Carolinas Küste aus und schicken eine Exp. in Richtung Plymouth am Albemarle Sound (Sund).

7.2. – Die Föderierten verlegen das IX. Korps/W.F. Smith nach Newport News, um vom Osten her Druck auf Richmond auszuüben.

10.2. – Unionsreiter testen den Gegner am Rappahannock.

12.2. – Schießereien bei Charles Town/WV.

16.2. – Die 116. und 122. Ohio verlieren bei Romney/WV 72 Mann.

Soldaten der 107. US Colored Infantry. Von 179 000 „schwarzen Yankees", die im Bürgerkrieg in Heer und Marine kämpfen, stammen 135 000 aus Sklavenstaaten.

18.2. – Robert E. Lee verlegt die Divisionen Picketts und Hoods (Longstreets Korps) von Fredericksburg in die Nähe Richmonds.

25.2. – BrigGen. *Fitz* Lee (400) nimmt bei Hartwood Church/VA 150 *Yanks* aus BrigGen. William W. Averells Kommando gefangen. Dem Freund aus besseren Tagen läßt Lee eine Einladung zum Kaffee zurück (der Averell am 17.3. folgt). ■ GenMaj. D.H. Hill erhält den Befehl über die grauen Truppen in North Carolina.

26.2. – Die Rebellen verlieren durch Führungsfehler bei Woodstock/VA 200 Mann.

28.2. – In Virginia ist es im Lauf des Monats zu mehr oder weniger unbedeutenden Aktionen bei Dranesville, Millwood, Grove Church, Williamsburg, Chantilly, Brentsville, Somerville, Leesburg, Strasburg, Rappahannock Station und – Bridge gekommen. Am häufigsten waren es Stuarts Reiter, die den Gegner überfallartig angriffen, sich danach wieder zurückzogen. Für größere Aktionen warten Lee und Hooker das Frühjahr ab.

Operationen der Marine:
1.2. – Die blaue Flotte holt sich vor Fort McAllister erneut Ärger ab.

12.2. – Die CSS Florida kapert die Jacob Bell.

25.2. – Die USS Vanderbilt bringt den unter englischer Flagge nach Matamores/Mexiko fahrenden Blockadebrecher Peterhoff auf.

28.2. – Die USS Montauk (Kom. J.L. Worden) setzt auf dem Ogeechee River – in Sichtweite von Fort McAllister – die CSS Nashville in Brand .

März 1863

Der Norden: *„To arms, fellow citizens!"*: Rekrutierungsbüros arbeiten Überstunden während demokratische Volksvertreter in Indiana und Illinois nach Frieden rufen. ■ Der Kongreß stimmt der Einführung der allgemeinen Wehrpflicht zu (3.). Taugliche Männer zwischen 20 und 45 Jahren (Staatsbürger und solche, die einen Antrag gestellt haben) können für 3 Jahre einberufen werden.

US-BrigGen. Hermann Haupt, Organisator des Transport- und Nachschubwesens der Potomac-Armee. (Aufnahme von Mathew B. Brady)

Wie im Süden ist Nordstaatlern das Stellen von Ersatzleuten und der Freikauf gegen $300 erlaubt. ■ Lincoln erläßt eine Amnestie für Deserteure, die sich bis zum 1.4. freiwillig zurückmelden (10.) ■ Der aufs Nebengleis geschobene Burnside übernimmt den Wehrbereich Ohio (25.).

„Der Kongreß hat sich vertagt. Die ausschließliche Tätigkeit seiner letzten Sitzung ging dahin, der Regierung die Mittel zur Niederwerfung des Südens in die Hand zu geben. Er hat ihr in der Tat fast unbeschränkte diktatorische Befugnisse verliehen. Kein römischer Diktator konnte freier mit dem Gute und Blute seines Volkes schalten, als der Präsident der Vereinigten Staaten es kann, seit er den Befehl über die ganze Wehr- und Geldkraft des Landes in seiner Hand vereinigt.“ FRIEDRICH KAPP

Westlich des Mississippi: Bei Bloomfield, Neosho, Granby und Independence kommt es zu Aktionen, doch Missouri durchlebt etwas wie die Ruhe vor dem absehbaren neuen Sturm. ■ CS-GenLt. Theophilus H. Holme übernimmt den Wehrbereich Arkansas, der im März Scharmützel bei Madison, Cross Hollow, auf dem White River und am Frog Bayou sieht.

Der westliche Schauplatz: Grant wird die Altlast des unheilbaren Trinkers nicht los. Seine Korps stecken seit Wochen in schier endlosen Sumpfgebieten oder beschäftigen sich mit fragwürdigen Kanalbauten ... für die Presse der Beweis, daß sich Grant mehr mit der Flasche als mit seinem Feldzug beschäftigt.

1.3. – Bei Bradyville/TN verlieren die Yankees 7, die Rebellen 132 Mann.

4.3. – Van Dorns Infanteristen und Forrests Reiter attackieren eine Brigade und 3 Kav.-Reg. der Cumberland-Armee bei Spring Hill/TN. Rosecrans verliert 1 700 Mann (1 300 geraten in Gefangenschaft), der Gegner 600.

7.3. – Nathaniel P. Banks (17 000) marschiert von New Orleans nach Baton Rouge. Zwischen Louisianas alter Metropole und Vicksburg liegt Port Hudson/LA, dessen Rebellengarnison (12 000, 21 Geschütze) die Schiffahrt auf dem Mississippi blokkiert.

10.3. – Bundestruppen, darunter auffallend viele Farbige, besetzen Jacksonville/FL.

11.3. – Das am Yalobusha bei Greenwood/MS hastig errichtete Rebellenfort Pemberton (GenMaj. William W. Loring) hält Porters Yazoo-Pass-Exp. auf.

13.3. – Port Hudson/LA hat sein Schützenfest: Die USS Hartford und Albatross fahren in der Nacht vorbei, doch der Rest von Farraguts Flotte –

die USS Genesee, Kineo, Richmond und Monongahela – wird teilbeschädigt und zum Abdrehen gezwungen. Die USS Mississippi läuft auf Grund und explodiert.

16.3. – Porters Steele's Bayou Exp. sucht erneut nach einem Wasserweg zu Vicksburgs nördlicher Peripherie.

19.3. – Die USS Hartford und Albatross passieren Natchez/MS.

20.3. – Porters Kanonenboote sitzen auf Steele's Bayou fest.

22.3. – John H. Morgan nimmt Mount Sterling/KY.

23.3. – Die USS Hartford und Albatross hängen vor der Geschützbatterie von Warrenton.

25.3. – Die USS Lancaster sinkt vor Vicksburg, die USS Switzerland kommt mit ein paar Treffern davon.

28.3. – Rebellen erbeuten das Kanonenboot USS Diana bei Pattersonville/LA.

29.3. – McClernand und McPherson bahnen sich am Westufer des Mississippi einen Weg nach New Carthage/LA, 20 mi südwestlich von Vicksburg. GenLt. John C. Pemberton verwechselt Grants Manöver mit dem Abbruch der Offensive gegen die Stadt.

30.3. – Die Rebellen verlieren bei Dutton's Hill/KY knapp 300 Mann.

31.3. – Farragut passiert mit der USS Albatross, Hartford und Switzerland

Einschiffung des glücklos kämpfenden IX. Korps der Potomac-Armee in Aquia Landing bei Fredericksburg. 2 Divisionen werden auf den westlichen Kriegsschauplatz verlegt, die 3. bleibt in Fort Monroe.

John S. Mosby, Rechtsanwalt aus Edgemont/VA. Mosby, der den Krieg als Scout Jeb Stuarts begonnen hat, kämpft mit den Partisan Rangers (später 43. Bataillon der Virginia Cavalry) im Hinterland des Gegners.

die Geschützbatterien von Grand Gulf/MS.

Der östliche Schauplatz: Die allgemeine Versorgungskrise im Süden zwingt die Nord-Virginia-Armee auf halbe Ration. Besonders gravierend ist der Mangel an Pferdefutter, der die grauen Reiter zu immer weiteren Ausflügen in grünere Gefilde zwingt.

7.3. – John S. Mosby tritt zu seiner Glanznummer an: Der Partisanenführer aus dem Umland von Richmond weicht mit 29 Reitern 6 Unionsregimentern und der 2. Vermont-Brigade aus und dringt in das Hauptquartier BrigGen. Edwin H. Stoughtons bei Fairfax C.H./VA ein. Die Grauen nehmen 39 Blauröcke gefangen, überraschen den nach einem Trinkgelage stockbesoffenen Stoughton im Bett, und entkommen mit 58 Yankeepferden, ohne einen Schuß abzufeuern. Mosby wird zum Major befördert, Lincoln beichtet, daß er die gestohlenen Pferde mehr vermisse als seinen General.

17.3. – *„Give them the cold steel“:* William W. Averell, der mit 2 100 Reitern *Fitz* Lees Einladung vom 25. Februar folgt, wird bei Kelly's Ford am Rappahannock von 800 Rebellen abgefangen. In einem der klassischen Reitergefechte bis hin zur Säbelattacke verliert Averell 78, Lee 150 Mann, darunter Maj. John *„the Gallant“* Pelham, West-Pointer des Jahrgangs '56 und Jungstar in Stuarts berittener Artillerie. Averell zieht sich unter Hinterlassung eines Säckchens mit Kaffeebohnen zurück, seine Reiter haben bei Kelly's Ford erstmals bewiesen, daß sie der legendären Südstaatenkonkurrenz gewachsen sind.

29.3. – Scharmützel bei Williamsburg/VA.

Operationen der Marine:
3.3. – Ein weiterer Angriff der US-Marine auf Fort McAllister kostet die Rebellen lediglich Tom Cat, das Garnisons-Maskottchen.

April 1863

Der Norden blickt gebannt nach Vicksburg, in dessen Umland die blauen Soldaten nicht im Feld, sondern zu Tausenden im Krankenbett sterben. ■ *„The finest army on the planet“:* Hooker hat die Neuorganisation der Potomac-Armee abgeschlossen, die Früjahrsoffensive an der Ostfront ist eine Frage der Zeit. ■ Burnside erläßt die berüchtigte General Order Nr. 38, die Verrat mit Todesstrafe oder Verbannung bestraft. Offen ist, was der General mit dem Backenbart unter Verrat versteht (13.) ■ Feldwebel Chase, wegen

Tätlichkeit gegenüber einem Offizier zum Tod verurteilt, wird von *Honest Abe* zu „Zwangsarbeit in Fußketten" begnadigt (28.).

Der Süden: Richmond ist über den äußeren wie inneren Feind gleichermaßen besorgt. Die Generäle der Westfront sind zerstritten, der Protest gegen die Kriegsdienstbefreiung von Sklavenhaltern wächst. Spekulanten horten Lebensmittel, die Suche nach flinken Renditen treibt die Preise hoch. Nach jeder Niederlage wird vom Frieden gesprochen, (besonders) in stadtnahen Garnisonen brechen Geschlechtskrankheiten wie Seuchen aus. ■ In Richmond kommt es zum „Brotaufstand", der erst durch *Jeff* Davis' persönliche Intervention beigelegt werden kann (2.).

Westlich des Mississippi:
17.4. – GenMaj. Marmaduke bricht in Arkansas zu einem weiteren Missouri-Raid auf.

18.4. – Fayetteville/AR wehrt einen Rebellenangriff ab.

26.4. – Marmaduke, in den vergangenen Tagen vor Bloomfield und Fredericktown aktiv, verliert beim Angriff auf Cape Girardeau/MO 240 Mann durch Tod und Verwundung.

Der westliche Schauplatz: Grant, im sumpfigen Flußgebiet vor Vicksburg auf der Suche nach trockenem Gelände, will die Stadt aufgrund des Terrains vom Osten her angreifen. Porter soll seine Flotte flußabwärts an Vicksburg vorbeischleusen, die Armee die Stadt entlang des Westufers des Mississippi umgehen. Als Ausgangsstellung für den Angriff auf Vicksburg gilt ein Treffpunkt von Flotte und Fußsoldaten im Süden. ■ Banks XIX. Korps hat für den Weg nach Port Hudson/LA einen Umweg gewählt, um den Rebellen das landwirtschaftlich reiche Gebiet am Bayou Teche abzunehmen. ■ Rosecrans und Bragg verhalten sich ruhig.

2.4. – Reiter der 3. und 4. Ohio geben Rebellen bei Snow Hill/TN das Nachsehen.

7.4. – Wheeler startet einen mehrtägigen Raid gegen die Louisville & Nashville RR.

8.4. – McClernand wird vor New Carthage/LA in Schießereien verwickelt.

10.4. – BrigGen. Gordon Granger bereitet Van Dorns Rebellentrupp bei Franklin/TN eine böse Überraschung.

11.4. – Oberst Abel D. Streight bricht mit einer „Maulesel-Brigade" (2 000) in Nashville zum Raid im nördlichen Alabama auf. Streights mit allen Wassern gewaschener Gegenspieler

US-BrigGen. Edward A. Wild aus Brookline/MA. Wild hat in der Schlacht von South Mountain einen Arm verloren. 1863 stellt er in North Carolina „Wild's African Brigade" auf, die ihrem Namen alle Ehre macht.

Grenville M. Dodge, US-GenMaj. aus Danvers/MA. Dodge besetzt im April 1863 Tuscumbia/AL, wird während Shermans Atlanta-Feldzug schwer verwundet und übernimmt den Wehrbereich Missouri.

ist der geniale Forrest, was den geübten Fußsoldaten weit mehr zu schaffen macht, sind störrische Reittiere (eine Eselei, die so weit geht, daß sich Streight am 3.5. Forrest ergibt).

12.4. – Banks trifft am Bayou Teche unterhalb von Franklin/LA auf GenMaj. Richard Taylor (5 000).

13.4. – Die 4. Texas Cavalry und die 2. Louisiana halten Banks vor Fort Bisland/LA auf. In der Nacht zieht sich Taylor in Richtung Franklin zurück.

14.4. – Banks besetzt das geräumte Fort Bisland. Das Kanonenboot CSS Diana geht in Flammen auf, die berühmte Queen of the West verliert ihr letztes Gefecht. Während der Verfolgung Taylors kommt es bei Irish Bend zu einem harten Waffengang. Banks kann seine Chancen nicht nutzen und läßt die Grauröcke entkommen.

16.4. – Die USS Benton, Flaggschiff von Porters Mississippi-Geschwader, erreicht Vicksburgs Schutzschild mit 10 Kanonenbooten und Transportschiffen gegen :2300. Die Yankees haben die Schiffsaufbauten mit Baumwollballen „verpackt" und ziehen Kähne als Kanonenfutter neben sich her. Um die Batterien mit der Mississippi-Strömung zu passieren, braucht jedes Schiff etwa 30 Minuten. Die Rebellen entzünden mächtige Holzstöße am Ufer, doch mit der Zielsicherheit der grauen Kanoniere ist es nicht allzu weit her. 10 von Porters Schiffen gelingt der Durchbruch, lediglich die USS Henry Clay wird versenkt. Porters Flotte stößt bei Hard Times Landing/LA am Westufer des Mississippi auf Grants Fußsoldaten.

17.4. – Benjamin H. Grierson (1 700) bricht in La Grange/TN zu einem Raid durch Mississippi auf, um Pembertons Nachschublinien zu unterbrechen und von Grants Truppenbewegungen abzulenken. Yankeeoberst Grierson, der für die Union eine ähnliche Rolle spielt wie Morgan oder Forrest für die Rebellen, reitet in den nächsten 16 Tagen rund 600 mi durch Feindesland, legt 3 Bahnlinien lahm, tötet 120 Rebellen, macht 500 Gefangene und bindet eine Rebellendivision an sich.

20.4. – Banks besetzt Opelousas/LA, die US-Marine nimmt Butte-à-la-Rose/LA.

22.4. – Ein weiterer Versuch, Vicksburgs Sicherungsring mit 6 Transportschiffen und 12 Frachtkähnen während der Nacht zu durchbrechen, endet mit dem Verlust von 6 Frachtern und 1 Transporter.

24.4. – US-BrigGen. Grenville M. Dodge nimmt Tuscumbia/AL am Tennessee River.

29.4. – Porter will den stark befestigten Rebellenstützpunkt Grand Gulf unterhalb von New Carthage mit 7 Panzerschiffen weichklopfen, hat jedoch wenig Erfolg. Grant marschiert noch tiefer in den Süden, um eine geeignete Stelle zum Übersetzen ans Ostufer des Mississippi zu finden. ■ William T. Sherman fährt zum Scheinangriff gegen Hayne's Bluff den Yazoo hinauf.

30.4. – Porter setzt Grant zwischen Dishaaron's Landing/LA und Bruinsburg/MS über den Fluß, ohne vom Feind gestört zu werden. ■ Als Lehre aus den Nachschubproblemen im vergangenen Jahr gibt Grant den Kontakt zur nördlichen Basis Milliken's Bend/LA auf und befiehlt seinen Soldaten, sich vom Land zu ernähren, auf dem sie stehen.

Der östliche Schauplatz: Wer Armeen schlägt, schlägt die Rebellion: Lincoln weist Hooker darauf hin, daß sein Gegner die Nord-Virginia-Armee und nicht die Stadt Richmond ist. Wie Burnside will Hooker (130 000) die Grauröcke mit einem Flankenangriff aus den Stellungen locken. ■ Lee, der 2 Div. Longstreets zum Schutz Richmonds im Südosten Virginias stehen hat, kann der Potomac-Armee am Rappahannock lediglich 60 000 Mann entgegenstellen.

2.4. – Oliver H. Howard, ein 32jähriger Berufsoffizier, der während Seven Pines den rechten Arm verloren hat, löst Franz Sigel als KomGen. des XI. (Dutch) Korps ab.

5.4. – Lincoln hält in Falmouth Kriegsrat mit Hooker.

11.4. – Longstreet belagert Suffolk, westlich von Norfolk.

16.4. – Stonemans blaue Reiter operieren entlang des Rappahannock.

19.4. – Yankees stürmen Battery Huger/VA und ziehen sich mit 138 Gefangenen und 5 erbeuteten Geschützen wieder zurück (das 55. North Carolina wird den Vorwurf der Feigheit vor dem Feind bis Kriegsende nicht mehr los).

21.4. – CS-BrigGen. William *Grumble* Jones beginnt einen vierwöchigen Raid gegen die B&O in West-Virginia.

26.4. – Hooker bricht zur Frühjahrsoffensive auf. *Uncle John* Sedgwicks großes VI. Korps (40 000) führt eine Scheinaktion bei Fredericksburg, während 80 000 Mann am Nordufer des Rappahannock nach Kelly's Ford marschieren.

29.4. – Hooker setzt, von Stuart verfolgt, über den Rappahannock. Lee erkennt in Sedgwicks Aktion das Ablenkungsmanöver.

30.4. – Stonemans neuformierte Kavallerie (10 000) überquert den Rappahannock westlich von Fredericksburg, um Versorgungslinien des

US-GenMaj. Oliver O. Howard. Franz Sigels Ablösung durch Christian Soldier Howard wird von den in der Mehrzahl deutschen Offizieren und Mannschaften des XI. (Dutch) Korps als Demütigung empfunden.

Martin R. Delany, Major der 104. US Colored Troops, einer der ersten schwarzen Offiziere der US-Armee.

Gegners zu kappen. ■ Hooker steht bei Chancellorsville, einer Herberge der Familie Chancellor.

Operationen der Marine:
2.4. – Die Alligator, ein Tauchboot-Experiment der Yankeemarine, sinkt auf dem Weg nach Charleston.

7.4. – Die Forts Sumter und Moultrie bereiten 9 mit Kurs auf Charleston fahrenden Panzerschiffen unter KAdm. Samuel Du Pont einen heißen Empfang. Die Rebellen haben die Meerenge vor Charleston mit Ketten und Balken verbarrikadiert, ihre Kanoniere erzielen auf der Weehawken, Nahant, Montauk, Passaic, Nantucket und Patapsco rund 350 Treffer. Die schwer angeschlagene USS Keokuk sinkt in der Nacht. Du Pont reicht seinen Abschied ein, Washington verliert die Illusion, das geistige Zentrum der Rebellion von See her zu nehmen.

11.4. – Die CSS Stonewall Jackson läuft vor Charleston auf Grund.

24.4. – Die USS De Soto bringt im Golf 4 Blockadebrecher auf.

Mai 1863

Der Norden: Der Bürgerkrieg eröffnet neue Dimensionen des Kommerzes, Agenten werben in Europa um Einwanderer für die kräftig angekurbelte Wirtschaft. Die größten Immigrantengruppen während des Kriegs stellen Deutsche (233 000), Iren (196 350) und Engländer (85 000).

Der Süden: Pferde und Maultiere für Kavallerie, Offiziere und Wagenpark bilden das Rückgrat der Armee (im Gegensatz zum Norden stellen Rebellenreiter ihre Pferde selbst). Hufeisen sind längst Mangelware, Vierbeiner werden dazu. Die Landwirtschaft leidet, Zugtiere der Bauern stehen im Dienst der Sezession. ■ Richmond ersetzt die *Stars and Bars,* als erste Flagge der CSA im Grundmuster den *Stars and Stripes* zu ähnlich, durch den *Stainless Banner* (1.).

Westlich des Mississippi:
2.5. – Marmadukes Missouri-Riad endet mit einem leichten Gefecht am St. Francis River/AR.

20.5. – Yankees und Rebellen treffen bei Fort Gibson/IT aufeinander.

23.5. – Nach kleineren Aktionen bei Lexington und Carthage kommt es zu Schießereien bei Hartville/MO.

24.5. – GenMaj. John M. Schofield löst Samuel R. Curtis als KomGen. des Wehrbereichs Missouri ab (die Missourier fechten ihren Bruderkrieg vor Vicksburgs aus, wo 17 graue gegen 22 blaue Missouri-Regimenter stehen).

Der westliche Schauplatz: Grant ist auf dem (Um)Weg nach Vicksburg, Banks will Port Hudson nehmen, Rosecrans und Bragg machen weiterhin nicht den Eindruck, als ob sie marschieren und kämpfen wollten.

1.5. – McClernand (23 000) greift 9 mi östlich des Mississippi Port Gibson an. BrigGen. John S. Bowen

(6 000), West-Pointer des Jahrgangs '53, gibt nach engagiertem Kampf auf.

2.5. – *„To beautiful to burn“:* Grant verschont Port Gibson, da es – so die Legende – „zu schön zum Niederbrennen“ ist. ■ Die Rebellen räumen Grand Gulf am Mississippi. ■ Grierson trifft nach einem der gelungensten Reiterunternehmen in Baton Rouge ein.

4.5. – Die USS Albatross wird auf dem Red River vor Fort De Russy/LA schwer angeschlagen.

6.5. – Porters Süßwasserflotte nimmt Alexandria/LA.

7.5. – *Jeff* Davis sichert Pemberton jede in seiner Macht liegende Unterstützung zu, doch die Macht des Präsidenten ist begrenzt. ■ GenMaj. Van Dorn wird in Spring Hill/TN von einem eifersüchtigen Ehemann ermordet.

9.5. – Grant verfügt mit dem Eintreffen Shermans im Süden Vicksburgs über 40 000 Mann. ■ *Joe* Johnston erhält den Oberbefehl über die am Mississippi operierenden Rebellen.

John C. Pemberton, CS-GenLt. aus Philadelphia/PA. Der Verteidiger der Festung Vicksburg, ein Pennsylvanier, der für den Süden kämpft, hat 2 Brüder in der Nordarmee.

11.5. – Yankeereiter legen die Bahnlinie von New Orleans nach Jackson lahm.

12.5. – McPherson schlägt BrigGen. John Gregg bei Raymond, 15 mi vor Mississippis Hauptstadt Jackson. Beide Seiten zählen rund 500 Tote und Verwundete. ■ Grant schickt Sherman und McPherson gegen Jackson. McClernand geht zur Bahnstrecke, die Jackson mit Vicksburg verbindet.

13.5. – *Joe* Johnston läßt eine Defensivtruppe (6 000) in Jackson und setzt sich nach Norden ab.

14.5. – Die Blauen erobern Jackson, das Shermans Konzept der verbrannten Erde über Nacht zum „Chimneyville“ macht.

15.5. – Johnston fordert die Zusammenlegung der Rebellentruppen, um Grant mit vereinten Kräften zu begegnen. Pemberton lehnt ab und konzentriert sich auf die Verteidigung der Festung Vicksburg.

16.5. – Schlacht am Fuß des Champion's Hill. McClernand und Mc-

US-GenMaj. Carl Schurz, 48er aus Liblar bei Bonn und prominentester Deutschamerikaner seiner Zeit. Schurz, aufgrund politischer Beziehungen mit einem Feldkommando betraut, führt eine Division des XI. Korps bei Chancellorsville.

Die Steinwand unterhalb von Marye's Heights. Im Dezember 1862 Angelpunkt der Schlacht von Fredericksburg – Sumner und Hooker standen Longstreet gegenüber – wird der Marienhügel am 3. Mai erneut hart umkämpft.

Pherson (29 000) treffen östlich von Vicksburg auf Pemberton (20 000). Die Rebellen weichen nach sechsstündigem Gefecht zum Big Black River zurück. Personalverluste: 2 450 (USA), knapp 4 000 (CSA). McClernand steht bei Grant in der Kritik.

17.5. – Gefecht von Big Black River Bridge. McClernand und McPherson greifen Pemberton 9 mi östlich von Vicksburg an. Lawlers Brigade (McClernands Korps) rollt die linke Flanke des Gegners auf, was Pemberton zum Rückzug zwingt. Die Blauen haben 280 Mann durch Tod und Verwundung verloren und 1 700 Gefangene gemacht. In der Nacht bauen US-Pioniere 3 Übergänge, die die in Brand gesteckte Big Black River-Brücke ersetzen.

18.5. – Pemberton übersieht Johnstons Befehl, die Stadt zu evakuieren, und igelt sich in Vicksburgs ein. ■ Farragut nimmt Natchez/MS, einen traditionellen Umschlagplatz für Sklaven.

19.5. – Grants Sturmangriff auf Vicksburg bleibt im Sperrfeuer stecken, die Blauen verlieren 900 Mann.

20.5. – McPherson hält den mittleren Frontabschnitt vor Vicksburg, McClernand gräbt sich auf dem linken, Sherman auf dem rechten Flügel ein. ■ Porters Kanonenboote tauchen vor Yazoo City/MS auf. Die Rebellen setzen ihre berühmte Schiffswerft und mehrere im Bau befindliche Kriegsschiffe in Brand.

22.5. – Grant greift Vicksburg mit Unterstützung der Flußmarine an, wird jedoch erneut zurückgeschlagen. Die Blauen verlieren 3 200 Mann, dazu die Hoffnung, Vicksburg im Sturm zu nehmen, und richten sich zur Belagerung ein. ■ Pemberton erwartet den Entsatz durch *Joe* Johnston.

27.5. – GenMaj. Frank Gardner (5 000) schlägt einen Angriff Banks (14 000) auf Port Hudson zurück. Banks verliert über 1 800 Mann durch Tod und Verwundung, Gardner 230. ■ Rebellen versenken die USS Cincinnati.

Der östliche Schauplatz: Hookers Frontlinie gleicht einem umgestürzten L. Den schmaleren Abschnitt – zwischen Rapidan und Chancellorsville – halten das II. und V., den großen Rest entlang des Orange Turnpike das XII., III. und XI. Korps. Schwachpunkt scheint der rechte Flügel der Potomac-Armee zu sein, der einen Frontabschnitt von 1,5 mi hält. Yankeeveteranen fehlt jedes Vertrauen in Howards XI. Korps (DivKom. Charles Devens, von Steinwehr und Schurz). Die in der Mehrzahl deutschen Offiziere und Mannschaften empfinden Sigels Ablösung durch *Christian Soldier* Howard weiterhin als Demütigung, 11 der 27 Regimenter haben „noch keinen Elefanten gesehen“.

1.5. – Lee läßt Jubal A. Early (10 000) bei Fredericksburg und marschiert zur Wilderness (eine dicht verwachsene Wildnis, die ihrem Namen Ehre macht). Gegen :1100 trifft er auf östliche Vorposten Hookers. GenLt. Jackson beginnt den Gegner einzuschüchtern, worauf der entnervte Hooker die zu erwartende Schlacht aus der Defensive hastig angelegter Stellungen führen will.

2. bis 4.5. – Schlacht bei Chancellorsville. Taktische Offensive Lees (48 000) gegen Hooker (70 000).

1. Kampftag (2.) – Lee verwickelt Hookers auseinandergezogene Hauptarmee in Ablenkungsgefechte, während *Stonewall* Jackson, von einem Einheimischen über verschwiegene Pfade geführt, mit 25 000 Mann Infanterie und Artillerie die rechte Yankeeflanke umgeht. Hooker, der Jacksons Flankenmarsch – tatsächlich einer der brillantesten Schachzüge des Kriegs – für eine Fluchtbewegung hält, hat keine Kavallerie vor Ort, die den Gegner observieren kann. Devens ist betrunken, Howard hält einen Angriff aus dem dicht verbuschten Westen für ausgeschlossen. Schurz ist der einzige General, der Jacksons Manöver richtig liest und 2 Brigaden unter Schimmelpfennig und Krzyzonowski bei der Wilderness Kirche entsprechend postiert. Gegen :1730 – die Blauen sind gerade beim Essenfassen – wird Howards nach Süden ausgerichtetes XI. Korps (12 000) vom grellen Kriegsgeschrei aus dem Westen überrascht.

„Da das 82. Regiment erhöht stand, so konnte ich alles übersehen. Meine Leute standen wie Felsen und feuerten unablässig, obwohl wir in einem furchtbaren Hagelsturm von Spitz-

CS-GenMaj. Richard Old Baldy Ewell, Mexikoveteran und Indianerjäger aus Georgetown, D.C. Nach der Neuorganisation der Nord-Virginia-Armee von 2 auf 3 Infanteriekorps führt der General mit dem Holzbein Lees II. Korps.

BrigGen. Albion P. Howe, DivKom. VI. Korps/Sedgwick. Howe führt seine Division während des Angriffs auf Marye's Heights. Im Gegensatz zur ersten Schlacht von Fredericksburg gelingt es den Blauen, das Gelände mit einem Bayonettangriff zu nehmen.

kugeln, Granaten, Vollkugeln, caseshots und Spitzgeschossen gezogener Kanonen standen. Ich ritt beständig unter den Leuten hin und her, und obgleich mein Rock durchsiebt ist, blieb ich unberührt. Nun wollte ich mit dem Bajonette vorstürmen, um, wenn auch mit furchtbaren Opfern, den Feind aufzuhalten, nahm die Fahne aufs Pferd und rief 'Hurrah, charge bajonett!' ... Die Leute standen und feuerten, aber zum Bajonettangriff ließen sie sich nicht bewegen." FRIEDRICH HECKER, Oberst der Nordarmee.

Jacksons konzentriertem Angriff fallen Leopold von Gilsas und Adolphus von Buschbecks Brigaden, Dieckmanns, Wiedrichs und Dilgers Batterien zum Opfer. Heckers „deutsches" 82. Illinois verliert 155 Tote und Verwundete.

„Schurz und Schimmelpfennig taten ihr Möglichstes, die Truppen zu rallieren. Zehn Schritte hinter Schurz wurde Dessauer erschossen ... Kein Korps der Welt von so geringer Zahl und solcher Aufstellung hätte den Feind aufhalten können ... Was Hooker mit seiner Masse nicht vermochte, mutet man einem durch sein und Howards Verschulden überrumpelten schwachen Korps zu." FRIEDRICH HECKER

Das XI. Korps flüchtet entlang der Plank Road nach Chancellorsville. Bei Einbruch der Dunkelheit – Hooker und Howard bauen an einer neuen Front – wird *Stonewall* Jackson während eines Aufklärungsritts von eigenen Soldaten versehentlich angeschossen. Da auch A.P. Hill verwundet ist, übernimmt Stuart Jacksons Kommando.

„Soldaten sind die Rebellen, sie kamen wie Bienenschwärme, rücksichtslos für ihr Leben (in ihren Kantinen fand man Whisky und Pulver).

Ihre Artillerie handhabten sie prächtig. Kaum bemerkten sie den Widerstand, den mein und das 157. New-Yorker Regiment leisteten, so fuhren sie gegenüber zwei Batterien auf und spien einen höchst unanständigen Hagel von Projektilen auf uns." FRIEDRICH HECKER

2. Kampftag (3.) – Stuart nimmt mit Jacksons Korps Haze Grove, eine erhöhte Position, von der die grauen Kanoniere Chancellorsville eindekken können. Hooker ist nach dem Einschlag einer Kanonenkugel in seinem Hauptquartier zeitweise ohne Besinnung, Darius N. Couch ordnet den Rückzug auf eine kräftesparend verkürzte Verteidigungslinie an. Lee besetzt Chancellorsville gegen :1000. – Bei Fredericksburg geht Sedgwicks VI. Korps (23 000) über den Rappahannock und greift Early (10 000) an. Die blutigsten Kämpfe sieht wiederum der Marienhügel, im Gegensatz zu Burnside kann Sedgwick das Gelände im 3. Anlauf nehmen. Early zieht sich zurück, Sedgwick macht 1 000 Gefangene und erbeutet 15

Kanonen. – Stuart bleibt bei Chancellorsville, Lee eilt Early zu Hilfe. In der Nacht löschen beide Seiten durch Artilleriefeuer ausgelöste Waldbrände. – Die Regimentschirurgen haben kein anderes Mittel gegen septische Wundkrankheiten: In einem Feldhospital bei Wilderness Tavern wird Jacksons Arm amputiert.

3. Kampftag (4.) – Hooker, um Chancellorsville mit dreifacher Übermacht gegen Stuart (25 000), hat die Kontrolle über das Kampfgeschehen verloren und befiehlt den Rückzug über den Rappahannock. McLaws, Anderson und Early greifen Sedgwick bei der Salemkirche zwischen Fredericksburg und Chancellorsville an. Sedgwick setzt sich in der Nacht über den Rappahannock ab.

Die Schlacht bei Chancellorsville, die Hooker über 17 000, Lee knapp 13 000 Mann kostet, endet mit der totalen Niederlage der Union (einzuschränken ist, daß nur der Norden Opfer dieser Größenordnung verkraften kann). Die blauen Generäle schieben die Schuld den „feigen Deutschen" zu. Das XI. Korps hat 2 400 Mann verloren, wird das böse Wort vom „Flying Dutchmen" trotzdem nie mehr los.

„Der ganze Norden tröstet sich über die Niederlage mit dem Bewußtsein, daß die Deutschen sie verschuldet hätten ... Da die Bundesgeneräle, welche von Lee und Jackson als unfähige Stümper verlacht werden, natürlich lauter Feldherren ersten Ranges sind, so muß dem Volk ein Sündenbock vorgeführt werden. Die Kriegskorrespondenten, welche in erster Linie Geschichte machen, fanden ihn in den deutschen Soldaten."
FRIEDRICH KAPP

4.5. – Longstreet, seit Tagen am Nansemond River in Feindberührung, bricht die Belagerung von Suffolk ab. ■ Lee läßt Jackson aus Sicherheitsgründen auf die 27 mi entfernte Fairfield Plantage der Familie Chandler verlegen. Das Haupthaus der Plantage ist mit Verwundeten überfüllt, Jackson wird in einem Büroraum untergebracht.

6.5. – Longstreet stößt zu Lee zurück. ■ Lincoln und Halleck konferieren mit Hooker.

9.5. – Lee organisiert die Nord-Virginia-Armee von 2 auf 3 Infanteriekorps um: I./Longstreet, II./Ewell, III./A.P. Hill. Dazu kommen 6 Kavalleriebrigaden.

10.5. – *„I have lost my right arm":* Jackson stirbt an einer Lungenentzündung, Lee erklärt, daß er mit *Stonewall* seinen „rechten Arm" verloren habe. Der Nürnberger 48er Adalbert Volck fertigt Jacksons Totenmaske an.

17.5. – Geplänkel bei Charles Town/West-Virginia.

Robert F. Hoke, General der Südstaaten aus Lincolnton/NC. Hoke, mit dem Befehl, Marye's Heights gegen Sedgwicks VI. Unionskorps zu halten, wird während des Angriffs schwer verwundet.

Nathaniel P. Banks, Ex-Gouverneur von Massachusetts. Der politische General, von 1862–64 Befehlshaber der Nordarmee in Louisiana, erweist sich als guter Bürokrat und unfähiger Armeeführer.

22.5. – GenMaj. Alfred Pleasonton löst Stoneman als Kavalleriechef der Potomac-Armee ab.

Juni 1863

Der Norden: Hookers Vorstoß nach Richmond endete bei Chancellorsville, Du Ponts Angriff auf Charleston war ein Desaster, Vicksburg verweigert Grant die Kapitulation: Der Endsieg der blauen Waffen ist weiterhin nicht abzusehen, die Union mit Gewalt nicht zusammenzuhalten. Allgemeine Kriegsmüdigkeit fördert die Friedensbereitschaft an der Heimatfront. ■ Lincolns Sklavenemanzipation führt in mehreren Städten zu Protestaktionen. Oppositionelle Politiker schüren Gerüchte, wonach Neger als billige Arbeitskräfte bald das Land überschwemmen und die Blutmischung mit weißen Frauen suchen (Befürworter halten dagegen, daß tropische Völker wie die Schwarzen im Klima des Nordens nicht überleben). Farbigen bläst der Wind des Wandels ins Gesicht, besonders in New York, Baltimore und Philadelphia ist es gefährlich, schwarz zu sein. ■ Burnside erzwingt die Einstellung der Chicago Times, die an republikanischen Weisheiten zweifelnd dem demokratischen Lager nahesteht (3.) ■ Lincoln fordert weitere 120 000 Freiwillige an, 50 000 melden sich (15.) ■ West-Virginia wird als 35. Staat in die Union aufgenommen (20.).

Der Süden: *„The gallant Jackson is no more":* Mit *Stonewall* Jacksons Tod beginnt seine Legende. ■ Der Sieg von Chancellorsville und Napoleons Engagement in Mexiko lassen erneut Hoffnungen auf eine völkerrechtliche Anerkennung aufkommen. Für den Fall, daß Frankreich die CSA anerkennt, will Richmond Erzherzog Maximilian als mexikanischen Kaiser unterstützen.

Westlich des Mississippi: Die großen Fronten des Sommers von 1863 sind in Bewegung, was Missouri mit Aktionen bei Waverly, Camp Cole, Westport, Rocheport, Sibley und am Neosho River, Arkansas mit Waffengängen bei Fayetteville, Jacksonport und Madison zu reinen Nebenschauplätzen macht. ■ Im Indianer-Territorium treffen Blaue und Graue, im Utah-Territorium Blaue und Indianer aufeinander.

Der westliche Schauplatz: Grants Artillerie und Porters Kanonenboote lassen Vicksburg nicht zur Ruhe kommen. Die Versorgungslage der Stadt hat sich katastrophal verschlechtert, Pembertons Brandbriefe um Verstärkungen zeigen wenig Wirkung: Der in Louisiana operierende *Dick* Taylor gibt 3 Brigaden ab, doch Lee, der den Vorstoß nach Pennsylvania plant, kann auf keinen Mann verzichten und der vorsichtige Johnston kennt den Zeitpunkt nicht, zu dem er sich Grant stellen will. ■

Die Cumberland-Armee (XIV./Thomas, XX./McCook, XXI./Crittenden) steht mit über 40 000 Infanteristen und 6 500 Reitern bei Murfreesboro, die Tennessee-Armee (30 000 Infanteristen und 12 500 Reiter) erwartet den Gegner am Duck River und bei Tullahoma/TN.

6.6. – Scharmützel bei Richmond/LA und Waitsborough/KY.

7.6. – Das 23. Iowa und 3 Reg. schwarzer Yankees wehren mit Unterstützung der USS Choctow und Lexington einen Entsatzvorstoß von Taylors Brigade gegen Milliken's Bend/LA ab. Die Blauen verlieren 480, die Grauen 520 Mann. ■ Schießereien bei Edmonton/KY.

14.6. – Port Hudson schlägt einen weiteren Sturmangriff Banks zurück. Personalverluste USA: knapp 1 800, CSA: 48. Banks entschließt sich, die Garnison auszuhungern. ■ Vicksburg rechnet mit der Entsetzung durch Johnston, Davis fordert Bragg zur Unterstützung Pembertons auf.

17.6. – Scharmützel bei Wartburg/TN.

18.6. – Grant, mit seinem „politischen“ General über Kreuz, ersetzt McClernand durch GenMaj. Edward O.C. Ord.

19.6. – Schießereien bei Knoxville/TN.

20.6. – Taylor verliert gegen Obstlt. Albert Stickney bei La Fourche Crossing/LA 200 Mann.

23.6. – Rosecrans, der Bragg während Grants Vicksburg-Feldzug binden soll, bricht zum Tullahoma-Feldzug auf.

24.6. – Die Cumberland-Armee stößt über Shelbyville/TN nach Manchester vor. Bei Bradyville/TN kommt es zu Kampfhandlungen.

28.6. – Die 28. Maine schlägt Taylors Texaner vor Donaldsonville/LA. ■ Grant zieht den Belagerungsring um Vicksburg enger.

Geschützstellung der Union in Baton Rouge/LA, unterhalb von Port Hudson. Der Fall Vicksburgs ist eine Frage der Zeit, um den Mississippi auf ganzer Länge zu öffnen, muß Banks den Rebellen Port Hudson abnehmen.

Dr. Jonathan K. Letterman, Leiter des Sanitätswesens der Potomac-Armee, mit Assistenten. Die Union kann in wenigen Monaten den Sanitätsdienst erheblich verbessern. Trotzdem sterben etwa doppelt so viele Soldaten an Krankheiten und Entbehrungen als durch direkte Feindeinwirkung.

29.6. – Rosecrans und Bragg scharmützeln am Duck River. ■ In Vicksburg drohen halbverhungerte Soldaten mit Meuterei.

30.6. – Bragg gibt Tullahoma auf und weicht entlang der Bahnstrecke Nashville-Stevenson nach Bridgeport/AL und Chattanooga aus.

Der östliche Schauplatz: Die geprügelte Potomac-Armee campiert bei Falmouth, wo Hooker einen Angriff der Nord-Virginia-Armee erwartet. Tatsächlich plant Lee (75 000, 300 Geschütze) einen zweiten offensiven Befreiungsschlag im Norden (später als Gettysburg-Feldzug bekannt).

3.6. – A.P. Hill bleibt bei Fredericksburg, Lee marschiert mit dem I. und II. Korps vom Rappahannock zum Shenandoahtal, Stuart übernimmt die Aufklärung. ■ Hooker interpretiert Lees Bewegungen falsch und tippt auf eine Lagerverlegung. Sedgwick soll sich Klarheit über die Absichten des Gegners verschaffen.

„Die Soldaten haben kein Vertrauen mehr zu Hooker, sie fühlen seine Unfähigkeit ... und am allerschlimmsten sind unsere Landsleute im 11. Armeekorps daran, da sie unter einem durchaus unbrauchbaren Führer, dem General Howard, stehen, der die Schlacht mit Beten und Bibellesen gewinnen zu können glaubt.“ FRIEDRICH KAPP

5.6. – Sedgwick (3 000) will bei Franklin’s Crossing den Übergang über den Rappahannock erzwingen, was A.P. Hills zähe Veteranen vereiteln. Hooker kommt zum Schluß, daß Lee den Fredericksburger Raum nicht verlassen hat.

8.6. – Longstreet und Ewell erreichen Culpeper, östlich der Blue Ridge Mountains. Hookers Reitergeneral Pleasonton verläßt Falmouth zur bewaffneten Aufklärung.

9.6. – Schlacht von Brandy Station. Pleasonton, unterstützt durch 2 Infanteriebrigaden und leichte Artillerie, greift Stuart an, beide Seiten setzen rund 11 000 Mann ein. Pleasonton überquert im Schutz der Morgennebel den Rappahannock oberhalb von Fredericksburg mit 2 Kolonnen. Der Kentuckier John Buford überrascht *Grumble* Jones Brigade, David M. Gregg macht mit Robertsons Kavalleristen kurzen Prozeß. Die Rebellen können sich sammeln, am Fleetwood Hill bei Brandy Station kommt es zur ersten (gleichzeitig größten) Reiterschlacht des Kriegs. *Billy Yank* und *Johnny Reb* reiten Säbelattacken wie aus dem Bilderbuch, Stuart verliert 525, Pleasonton 900 Mann. Brandy Station beweist erneut, daß die zu diesem Zeitpunkt noch als überlegen eingestufte Rebellenkavallerie verwundbar ist.

10.6. – GenMaj. Darius N. Couch, Klassenkamerad McClellans und Jacksons in West Point, übernimmt den Wehrbereich Susquehanna.

13.6. – Nathan G. Ewell (23 000) steht östlich von Winchester, dessen Garnison den Zeitpunkt zur Flucht verpaßt. ■ Hooker geht aus seinen Stellungen am Rappahannock nach Fairfax C.H. ■ BrigGen. Quincy A. Gillmore löst David Hunter im Wehrbereich Süd ab.

14.6. – Zweite Schlacht von Winchester. Ewell greift GenMaj. Robert H. Milroy (6 900) mit 2 Div. an. Early erobert West Fort am frühen Abend und treibt die Verteidiger vor sich her. Milroy, der während der Nacht versucht, sich entlang der Martinsburger Landstraße abzusetzen, wird von GenMaj. Edward Johnson bei Stephenson's Depot angenommen. Johnson bringt 3 858 Gefangene ein, erbeutet einige hundert Bagagewagen und 23 Kanonen. Auf Unionsseite sind knapp 100 Mann gefallen, 350 verwundet. ■ Ewells dritte Div. macht in Martinsburg 650 Gefangene.

15.6. – Ewell, den Winchester erträgliche 270 Mann gekostet hat, setzt bei Williamsport/MD über den Potomac und schickt seine Kavalleristen nach Chambersburg/PA. ■ A.P. Hill setzt sich von Fredericksburg ab und marschiert nach Nordwesten. ■ New York schickt 26 Regimenter der Bürgerwehr nach Pennsylvania.

16.6. – Ewell, Longstreet und Hill bedrohen Pennsylvania, *Fighting Joe* Hooker überwirft sich in der Frage, wie und wo sie zu stoppen sind, mit *Old Brains* Halleck.

17.6. – Der zur Feindaufklärung hinter Lee herhetzende Reitergeneral H. Judson Kilpatrick drückt Oberst Thomas T. Munfords Kavallerie aus Aldie/VA.

21.6. – Ewell will Pennsylvanias Hauptstadt Harrisburg angreifen, ein Bahnknotenpunkt, der Washington mit dem Westen verbindet. ■ Stuart, nach der Beinahe-Niederlage von Brandy Station darauf aus, sein Image wieder aufzubessern, blockiert Ashby's Gap in den Blue Ridge Mountains. ■ Leichte Gefechte bei Upperville und Haymarket Thoroughfare Gap/VA.

Reitergeneral John Buford mit seinem Stab. Mit moderneren Waffen stirbt die alte Form des Kavallerieangriffs. Der Kentuckier Buford läßt im Einleitungsgefecht der Schlacht von Gettysburg seine mit Spencer-Repetiergewehren ausgerüsteten Reiter absitzen und wie Infanteristen kämpfen.

Das zerstörte Fredericksburg. Die hart umkämpfte Stadt am Rappahannock liegt in Ruinen, Yankees und Rebellen haben ihre Toten in den Straßen begraben.

Gegenüber:
Die CSS Stonewall. Das in Frankreich gebaute gepanzerte Rammschiff (Kom. Thomas J. Page), im Idealfall geeignet, die Blockade der US-Marine zu durchbrechen, bleibt bis Kriegsende ohne Feindberührung.

22.6. – Scharmützel bei Aldie und Dover/VA.

24.6. – Ewell rückt in Chambersburg/PA ein. Der General mit dem Holzbein hat von Grant gelernt und lebt mit seinen Soldaten vom besetzten Land. (Eine Kampfmaschine wie die Nord-Virginia-Armee wird wöchentlich von 1 500 Rindern am Gehen gehalten.) Das Konzept macht vom Nachschub unabhängig, die schlimmen Rebellen in Pennsylvania jedoch nicht beliebter. ■ Differenzen über strategische Grundfragen führen zur Vertrauenskrise zwischen Hooker, Hancock und Stanton.

25.6. – Stuart bricht mit 3 Brigaden in Salem Depot/VA auf und engagiert das nach Frederick marschierende Korps Hancocks. ■ Ewell steht vor McConnellsburg/PA.

26.6. – Earlys Div./II. Korps (Ewell), auf dem Weg nach Wrightsville, erreicht das 1 500-Einwohner-Dorf Gettysburg/PA. In der Nähe des Straßenknotenpunkts plant Lee die Zusammenführung seiner getrennt marschierenden Kolonnen.

27.6. – Lincoln enthebt Hooker der Befehlsgewalt über die Potomac-Armee und ersetzt ihn – obwohl unter starkem Druck, McClellan zurückzuholen – durch GenMaj. George G. Meade. ■ Hill und Longstreet stehen bei Chambersburg, die Potomac-Armee bei Frederick/MD.

28.6. – BrigGen. Albert G. Jenkins (500) zieht in Carlisle Barracks/PA die konföderierte Fahne auf. ■ Early marschiert zum „Yankee Doodle" (!) seiner Militärkapelle in York/PA ein. Milizen zerstören bei Wrightsville die Brücke über den Susquehanna, um Early aufzuhalten. ■ Stuart erbeutet bei Rockville/MD 128 Bagagewagen.

29.6. – Meade (100 000) will die Nord-Virginia-Armee vor dem Überqueren des Susquehanna stellen und geht in Richtung Harrisburg. ■ Lee, über Meades Bewegungen informiert, ruft Ewell nach Gettysburg und Cashtown zurück, wo er zu Longstreet und Hill stoßen soll. ■ Ewell legt Feuer an Thaddeus Stevens' Eisenwerke in Greenwood (wofür sich Stevens, eine kraftvolle Persönlichkeit im Kongreß, mit dem Süden nie mehr aussöhnen sollte). ■ Early nimmt den Bürgern von York $26 600, dazu Schuhe in jeder Menge ab.

„Unser Marsch nach Gettysburg wurde durch nichts aufgehalten. Wir marschierten mit schmerzenden Füßen, abgerissen, wund und ohne Ordnung. Einige liefen in Unterhosen, andere in Strümpfen oder barfuß. Viele bekamen einen Sonnenstich.“ ROBERT CARTER, Infanterist.

30.6. – Stuart, in seiner Mobilität durch die erbeutete Wagenkolonne behindert, trifft bei Hanover/PA auf Reiter Kilpatricks und Custers. Lee, auf Aufklärung dringend angewiesen, bleibt ohne Kavallerie. ■ Eine Vorausabteilung der Div. Heth/III. Korps (A.P. Hill) marschiert auf der Suche nach Schuhen in das verschlafene Gettysburg ein. Die grauen Infanteristen treffen auf Bufords Reiter und ziehen sich zurück.

Operationen der Marine:
12.6. – Die CSS Clarence bringt vor Cape Hatteras die USS Tacony auf. Die Rebellen versenken ihre Clarence und führen den Krieg mit der Tacony weiter.

17.6. – Das Panzerschiff CSS Atlanta verliert in der Mündung des Wilmington River ein Duell mit der USS Nahant und Weehawken. Die Grauen hissen die weiße Fahne, die Blauen schleppen die Atlanta zur Überholung nach Port Royal.

CS-Kapitänleutnant Charles Read (CSS Tacony) bringt vor Neuengland 5 Unionsschiffe auf.

KAdm. John A. B. Dahlgren an einer Dahlgren-Kanone an Bord der USS Pawnee. Dahlgren löst den vor Charleston gescheiterten Du Pont als Kommandant des Blockadegeschwaders Südatlantik ab.

Früchte des Zorns

Juli 1863

Der Norden: KAdm. John A. Dahlgren löst den vor Charleston gescheiterten Du Pont als Kommandant des Blockadegeschwaders Südatlantik ab (6.) ■ Washingtons Zwangsaushebungen von Rekruten (11.) führen zu heftigen Protesten. Besonders irische Einwanderer fühlen sich durch „einen Krieg der Reichen, der von Armen ausgefochten wird" diskriminiert ($300, mit denen sich Wehrpflichtige freikaufen können, entsprechen dem Jahresgehalt des durchschnittlichen Einwanderers). ■ New York, mit 203 760 Iren die „größte irische Stadt der Welt", sieht die bisher schwersten zivilen Unruhen der amerikanischen Geschichte. Die Wut der Straße richtet sich besonders gegen Schwarze (13.), bis aus Gettysburg zurückeilende Truppen die Kontrolle übernehmen gibt es über 100 Todesopfer (16). Der entstandene Schaden liegt bei $1,7 Millionen. ■ Lincoln antwortet auf Richmonds Drohung, gefangene schwarze Soldaten hinzurichten oder in die Sklaverei zu verkaufen: Für jeden exekutierten Farbigen würde ein Südstaatler hingerichtet, für jeden in die Sklaverei zurückgeschickten Neger ein Rebell zu Zwangsarbeit verpflichtet (30.).

Der Süden: Not macht erfinderisch: Salpeter für die Herstellung von Schieß- und Sprengpulver ist knapp, um salpeterhaltige Bestandteile zu gewinnen, dampfen die Rebellen Urin ein und lassen ihn langsam veraschen. ■ Eine religiöse Welle überspült die Armeen, Seelsorger haben Hochbetrieb. ■ Davis ordnet weitere Aushebungen für den Kriegsdienst an (15.).

Westlich des Mississippi:
1.7. – Scharmützel am Cabin Creek/IT.

4.7. – Yankees schlagen einen zur Entlastung Vicksburgs geführten Angriff auf Helena/AR zurück.

17.7. – Gefecht von Honey Springs/IT. James G. Blunt trifft in der Nähe der Cherokee Agentur auf BrigGen. Douglas H. Cooper. Im ersten Gefecht des Bürgerkriegs, das schwarze Yankees gegen konföderierte Indianer stellt, geht den Rebellen die Munition aus. Coopers Niederlage sichert der Union die Transportwege auf dem Arkansas River und der Texas Road.

28.7. – Nach Aktionen bei Florence, Stockton und Cassville kommt es zu Feindseligkeiten bei Marshall/MO.

Der westliche Schauplatz: Ulysses S. Grant (80 000) hat die Festung Vicksburg von der Außenwelt abgeriegelt, Pembertons Soldaten stehen vor der Wahl, sich zu ergeben oder zu verhungern. ■ In Port Hudson/LA trotzen 7 000 Rebellen einer Belagerungsarmee von 33 000 Yankees. ■ Rosecrans hält Tullahoma besetzt, Bragg konzentriert die Tennessee-Armee bei Chattanooga.

4.7. – Pemberton liefert sich und Vicksburg nach 47 Tagen Belagerung aus. Grant macht 31 600 Gefangene, die er aufgrund fehlender Lager auf Ehrenwort entlassen muß. (Tatsächlich fallen viele Rebellen den Yankees mehrmals in die Hand, was zu erheblichen Kontroversen führt).

5.7. – Grant schickt 2 Div. zur Verstärkung Banks den Mississippi hinunter. ■ Sherman (50 000) zieht von Vicksburg gegen *Joe* Johnston (31 000) bei Jackson/MS. Zum Auftakt kommt es zu einem unbedeutenden Gefecht bei Birdsong Ferry/MS. ■ John H. Morgan (2 500), zum Raid durch Kentucky und über den Ohio aufgebrochen, schlägt 2, 500 blaue Reiter bei Lebanon/KY in die Flucht und nimmt wenig später Garnettsville/ Kentucky.

8.7. – *„The Father of Waters again goes unvexed to the sea“:* Nach dem Fall Vicksburgs unhaltbar geworden, gibt die ausgehungerte Garnison Port Hudsons den letzten Rebellenstützpunkt am Mississippi auf. Banks entläßt 7 000 Gefangene auf Ehrenwort. ■ Morgan setzt bei Brandenburg über den Ohio und steht auf dem Boden Indianas.

9.7. – Schießereien bei Jackson und Clinton/MS.

10.7. – Morgan taucht vor Salem/IN auf.

11.7. – Sherman belagert Jackson.

12.7. – Die BrigGen. Weitzel und Grover treffen am Bayou La Four-

Meades Gettysburger Hauptquartier. In Gettysburg, 1780 nördlich der Mason-Dixon-Linie gegründet und zu Ehren General James Gettys benannt, entscheidet der Norden die erste echte Kraftprobe der Kriegsindustrien und des Nachschubs für sich.

che/LA mit 2 Div./XIX. Korps auf BrigGen. Thomas Green. Die Blauen spielen ihre Überlegenheit nicht aus, Greens Texaner machen mit dem Gegner kurzen Prozeß. Wie nach Niederlagen üblich, suchen die Yankees nach einen Sündenbock (Oberst Joseph S. Morgan, zuvor schon wegen Alkoholmißbrauchs aufgefallen, wird aus der Armee entlassen). ■ John H. Morgan dringt in Ohio ein.

16.7. – *Joe* Johnston, ohne Chance gegen Sherman, gibt Jackson auf und setzt sich über den Pearl River ab.

17.7. – Morgan stößt bei Berlin/OH auf Widerstand.

18.7. – Geplänkel bei Des Allemands/LA und Memphis/TN.

19.7. – Morgan hat in 25 Tagen 700 mi zurückgelegt, 34 Brücken demoliert, die Bahnverbindungen zu 65 Bahnhöfen unterbrochen und Sachwerte bis zu einer halben Million zerstört oder an sich genommen (seine „terrible men“ machen keinen Unterschied zwischen Freund und Feind, wenn es um den eigenen Vorteil geht). Heute wird das Kommando beim Versuch, über den Ohio nach Kentucky zu setzen, von BrigGen. Edward H. Hobson gestellt. Morgan kann mit 360 Mann entkommen, doch 120 seiner Reiter sind gefallen, 700 in Gefangenschaft.

26.7. – Morgan ergibt sich in Salineville (unterhalb von Lisbon/OH der nördlichste Punkt, den Rebellen während des Kriegs vom Süden her erreichen) und landet im Gefängnis von Columbus.

Der östliche Schauplatz: Gettysburg steht vor der Schlacht, die weder Lee noch Meade zu diesem Zeitpunkt wollen: Im Westen des Dorfs erstreckt sich ein bewaldeter Höhenrücken (Seminary Ridge) mit dem Lutherischen Seminar, im Osten fließt der Rock Creek. Im Norden

Gefallene der 24. Michigan (Oberst Henry A. Morrow), eine Einheit der berühmten Iron Brigade. Die 24er, Freiwillige aus dem Detroiter Raum, verlieren an McPherson und Seminary Ridge 399 von 496 Mann (und dürfen dafür die Ehrengarde bei Lincolns Begräbnis stellen).

steht das Land offen, den Süden begrenzt ein steiler Höhenzug, an den sich der Friedhofshügel anschließt (als Cemetary Hill, Cemetary Ridge und Culp's Hill bekannt).

1.7. – Carlisle hat die Hand gewechselt, als Stuart und *Fitz* Lee dort zu Ewell stoßen wollen, werden sie von der 21. und 22. New York Militia empfangen. Die Rebellen schießen sich ein, werden kurz nach Mitternacht jedoch nach Gettysburg gerufen.

1. bis 3.7. – Schlacht von Gettysburg. Meade (93 000/320 Geschütze) schickt die technisch überlegene Potomac- gegen Lees Nord-Virgina-Armee (70 000/250 Geschütze). Der graue Feldherr, ohne ausreichende Aufklärung, da seine Reiter in der Etappe des Gegners operieren, hat keine Vorstellung von der tatsächlichen Stärke und dem Standort der Nordarmee. Der Kampfraum erstreckt sich über 25 Quadratmeilen.

1. Kampftag (1.) – Im Westen und Norden von Gettysburg stehen 27 000 Rebellen gegen 20 000 Yankees. Das Einleitungsgefecht sieht 4 mi westlich des Dorfs A.P. Hills Vorausdivision unter GenMaj. Henry Heth ab :0700 im Kampf gegen John Bufords Kavalleriebrigaden. Die mit neuen Spencer-Repetiergewehren ausgerüsteten Yankeereiter (2 500) sind abgesessen und können sich gegen den überlegenen Gegner halten, bis Reynolds gegen :1030 eine Vorausdivision des I. Korps heranführt und entlang der Chambersburger Landstraße in Stellung bringt. Reynolds wird an McPherson Ridge von einem Scharfschützen tödlich getroffen, sein Kommando übernimmt GenMaj. Abner Doubleday. Die Blauen überraschen BrigGen. James J. Archer und nehmen 1 000 Mann gefangen. Bis Nachmittag erstreckt sich die Kampflinie der Rebellen über 3 mi, die Hauptlast trägt GenLt. A.P. Hill, der südlich der unfertigen Bahnlinie nach Chambersburg gegen Doubleday steht. Kurz nach :1500 gerät Howards seit Chancellorsville stark rufgeschädigtes XI. Korps im Norden Gettysburgs gegen den schlagkräftigen Ewell ins Wanken, worauf der gesamte Frontabschnitt zusammenbricht. Ewell macht 2 500 Gefangene, mit dem XI. tritt das I. Korps den unorganisierten Rückzug an. Am Abend sammelt *Superb* Hancock die zum „unmilitärischen Haufen" geschrumpften Korps auf der Hügelkette von Cemetary und Culp's Hill. Der Tag endet mit Vorteilen der Grauen, doch die Blauen halten das erhöhte Gelände am Südende des Schlachtfelds. In der Nacht führen beide Armeen Ver-

US-GenMaj. George G. Meade. Seit 3 Tagen Befehlshaber der Potomac-Armee trifft Meade bei Gettysburg auf Lee. Die Schlacht, die zu diesem Zeitpunkt keiner will, wird zum Wendepunkt des Konflikts. Am Gettysburger Friedhofshügel zerschellt die Hoffnung des Südens, den Krieg zu gewinnen.

GenMaj. John F. Reynolds, Mexikoveteran und Ausbilder in West Point. Der Pennsylvanier, als KomGen. des I. Korps einer der fähigsten Generäle der Nordarmee, wird an McPherson Ridge von einem Scharfschützen tödlich verwundet.

stärkungen heran. Lee schickt Reiter aus, um *Jeb* Stuart zu suchen. Sedgwick legt 30 mi im Eilmarsch zurück, Meade trifft gegen Mitternacht im Kampfgebiet ein.

2. Kampftag (2.) – Südlich von Gettysburg stehen 34 000 Rebellen 33 000 Yankees gegenüber. Meade hat seine Truppen auf Cemetary Ridge zwischen Little Round Top und Culp's Hill konzentriert, Lees Hauptarmee steht 1 mi entfernt auf Seminary Ridge. GenMaj. Daniel E. Sickles III. Korps bringt mit eigenmächtigen Manövern die Unionsfront in Gefahr, Lee überhört Warnungen und befiehlt im Vertrauen auf die eigene Überlegenheit den Sturm auf Meades Flügel. *Old Pete* Longstreets Generäle Hood und McLaws attackieren den Gegner in Devil's Den, im Wheatfield (Getreidefeld), Peach Orchard (Obstgarten) und am Little Round Top, Ewell läuft gegen die rechte Yankeefront zwischen East Cemetary und Culp's Hill an. Vor Einbruch der Dunkelheit haben sich die Rebellen in erbitterten Nahkämpfen und schweren Artillerieduellen wiederum Vorteile erkämpft. Ewell hält einen Teil von Culp's Hill. Auch der zweite Tag – der das Heldentum des 1. Minnesota oder 20. Maine zu Synonymen des Bürgerkriegs macht – endet ohne Entscheidung. Der siegessichere Lee geht davon aus, daß er die Flanken des Gegners soweit aufgerissen hat, daß Meade zu deren Verstärkung seine Frontmitte schwächen muß. Gegen :2300 trifft Stuart mit seinen Reitern ein.

3. Kampftag (3.) – Im Süden von Gettysburg stehen 20 000 Rebellen gegen 20 000 Yankees (der Tag ist unerträglich heiß, viele Soldaten fallen durch Hitzschlag aus). In der Annahme, daß Meade Verbände aus der Frontmitte abgezogen hat, macht der an Ruhr erkrankte Lee ernste strategische Fehler (tatsächlich hat die Nordarmee mit Slocums XII. und Sedgwicks VI. Korps weitere 25 000 Mann in Reserve). Longstreet erhält den förmlichen Befehl, seinen Kameraden aus mexikanischen Tagen Hancock auf dem Mittelabschnitt der Unionsfront anzugreifen. Oberst Alexander eröffnet das Feuer auf Ce-

CS-GenLt. James Old Pete Longstreet, KomGen. des I. Korps der Nord-Virginia-Armee (die Divisionen McLaws, Picketts und Hoods). Dem Nichtvirginier Longstreet wird von Virginiern gerne die Schuld an der Gettysburger Niederlage zugeschoben.

metary Ridge und Cemetary Hill kurz nach :1200 mit 176 Geschützen. Das einsetzende Artillerieduell endet nach 2 Stunden mit einem Täuschungsmanöver Henry J. Hunts, der als Meades Artilleriechef auf dem Friedhofshügel steht: Als Yankeebatterien das Feuer einstellen, sieht der graue Führungsstab die gegnerische Artillerie am Boden. Gegen :1500 tritt GenMaj. George F. Pickett mit 1 Div. Virginia-Infanterie und 6 von Hill ausgeliehenen Brigaden zum Angriff gegen Cemetary Ridge an. Stuart koordiniert seine Aktionen, um zurückweichende Unionsverbände zu zerschlagen. Picketts 13 000 Mann laufen – die Offiziere in den vorderen Reihen – auf einer Breite von 1 mi in geschlossener Formation über freies Feld. Bevor sie den Steinwall am Friedhofshügel erreichen, hinter dem sich Hancocks Infanteristen verschanzen, eröffnet die totgeglaubte blaue Artillerie ein mörderisches Sperrfeuer. Es gelingt einigen Einheiten, den Steinwall zu überwinden, doch nach 20 Minuten Nahkampf bricht der linke Rebellenflügel zusammen. Der berühmt-berüchtigste Angriff der amerikanischen Geschichte entscheidet die blutigste Schlacht des Kriegs. Am Friedhofshügel wurden 7 000 Grauröcke getötet oder verwundet, mit Hereinbrechen der Dunkelheit markiert der Steinwall die „Hochwassermarke", an der die Südarmee gescheitert ist.

Gettysburg hat Lee rund 28 000 Mann gekostet (darunter 6 Generäle), Meades Personalverluste liegen bei 23 000 (das 1. Minnesota hat 82%, die Iron Brigade als kampfstärkste Einheit der Union zwei Drittel ihrer Soldaten verloren).

4.7. – Am Nationalfeiertag geht im Umland von Gettysburg ein schweres Unwetter nieder. Die ausgebluteten Armeen stehen sich gegenüber, ohne

Little Round Top. Die Schlüsselstellung am linken Flügel der Unionsfront wird am Nachmittag des 2. Juli heiß umkämpft. Die 20. Maine unter Oberst Joshua L. Chamberlain kann Longstreets Alabama-Brigade stoppen, womit Lee die Chance, die Schlacht von Gettysburg zu gewinnen, versäumt.

BrigGen. Alexander Schimmelpfennig. Der preußische Offizier kämpft in Gettysburg mit Howards glücklosem XI. Korps, wird verwundet und muß sich bis zur Niederlage der Rebellen 3 Tage lang in einem Schweinestall verstecken (in Zukunft: General Schimmelpfennigs Hauptquartier).

daß es zu neuen Kampfhandlungen kommt. In der Nacht leitet Lee den durch hohe Menschen- und Materialverluste erzwungenen Rückzug ein. Im Gettysburger Raum bleiben 6 800 verwundete Rebellen zurück. ■ Geplänkel vor Fayetteville/WV.

6.7. – Stuart schlägt bei Williamsport/MD einen Angriff Bufords auf Lees Wagenkolonne zurück.

7.7. – Lincoln fordert Meade zur „weitgehenden Vernichtung" der Nord-Virginia-Armee auf. Die Sieger von Gettysburg sind sich der Bedeutung ihres blutigen Erfolgs noch nicht bewußt und lassen sich mit dem Nachsetzen Zeit. ■ Lee beginnt mit dem Bau einer Pontonbrücke über den durch starke Regenfälle angeschwollenen Potomac. ■ Yankees erobern Maryland Heights bei Harpers Ferry zurück.

8.7. – Lees Rebellen riegeln sich mit dem Rücken zum Potomac zwischen Williamsport und Falling Waters/MD ein. Der Feldherr versichert Richmond, daß die Nord-Virginia-Armee

weiterhin kampfbereit ist, was man dringend brauche sind Kleidungsstücke und Schuhe.

9.7. – Am Beaver Creek unterhalb von Funkstown/MD kommt es zu einem kurzen Gefecht.

10.7. – GenMaj. Quincy A. Gillmore plant den Offensivstoß gegen Charleston/SC mit Sprungbrett auf Morris Island. Schwer zu knackende Hindernisse für seine Yankeebrigade (BrigGen. George C. Strong) sind die Batterien Wagner und Gregg, die auf der Nordspitze der Insel – 1.5 mi unterhalb von Fort Sumter – die Zufahrt nach Charleston decken.

11.7. – Strongs Scheitern an den Brustwehren der Battery Wagner kostet das 7. Connecticut, 9. Maine und 76. Pennsylvania 108 Mann.

12.7. – Meade ist Lee bis Williamsport am Potomac nachgerückt, zögert den Angriff jedoch hinaus. ■ Schießereien bei Hagerstown und Leitersburg/MD.

13.7. – Lee läßt 2 Div. in Falling Waters zurück und setzt mit seiner Hauptarmee und einigen tausend in und um Gettysburg gefangenen Yankees über den Potomac.

CS-BrigGen. James J. Archer (3. Brig./Division Heth). Archer, während der Eröffnungskämpfe um Gettysburg gefangengenommen, ist der erste Rebellengeneral in Jahresfrist, der dem Gegner im Feld in die Hände fällt.

14.7. – Meade stößt nach Williamsport vor, findet dort jedoch nur noch leere Stellungen. Bei Falling Waters von John Buford und Kilpatrick überrascht, verlieren die Grauröcke 719 Mann, darunter BrigGen. James J. Pettigrew. ■ Meade, der Lee nach Virginia entkommen ließ, bietet dem wütenden Lincoln den Rücktritt an. Der Präsident lehnt ab.

15.7. – Lee geht ins Shenandoahtal zurück, bei Halltown und Shepherdstown/WV kommt es zu Zusammenstößen.

17.7. – Gillmore fährt vor Battery Wagner auf Morris Island 40 Geschütze und Mörser auf.

18.7. – BrigGen. William B. Taliaferro (1 300) weist BrigGen. Truman Seymour (5 500) vor Battery Wagner zurück. Oberst Robert G. Shaw fällt an der Spitze des 54. Massachusetts, das für seinen Ruf als schwarzes Eliteregiment einen hohen Blutzoll bezahlt. Seymour, West-Pointer des Jahrgangs '59, verliert 1 510, die Rebellenseite 165 Mann. ■ Schießereien bei Martinsburg/WV.

20.7. – Meade hat über den Potomac gesetzt und versucht, durch die Pässe der Blue Ridge Mountains ins Shenandoahtal zu stoßen, um dem südwärts ziehenden Lee den Weg zu verlegen. ■ Geplänkel bei Sparta/NC.

22.7. – Meade kann Verbände der Nord-Virginia-Armee zu kleineren Gefechten, Lee nicht zur entscheidenden Schlacht zwingen.

23.7. – Das III. Korps/William H. French stößt durch Manassas Gap in den Blue Ridge Mountains, wird von Ewell jedoch lange genug aufgehalten, daß sich Lee erneut in Sicherheit bringen kann.

Parrott-Kanonen der US-Battery Meade auf Morris Island. GenMaj. Quincy A. Gillmore plant den Offensivstoß gegen Charleston/SC mit Sprungbrett auf Morris Island. Hindernisse sind die Batterien Wagner und Gregg, die auf der Nordspitze der Insel die Zufahrt nach Charleston decken.

Quincy A. Gillmore, General der Nordstaaten aus Lorain Cty/OH. Der West-Pointer des Jahrgangs '49 (1. unter 43) befehligt im Kampf um Charleston das X. Yankeekorps.

25.7. – Die US-Kriegsmarine beschießt Battery Wagner auf Morris Island.

27.7. – John S. Mosby operiert in der blauen Etappe.

31.7. – Einheiten der Potomac-Armee gehen über den Rappahannock.

August 1863

Der Norden: Gettysburg und Vicksburg (vielleicht der strategisch wichtigste Sieg des Kriegs) heben die Moral. Lincoln macht mit gutem Grund den 6.8. zum Tag des Dankgebets. ■ Das Blutopfer der 54. Massachusetts auf Morris Island beginnt die Einstellung gegenüber „Wilden in Uniform" zu revolutionieren. Washington akzeptiert, daß nicht nur Weiße kämpfen können, und wirbt um schwarze Rekruten. Freie Schwarze erhalten den gleichen Sold, Konterbande weniger. ■ Belle Boyd, die *Stonewall* Jackson nach Front Royal/VA führte, wird in Martinsburg/WV erneut festgenommen (1.).

Der Süden: Die Schlacht von Gettysburg ist geschlagen, die Kontroversen beginnen. Im Zentrum der Kritik stehen Ewell, der Jacksons Korps befehligt, jedoch kein Jackson ist, und Longstreet. Aufgrund der Personalverluste werden Stimmen laut, Sklaven zum Kriegsdienst einzuberufen. ■ Der Fall Vicksburgs hat die CSA zweigeteilt. Arkansas, Texas und Louisiana, Lebensmittel- und Rohstofflieferanten der Konföderation, fehlt die Landverbindung nach Osten, wo das Herz der Rebellion schlägt. Dem Gegner steht der Mississippi bis zum Golf offen. ■ Richmond erläßt eine Amnestie für Deserteure, die sich innerhalb von 20 Tagen bei ihren Einheiten zurückmelden (1.) ■ *Bobby* Lee bietet seinen Rücktritt an (8), Davis lehnt ab.

Westlich des Mississippi:
10.8. – GenMaj. Frederick Steele (VII. Korps) geht von Helena/AR nach Little Rock. In den nächsten Tagen kommt es zu Aktionen bei Bentonville, Grand Prairie, Fayetteville und Brownsville.

14.8. – Beim Einsturz eines Gebäudes in Kansas City, in dem BrigGen. Thomas Ewing Jr. Frauen und Verwandte von Quantrills Guerillas festgesetzt hat, kommen mehrere Personen um. Quantrills Leute schwören Rache.

20.8. – *Kit* Carson zieht gegen die Navajo im New Mexico-Territorium.

21.8. – *„My God, here they come!"*: Quantrills Südstaaten- und Missouri-Guerillas (445) überfallen Lawrence/KS und ermorden 160 unbewaffnete Männer, Frauen und Kinder. Die Grenzbanditen Jesse James, Cole Younger, George Todd und Dick Yeager sind mit von der Partie, in Lawrence bleiben 85 Witwen, 240 Halbwaisen und 182 zerstörte Gebäude zurück.

25.8. – BrigGen. Thomas Ewing Jr. weist als Vergeltung für das Massaker von Lawrence Zivilpersonen, die keine erklärten Gegner des Südens sind, aus den an Kansas grenzenden missourischen Landkreisen Jackson, Cass, Bates und einem Teil von Vernon aus. Rund 19 000 Personen verlieren Haus und Hof. ■ Nach Schießereien bei New Madrid, Pineville, Dayton und Sherwood kommt es zu einem Waffengang bei Waynesville/ Missouri.

Der westliche Schauplatz:

9.8. – Geplänkel bei Sparta/TN

16.8. – Rosecrans überquert das Cumberland Plateau, Burnside stößt mit der Ohio-Armee von Lexington/ KY nach Ost-Tennesse vor.

21.8. – Yankeekanoniere beschießen Chattanooga von Stringer's Ridge.

Der östliche Schauplatz: Lee und Meade stehen sich am Rappahannock gegenüber. Die Wunden von Gettysburg verheilen nur langsam, weder Graue noch Blaue suchen den Schlagaustausch. ■ GenMaj. Quincy A. Gillmore experimentiert auf Morris Island, P.G.T. Beauregard verteidigt Charleston – in der Vorkriegszeit einflußreichste Stadt des Südens – aufgrund der symbolischen Bedeutung besonders zäh .

1.8. – John Buford verliert bei Brandy Station und Kelly's Ford 150 Reiter.

2.8. – Gillmore läßt auf Morris Island eine Plattform für überschwere Artillerie anlegen, mit der er Charlestons historisches Innenstadtviertel erreichen kann.

5.8. – BrigGen. William W. Averell, mit den Sporen des Indianerkämpfers, bricht zu einer Exp. durch West-Virginia auf.

6.8. – Mosby greift Fairfax C.H. an.

11.8. – Die grauen Kanoniere von Battery Wagner und Fort Sumter schießen sich gegen den Gegner auf Morris Island ein. Gillmore reagiert mit einem neuen Offensivschlag.

14.8. – Auf Morris Island ziehen 450 Soldaten eine 8 inch, 200-Pfünder-Parrott in Stellung, die als „Sumpfengel" (Swamp Angel) zu kurzfristiger Berühmtheit kommt.

21.8. – Gillmore verspricht Beauregard in einem Ultimatum, Charleston zu beschießen, falls Battery Wagner und Fort Sumter nicht umgehend kapitulieren.

22.8. – Gillmores „Sumpfengel" beschießt Charleston. ■ In Fort Sumter, nach mehrtägigem Bombardement schwer mitgenommen, ist nur noch 1 Geschütz einsatzbereit. ■ Schießereien bei Huntersville/WV.

Gefallener Scharfschütze in Devil's Den/Gettysburg. In Pennsylvania wurde die Nation geboren, in Pennsylvania schlugen Johnny Reb und Billy Yank die Schlacht, die die Union erhält oder zum zweitenmal gründet. (Aufnahme von Alexander Gardner)

Gillmores „Sumpfengel" (Swamp Angel). Um das 4 Meilen entfernte Charleston in die Knie zu zwingen, fahren die Yankees auf Morris Island eine 8 inch 200-Pfünder-Parrott auf.

23.8. – Beauregard legt bei Gillmore Protest gegen den Angriff auf Charleston ein, dem mehrere Zivilpersonen zum Opfer fielen. ■ Gillmores „Sumpfengel" hat den 36. Schuß abgefeuert, als ihn ein Rohrkrepierer zu Alteisen macht.

25.8. – *Yanks* und *Rebs* testen sich am Rappahannock und Chickahominy. ■ Averells Yankeereiter zerstören ein Salpeterwerk am Jackson's River/WV.

26.8. – Averell wird bei White Sulphur Springs/WV in ein scharfes Gefechte verwickelt.

27.8. – Schußwechsel bei Weaverville/VA und Glenville/WV.

Operationen der Marine:

6.8. – Die CSS Alabama bringt vor dem Kap der guten Hoffnung die Sea Bride auf.

30.8. – Die CSS H.L. Hunley, ein nach seinem Geldgeber und Erbauer genanntes Tauchboot, sinkt im Hafen von Charleston.

September 1863

Der Norden: Washingtons Vertreter erklärt der britischen Regierung, daß eine Lieferung von Kriegsschiffen an die CSA Krieg bedeuten würde. London beschlagnahmt in Liverpool 2 gepanzerte 1 800 Tonnen Laird-Rammschiffe (5.) ■ Im Hafen von New York laufen russische Kriegsschiffe zum Höflichkeitsbesuch ein (23.).

„Der Krieg ist allmählich zu einer stationären und diplomatischen Angelegenheit geworden. Die Parteipolitik hat vielfach seinen Gang gehemmt, ebenso die Kurzsichtigkeit der hohen Ratgeber und die Borniertheit der Regierung selbst. Allein im ganzen haben wir trotz alledem große Fortschritte gemacht, die Sklaverei in ihren Grundfesten erschüttert und einen großen Teil davon zerstört." GenMaj. FRANZ SIGEL

Der Süden geht einem traurigen Herbst entgegen. Die Rebellenarmeen stehen klar überlegenen Gegnern gegenüber, die Fahnenflucht hat epidemische Ausmaße angenommen. Waren des täglichen Konsums sind 30-mal so teuer wie bei Kriegsbeginn, der Kampf gegen Inflation, Schmuggel und Spekulantentum ist aussichtslos. ■ In Mobile/AL kommt es aufgrund von Versorgungsengpässen zu Unruhen (4.).

Westlich des Mississippi: Ein französisches Heer steht in Mexiko. Washington, über gemeinsame Interessen von CSA und Frankreich besorgt, will in Texas Flagge zeigen.

1.9. – James G. Blunt nimmt Fort Smith am Arkansas River. In den nächsten Tagen kommt es zu Aktionen bei Bentonville, Round Prairie, Devil's Backbone und Maysville/AR.

3.9. – Kaliforniens Hoopa Valley, militärisch gesehen ein reiner Nebenschauplatz, sieht ein Treffen zwischen Yankeesoldaten und Indianern. ■ Eine Strafexpedition der 4. Iowa und 6. Nebraska Cavalry (BrigGen. Alfred Sully) im Dakota-Territorium endet für die Sioux mit einer schweren Niederlage. Mehr als 300 Krieger fallen, werden verwundet oder geraten in Gefangenschaft.

8.9. – Fort Griffin vor der Mündung des Sabine River in den Golf ist ein relativ unbedeutender Stützpunkt, die Garnison – 42 Texaner unter den Oblt. Dowling und Smith – gilt als strafversetzt. Als William B. Franklin aus Banks Kommando an diesem Dienstag mit 4 Kanonenbooten und 7 Transportern versucht, ein Expeditionsheer (5 000) bei Sabine Pass auf texanischen Boden zu setzen, bereiten ihm die Texaner einen heißen Empfang. Innerhalb von 45 Minuten werden 3 Schiffe außer Gefecht gesetzt und die USS Clifton zur Aufgabe gezwungen. Franklins erstklassige Blamage hat den Norden 65 Mann durch Tod und Verwundung gekostet, 315 wurden gefangen.

10.9. – Sterling Price, durch Steeles Offensive zur Aufgabe Little Rocks gezwungen, weicht nach Arkadelphia aus. Mit dem Fall der Hauptstadt ist der Großteil von Arkansas in Yankeehand.

20.9. – Nach Aktionen bei Quincy, Salem und Enterprise kommt es zu einem Treffen bei Hornersville/MO.

22.9. – Rebellenoberst Joseph O. Shelby bricht mit seiner Iron Brigade in Arkadelphia zum längsten Raid des Kriegs auf: Bis zum 3.11. legt der Kentuckier in Arkansas und Missouri 1 500 mi zurück.

Der westliche Schauplatz: Rosecrans (58 000) steht am Tennessee, Burnside (24 000) vor Knoxville, der unionstreuen Stadt, die von Rebellen gehalten wird. ■ Richmond verstärkt Bragg durch 2 Div. Johnstons und schickt Longstreet (12 000) nach Georgia.

1.9. – Rosecrans geht unterhalb von Chattanooga über den Tennessee.

BrigGen. James L. Kemper, Absolvent des Virginia Military Institute und Mexikoveteran. Kemper führt seine Brigade während Picketts Angriff gegen den Steinwall am Gettysburger Friedhofshügel, wird dabei schwer verwundet und gefangengenommen.

Charleston/SC im dritten Kriegswinter. Die Stadt, die Epidemien, Erdbeben, Hurrikans, Piraten und einer englischen Invasion trotzte, wird durch den Bürgerkrieg wirtschaftlich ruiniert.

2.9. – Die Rebellen, ohne Chancen gegen Burnside, geben Knoxville an der Bahnlinie Tennessee & Virginia kampflos auf und setzen sich zu Bragg ab.

4.9. – Grant, zum Kriegsrat mit Banks in New Orleans, verletzt sich beim Sturz vom Pferd und geht für ein paar Wochen an Krücken. Niemand schließt aus, daß der Sieger von Vicksburg in New Orleans einmal mehr zuviel getrunken hatte.

6.9. – Die Cumberland-Armee bedroht die für die Logistik wichtige Bahnlinie Western & Atlantik (W&A), die Chattanooga und Atlanta verbindet, was Bragg zum Rückzug nach Süden zwingt. Im Umland Chattanoogas kommt es zu mehrtägigen Aktionen mit begrenztem Charakter.

8.9. – Yankees besetzen Cumberland Gap.

9.9. – Crittendens XXI. Korps besetzt Chattanooga, McCook und Thomas (XX. und XIV. Korps) stehen südlich der Stadt. Bragg wartet bei La Fayette/GA Verstärkungen ab. ■ Longstreet bricht in Virginia mit 2 Div. nach Ringgold/GA auf. Die militärische Situation erzwingt einen Umweg über 843 mi.

10.9. – McCook geht über Stevenson/AL nach Alpine/GA, *Pap* Thomas passiert Steven's Gap, überquert den West Chickamauga und stellt sich gegenüber den Rebellengenerälen Thomas C. Hindman und D.H. Hill vor La Fayette auf. Crittenden verläßt Chattanooga und konfrontiert Bischof Polk am Chickamauga, einem Nebenfluß des Tennessee im nordwestlichen Winkel Georgias.

11.9. – Die Cumberland-Armee steht weit auseinandergezogen entlang einer 42 mi langen Frontlinie. Polk

Offiziere der 93. New York Infantry bei Germantown/ VA. Wenn es um das Stellen von Menschenmaterial und die Finanzierung des Kriegs geht, tragen die großen Staaten die Hauptlast.

ignoriert Braggs Befehl, den isoliert operierenden Crittenden anzugreifen. ■ Scharmützel bei Greenville/ KY.

12.9. – Polk, ohne ausreichende Aufklärung, zeigt weiterhin keine Lust zur Attacke.

13.9. – Rosecrans erhält den Eindruck, daß Bragg kämpfen will, und ruft den 57 mi tiefer im Süden operierenden McCook zurück.

15.9. – Bragg postiert seine Streitmacht zwischen Dalton/GA und Chattanooga, verpaßt jedoch die Chance, abgespaltene Yankeeverbände anzugreifen. ■ Schießereien bei La Fayette.

17.9. – Rosecrans geht auf einer Linie von 11 mi zwischen Lee and Gordon's Mills und Steven's Gap in Gefechtsposition. Crittenden bildet an der Straße nach Chattanooga den linken Flügel, Thomas steht am West Chickamauga, McCook bei Pond Spring.

18.9. – Vorauseinheiten Longstreets treffen in Georgia ein. Bragg läßt 3 Div. in Ringgold und versucht, den Gegner zu umgehen. Typisch für den Bürgerkrieg sind Kombattanten, die sich als alte Bekannte jetzt als Feinde gegenüberstehen: Rosecrans und Longstreet waren Klassenkameraden in West Point, Bragg und Thomas haben als Artillerieoffiziere zusammen in Mexiko gekämpft, die Kentuckier CS-GenMaj. Simon B. Buckner und US-BrigGen. Thomas J. Wood sind Jugendfreunde.

19./20.9. – Schlacht am Chickamauga Creek, 7 mi südöstlich von Chattanooga. Taktische Offensive Braggs (66 000) gegen Rosecrans (57 000) in unmittelbarer Nähe der Grenzlinie zwischen Tennessee und Georgia.

1. Kampftag (19.) – Im Eröffnungsgefecht, das zu einer der härtesten Schlachten des Kriegs führt, trifft Thomas westlich des Chickamauga Creek am frühen Morgen auf Forrests abgesessene Reiter. Für den Rest des

Ulysses S. Grant. Der erste „moderne“ – oder totale – Krieger Nordamerikas hat Vicksburg genommen, siegt bei Chattanooga und startet eine Offensive, die nach Appomattox führt. Es sind Grants Erfolge, die Lincoln mehrheitsfähig machen.

Tags versucht Bragg vergeblich, die linke Flanke der Cumberland-Armee einzudrücken, um sich zwischen Chattanooga und Rosecrans zu schieben. Thomas kann sich mit einer defensiven Taktik halten, bis die Kämpfe bei Einbruch der Dunkelheit vertagt werden. Gegen Abend trifft Longstreet persönlich auf dem Schlachtfeld ein und übernimmt für den Sonntagmorgen Braggs linken Flügel. Polk hält den rechten.

2. Kampftag (20.) – Der lustlose Polk trifft mit erheblicher Verspätung im Kampfraum ein. Longstreet, Polk und Breckinridge bedrängen Thomas, bis die Schlacht gegen Mittag durch ein Versehen entschieden wird. Der blaue Führungsstab hat eine im Wald stehende Div. übersehen und schickt eine weitere Div. (BrigGen. Thomas J. Wood) zur gleichen Stelle. Woods Abzug reißt ein Loch in die Frontmitte, durch das Longstreets 3 Div. um :1130 mehr durch Zufall stoßen. Rosecrans, Crittenden und McCook suchen ihr Heil in der Flucht, George Thomas baut mit Unterstützung des in Reserve gehaltenen Gordon Granger (1. Div./ Reserve Korps) auf Snodgras Hill eine neue Stellung auf. Thomas kann sich bis in die Abendstunden halten und geht in der Nacht in Richtung Chattanooga zurück (was den ohnehin schwergewichtigen Virginier zum „Felsen von Chickamauga“ macht). – Während der Schlacht hat sich der 12jährige Johnny Clem aus Ohio in das Geschichtsbuch geschossen: Von zu Hause weggelaufen, hat er seit Shiloh für das 22. Michigan getrommelt, am Chickamauga einen Rebellen mit einer auf seine Größe zugeschnittenen Muskete getötet. Den „Trommlerjungen von Chickamauga“ und späteren GenMaj. kennt in den USA bald jedes Kind.
Bragg, dessen taktischer Sieg den Süden 18 500, den Norden 16 200 Mann gekostet hat, schreckt aufgrund der gewaltigen Menschen- und Materialverluste vor einer Verfolgung des Gegners zurück.

21.9. – *„Every hour is worth a thousand men“:* Forrest drängt zur Ver-

US-GenMaj. George Pap Thomas (XIV. Korps). Der „Felsen von Chickamauga“ ersetzt GenMaj. William S. Rosecrans, der am Chickamauga davongelaufen ist.

folgung der nach Chattanooga zurückflutenden Cumberland-Armee, Braggs abgekämpfte Grauröcke verbringen den Tag damit, ihre Toten zu begraben und erobertes Gerät einzufahren.

22.9. – Geplänkel vor Blountsville/TN. ■ John Bell Hood, der in Gettysburg einen Arm verkrüppelt hat, kämpft nach Chickamauga mit den Folgen einer Beinamputation.

23.9. – *„Our faith is in the hands of God“:* Der strenge Katholik Rosecrans informiert Lincoln telegrafisch von seiner Niederlage am Chickamauga. ■ In Vicksburg brechen 3 Yankeedivisionen zur Verstärkung der Cumberland-Armee auf.

24.9. – Braggs Artilleristen besetzen Lookout Mountain im Südwesten Chattanoogas, die graue Infanterie gräbt sich auf Missionary Ridge, einer niedrigen Hügelkette im Südosten ein. Die Rebellen auf Raccoon Mountain und im Lookout Valley schließen den Halbring um die Stadt im Westen ab.

25.9. – Washington, von der Bedeutung Chattanoogas für die Eroberung des tiefen Südens überzeugt, verlegt das XI. Korps/Howard und das XII. Korps/Slocum von der Ost- an die Westfront. Den Oberbefehl erhält trotz böser Erinnerungen der erneut zu Ehren gekommene Hooker. ■ Scharmützel bei Athens und Calhoun/TN.

28.9. – McCook und Crittenden, von Rosecrans für die Niederlage von Chickamauga verantwortlich gemacht, verlieren ihre Kommandos und müssen vor einen Untersuchungsausschuß.

30.9. – *Joe* Wheeler beginnt einen Raid gegen Nachschublinien der Cumberland-Armee.

Die Kanone „Whistling Dick“, ein gezogener 18-Pfünder im Verteidigungsring von Vicksburg.

Der östliche Schauplatz: Lincoln fordert den seit Gettysburg inaktiven Meade zur Initiative am Rappahannock auf.

2.9. – Geplänkel bei Strasburg/VA.

6.9. – Die seit Juli auf Morris Island belagerte Garnison der Batterien Wagner und Gregg gibt auf und geht mit Geschützen und Verwundeten nach Charleston zurück.

8.9. – 400 Yankees holen sich beim Versuch, das nach wochenlangem Beschuß stark mitgenommene Fort Sumter zu stürmen, eine kräftige Abreibung ab.

13.9. – Meade geht vom Rappahannock in Richtung Rapidan und besetzt Culpeper. Lee, der Longstreet an Bragg abgegeben hat, zieht sich über den Rapidan zurück. Bei Brandy Station kommt es zu Schießereien.

17.9. – Plänkeleien am Rapidan und bei Smithfield/WV.

Landungsbrücke in Vicksburg. Das „Gibraltar des Südens", um 1812 von Methodisten gegründet, war Schauplatz einer der kriegsentscheidenden Schlachten.

22.9. – Aktionen bei Warrenton und Centerville/VA.

24.9. – Kampfhandlungen bei Bristoe Station.

30.9. – Fort Sumter widersteht einem weiteren Bombardement.

Operationen der Marine:

1.9. – John A. Dahlgren, Kom. Blokkadegeschwader Südatlantik, setzt Kriegsschiffe gegen Fort Sumter ein.

Oktober 1863

Der Norden: Maryland, Tennessee und Missouri rekrutieren Negerregimenter (3.) ■ Politische Eliten, die Lincolns Kurs befürworten, gehen aus verschiedenen Gouverneurswahlen als Sieger hervor (13.) ■ Washington, das weitere 300 000 Freiwillige sucht, sagt jedem Rekruten ein Handgeld von $300 aus der Kriegskasse zu (17.).

Der Süden durchlebt die Transformation früher patriotischer Betrunkenheit in etwas wie Todesbereitschaft. Unter dem Raubbau an eigenen Kräften leiden besonders die Virginier, Besserung ist nicht in Sicht: In *Old Dominion,* mit rund 60 % aller Kampfhandlungen Hauptschauplatz des Kriegs, sind die Kassen leer und Lebensmittel rar. Der CS-Dollar kauft nichts mehr, Plantagenbesitzer liefern den Familienschmuck ab. Der gesellschaftliche Zerfall fördert Kriminalität, Prostitution und Korruption.

Westlich des Mississippi ist mit Rebellenoberst Joseph O. Shelbys Missouri-Raid der Teufel los. Shelbys Iron Brigade, eine der undiszipliniertesten Rebellengruppen, hat die Kampfweise der Indianer adoptiert. Die Grauröcke tauchen blitzartig vor Orten wie Neosho, Greenfield, Humansville, Marshall, Syracuse oder Boonville auf, richten dort erhebliche Schäden an, und verschwinden wieder.

6.10. – Quantrills Guerillas legen blaue Beuteuniformen an und überraschen eine von GenMaj. James G. Blunt geführte Wagenkolonne bei Baxter Springs/KS. Blunt kann entkommen (und verbringt die nächsten Monate an der Frontier fernab vom Schuß). Die vorwiegend farbigen Reiter der 3. Wisconsin Cavalry haben 90, Quantrill lediglich 3 Mann verloren.

7.10. – Shelby überfällt Warsaw/MO, nimmt der dortigen Garnison 30 Wagenladungen Waffen, Munition und Verpflegung ab und reißt die lokale Bahnlinie auf mehreren Meilen auf.

11.10. – Geplänkel bei Fayetteville/AR.

25.10. – Shelby zieht sich aus Missouri zurück. Der von seiner Brigade angerichtete Schaden liegt in Millionenhöhe. ■ John S. Marmaduke greift Pine Bluff/AR an.

28.10. – Blaue Reiter besetzen Arkadelphia/AR.

Der westliche Schauplatz: Die Rebellen kontrollieren den Fluß und die Verkehrswege nach Süden, Bragg versucht die restlichen Versorgungslinien zu blockieren, um Chattanooga auszuhungern. *Old Rosy* setzt die Cumberland-Armee (35 000) auf halbe Ration.

1.10. – GenMaj. Wheeler unterbricht die Straße von Bridgeport/AL nach Chattanooga. Der Versorgung der Cumberland-Armee steht lediglich noch ein knapp 30 mi langer, schwer begehbarer Gebirgspfad offen.

2.10. – In Bridgeport/AL treffen Voraustrupps der an die Westfront verlegten Korps der Potomac-Armee ein.

5.10. – CS-Reitergeneral James R. Chalmers, Rechtsanwalt aus Virginia, bricht zum Raid im nördlichen Mississippi auf. ■ Howard richtet sich in Bridgeport, Hooker in Stevenson ein.

7.10. – Wheeler operiert vor Farmington/TN. ■ *Jeff* Davis ist auf dem Weg nach Georgia, um im Streit des als jähzornig bekannten Bragg gegen Longstreet (D.H. Hill, Forrest, Cleburne, Cheatham, Buckner und Polk) zu schlichten.

9.10. – Wheeler geht über den Tennessee nach Alabama zurück. Sein Raid hat die Versorgungslage von Chattanooga so weit verschlechtert, daß die Yankees ihre Wagenpferde schlachten müssen.

Braggs Reiterführer Joseph Wheeler. Fighting Joe Wheeler, West-Pointer des Jahrgangs '59 (19. von 22), befehligt die Kavallerie der grauen Tennessee-Armee.

10.10. – Schießereien am Bull's Gap/TN.

11.10. – Sherman verläßt Memphis in Richtung Chattanooga.

13.10. – D.H. Hill, mit Bragg auf Kriegsfuß, verliert sein Kommando.

15.10. – Davis kann die internen Grabenkämpfe zwischen Bragg und dessen hochrangigen Militärs nicht schlichten. Der temperamentvolle Forrest droht seinem KomGen. Prügel an und kämpft auf eigene Faust weiter. ■ Geplänkel bei Philadelphia/TN.

16.10. – Washington faßt die Wehrbereiche Tennessee, Cumberland und Ohio unter dem Oberbefehl Grants im Militärbereich Mississippi zusammen (ein Gebiet zwischen den Appalachen im Osten und dem Mississippi im Westen).

18.10. – Rosecrans, am Chickamauga davongelaufen, wird durch GenMaj. George H. Thomas ersetzt.

23.10. – Bischof Polk, der sich vor Chickamauga geweigert hatte, Crittenden anzugreifen, verliert sein Kommando. ■ Grant trifft in Chattanooga ein.

26.10. – BrigGen. William B. Hazen, gestandener Indianerkämpfer aus Vermont, greift Brown's Ferry (Fähre) am Tennessee an und zeigt Muskeln im Tal des Lookout Creek.

27.10. – Mit der Errichtung eines Brückenkopfs am Tennessee öffnet sich der Versorgung Chattanoogas die sog. „Cracker Line".

28.10. – Hooker verstärkt die Unionspräsenz bei Brown's Ferry und im Lookouttal. Slocums 2. Div./XII. Korps deckt Hookers Nachschub beim Eisenbahndepot Wauhatchie, wo Longstreet den Gegenstoß führen will.

29.10. – Gefecht von Wauhatchie. General Jenkins (4 000) greift während der Nacht Slocums BrigGen. John W. Geary (5 000) an. Longstreet dirigiert seine Truppen mit Lichtsignalen, die Blauen, die seinen Code kennen, lesen mit. Geary schlägt Jenkins zurück. Personalverluste: 410 (USA), 400 (CSA).

Der östliche Schauplatz: *Jeff* Davis will Meade beschäftigt halten, um weitere Truppenverschiebungen an die Westfront zu verhindern. Lee soll Meades rechte Flanke umgehen und sich zwischen die Potomac-Armee und Washington schieben.

7.10. – Meade, durch Lees Manöver verunsichert, geht zum Rappahannock zurück.

9.10. – Lee schickt die Nord-Virginia-Armee über den Rapidan und wird in mehrere Scharmützel verwickelt.

Alfred Pleasonton, Reitergeneral der Nordarmee. Pleasonton arbeitet an der Neuorganisation der Kavallerie der Potomac-Armee, die im dritten Kriegsjahr zum respektablen Gegner der Rebellenreiter wird.

Bau einer Pontonbrücke über den Tennessee bei Bridgeport/AL, dahinter die zerstörte Brücke der Nashville & Chattanooga RR. Der Bürgerkrieg ist der erste große Konflikt der Geschichte, in dem Eisenbahnen eine bedeutende strategische Rolle spielen.

11.10. – Stuart und Pleasonton trennen sich bei Brandy Station mit einem Unentschieden.

12.10. – Lee hat Meade teilweise umgangen und bewegt sich auf Manassas Junction. Eine dritte Schlacht am Bull Run scheint nicht ausgeschlossen.

14.10. – A.P. Hill greift Gouverneur K. Warrens II. Korps bei Bristoe Station/VA an. Weder Blaue noch Graue können sich strategische Vorteile erkämpfen, Hill verliert 1 200, Warren 400 Mann. ■ Im Raum Centreville, Manassas und Warrenton kommt es zu mehreren Aktionen.

15.10. – Lee und Meade beobachten sich, weichen dem Kampf jedoch aus.

17.10. – Lee zieht sich an den Rappahannock zurück. Bei Chantilly, Groveton und Manassas kommt es zu leichten Sondierungsgefechten.

19.10. – *Jeb* Stuart und *Fitz* Lee locken Kilpatrick am Chestnut Hill bei Buckland Mills/VA in den Hinterhalt. Ein Frontabschnitt von 5 mi wird zur Kulisse des sog. „Buckland Rennens“, mit dem sich die blaue Kavallerie aus der Falle ziehen kann. Kilpatrick verliert 250 Reiter.

20.10. – Die Nord-Virgina-Armee ist in ihren Ausgangsstellungen am Rappahannock zurück.

26.10. – Yankeekanoniere beschießen Fort Sumter und Charleston.

Operationen der Marine:
5.10. – Ein „Torpedo“ der CSS David richtet vor Charleston an Bord der USS Ironside erheblichen Schaden an.

15.10. – Das Tauchboot CSS H.L. Hunley – ein handgetriebenes „Eisenrohr“ mit 2 Ballasttanks, das übertriebene Hoffnungen zur Geheimwaffe machen –, geht im Hafen

US-GenMaj. William S. Rosecrans, nach Chickamauga als KomGen. der Cumberland-Armee durch George H. Thomas ersetzt, löst Schofield im Januar als KomGen. des Wehrbereichs Missouri ab.

von Charleston erneut unter. Horace L. Hunley, Finanzier des Projekts, und seine Mannschaft können nur tot geborgen werden.

November 1863

Der Norden: Ford's New Washington Theatre hat im Altweibersommer '63 John W. Booth als „Romeo" engagiert. ■ Lincoln erklärt das Schlachtfeld von Gettysburg zum „National Cemetary" (19.). Seine (in den USA unvergessene) Ansprache dauert nur 2 Minuten:
„Vor 87 Jahren gründeten unsere Väter auf diesem Kontinent einen neuen Staat, in Freiheit geboren und dem Gedanken geweiht, daß alle Menschen gleich geschaffen sind. Heute führen wir einen großen Bürgerkrieg, in dem erwiesen wird, ob dieser Staat – oder irgendein so gebildeter und solchen Gedanken geweihter – Bestand haben kann. Wir sind hier auf einem großen Schlachtfeld versammelt. Wir sind hierher gekommen, einen Teil dieses Schlachtfelds den Kämpfern, die hier ihr Leben gaben, damit dieser Staat leben könne, als letzten Ruheplatz zu weihen. Dies zu tun, ist nicht mehr als recht und billig. In einem weiteren Sinne können wir diesen Boden nicht weihen, heiligen oder segnen. Die tapferen Männer – Lebende und Tote, die hier gekämpft haben – gaben ihm die Weihe, die weit darüber hinausgeht, was unsere Kraft dazutun oder wegnehmen kann. Was wir hier sagen, wird die Welt wenig beachten und kaum lange in Erinnerung halten; aber was jene taten, kann sie nie vergessen. An uns, den Lebenden, ist es vielmehr, uns an dieser Stätte der von jenen schon so heldenmütig vorangebrachten Aufgabe zu weihen. An uns ist es, uns an dieser Stätte der verbliebenen großen Aufgaben zu weihen, damit wir uns angesichts der auf dem Felde der Ehre Gefallenen noch stärker als zuvor jener Sache hingeben, für die sie hier das höchste Maß an Opfer erbracht haben ... damit wir uns feierlich geloben, daß sie nicht vergebens gefallen sind, daß diese Nation unter Gottes Fügung zu neuer Freiheit geboren werde und daß die Herrschaft des Volkes durch das Volk und für das Volk nicht von der Erde verschwinde."

Der Süden: John H. Morgan hat sich in 26 Tagen Schwerstarbeit durch eine 2 Meter dicke Mauer gearbeitet und entkommt aus dem Gefängnis in Columbus/OH (27.).

Westlich des Mississippi: Nathaniel P. Banks führt das XIII. Korps nach

Texas. Militärisch wertlos, will Washington mit dem Unternehmen Napoleon auf Risiken seines Mexiko-Abenteuers aufmerksam machen.

1.11. – Banks rückt auf Brazos Island am Rio Grande ein.

2.11. – Rebellengeneral Green fällt am Bayou Bourdeau/LA mit 2 Kav.-Div. und 3 Inf.-Reg. über eine allzu sorglose Yankeetruppe unter BrigGen. Stephen G. Burbridge her. Die Blauröcke verlieren über 700 Mann (zumeist in die Gefangenschaft), die Rebellen knapp 200.

6.11. – Banks nimmt Point Isabel und Brownsville, die südlichste Stadt von Texas.

16.11. – Yankeegeneral Thomas E.G. Ransom marschiert in Corpus Christi/TX ein.

19.11. – Schießereien bei Lawrenceville/AR.

GenMaj. Nathaniel P. Banks führt das XIII. Korps (Golf-Armee) nach Texas. Militärisch wertlos, will Washington mit Banks Winterfeldzug Napoleon auf die Risiken seines Mexiko-Abenteuers aufmerksam machen.

25.11. – Nach Plänkeleien bei Neosho, Lexington und Bloomfield kommt es zu Feindseligkeiten in Farmington/MO.

CS-BrigGen. Fitzhugh Lee, West-Pointer des Jahrgangs '56 (45. unter 49). Der Virginier, ein Neffe Robert E. Lees, erhält in den letzten Kriegsmonaten den Befehl über die Kavallerie der Nord-Virginia-Armee.

Der westliche Schauplatz: Grant und Thomas organisieren die Cumberland-Armee für den Ausbruch aus Chattanooga: Das XX. und XXI. Korps, am Chickamauga durch eine planlose Flucht schlecht aufgefallen, gehen im IV. Korps/Gordon Granger (Howard) auf. Das XIV. Korps untersteht John M. Palmer, Jefferson C. Davis' 1. Div./XX. Korps wird William T. Sherman zugeteilt.

1.11. – Sherman (17 000) steht am Tennessee River.

4.11. – Bragg schickt seinen persönlichen Rivalen Longstreet mit Wheeler gegen den in Ost-Tennessee operierenden Burnside.

6.11. – Schießereien bei Rogersville/TN.

8.11. – GenMaj. John C. Breckinridge übernimmt D.H. Hills II. Korps.

Ruinen von Fort Sumter im Hafen von Charleston/ SC. Nach wochenlangen Bombardements militärisch bedeutungslos geworden, hat die Verteidigung Fort Sumters nur noch symbolischen Charakter.

13.11. – Longstreet (12 000), auf dem Weg nach Knoxville, kämpft bei Blythe's Ferry und Palmyra/TN.

14.11. – Sherman trifft in Bridgeport/AL ein. ■ Scharmützel bei Maryville und Rockford/TN.

15.11. – Burnsides versprengte Einheiten versuchen sich vor Longstreets GenMaj. Lafayette McLaw nach Knoxville abzusetzen.

16.11. – Longstreet und Burnside treffen während eines Wettlaufs nach Knoxville bei Campbell's Station aufeinander. Burnside verliert 320 Mann, Longstreet 175, dazu das Rennen.

18.11. – Longstreet belagert Knoxville.

23. bis 25.11. – Schlacht bei Chattanooga. Grant (58 000) greift Bragg (45 000) an. Der Operationsplan stellt Shermans Tennessee-Armee gegen die rechte, Hookers Korps der Potomac-Armee gegen Braggs linke Flanke. Die Cumberland-Armee, nach Chickamauga mit erheblichen Vertrauensdefiziten, soll die Frontmitte auf Missionary Ridge soweit beschäftigt halten, daß sie die Flügel nicht verstärken kann.

1. Kampftag (23.) – Kampf um Orchard Knob, südöstlich von Chattanooga. Grants Aktion beginnt mit einer Finte: 2 Yankeedivisionen marschieren in Paradeuniform aus Chattanooga. Rebellenvorposten sehen sich das prächtige Spektakel eher belustigt an, als die Parade zum Angriff übergeht. Der Kentuckier Thomas J.

Wood und Philip H. Sheridan drängen mit 2 Div./IV. Korps den Gegner nach Missionary Ridge zurück und besetzen Orchard Knob. Sherman geht oberhalb von Chattanooga über den Tennessee.

2. Kampftag (24.) – Schlacht von Lookout Mountain. Hooker erobert an einem regnerischen, nebelverhangenen Tag mit 3 Divisionen/XI. und XII. Korps den Nordhang des Lookout Mountain. Die Rebellen (GenMaj. Carter L. Stevenson), dem bergauf stürmenden Gegner 6:1 unterlegen, ziehen sich auf ihre Hauptlinie Missionary Ridge zurück. Sherman nimmt am South Chickamauga aus Versehen einen falschen Berg.

„Über den tollkühnen Bajonettangriff, den Hauptmann Heinzelmann, Carl Lotz und ihre Kompanien [82. Illinois] *ungehindert von mannshohen Pallisaden, die einfach in Turnermanier übersprungen wurden, unter den Augen beider Armeen bei Lookout Mountain machten und dadurch zum großen Teile den Erfolg des Tages sicherten, sprechen Freund und Feind mit Bewunderung. Durch kaum 200 Mann war eine zehnfach überlegene Rebellenschar aus einer festen und wichtigen vorgeschobenen Stellung geworfen worden. General Joseph Hooker beglückwünschte General Schurz.“ EMIL DIETZSCH.*

In der Nacht nach der legendären „Schlacht in den Wolken“ (die eine Schlacht im Nebel war) räumt Bragg das Stellungssystem am Lookout Mountain.

3. Kampftag (25.) – Schlacht von Missionary Ridge. Shermans Angriff gegen die Stellung des Iren Patrick Cleburne bei Tunnel Hill schlägt am Vormittag nicht durch, Hooker erscheint mit erheblicher Verspätung. Thomas greift mit den Divisio-

Missionary Ridge, die stärkste Position der Rebellen, von Orchard Knob aus gesehen. Sam Grants Sieg am Missionary Ridge öffnet der Union den Weg nach Atlanta.

US-GenMaj. Peter J. Osterhaus aus Koblenz. Osterhaus, der fähigste unter den in Deutschland geborenen Unionsgenerälen, führt während Shermans Atlanta-Feldzug teilweise des XV. Korps (Tennessee-Armee).

nen Sheridans und Woods (23 000) am Nachmittag ein. Grants vereint schlagende Truppen treiben Breckinridge, Hardee und Cheatham aus den Schützengräben von Missionary Ridge. Personalverluste der 3 Tage von Chattanooga: 5 800 (USA), 6 700 (CSA).

CS-BrigGen. Benjamin F. Cheatham aus Nashville/TN (vor seiner Ernennung zum GenMaj.). Der Mexikoveteran bleibt nach Chattanooga als Divisionskommandeur umstritten.

Hardee und Cleburne decken Braggs Rückzug nach Ringgold. Chattanooga bleibt für den Rest des Kriegs in Yankeehand, Ulysses S. Grant, dessen Sieg den Weg nach Atlanta öffnet, ist dem Ziel, unsterblich zu werden, ein Stück nähergerückt.

26.11. – Cleburne hält die Verfolger bei Chickamauga Station auf, Bragg wählt Dalton/GA für sein Winterquartier. ■ Grant schickt Burnside Verstärkungen nach Knoxville.

„Die Schlacht bei Chattanooga war, was Plan und Manövrieren anbelangt, ein Meisterstück Grants ... Hier fiel mancher unserer Braven, darunter Fritz Keßler, Sohn meines alten Weinheimer Wahlmannes, und im Hospital zu Chickamauga fand ich in einem Zimmer Oberst Mongelin mit einem Arm, Kapitän Kiefer mit einem Arm und einem Bein, Kapitän Malter mit einem Bein und Fritz Ledergerber mit zerschossenem Fuße. Mit noch einer Brigade beordert, Longstreets Vereinigung mit Bragg unmöglich zu machen, wurde ich befehligt, nach der Cleveland-Dalton-Eisenbahn zu rücken und sie zu zerstören, was komplett gelang, und die helle Lohe der brennenden, aufgehäuften Schwellen und Brücken und Gebäude leuchtete zum Rückmarsche, und nun ging es in Eilmärschen ... gegen Knoxville, dem hartbedrängten Burnside zu Hilfe.“
FRIEDRICH HECKER

28.11. – Bragg, der sich einmal mehr als Opfer nachgeordneter Generäle sieht, bietet seinen Rücktritt an. Richmond akzeptiert.

29.11. – Longstreet greift Fort Sanders im Sicherungsring von Knoxville an, zieht sich jedoch zurück, als er von Braggs Fiasko erfährt.

US-GenMaj. Gordon Grangers Hauptquartier John Ross House in Rossville, während der Schlacht von Chickamauga. Am Missionary Ridge kann sich die Cumberland-Armee für die Niederlage von Chickamauga revanchieren.

Der östliche Schauplatz: Meade will vor Einsetzen des Winterwetters mit 5 Korps/85 000 Mann Lees rechte Flanke am Rapidan durchstoßen. ■ William W. Averell (5 000) zieht gegen Versorgungslinien der Rebellen in West-Virginia. ■ Die Verteidigung Fort Sumters, nach wochenlangem Bombardement militärisch bedeutungslos geworden, hat nur noch symbolischen Wert.

2.11. – *Jeff* Davis versichert den Bürgern Charlestons, daß die Stadt niemals aufgegeben würde. ■ Fort Sumter kommt erneut unter schweren Beschuß.

5.11. – *Gray Ghost* Mosby beginnt eine Serie von Überfällen im Norden Virginias

6.11. – Averell, auf dem Weg nach Lewisburg, treibt am Droop Mountain/WV eine Rebellentruppe unter BrigGen. John Echols auseinander. Die Nordarmee verliert 125, der Süden 400 Mann.

7.11. – Sedgwick und French testen Brückenköpfe des Gegners am Rappahannock. Lee verliert zwischen Kelly's Ford und Rappahannock Station 45 Mann durch Tod und Verwundung (1 620 Rebellen geraten in Gefangenschaft). Die Grauröcke gehen zum Rapidan.

8.11. – Weitere Verbände der Potomac-Armee gehen über den Rappahannock. Bei Culpeper, Brandy Station und Warrenton kommt es zu Schießereien.

13.11. – Scharmützel bei Winchester/VA.

26.11. – Die Potomac-Armee tritt zur ersten größeren Offensive seit Gettysburg an. Meades Vorausabteilung überquert im dichten Nebel bei Jacob's, Germanna und Ely's Ford

Gordon Granger, US-GenMaj. aus Joy/NY. Granger führt das IV. Corps im Kampf um Missionary Ridge und Knoxville. Während des Atlanta-Feldzugs kann er Shermans Erwartungen nicht erfüllen und wird von Howard abgelöst.

den Rapidan, bleibt schlecht koordiniert jedoch stecken. Lee, der entlang einer knapp 40 mi langen Linie auf der Südseite des Flusses steht, erhält genügend Zeit, um Early und A.P. Hill in Gefechtsposition zu bringen.

27.11. – GenMaj. William H. Frenchs III. Korps verläuft sich am Morgen und greift GenMaj. Edward Johnsons Div./II. Korps bei Payne's Farm erst am Nachmittag an. Die Rebellen können Meades Vormarsch unterbrechen, verlieren dabei knapp 550 Soldaten.

29.11. – Die Potomac-Armee klopft Lees Stellungen im Umland des Mine Run nach schwachen Punkten ab.

30.11. – Meade, von einem Kälteeinbruch zum Abbruch des Mine Run-Feldzugs gezwungen, marschiert ins Winterlager.

Dezember 1863

Der Norden: Mit zunehmender Kriegsdauer kommen berechtigte Zweifel am „Bounty-System" auf. Gemeinden zahlen Freiwilligen beim Einschreiben ein Kopfgeld, was als materieller Anreiz häufig an die Falschen geht: Tausende schreiben sich irgendwo ein, treten den Dienst an und desertieren, um sich in der nächsten Gemeinde erneut anwerben zu lassen. Soldaten melden sich unter verschiedenen Namen zum Appell (da sie sich unter Pseudonymen mehrmals eingeschrieben haben). ■ Etwas wie ein Symbol der nationalen Einheit hat der Krieg die Bauarbeiten am Kapitol in Washington nicht unterbrochen. Im Dezember ist die Kuppel fertiggestellt. ■ Lincoln bietet Sezessionisten, die ins Lager der Union wechseln, Amnestie an. Vom Angebot ausgeschlossen sind hohe Militärs und Regierungsbeamten (8.).

Der Süden: War Breckinridge auf Missionary Ridge betrunken oder nicht? Bragg schiebt die Hauptschuld an der fatalen Niederlage Breckinridge zu (Breckinridge fordert Bragg vergeblich zum Duell). Die Öffentlichkeit macht das frostige Verhältnis innerhalb der Führungsriege der Tennessee-Armee für die Katastrophe verantwortlich. ■ Dem

John C. Breckinridge, General der Südstaaten. Breckinridge, unter Buchanan Vizepräsident der USA, wird von Bragg die Hauptschuld an der Niederlage von Chattanooga zugeschoben.

Herbst der bitteren Enttäuschungen steht ein Winter mit leeren Lagerhallen, galoppierender Inflation und Hunger bevor (mit Tennessee hat der Süden einen wichtigen Fleischproduzenten verloren). Die Kirchengemeinden schmelzen ihre Glocken ein, die Damen der Gesellschaft rösten Roggen als Kaffeeersatz und servieren Tee aus abgebrühten Sassafraswurzeln. In einer Stadt wie Richmond hinkt die Mode gängigen Trends der Außenwelt rund 4 Jahre hinterher. ■ Nach dem Dammbruch im Westen steigt die Zahl der Deserteure wiederum sprunghaft an. In den Winterquartieren dezimieren Durchfallerkrankungen und Skorbut die Armeen, nur die Hälfte der eingezogenen Soldaten gilt als gefechtsbereit. ■ Richmond verbietet das Stellen von Ersatzleuten für den Kriegsdienst (28.).

Westlich des Mississippi:
5.12. – Blauröcke brechen von Little Rock zu einer Exp. mit Stoßrichtung Princeton/AR auf.

16.12. – Plänkeleien bei Springfield/MO.

23.12. – Aktionen um Centreville/MO und Jacksonport/AR.

30.12. – Banks nimmt Fort Esperanza an der Einfahrt zur Matagorda Bay/TX.

Der westliche Schauplatz: GenLt. William J. Hardee übernimmt die Tennessee-Armee bis ein Nachfolger für Bragg gefunden ist. Davis spielt mit dem Gedanken, Lee an die Westfront zu schicken.

3.12. – Longstreet kann ohne Verstärkung, schwere Artillerie und Winterkleidung Knoxville nicht nehmen und bricht die Belagerung der Stadt ab. ■ Bei Moscow/TN kommt es zu Schießereien.

CS-GenLt. Braxton Bragg, der sich nach Chattanooga einmal mehr als Opfer nachgeordneter Generäle sieht, reicht seinen Rücktritt ein. Als militärischer Berater nach Richmond gerufen, arbeitet er für Jeff Davis eine letzte Verteidigungsstrategie aus.

4.12. – Longstreets Rückzug zur Winterstellung Greeneville wird zum erbarmungslosen (Hunger)Marsch. *Old Petes* geschundene Rebellen sind auf Drittel-Ration. gesetzt, die Infanteristen haben ihre Füße mit Hutfilz, Rinderhaut und Lumpen umwickelt oder marschieren barfuß durch den Schnee. ■ Sherman steht kurz vor Knoxville.

„Neun Meilen vor Knoxville erfuhren wir, daß der brave Burnside mit seiner auf schmale Rationen gesetzten Mannschaft den ihn belagernden Feind geschlagen, sechstausend Gefangene gemacht, den bei unserer Annäherung ausreißenden Rebellen gefolgt sei, sie nochmals geschlagen habe und daß der Rebellengeneral Longstreet verwundet worden sei.

Rebellen, die sich den Yankees während der Schlacht beim Eisenbahnknotenpunkt Chattanooga ergeben haben, warten auf den Transport in ein Gefangenenlager der Union.

Knoxville war entsetzt, die hartgeprüften Unionsleute von Tennessee, gegen welche die Rebellen barbarisch, blutig und grausam gehaust hatten, frei.“ FRIEDRICH HECKER

6.12. – Sherman zieht in Knoxville ein, GenMaj. John G. Parke folgt Longstreet. ■ Geplänkel bei Fayetteville/TN.

9.12. – Burnside gibt sein Kommando zurück und wird durch GenMaj. John G. Foster, West-Pointer des Jahrgangs '46, ersetzt. ■ Weiße Offiziere legen eine Meuterei farbiger Truppen in Fort Jackson/LA bei. ■ Longstreet erreicht Rogersville/TN.

14.12. – Rebellen greifen Parkes Reitergeneral James M. Shackleford (4 000) bei Bean's Station an. Beide Seiten verlieren rund 200 Mann.

16.12. – *Jeff* Davis übergibt *Joe* Johnston trotz persönlicher Geringschätzung die Tennessee-Armee. Polk übernimmt Johnstons Befehl in Mississippi, Bragg geht als militärischer Berater nach Richmond.

17.12. – *Johnny Reb* und *Billy Yank* werden vom Wintereinbruch gleichermaßen überrascht. Den Verteidigern von Knoxville fehlt jede Art von Winterkleidung.

24.12. – Reiter der 7. Illinois schlagen sich mit Grauen bei Bolivar/TN.

Der östliche Schauplatz: Seine Ablösung wird heiß diskutiert, doch Meade, der Sieger von Gettysburg, übersteht das Mine-Run-Fiasko. ■ Charleston, die Perle des alten Südens und Wiege der Rebellion, geht schwergeschädigt, doch vom Feind nicht erobert in einen weiteren Kriegswinter.

5.12. – Die Potomac-Armee richtet sich in Virginia für die Winterpause ein. Eine Tanzhalle ist im Bau, Pferderennen und Hahnenkämpfe sind angesagt. Der Landstrich ist der gleiche wie vor 12 Monaten, 1863 hat den Yankees an der Ostfront keine nennenswerten Bodengewinne gebracht.

11.12. – Die Explosion des Pulvermagazins von Fort Sumter tötet 11 Rebellen, 41 werden verwundet. ■ Yankeereiter überfallen den Gegner bei Big Sewell und Meadow Bluff/ WV.

12.12. – Bei Strasburg kommt es zu Scharmützel, größere Aktionen verbietet das Winterwetter.

16.12. – Schießereien bei Salem/VA.

30.12. – Feindseligkeiten bei St. Augustin/FL.

Operationen der Marine:
6.12. – Die USS Weehaken sinkt vor Charleston.

25.12. – Die USS Tahoma beschießt Fort Brooke/FL. ■ Küstenbatterien South Carolinas erzielen mehrere Treffer auf der USS Marblehead.

Der Weg nach Appomattox

Januar 1864

Der Norden: Nach dem Bounty-System treibt das Stellen von Ersatzmännern allzu kuriose Blüten: Jeder Wehrpflichtige kann einen Vertreter stellen, wobei im tüchtige Geschäftemacher zur Hand gehen. Unter den „grünen" Truppen der Nordarmee

Das Kapitol in Nashville/ TN. Die Stadt am Cumberland sieht während John B. Hoods Offensivstoß nach Tennessee die letzte größere Schlacht der Westfront. (Aufnahme von George N. Barnard)

US-GenMaj. Frederick Steele aus Delhi/NY. Der Mexikoveteran, der mit Sherman bei Chickasaw Bluffs und Arkansas Post kämpfte, bricht im Frühjahr zu einer Entlastungsoffensive des Red-River-Feldzugs auf.

finden sich auffallend viele Rekruten, die weder geistig noch körperlich in der Lage sind, mit einer Waffe umzugehen (in Gefechten dann absolut keine gute Figur machen oder überhaupt nicht kämpfen). ■ Die Verknappung von Mais zwingt Ohio zum Herstellungsverbot von Whiskey. (Äther und Chloroform sind seit ein paar Jahren bekannt, doch selten aufzufinden, Regimentschirurgen benutzen den Maisbranntwein als Betäubungsmittel). ■ Senator John B. Henderson (Missouri) schlägt die Abschaffung der Sklaverei auf dem gesamten Gebiet der USA vor (11.)

Der Süden kann den Krieg militärisch nicht mehr gewinnen, die Präsidentschaftswahl im Norden im Visier, spielen die Rebellen auf Zeit. Richmond hält das rep. Lager für in sich zerstritten, Lincolns Aussichten auf eine 2. Amtsperiode für minimal. ■ Die Dixieländer feiern den aus dem Gefängnis von Columbus/OH entkommenen John H. Morgan (8.) ■ In North Carolina stoßen Truppenaushebungen auf Widerstand (18.).

Westlich des Mississippi stehen sich GenMaj. Frederick Steeles VII. Yankeekorps und GenLt. E. Kirby Smith am Arkansas River gegenüber, bei Lewisburg, Branchville und Dallas kommen es zu Aktionen. ■ Banks setzt seinen Winterfeldzug in Texas fort.

2.1. – Banks marschiert gegen Galveston/TX.

6.1. – *Kit* Carson führt eine Exp. gegen das Hauptlager der Navajos im Canyon de Chelly/NMT, westlich der Chuska Mountains.

8.1. – Yankeekanoniere beschießen Rebellenstellungen an der Mündung des Caney Bayou/TX. ■ In Little Rock/AR wird der Südstaatenspion David O. Dodd gehenkt.

22.1. – Arkansas erhält mit Isaac Murphy einen pronördlichen Interimspräsidenten. ■ Rosecrans löst Schofield als KomGen. des Wehrbereichs Missouri ab.

23.1. – Die 11. Missouri Cavalry verliert bei Rolling Prairie/AR 12 Reiter.

Der westliche Schauplatz: Grant baut den Bahnknotenpunkt Chattanooga für weitere Operationen aus. ■ *Joe* Johnston hat sein Hauptquartier in Dalton/GA eingerichtet.

21.1. – In Nashville fordern Abolitionisten die Einsetzung einer blauen Regierung und die Abschaffung der Sklaverei in Tennessee.

26.1. – Schießereien bei Athens/AL.

27.1. – Nach Aktionen bei Dandridge, Knoxville und La Grange treffen BrigGen. Samuel D. Sturgis – auf der Suche nach Pferdefutter – und GenMaj. William T. Martin bei Fair Gardens zusammen. Die Yankeereiter verlieren 65, die Rebellen 200 Mann.

28.1. – Einheiten des XIV. Korps testen den Gegner bei Tunnel Hill/GA.

Der östliche Schauplatz: Die Potomac-Armee campiert auf der einen, die Nord-Virginia-Armee überwintert auf der anderen Seite des Rapidan. Größere Aktionen zeichnen sich nicht ab.

5.1. – Rebellenreiter überfallen Jonesville/VA und bringen 200 Gefangene ein.

6.1. – Schießereien bei Flint Hill/VA.

15.1. – Scharmützel bei Petersburg/WV.

22.1. – Nach einem Treffen bei Warrenton kommt es zum Schlagabtausch bei Ellis' Ford.

29.1. – Ein Reitergefecht bei Medley/WV kostet beide Parteien je 100 Mann.

30.1. – George E. Pickett (4 500) marschiert von Kinston/NC nach New Berne. In der Stadt steht Innis N. Palmers mit 3 000 Mann des XVIII. Korps, auf dem Neuse River patrouillieren die USS Lockwood, Underwriter und Commodore Hull.

Operationen der Marine:
10.1. – Die USS Iron Age läuft im Folly Inlet/SC auf Grund und wird in Brand geschossen.

29.1. – Die CS-Marine stellt das Panzerschiff CSS Charleston vor, das der Volksmund (nachdem die Damen Charlestons dafür ins Portemonnaie gegriffen haben) zum „Ladies Ironclad Gunboat" macht.

Februar 1864

Der Norden: Finanzminister Salmon P. Chase, in rep. Kreisen als Lincolns Gegenkandidat genannt, sucht eine spektakuläre Aktion, um sich ins Gespräch zu bringen. Die Rückholung Floridas in die Union bietet sich an. Chase-Vertraute gewinnen GenMaj. Quincy A. Gillmore, KomGen. des Wehrbereichs Süd, für den Plan. ■ 1864 läuft die Dienstzeit der 3-Jahres-Veteranen aus. Lincoln ordnet die Rekrutierung von weiteren 500 000 Mann „für 3 Jahre oder solange der Krieg dauert" an (1.) ■ Louisiana wählt den in Bayern geborenen Michael Hahn zum Zivilgouv. (21.) ■ Nordstaatler mit Sklaven, die sich zum Kriegsdienst verpflichten, können mit einer Entschädigung von $300 rechnen (24.) ■ Washington führt den Rang des Generalleutnants wieder ein, was Grant, den Sieger von Chattanooga, auf George Washingtons Spuren setzt (29.).

GenMaj. George E. Pickett. Der Virginier erobert Bermuda Hundred und kann Sheridan im Gefecht von Dinwiddie C. H. taktisch besiegen, bevor ihm Lee nach Saylor's Creek das Kommando entzieht.

Grants Armee setzt in der Nacht vom 3. auf 4. Mai bei Germanna Ford über den Rapidan. Die Frühjahrsoffensive der Potomac-Armee führt über Spotsylvania, Cold Harbor und Petersburg nach Appomattox.

Der Süden: Davis fordert die Aussetzung der Habeuskorpusakte bei Deserteuren und Personen, die mit dem Feind kollaborieren (3.) ■ Richmond verbietet den Import von Luxusgütern, die Verbreitung von US-Papiergeld (6.) und verabschiedet das 3. Gesetz zur Wehrpflicht (17.). Taugliche Männer zwischen 17 und 50 sind zum Kriegsdienst verpflichtet, Veteranen bleiben nach abgelaufener Dienstzeit im Feld. ■ Richmonds Militärgefängnisse sind hoffnungslos überfüllt. Die Wahl nach einem frontfernen Gefangenenlager fällt auf Camp Sumter/Andersonville in Georgia (27.)

Westlich des Mississippi bleibt es verhältnismäßig ruhig. Zum üblichen Guerilla- und Konterguerillakrieg kommen Aktionen bei Charleston, Independence und Lexington/MO. Indianola/TX sieht ein kurzes Feuergefecht (22.).

Der westliche Schauplatz: GenMaj. Sherman (20 000) und Grants Kavalleriechef W. Sooy Smith (7 500) treten zur Winteroffensive gegen die Mobile & Ohio südlich von Okolona/MS an. Ihr Gegenspieler ist der kämpfende Bischof Leonidas Polk (20 000). ■ Banks kehrt aus Texas nach New Orleans zurück. ■ BrigGen. Truman Seymour aus dem Kommando Quincy A. Gillmores schifft ein Invasionsheer nach Florida ein.

3.2. – William T. Sherman verläßt Vicksburg mit 2 Kolonnen (XVI. Korps/Hurlbut und XVII. Korps/McPherson). Seine Offensive – später als Meridian-Feldzug bekannt – wird von BrigGen. W. Sooy Smith unterstützt. Smith soll mit 3 Kav.-Brig. und 20 Geschützen entlang der M&O vorstoßen und Sherman vor Meridian/MS treffen.

4.2. – Sherman schlägt sich bei Champion's Hill mit Stephen D. Lees Reitern, besetzt am Tag darauf Jackson/MS.

7.2. – Sherman, ohne jedes Zeichen von W. Sooy Smith, bewegt sich auf Meridian, Eisenbahnknotenpunkt und Divisionshauptquartier der Rebellen . ■ BrigGen. Truman Seymour (7 000) landet im Schutz von Dahlgrens Kanonenbooten im Osten Floridas und nimmt Jacksonville.

8.2. – GenMaj. Samuel G. French (3 000) und William W. Loring (6 000) ziehen sich nach Shermans Sondierungsangriff von Morton/MS nach Meridian zurück.

11.2. – W. Sooy Smith, West-Pointer des Jahrgangs '53, bricht in Memphis mit erheblicher Verspätung zum Kavallerie-Raid auf.

13.2. – BrigGen. Joseph Finegan mobilisiert in Lake City/FL 4 600 Mann Infanterie und 600 Kavalleristen gegen Seymour. ■ Die blauen Besatzer fordern von Floridas Bürger den Treueid auf die Union.

14.2. – GenLt. Polk räumt Meridian. Sherman zerstört die Stadt (Krankenhäuser eingeschlossen) mit System, 115 mi Schienenwege in Umkreis und 20 Lokomotiven. Von Smith fehlt weiterhin jede Spur. ■ Seymour stößt von Jacksonville/FL entlang der Florida, Atlantic & Gulf RR nach Westen vor.

15.2. – Sherman läßt 10 000 Mann in Meridian und marschiert nach Vicksburg zurück.

19.2. – W. Sooy Smith kämpft sich nach West Point, 30 mi südlich von Okolona/MS vor. ■ BrigGen. Joseph Finegan will Floridas Yankeeinvasion am Ocean Pond/Olustee River aufhalten.

20.2. – Schlacht von Olustee. Seymour (5 500, 16 Feldgeschütze) trifft auf Finegan (5 000, 12 Geschütze). Die Grauen schlagen das (weiße) 7. New Hampshire, dann das (schwarze) 8. US Colored in die Flucht. Seymour verliert die einzige Schlacht auf Floridas Boden und 1 860, Finegan 945 Mann.

21.2. – W. Sooy Smith trifft vor West Point/MS auf Nathan B. Forrest (2 500) und zieht sich zurück.

22.2. – Forrest (2 500) holt Smith (7 000) am frühen Morgen bei Okolona ein. Die 7. Indiana ergreift kurz nach :0500 die Flucht (und läßt dem Feind 5 Geschütze zurück). Forrest treibt den Gegner 5 mi vor sich her, bevor ihn die 4. Missouri Cavalry bremsen kann. Unter den gefallenen Rebellenreitern ist Forrests Bruder Jeffrey. ■ Geplänkel bei Mayfield/KY.

Joseph Finegan, General der Südarmee. Finegan, ein Einwanderer aus Irland, schlägt BrigGen. Truman Seymours Invasionsheer in der einzigen Schlacht auf Floridas Boden.

US-GenMaj. William T. Sherman. Uncle Billy, Befehlshaber auf dem südwestlichen Kriegsschauplatz, bereitet 3 Angriffsarmeen auf den Kampf um Atlanta vor. Sein Gegenspieler ist Joe Johnston mit einer reorganisierten Tennessee-Armee.

24.2. – Gefecht von Tunnel Hill/GA. *Pap* Thomas schickt 4 Div. unter GenMaj. John M. Palmer aus der Winterstellung der Cumberland-Armee, um Johnstons Vorposten im Norden Georgias zu testen. Palmer verliert 350 Mann. ■ Seymour geht nach Jacksonville/FL zurück.

26.2. – W. Sooy Smith, der in den letzten Tagen rund 700 Mann und seinen Ruf verloren hat, erreicht Memphis.

28.2. – Geplänkel bei Yazoo City/MS.

Der östliche Schauplatz: Meade und Lee warten in ihren Winterquartieren auf freundlicheres Wetter.

3.2. – Pickett schätzt die Verteidigungsanlagen New Bernes richtig ein und bricht den Versuch, die Stadt zurückzuerobern, ab.

4.2. – Plänkeleien bei Moorefield/WV.

6.2. – Schießereien bei Morton's Ford am Rapidan.

9.2. – 109 Yankees, die seit Monaten an einem Tunnel graben, gelingt der Ausbruch aus Richmonds Libby Gefängnis. 2 ertrinken, 48 werden wieder eingefangen. Unter den 59, denen die Flucht gelingt, ist Abel D. Streight, KomGen. der von Forrest im Mai 1863 überrumpelten „Maulesel-Brigade".

11.2. – Rebellen überfallen einen Zug der B&O bei Kearneysville/WV und rauben die Passagiere aus.

20.2. – Nach Kampfhandlungen bei Aldie, Winchester und Piedmont treffen *Rebs* und *Yanks* bei Front Royal aufeinander.

26.2. – Breckinridge erhält den Befehl über den CS-Wehrbereich West-Virginia.

28.2. – H. Judson Kilpatrick (4 000) stößt von Ely's Ford am Rapidan zum Kavallerie-Raid gegen Richmond vor. Der Reitergeneral will überfallartig in die graue Metropole eindringen, rund 15 000 gefangene Yankees befreien, den Amnestieerlaß Lincolns verteilen und schnell wieder verschwinden. Der Raid ist mit Washington abgesprochen, Reitergeneral George A. Custer lenkt mit einer Aktion von Kilpatricks Manöver ab.

29.2. – Kilpatrick teilt sein Kommando: Oberst Ulric Dahlgren (500), der in Gettysburg ein Bein verloren hat, nimmt den Weg über Goochland C.H., während *Kilcavalry* das Gros seiner Reiter direkt gegen Richmond führt. ■ Richmond, auf die Gefahr aufmerksam geworden, mobilisiert seine Bürokraten, Alten und Kranken.

Operationen der Marine:
2.2. – Rebellen entern das Kanonenboot USS Underwriter auf dem Neuse River bei New Berne/NC und stecken es in Brand.

12.2. – Der Kaperfahrer CSS Florida (Kom. Charles M. Morris) kann aus dem Hafen von Brest, danach der davorliegenden USS Kearsage entkommen.

17.2. – Das Tauchboot CSS H.L. Hunley, bei Versuchsfahrten mehrmals gesunken (und wieder gehoben), greift im leichten Nebel vor Charleston das Kanonendampfschiff Housatonic an. Oblt. George E. Dixon zündet einen 90-Pfund-Sprengkörper am Heck der Housatonic. Der erste gelungene U-Boot-Angriff der Geschichte kennt nur Besiegte: Der Yankeedampfer sinkt, der Explosionsschock zwingt die CSS H.L. Hunley in die Tiefe.

<u>März 1864</u>

Der Norden: Grant, während einer Feierstunde in Washington zum Generalleutnant ernannt (9.), wird OB (general-in-chief) der US-Armee (10.), Halleck Chef des Stabs. GenMaj. George G. Meade bleibt KomGen. der Potomac-Armee. ■ Lincoln ruft weitere 200 000 Mann zu den Waffen (14.) und stimmt der Aufnahme Nevadas und Colorados in die Union zu (21.) ■ GenMaj. Lewis Wallace übernimmt den Wehrbereich Mitte mit Hauptquartier in Baltimore (22.).

Der Süden: Richmonds allgemeine Wehrpflicht stößt unter Männern, die fest daran glauben, daß nur Freiwillige kämpfen wollen (und können), auf immer größeren Widerstand. *Jeff* Davis hat keine andere Wahl: Johnston im Norden Georgias, Longstreet in Ost-Tennessee und Lee in Virginia stehen überlegenen Angriffsarmeen gegenüber. Beauregard ist in Charleston in Gefahr.

Westlich des Mississippi: Nathaniel P. Banks, der das südliche Louisiana bis zum westlichen Punkt Berwick Bay hält, schickt das XVI. und XVII. Korps zur Offensive den (nur im Frühjahr befahrbaren) Red River hinauf. KAdm. David D. Porters Flotte stellt die schwimmende Artillerie und transportiert 10 000 von Sherman ausgeliehene Truppen (BrigGen. Andrew J. Smith). Strategisches Ziel ist Shreveport/LA, Hauptstadt des konföderierten Louisiana und Hauptquartier von E. Kirby Smith. Auf dem Weg wollen die Yankees Baumwolle einsammeln und Stimmung für die Union machen. GenMaj. Frederick Steele, der die Entlastungsoffensive führen soll, hält den Zeitpunkt des Red-River-Feldzugs aufgrund von Wetterlage und Nachschubproblemen für falsch. ■ In Missouri kommt

Reitergeneral H. Judson Kilpatrick. Der West-Pointer des Jahrgangs '61 (17. von 45) kommt durch einen Kavallerie-Raid gegen die Rebellenmetropole Richmond zu zweifelhaftem Ruhm.

GenMaj. Philipp H. Sheridan. Little Phil, einer der erfolgreichsten Generäle der Union, erhält den Befehl über die Kavallerie der Potomac-Armee.

es zu üblichen Händeln mit Südstaaten-Guerillas und marodierenden Banden.

13.3. – Banks Vorausdivisionen landen bei Simsport/LA. ■ Porter durchbricht Bailey's Dam und nimmt Kurs auf Alexandria, Louisianas geographisches Zentrum.

14.3. – Andrew J. Smith nimmt mit 3 Div. Fort De Russy. GenMaj. John G. Walkers Rebellen aus *Dick* Taylors Kommando ziehen sich nach Alexandria zurück.

16.3. – Porter dampft den Red River hinauf und steht vor Alexandria. Die Rebellen weichen in Richtung Natchitoches/LA aus. ■ Sterling Price übernimmt den CS-Wehrbereich Arkansas.

18.3. – Taylor geht auf Caroll Jones Plantation in Stellung, um die Straßen nach Sabine und Shreveport zu decken. ■ Wähler in Arkansas stimmen für die Abschaffung der Sklaverei.

John S. Marmaduke nach dem Abschluß von West Point (Jahrgang 1857, 30. einer Klasse von 37). Marmaduke, dem Gegner bei Westport in die Hand gefallen, wird in Kriegsgefangenschaft als letzter Konföderierter zum GenMaj. ernannt.

19.3. – Smith und Porter rücken in Alexandria ein.

21.3. – BrigGen. Joseph A. Mower überfällt im Schutz der Dunkelheit die Reiter der 2. Louisiana bei Henderson's Hill am Red River und macht 250 Gefangene.

23.3. – Steele (3. Div./VII. Korps) bricht mit dreiwöchiger Verspätung in Little Rock zur Camden-Feldzug auf. Von Partisanen und Rebellenreitern gestört, kommt er auf den vom Frühjahr aufgeweichten Straßen nur langsam voran.

25.3. – Banks sammelt seine Armee in Alexandria. Der ungewöhnlich niedere Wasserstand des Red River stellt KAdm. Porter vor erhebliche Probleme.

26.3. – Nach Zusammenstößen bei Carollton, Monticello, Arkadelphia, Dover, Rockport und am Flint Creek treffen Yankees und Rebellen bei Quitman/AR aufeinander.

27.3. – Sherman, in Vorbereitung des Atlanta-Feldzugs, fordert Andrew J. Smith von Banks zurück. Banks will die Frühjahrsoffensive am Red River zu Ende zu führen, bevor er Smith abgibt.

28.3. – Banks, dem ursprünglichen Zeitplan erheblich hinterher, verläßt Alexandria. Im Umland setzen Rebellen ihre Baumwollvorräte in Brand.

31.3. – Banks und Taylor testen sich bei Natchitoches/LA.

Der westliche Schauplatz:
4.3. – *Uncle Billy* Sherman kehrt mit 5 000 entlaufenen Sklaven, 400 Gefangenen und rund 3 000 Beutetieren nach Vicksburg zurück. Der Meridian-Feldzug hat ihn 170 Mann gekostet. ■ Schießereien bei Murfreesboro/TN.

5.3. – Die Yankees räumen Yazoo City/MS.

10.3. – Scharmützel vor Mayfield/KY.

12.3. – Sherman übernimmt den Wehrbereich Mississippi, McPherson die blaue Tennessee-Armee.

13.3. – Geplänkel bei Spring Hill/TN.

14.3. – Nach Aktionen bei Decatur und Moulton kommt es in Alabama zu Schießereien bei Claysville.

16.3. – Forrest bricht zum Tennessee-Kentucky-Raid auf. Der Yankeefresser nimmt Union City/TN am 24., scheitert am Tag darauf an der Garnison von Paducah/KY und steht am 27. vor Columbus/KY.

Der östliche Schauplatz: H. Judson Kilpatrick ist auf dem Weg nach Richmond, um mit einem spektakulären Coup rund 15 000 Gefangene zu befreien. ■ GenMaj. Warren löst GenMaj. *Tardy* George Sykes als KomGen. des V. Korps/Potomac-Armee ab.

1.3. – Kilpatrick, seit 36 Stunden fast ununterbrochen im Sattel, taucht im Morgengrauen vor Richmond auf. Im Idealfall befindet sich Dahlgren bereits in der Stadt. Obwohl mit lediglich 500 Rebellen konfrontiert, bleibt Kilpatrick hängen und zieht sich – gegen Abend von Wade Hamptons Reitern angegriffen – in Richtung Chickahominy zurück. Dahlgren, durch Hochwasser am James aufgehalten, erreicht Richmond erst, als Kilpatrick seine verwegenen Pläne bereits aufgegeben hat (seinen Kurzaufenthalt in der grauen Metropole nutzt der Yankeeoberst zu einem Privatbesuch).

2.3. – *Fitz* Lees Reiter verlegen Dahlgren während der Nacht den

US-GenMaj. Gouverneur K. Warren, Mathematiklehrer in West Point. Warren, in Gettysburg Chefingenieur der Potomac-Armee, von Wilderness bis Petersburg Befehlshaber des V. Korps, verliert während Five Forks sein Kommando.

Gefallener Soldat aus Ewells Korps bei Spotsylvania C. H. Um den Straßenknotenpunkt Spotsylvania, über den die kürzeste Route nach Richmond führt, wird während Grants Frühjahrsoffensive besonders zäh gekämpft.

Weg. Dahlgren wird unterhalb von Walkerton/VA erschossen, 100 Yankeereiter geraten in Gefangenschaft. Die Meldung aller Meldungen ist, daß an Dahlgren Papiere gefunden wurden, nach denen der Kilpatrick-Dahlgren-Raid das Ziel hatte, Präsident Davis zu töten und Richmond in Brand zu stecken (so jedenfalls die Südstaaten-Version).

4.3. – Kilpatrick hat sich zurückgezogen, sein Abenteuer den Norden 350 Mann gekostet. ■ Schießereien bei Portsmouth/VA folgen Aktionen bei Snickersville, Suffolk, Bristoe Station und Winchester.

10.3. – Grant und Meade stimmen sich während eines Kriegsrats in Virginia in strategischen Grundfragen ab. ■ Franz Sigel erhält den Befehl über den Wehrbereich West-Virginia.

25.3. – Scharmützel bei McClellansville/SC. ■ Grant richtet sein Hauptquartier in Culpeper/VA ein.

April 1864

Der Norden: Mit dem Ablaufen der Dreijahresverträge sinkt die Einsatzbereitschaft der Nordarmee: Veteranen, die 3 Jahre überlebten, vollbringen kurz vor der Entlassung keine Heldentaten mehr. ■ Die ersten US-Münzen erscheinen – frei nach Francis S. Keys „Star-Spangled Banner“ – mit der Prägung „In God We Trust“. ■ Washington verweigert der Einrichtung einer Monarchie in Mexiko die Anerkennung (4.) ■ Der US-Senat stimmt mit 38:6 für die Abschaffung der Sklaverei (8.) ■ Grant stellt den Austausch von Kriegsgefangenen ein (17.).

Der Süden reagiert auf die Veröffentlichung der Dahlgren-Papiere mit Protestgeschrei. Die *Yanks* haben sich einmal mehr als Barbaren erwiesen, Lee läßt die Dahlgren-Papiere abfotografieren und schickt sie Meade als Anlage zum geharnischten Protest. ■ Davis fordert seine Generäle zur Initiative auf. Lee ist sich nicht sicher, ob seine Truppe aufgrund der Versorgungslage kämpfen kann. ■ Den Rebellen gehen die Pferde (in der Regel Privateigentum der Reiter) aus. Mit dem Übergang von der Muskete zum Gewehr sind die Tiere leichte Ziele. Zu Zehntausenden auf den Schlachtfeldern geblieben, fehlen sie auf Kriegsschauplätzen und im Hinterland. ■ In Savannah/GA kommt es zum Brotaufstand (17.) ■ Davis besteht darauf, daß entlaufene Sklaven, die in Yankeeuniform gefangen werden, an frühere Besitzer zurückgegeben werden (22.).

Westlich des Mississippi: Banks (26 000) setzt seine Frühjahrsoffensive am Red River fort. Anstatt für die Sache des Nordens zu werben, üben sich die Blauröcke in sinnloser Zerstörungswut. KAdm. Porter hat weiterhin Probleme mit dem Wasserstand. ■ Steele, ohne jeden Nachschub, muß seine Truppen auf halbe Ration setzen.

1.4. – BrigGen. John S. Marmaduke testet Steele vor Arkadelphia/AR. In den nächsten Tagen sieht Arkansas Aktionen bei Clarksville, Roseville, Prairie Grove, Richland, Van Buren, Charleston, Jacksonport und Princeton.

2.4. – Schießereien bei Grand Ecore/LA.

3.4. – Das letzte Schiff aus Porters Flotte überwindet die Stromschnellen bei Alexandria.

5.4. – *Dick* Taylor steht bei Mansfield/LA, um Banks den Weg nach Shreveport zu verstellen. ■ Schießereien bei Natchitoches/LA.

8.4. – Schlacht von Mansfield/LA. Taylor (11 800) trifft in einem Waldstreifen bei Sabine Crossroads, 40 mi südlich von Shreveport, auf Banks (9 000). Die Blauen können aufgrund des Terrains ihre Artillerie nicht einsetzen, Porter auf dem Red River

Richard Taylor, General der Südarmee. Dick Taylor, ein Sohn von Zachary Taylor, 12. Präsident der USA, schlägt Banks in der Schlacht von Mansfield/ LA und übernimmt gegen Kriegsende Teile von Hoods Tennessee-Armee.

steht zu weit vom Kampfgebiet entfernt. Die Rebellen schlagen „wie ausgewachsene Teufel“ zu, Banks wild zurückflutenden Truppen ist der Fluchtweg durch nachrückende Einheiten verstellt. Personalverluste USA: 2 250, CSA: 1 000. Der Sieg der Grauen rettet Shreveport und macht Taylor zum Generalleutnant.

9.4. – Am Tag nach der Niederlage von Mansfield erringen die Blauen bei Pleasant Hill/LA einen taktischen Erfolg. Banks verliert rund 1 350, Taylor 1 600 Mann.

11.4. – Banks verliert die Hoffnung, die Offensive vor der Überstellung Andrew J. Smith' an Sherman erfolgreich abzuschließen, und bricht seinen Feldzug ab. Die Blauröcke marschieren nach Grand Ecore zurück. ■ Frederick Steele, durch BrigGen. John M. Thayer auf 10 500 Mann verstärkt, schlägt sich mit 5 000 Rebellen vor Prairie d'Ane/AR.

12.4. – Gefecht von Blair's Landing/LA am Red River. Porters Flotte, aufgrund des fallenden Wasserspiegels kaum noch zu navigieren, wird von einer abgesessenen Reiterbrigade unter BrigGen. Thomas Green angegriffen. Die zum Teil stark alkoholisierten Rebellen richten wenig aus und verlieren 300 Mann. Unter den Gefallenen ist Green. Porter erreicht Grand Ecore am Tag darauf.

15.4. – Die USS Eastport läuft im Red River auf eine Mine, wird schwer beschädigt und selbstversenkt. ■ Steele, weiterhin ohne Nachschub, besetzt Camden/AR. ■ Die 1. Colorado Cavalry schlägt im Westen von Kansas einen Angriff von 400 Cheyenne zurück.

18.4. – Price fallen nach einem kurzen Gefecht bei Poison Springs/AR 198 Nachschubwagen Steeles in die Hand.

21.4. – Banks evakuiert Grand Ecore und bewegt sich, von Taylor verfolgt, auf Alexandria.

23.4. – Hamilton P. Bees Texaner versuchen Banks bei Cane River Crossing/LA aufzuhalten. Banks verliert 300, BrigGen. Bee 50 Mann und das Vertrauen Taylors.

25.4. – BrigGen. James F. Fagan, ehemaliger Whig-Abgeordneter aus Kentucky, erbeutet während eines Überfalls 211 von Steeles Bagagewagen. Von 2 000 Yankees der Begleitung können nur 300 entkommen, was das Treffen zum „Schlachtfest von Mark's Mills“ macht.

26.4. – Steele, nach Banks Niederlage ohne Waffenhilfe im Feindesland, bricht seine Offensive ab. ■ Die USS Champion No 3 sinkt nach einer Explosion auf dem Red River und nimmt rund 200 (vorwiegend schwarze) Yankees mit in die Tiefe. Die schwerbeschädigte USS Eastport wird selbstversenkt.

CS-GenLt. E. Kirby Smith, Befehlshaber im konföderierten Trans-Mississippi-Bereich. Smith schlägt Frederick Steele bei Jenkin's Ferry und kann sich auf Banks konzentrieren.

Gefallener Rebell auf Lees linkem Flügel bei Spotsylvania C. H. (Ewells Korps). Lee verliert in der Schlacht von Spotsylvania rund 9000 Mann und wird – obwohl taktisch nicht besiegt – aus seinen Stellungen gezwungen.

30.4. – E. Kirby Smith greift Steele bei Jenkin's Ferry/AR an. Die Blauen lassen ihre Kranken und Verwundeten zurück und versuchen, nach Little Rock zu entkommen. ■ In Missouri wird der Krieg im Krieg verbissen weitergeführt: Der April hat Aktionen bei Bloomfield, New Madrid, Hunnewell, Independence und Dayton gesehen.

Der westliche Schauplatz: William T. Sherman, KomGen. auf dem südwestlichen Kriegsschauplatz, bereitet 3 Angriffsarmeen auf den Kampf um Atlanta vor. Sein Gegenspieler ist *Joe* Johnston, dessen reorganisierte Tennessee-Armee (2 Korps unter John B. Hood und Hardee und Wheelers Kavallerie) den Nordstaatlern zahlenmäßig 2:1 unterlegen ist. ■ Forrest setzt seinen Tennessee-Kentucky-Raid fort.

7.4. – Longstreet wird zu Lees Verstärkung aus seiner Winterstellung in Ost-Tennessee nach Virginia gerufen.

12.4. – Forrest (1 500) greift die Garnison von Fort Pillow/TN an (Maj. Lionel F. Booth mit 557 Mann, darunter 262 Farbige der 11. US Colored Troops und 4. Colored Light Artillery). Maj. William F. Bradford übernimmt für den tödlich verwundeten Booth. Bradfords Weigerung, rechtzeitig zu kapitulieren, kostet ihn 330 Soldaten, 226 geraten in Gefangenschaft. Forrest verliert 100 Reiter, dazu im Norden den Ruf als Mensch und Offizier: Nach Fort Pillow wird der Vorwurf laut, daß seine Leute um die 100 meist farbige Gefangene ermordet hätten. ■ Schießereien bei Florence/AL. ■ GenMaj. Simon B. Buckner erhält den Befehl

GenMaj. Nathan B. Forrest. Die Eroberung von Fort Pillow/TN hat Forrests Ruf als Mensch und Offizier infrage gestellt. Im Norden kursiert das Gerücht, daß seine Leute rund 100 meist farbige Gefangene ermordet hätten.

über den CS-Wehrbereich Ost-Tennessee.

13.4. – Forrest testet den Gegner bei Columbus/KY, erscheint am Tag darauf erneut vor Paducah/KY.

16.4. – Feindseligkeiten bei Salyersville/KY.

18.4. – Schießereien bei Decatur/AL.

Der östliche Schauplatz: Im Osten stehen sich mit *Sam* Grant und *Bobby* Lee 2 geniale Militärs mit 2 grundverschiedenen Charakteren gegenüber. Beide beherrschen die hohe Kunst der Kriegführung, doch jeder auf seine Art. ■ Fort Sumter, im April nur sporadisch beschossen, bleibt Symbol des Widerstands gegen die Nordarmee.

1.4. – Schießereien bei Plymouth am Albemarle Sound/NC.

7.4. – GenMaj. *Phil* Sheridan übernimmt die Kavallerie der Potomac-Armee.

17.4. – CS-BrigGen. Robert F. Hoke greift Plymouth an.

18.4. – Beauregard erhält den Befehl über den CS-Wehrbereich North Carolina und Süd-Virginia mit der militärischen Verantwortung für Richmond.

19.4. – Die CSS Albemarle, seit 2 Tagen im Dienst, greift in die Kämpfe um Plymouth ein. Das Panzerrammschiff versenkt die USS Southfield, neutralisiert die USS Whitehead, Miami und Ceres und beschießt mit seinen 100-Pfünder-Armstrongs Fort Williams.

20.4. – BrigGen. Hoke nimmt die Kapitulation von Plymouth entgegen. Die Rebellen machen 2 800 Gefangene, erneut wird der Vorwurf laut, daß eine Reihe davon aufgrund der Hautfarbe ermordet wurde.

26.4. – Nach dem Fall von Plymouth geben die Blauen Washington/NC auf.

30.4. – In Virginia wenig Neues (was sich mit dem Frühjahrswetter schnell ändern würde). Der Südstaat hat im April lediglich kleinere Aktionen bei Winchester, Milford, Bristoe Station, Catlett's Station, Leesburg und Middletown gesehen.

Operationen der Marine:
9.4. – Das Torpedoboot CSS Squib beschädigt die USS Minnesota vor Newport News/VA.

16.4. – Das Transportschiff USS General Hunter läuft im St. Johns River/FL auf eine Mine und sinkt.

Mai 1864

Der Norden: GenLt. Grant sucht mit zeitlich gleichgeschalteten Angriffen den Krieg an allen Fronten. ■ Washington kürzt die Essensrationen für gefangene Südstaatler als Repreßivmaßnahme und verspricht jedem, der einen blauen Deserteur einbringt, ein Kopfgeld von $30. ■ In Cleveland/OH nominiert ein radikaler, besonders von Deutschamerikanern unterstützter Zweig der Republikaner den militärisch abgehalfterten John C. Frémont als PräsKan. für die Novemberwahl (31.).

Der Süden: Richmond kommt außenpolitisch verstärkt unter Druck. Hoffnungen auf eine diplomatische Anerkennung sind zerschlagen, auf den Weltmeeren verhärtet sich mit jeder militärischen Niederlage die Situation. Wurde es CS-Schiffen nach den Erfolgen von Bull Run oder Chancellorsville relativ leicht gemacht, fremde Küsten anzulaufen, sind Südstaatler 1864 in den wenigsten Auslandshäfen willkommen.

Westlich des Mississippi: Banks Red-River-Feldzug und Steeles Offensive haben sich als Fehlschläge erwiesen. KAdm. Porter wird an den Stromschnellen oberhalb Alexandrias erneut vor Probleme gestellt: Der Red River ist stellenweise nur 3 Fuß tief, 4 Fuß weniger als Porters Flotte als Minimum zum Navigieren braucht. ■ Missouri sieht Aktionen bei Lamar, Shanghai und Warrensburg.

1.5. – Bei David's Ferry/LA fällt den Rebellen der Transporter USS Emma in die Hand. ■ Porter läßt mit Hilfe von versenkten Kähnen 2 Stauwehren bauen, um die bei Alexandria aufgrund des niederen Wasserspiegels festsitzenden Schiffe flottzumachen.

3.5. – GenMaj. Steele, dessen Ausflug die Nordarmee 2 775 Mann, 9 Feldgeschütze und über 600 Bagage-

Gefallene aus der Wilderness in Fredericksburg. Die erste klassische Schlacht zwischen Grant und Lee hat den Norden 17 500, den Süden 8000 Tote und Verwundete gekostet. Grant kann die Verluste mit frischen Truppen ausgleichen und bleibt Lee 2:1 überlegen.

wagen gekostet hat, trifft in Little Rock ein. E. Kirby Smith und Price können sich auf Banks konzentrieren.

5.5. – Rebellen stören Banks Rückzug bei Natchitoches/LA.

8.5. – Kampfhandlungen bei Maysville/AR.

9.5. – Porters Staudämme halten: Die Besatzungen werfen die schweren Geschütze über Bord und fahren hinter der USS Lexington den Red River hinunter.

13.5. – Banks geht in Richtung Baton Rouge zurück. ■ *Jo* Shelby bricht zu einem neuen Raid nördlich des Arkansas River auf.

17.5. – Shelby rückt in Dardanelle/AR ein.

18.5. – Bei Yellow Bayou/LA kämpfen die Blauen das letzte Gefecht des Red-River-Feldzugs. BrigGen. Joseph A. Mower, Schreiner aus Vermont, deckt Banks Rückzug. ■ Schießereien bei Clarksville und Fayetteville/Arkansas.

24.5. – Rebellenoberst Colton Green beginnt eine zweiwöchige Kampagne auf dem Westufer des Mississippi. Zum Auftakt fällt ihm die USS Lebanon in die Hand.

Jericho Mills am North Anna/VA. Warrens V. Korps überquert am Nachmittag des 23. Mai den North Anna und wird in der Nähe des Flußübergangs von Ambrose P. Hill angegriffen.

James S. Wadsworth, General der Nordarmee aus Geneseo/NY. Wadsworth, 1862 Militärgouverneur von New York, wird in der Wilderness (DivKom. V. Korps) tödlich verwundet.

29.5. – Plänkeleien bei Salem/AR.

Der westliche Schauplatz: *„Inflict all the damage you can“:* Sherman (98 000, 254 Geschütze) bricht aus dem Umland von Chattanooga nach Atlanta auf. Schofields Ohio-Armee formt den linken, McPhersons Tennessee-Armee den rechten Flügel. Die Cumberland-Armee unter Thomas (mit den XI. und XII. Korps der Potomac-Armee im XX. Korps) bildet die Mitte, dazu kommen 4 Reiterdivisionen. Zwischen Chattanooga und Atlanta liegen die Tennessee-Armee des Defensivstrategen *Joe* Johnston und 135 mi bergiges Land. Um den für Shermans Nachschub wichtigen Schienenweg aus dem Ohiotal nach Nashville und Chattanooga offenzuhalten, soll die US-Garnison in Memphis (8 000) den gefürchteten Forrest in Schach halten.

1.5. – Shermans und Johnstons Reiter fechten bei Stone Church/GA.

5.5. – Vorhutgeplänkel bei Tunnel Hill/GA.

7.5. – Schießereien in Tampa/FL.

8.5. – McPherson umgeht Johnston in Dalton im weiten Bogen, passiert den Snake Creek Gap und hält sich in Richtung Reseca an der Bahnlinie W&A. Thomas testet den Gegner bei Buzzard Roost und Rocky Face Gap mit Sondierungsangriffen und Umgehungsmanövern.

9.5. – Thomas und Schofield hängen vor Dalton, McPhersons Versuch, in Johnstons Rücken zur W&A zu kommen, stößt auf verbissenen Widerstand.

12.5. – In Gefahr, von Sherman umgangen zu werden, gibt Johnston seine Stellung bei Dalton auf und zieht sich auf eine Verteidigungslinie bei Reseca zurück.

13.5. – Polks Mississippi-Armee verstärkt Johnston auf 65 000 Mann. Sherman fordert die Rebellenlinie, findet jedoch kein Rezept, um das stark befestigte Reseca zu nehmen.

15.5. – *Fighting Joe* Hooker, der seinen seit Chancellorsville ramponierten Ruf korrigieren will, schlägt Hoods Rebellenkorps bei Reseca. Johnston, erneut in Gefahr, an der linken Flanke umgangen zu werden, bleibt in der Defensive und zieht sich entlang der W&A nach Adairsville zurück. ■ McPherson geht über den Oostenaula River.

17.5. – Johnston versucht, sich bei Adairsville dem vorrückenden Feind zu stellen, findet jedoch keine geeignete Position und weicht nach kurzem Scharmützel aus.

18.5. – Kampfhandlungen bei Cassville und Kingston/GA.

19.5. – *Joe* Johnston will Schofield bei Cassville, etwa auf halbem Weg zwischen Chattanooga und Atlanta

Grant und Offiziere der Potomac-Armee beim Kriegsrat vor der Massaponax-Kirche, südlich von Fredericksburg/VA. Thimothy H. O'Sullivans Aufnahme zeigt Grant wie er sich (im Vordergrund links) zum Kartenstudium über General Meades Schulter lehnt.

stellen. Der Angriff scheitert in der ersten Phase, als Hood dem Täuschungsmanöver blauer Reiter erliegt und sein Korps in Defensivposition bringt. Während der Nacht kommt es zum Streit zwischen Johnstons Korpskommandeuren Hood, Polk und Hardee.

20.5. – Johnston räumt Cassville und geht über den Etowah River.

21.5. – Sherman sucht die offene Schlacht, die er mit überlegenen Kräften gewinnen kann, doch Johnston gräbt sich am Allatoona Pass, südlich des Etowah River erneut ein.

23.5. – Sherman läßt Johnston am Allatoona links liegen und überquert den Etowah River. Wheeler gelingt manch kostspieliger Streich gegen Shermans Versorgungslinien, doch seine Reiter fehlen Johnston vor Atlanta.

24.5. – Vom Gegner erneut teilweise umgangen, zieht sich Johnston vom Allatoona Pass nach Dallas zurück. ■ Scharmützel bei Nashville.

25.5. – Johnston errichtet eine Verteidigungslinie bei New Hope Church. Hood und Hardee bilden die Flügel, Polk hält die Frontmitte. Gegen Abend attackiert Hooker Hood am Pumpkin Vine Creek (in Zukunft: „Hell Hole") und wird unter großen Verlusten abgewiesen.

26.5. – McPherson zieht in Dallas ein. Shermans Hauptarmee steht Johnston bei New Hope Church gegenüber.

27.5. – Sherman und Johnston kämpfen bei Mount Zion Church, Howard wird bei Pickett's Mill zurückgewiesen.

28.5. – Johnston setzt zum offensiven Verteidigungsschlag an, muß seinen Plan erneut aufgeben, nachdem sich Hood in der Nacht verlaufen hat, und weit und breit nicht zu finden ist.

29.5. – Sherman bleibt am Sperriegel der grauen Tennessee-Armee hängen, um Dallas halten die Kämpfe an.

30.5. – John H. Morgan sabotiert Shermans Nachschublinien in Kentucky.

Der östliche Schauplatz: Grant (122 000, 316 Geschütze) bricht zur Frühjahrsoffensive auf. Lee, der seine Strategie der heraufziehenden Gefahr angepaßt hat, stellt ihm 66 000 Mann und 274 Geschütze entgegen. Um seine Überlegenheit an Menschen und Material auszuspielen, will Grant den Gegner aus seinem Stellungssystem locken. ■ Die Potomac-Armee muß auf dem Weg nach Richmond durch die Wilderness, das dichte Waldgebiet südlich des Rapidan, das Hooker 1863 zum Verhängnis wurde. ■ Sigel und Butler, die beiden pol. Generäle, die Grant „erbte" und nicht loswerden kann, erhalten Sonderaufgaben: Butler soll mit der James-Armee Richmond vom Süden der Halbinsel her bedrohen, Sigel die Rebellen im Shenandoahtal binden. ■ Reitergeneral *Phil* Sheridan sucht den Zweikampf mit der Südstaatenlegende *Jeb* Stuart.

4.5. – *„On to Richmond":* Die Potomac-Armee setzt über den Rapidan und versucht, Lees Flanke zu umgehen. Ewell und A.P. Hill (II. und III. Korps) vermeiden den Kampf auf offenem Gelände. Bei Chancellorsville kommt es zum kurzen Gefecht.

„Seine Truppen lieben Grant nicht, denn er ist kalt und undurchdringlich, kurz und knapp in Wort und Blick. Wenn er unter ihren Jubelrufen die Front entlang oder durchs Lager reitet, so grüßt oder beachtet er sie kaum und raucht seinen kurzen Pfeifenstummel ruhig weiter; aber sie vertrauen ihm unbedingt und folgen ihm freudig, wohin er sie führt."
FRIEDRICH KAPP

5./6.5. – Schlacht in der Wilderness, westlich von Fredericksburg. Grant und Meade (an beiden Tagen mit 115 000 Mann) treffen auf einen starken, zu allem entschlossenen Gegner (60 000). Dichtes Gehölz erschwert den Einsatz der überlegenen Unionsartillerie.

GenLt. Ulysses S. Grant im August in seinem Hauptquartier City Point am James River. Kein Napoleon, aber Napoleon ähnlich, ist Sam Grant zum Architekten des Sieges der Nordstaaten geworden.

1. Kampftag (5.) – Beim Durchqueren der „Wildnis“ treffen 3 vom Rapidan nach Süden stoßende Unionskorps (70 000) auf 2 Rebellenkorps (40 000). Warrens V. und Einheiten von Sedgwicks VI. Korps stehen am Orange Turnpike Ewell, BrigGen. Gettys Div./VI. Korps und Hancocks II. Korps an der Plank Road A.P. Hill gegenüber. Die Rebellen nutzen das vertraute Terrain mit großen Geschick, Verwundete beider Seiten fallen einem durch Geschützfeuer ausgelösten Waldbrand zum Opfer. Der Tag endet mit einem Unentschieden, Grant hält eine günstige Ausgangsposition, um Lees rechten Flügel einzudrücken. Longstreet, gerade erst aus Tennessee zurück, hat nicht eingegriffen. Grant und Lee planen am frühen Morgen den Stumangriff.

2. Kampftag (6.) – Ewell greift um :0430 das VI. Korps an, wird jedoch zurückgeschlagen. A.P. Hill gerät gegen Hancock in Schwierigkeiten, bevor er durch Longstreets im Eilmarsch eintreffendes I. Korps verstärkt wird. Burnsides IX. Korps erscheint erst mit Verspätung. Am Nachmittag können sich die Rebellen Vorteile erkämpfen, doch Longstreet wird in einem verrauchten Waldstück von eigenen Soldaten versehentlich angeschossen (und fällt für mehrere Monate aus). Neben Longstreet ist BrigGen. Micah Jenkins im „freundlichen Feuer“ gefallen, den führungslosen Gegner halten die Blauen mit Hilfe ihrer Artilleristen auf. BrigGen. John B. Gordons Sturmangriff verläuft sich gegen Abend nach anfänglichen Erfolgen.

James B. Gordon, Reitergeneral der Südarmee aus Wilkesborough/NC. Gordon, Befehlshaber der North Carolina-Brigade in Wade Hamptons Cavalry Corps, wird im Kampf mit Sheridans Reitern bei Meadow Bridge/Chickahominy River tödlich verwundet.

Die erste klassische Schlacht zwischen Grant und Lee endet mit einem taktischen Unentschieden. Die Nordarmee hat 17 500 Tote und Verwundete, der Süden 8 000. ■ GenMaj. Richard H. Anderson übernimmt Longstreets Kommando.

6.5. – Butler (38 000) startet in Bermuda Hundred auf dem Südufer des James einen halbherzigen Versuch, die Bahnverbindung zwischen Richmond und Petersburg zu unterbrechen. Obwohl dem Gegner 5:1 überlegen, zögert er den Offensivstoß gegen das schwach verteidigte Richmond hinaus. ■ Reitergeneral William W. Averell bricht in West-Virginia zu einer neuen Exp. gegen graue Versorgungslinien auf.

7.5. – Die Potomac- und Nord-Virginia-Armee stehen sich in der Wilderness gegenüber, ohne daß es zu größeren Kampfhandlungen kommt. Grant, für den Rückzug das falsche Signal wäre, plant die Umfassung der rechten Rebellenflanke, um sich in der Nacht zwischen den Gegner und Richmond zu schieben. Warrens V. Korps soll zum 10 mi entfernten Straßenknotenpunkt Spotsylvania Court House vorstoßen, über den die kürzeste Route nach Richmond führt. ■ Lee kann Grant lesen,

Fighting Dick Anderson gewinnt das Rennen gegen Warren und erreicht Spotsylvania nach einem Nachtmarsch als erster. ■ Butler (7 000) besetzt die Bahnstrecke Richmond-Petersburg, läßt sich jedoch von 3 000 Rebellen wieder vertreiben. ■ Reitergeneral August V. Kautz brennt Eisenbahnbrücken südlich von Stony Creek Station/VA nieder, um Verstärkungen für den von Butler bedrohten Beauregard aufzuhalten.

8.5. – Anderson legt bei Spotsylvania C.H. Schützengräben und Brustwehren einer gestaffelten Verteidigungsstellung an, die am Nachmittag von Warren und Sedgwick getestet wird. Feldbefestigungen und Erdwerke, die Pickel, Schaufel und Spaten neben das Gewehr stellen, signalisieren den Grabenkrieg als neue Art der Kriegführung. ■ Grant schickt Sheridan gegen Lees Versorgungslinien.

9.5. – Bei Spotsylvania kommt es lediglich zu kleineren Gefechten. Der Tag gehört den Scharfschützen, prominentestes Opfer ist GenMaj. *Uncle John* Sedgwick, KomGen. des VI. Korps. ■ George *Grey Fox* Crook (6 100), der die Virginia & Tennessee RR unterbrechen soll, schlägt BrigGen. Albert G. Jenkins (2 400) am Cloyd's Mountain vor Dublin/VA. Crook verliert 690, Jenkins 540 Mann. ■ *Phil* Sheridan kämpft bei Davenport und Beaver Dam, nördlich von Richmond.

10.5. – Schlacht von Spotsylvania C.H. Grant wirft 3 Korps gegen Lee. Die Rebellen können den Angriff auf

Yankeereiter überwachen die Verlegung von Grants Basislager in Port Royal am Rappahannock, südöstlich von Fredericksburg/VA. Die Potomac-Armee nutzt die Möglichkeiten des Wasserwegs für den Transport des Nachschubs.

GenMaj. John Sedgwick. Uncle John Sedgwick, KomGen. des VI. Korps der Potomac-Armee, wird kurz vor der Schlacht von Spotsylvania von einem Scharfschützen ausgemacht und tödlich verwundet.

ihren linken Flügel abwehren, ein Frontabschnitt, der in seiner vorgeschobenen Form dem Huf eines Maulesels („Mule Shoe") ähnelt, wird von 12 Regimentern unter US-Oberst Emory Upton mit dem Bajonett genommen, kann von nachrückenden Truppen jedoch nicht gehalten werden. ■ Sheridan befreit in Beaver Dam 378 gefangene Yankees. Stuart schiebt sich zwischen Sheridan und Richmond. ■ Butler steht unschlüssig zwischen Petersburg und Richmond, Beauregard verstärkt seine Truppen.

11.5. – Reitergefecht von Yellow Tavern, nordwestlich von Mechanicsville. Sheridan (10 000), dem Gegner 2:1 überlegen, trifft auf Einheiten von Stuarts Reiterei. Im letzten großen Kavalleriegefecht schlagen die erheblich besser berittenen und bewaffneten Yankeereiter den Gegner in die Flucht. *Fitz* Lee übernimmt das Kommando des vom Pistolenschuß eines abgesessenen Kavalleristen bei der Gelben Kneipe tödlich getroffenen *Jeb* Stuart. Custer hat 2 Kanonen erbeutet und 100 Gefangene gemacht. ■ William W. Averells Versuch, Blei- und Salzminen bei Wytheville zu zerstören, wird von Morgan vereitelt. ■ Spotsylvania C.H. hat (beinahe) einen Ruhetag.

12.5. – *„It seemed impossible that any living creature could escape":* Hancocks II. Korps greift im dichten Nebel früher Morgenstunden Lee bei Spotsylvania an. Die Blauröcke bringen nahezu die ganze Stonewall-Brigade als Gefangene ein, laufen jedoch vor einer zweiten Verteidigungslinie auf. Horatio G. Wrights VI. Korps trifft zur Verstärkung Hancocks ein, der „Bloody Angle", wo 18 Stunden lang im strömenden Regen gekämpft wird, sieht eine der blutigsten Aktionen des Kriegs. Warren und Burnside bleiben an den grauen Flanken hängen, bevor Lee nach Mitternacht den Befehl zum Rückzug auf eine neue Kampflinie gibt. Grant hat an einem einzigen Tag knapp 7 000, Lee 5 000 Mann verloren. Edward *Alleghany Ed* Johnson, KomGen. von Jacksons alter Division, sitzt in Gefangenschaft. ■ Sheridan fechtet bei Mechanicsville. ■ Butler marschiert mit Quincy A. Gillmores X. und William *Baldy* Smith' XVIII. Korps den James River aufwärts nach Drewry's Bluff.

13.5. – Grants Offensive ist zum Stehen gebracht, im Gegensatz zu seinen Vorgängern zieht der blaue Feldherr seine Kampftruppen nicht zurück, sondern erweitert die Front. ■ Franz Sigel will mit einem Korps der Potomac-Armee das Rebellendepot Staunton an der Virginia Central RR nehmen.

14.5. – *„Press Sigel down the Valley":* Breckinridge und Reitergeneral John D. Imboden, die Sigel im Shenandoahtal stellen sollen, stehen südlich von New Market. Ihre Reserve bilden 247 15- bis 18jährige Kadetten der

Militärakademie von Virginia (VMI), die die kraftraubenden 80 mi von Lexington herauf im strömenden Regen marschierten. ■ Schwere Unwetter verhindern Kampfhandlungen bei Spotsylvania.

15.5. – Schlacht von New Market über dem Nordarm des Shenandoah. Der verregnete Sonntag wird zu Sigels Schicksalstag: Sarah und Jacob Bushong haben das Land seit 30 Jahren unterm Pflug, als das Treffen zwischen Sigel (6 000) und Breckinridge (5 000) die Familienfarm zum Schlachtfeld, das Farmhaus zum Feldlazarett macht. Die Rebellen schlagen die *Yanks* in die Flucht, der Süden verliert 531, der Norden 840 Mann. Stoff für Legenden liefert der Einsatz der VMI-Kadetten, die die Hitze des Gefechts in vorderster Linie neben das 62. Virginia stellte. Die Kadetten konnten sich 30 Minuten halten, 5 wurden getötet, 15 verwundet. Eine der Geschichten über den ersten und letzten Kadetteneinsatz in einer Schlacht der USA kolportiert, daß sie am Bushong's Hill im Nahkampf 6 Geschütze der 30. New York Light Battery unter Hptm. Alfred von Kleiser genommen hätten (tatsächlich hat von Kleiser eine 12-Pfünder-Napoleon aufgegeben, als die Zugpferde getötet wurden).

„Ich glaube, der Grund, daß die deutschen Regimenter so wenig Erfolg hatten, lag vor allem darin, daß ihre Offiziere so oft Männer ohne Charakter waren." MCCLELLAN, Kriegserinnerungen.

16.5. – Schlacht von Drewry's Bluff, 5 mi südlich von Richmond. Ab :0445 greift Beauregard (18 000) Butler (16 000) im dichten Nebel an, gegen :1000 hat er ihn am Laufen. Die US-Marine bleibt aufgrund des niederen Wasserstands auf dem James inaktiv. Butler verliert jeden vierten Mann und zieht sich nach Bermuda Hundred zurück. Dort sitzt er zwischen den Flüssen Appomattox und James wie in einer „verkorkten Flasche" (so jedenfalls Grant). Beauregards Verluste liegen bei 2 500 Soldaten.

18.5. – Mit aufklarendem Wetter holen sich Hancock und Wright bei Ewell Prügel ab, Burnsides Angriff schlägt nicht durch. Grant, von der Aussichtslosigkeit weiterer Sturmangriffe überzeugt, plant einen neuen Umfassungsversuch, um Lee aus den Stellungen bei Spotsylvania zu zwingen.

GenMaj. James E. B. Stuart. Die Südstaatenlegende, Lees „Auge der Armee", wird während des letzten großen Kavalleriegefechts des Kriegs bei Yellow Tavern tödlich verwundet.

Joseph O. Shelby, Rebellenoberst aus Lexington/KY. Shelby, dessen Iron Brigade das blaue Hinterland terrorisiert, verweigert bei Kriegsende die Kapitulation und setzt sich mit einigen 100 Mann nach Mexiko ab.

19.5. – Im letzten Gefecht bei Spotsylvania schlagen die Blauen einen Angriff Ewells (6 000) zurück.

20.5. – Grant hat bei Spotsylvania 18 399, Lee rund 9 000 Mann verloren. Unter den Toten ist Baron Otto von Steuben, ein Nachfahr Friedrich Wilhelms von Steuben, George Washingtons berühmtem Generalinspekteur. ■ *„He'll do nothing but run":* Grant ersetzt den durch das New Market-Fiasko erneut gezeichneten Sigel durch GenMaj. David Hunter.

21.5. – Grants Offensivzangen greifen nach Süden und Osten, Lee weicht über den North Anna River zurück. Der Wettlauf zwischen den Armeen geht aus wie im Märchen vom Hasen und Igel: Wo immer die Blauen eintreffen, sind die Grauen schon da.

23.5. – Warren setzt am Nachmittag über den North Anna und wird bei Jericho Mills von A.P. Hill angegriffen. Hancock schlägt sich auf dem Nordufer mit Lees Nachhut. ■ Lee, der erkrankt ist und sein Zelt nicht verlassen kann, verpaßt die Gelegenheit, eines der getrennt operierenden blauen Korps entscheidend zu schwächen.

24.5. – Der Rest der Potomac-Armee überquert den North Anna. Bei Ox Ford kommt es zu Kampfhandlungen.

26.5. – Grant geht über den North Anna River zurück und bewegt sich auf Cold Harbor, der erkrankte Lee läßt eine weitere gute Chance zum Angriff verstreichen. ■ Hunter (16 000) marschiert von Strasburg zum Cedar Creek.

27.5. – Grant will Lee etwa 20 mi flußabwärts umgehen. ■ Sheridan nimmt Hanovertown, südlich des Pamunkey River/VA.

28.5. – Lee eilt vom North Anna nach Cold Harbor, um sich zwischen Grant und Richmond zu stellen.

30.5. – Grant steht mit dem Gros seiner Armee am Totopotomoy River, wo es zu mehreren Begegnungen kommt.

31.5. – Sheridan nimmt den Straßenknotenpunkt Cold Harbor bei Gaines' Mill, das 1862 eine der großen Schlachten der Seven Days gesehen hat. ■ Grant wird durch Butlers XVIII. Korps (William F. Smith), Lees dezimierte Armee durch GenMaj. Hoke (6 000) verstärkt.

Operationen der Marine:
5.5. – Die USS Sassacus rammt die CSS Albemarle auf dem Roanoke, beide Schiffe werden beschädigt.

7.5. – Die CSS Raleigh läuft vor dem Ostküstenhafen Wilmington/NC auf Grund.

Juni 1864

Der Norden: Eine überparteiliche Partnerschaft aus Republikanern und Kriegsdemokraten wählt Lincoln zum PräsKan. für eine 2. Amtsperiode. Mit dem unionstreuen Südstaatler Andrew Johnson läuft ein Kriegsdemokrat als Vizepräsident (8.). Lincolns Chancen stehen weiterhin nicht gut. Um wiedergewählt zu werden, braucht er den militärischen, wenn möglich kriegsentscheidenden Erfolg. ■ Finanzminister Chase, mit Gedanken an eine eigene Kandidatur, tritt zurück (30.).

„Die Arbeiter Europas sind von der Überzeugung durchdrungen, daß, wie der amerikanische Unabhängigkeitskrieg eine neue Epoche der Machtentfaltung für die Mittelklasse einweihte, so der amerikanische Krieg gegen die Sklaverei eine neue Epoche der Machtentfaltung für die

Auktionshaus für Sklaven in Atlanta/GA. Im 4. Kriegsjahr ist das auf 20 000 Einwohner angewachsene Atlanta nach Richmond die wichtigste Stadt der CSA. (Aufnahme von George N. Barnard)

Arbeiterklasse einweihen wird. Sie betrachten es als ein Wahrzeichen der kommenden Epoche, daß Abraham Lincoln, dem starksinnigen, eisernen Sohn der Arbeiterklasse, das Los zugefallen ist, sein Vaterland durch den beispiellosen Kampf für die Erlösung einer geknechteten Rasse und für die Umgestaltung der sozialen Welt hindurchzuführen." KARL MARX an Lincoln.

Der Süden: Österreichs Erzherzog Maximilian, mit Verbindungen zur CSA, trifft als mexikanischer Kaiser in Mexiko City ein (8.).

Westlich des Mississippi: Richard Taylor, davon überzeugt, daß er ohne Intervention Bank und Porter vernichtet (und Teile des Mississippitals zurückgewonnen) hätte, nennt seinen Vorgesetzten E. Kirby Smith etwas unmilitärisch „eigensinnig und dumm". ■ Missouri sieht Aktionen bei New Market, Neosho, New Frankfort, Kingsville, Calhoun, Lexington, Preston, Columbia und Cassville.

6.6. – Gefecht von Lake Chicot/AR. BrigGen. Joseph A. Mower trifft auf Reiteroberst Colton Greens 3. Missouri. Mower verliert 255, Green 40 Mann.

14.6. – Shelby zerstört die USS Queen City auf dem White River.

15.6. – BrigGen. Stand Waties Cherokees versenken die USS J.R. Williams auf dem Arkansas.

24.6. – In Arkansas kommt es nach Pine Bluff, Waldron und Lewisburg zu Schießereien bei Fayetteville.

Der westliche Schauplatz: Shermans Feldzug nach Atlanta hat Sondierungsangriffe, Gefechte und Umgehungsmanöver jedoch noch keine ganz große Schlacht gesehen. *Joe* Johnston, der auf Zeit spielend den Erfolg in der Defensive sucht, hält die Blauröcke im Umland von New Hope Church und Dallas/GA fest.

1.6. – Stonemans Reiter nehmen Allatoona Pass, durch den die W&A-

Bahnlinie führt. Schießereien bei Marietta/GA. ■ BrigGen. Samuel D. Sturgis verläßt Memphis mit 4 800 Infanteristen, 3 300 Reitern (unter Benjamin H. Grierson) und 20 Geschützen, um dem in Mississippi operierenden Forrest das Handwerk zu legen.

4.6. – Erneut in Gefahr, von Sherman umgangen zu werden, zieht sich Johnston auf eine von malochenden Sklaven fertiggestellte Verteidigungslinie in den Brush, Pine und Lost Mountains zurück. ■ Yankeereiter suchen in Kentucky und Tennessee nach Morgan und Forrest.

7.6. – Sturgis trifft vor Ripley/MS auf Rebellen.

8.6. – John H. Morgan (2 000) gelingt ein Überraschungsangriff auf die Unionsgarnison Mount Sterling. Die Grauen – aufgrund des Pferdemangels teilen sich 2 Reiter ein Pferd – machen 380 Gefangene und erleichtern die lokale Bank um $18 000.

10.6. – Schlacht von Brice's Cross Roads. Forrests Veteranen (3 500) attackieren Sturgis (8 000) bei Guntown/MS. Forrest schlägt Griersons Reiter und bringt Sturgis' Infanteristen in Verlegenheit. Auf eine neue Kampflinie gestellt, ergreift die blaue Kavallerie erneut die Flucht. Die Rebellen verlieren 500, die Yankees 620 Mann durch Tod und Verwundung, weitere 1 620 sitzen in Gefangenschaft. Der Pennsylvanier Sturgis läßt Forrest 192 Bagagewagen, dazu jede Menge Waffen und Ausrüstung zurück (wofür er den Rest des Kriegs als Statist verbringt). ■ Morgans Reiter fallen über Lexington/KY her. Seine in Mount Sterling zurückgelassenen Fußsoldaten werden von Blauröcken aufgerieben.

Yankeetruppen in Charles City C.H./VA am James River. Die Potomac-Armee marschiert von Cold Harbor zum James. Lee will den Yankees bei Malvern Hill den Weg nach Richmond verlegen, doch Grant hat andere Pläne.

11.6. – Morgan überrascht Cynthiana/KY und macht 300 Gefangene. ■ Forrest hält den flüchtenden Sturgis bei Ripley und Salem/MS noch einmal auf.

12.6. – Der Kentuckier Stephen G. Burbridge (1 500) erteilt Morgan bei Cynthiana eine Lektion. Die Dixieländer weichen nach Virginia aus. ■ Sherman schiebt sich vor Marietta Schritt für Schritt an Johnston heran.

14.6. – Bischof Polk, mit Johnston und Hardee bei einer Lagebesprechung am Pine Mountain, wird von einer US-Parott-Batterie ausgemacht und tödlich verwundet (sein Kommando erhält Alexander P. Stewart).

17.6. – Die Georgia-Front sieht mehr oder weniger bedeutungslose Gefechte. Johnston ist tapfer, aber auch vorsichtig, und setzt sich zum Mud Creek ab.

18.6. – Sherman testet Johnson am (Little und Big) Kennesaw Mountain.

22.6. – Die Blauen schlagen Hood bei Zion Church. ■ John H. Morgan übernimmt den CS-Wehrbereich West-Virginia und Ost-Tennessee.

25.6. – Sherman, der Johnston seit Wochen mit immer neuen Flankenmanövern zu umgehen versucht, will ihn trotz des Geländevorteils am Kennesaw Mountain frontal angreifen. ■ Schießereien bei Morganfield/KY.

27.6. – Schlacht von Kennesaw Mountain bei Marietta. Sherman (GenMaj. John *Blackjack* Logans XV. Korps) trifft auf *Joe* Johnston (William W. Loring). Die blaue zieht gegen die graue Tennessee-Armee den kürzeren, die Cumberland-Armee richtet gegen Hardee nichts aus. Sherman, der bei Temperaturen von knapp 40 Grad nach 3 Stunden aufgeben muß, verliert 2 800, Johnston 700 Mann.

Reitergeneral John H. Morgan. Von Yankeereitern überrascht, fällt Morgan während eines kurzen Gefechts in Greeneville/TN (um als Legende weiterzuleben).

28.6. – Johnston kann die Stellung am Kennesaw Mountain trotz seines klaren Erfolgs auf Dauer nicht halten und baut am Chattahoochee River eine neue Verteidigungslinie auf.

Der östliche Schauplatz: Der Weg nach Richmond kann entweder direkt dorthin oder über das 25 mi südlich gelegene Petersburg führen. Die Stadt am Appomattox, 1645 als Fort gegründet, ist Industriezentrum, Waren-Umschlagplatz und ein bedeutender Bahnknotenpunkt. ■ Fort Sumter hat seine neue Routine: Nahezu täglich schießen Yankeekanoniere den Fahnenmast der Garnison herunter, täglich wird er wieder aufgestellt. ■ David Hunter will mit der West-Virginia-Armee das Rebellendepot Lynchburg/VA nehmen.

1.6. – Andersons Rebellen laufen bei Cold Harbor (zu Fuß und nicht selten ohne Schuhe) gegen Sheridan an. Wright und Smith eilen den blauen Reitern zu Hilfe, die Yankees verlieren 2 600, die Rebellen 2 400 Mann.

Verwundeter Unionssoldat. Äther und Chloroform sind seit ein paar Jahren bekannt, doch selten aufzufinden. Feldchirurgen benutzen Whiskey als Betäubungsmittel.

2.6. – Zwischen Totopotomoy und Chickahominy kommt es zu harten Gefechten, die die Nordarmee weitere 2 400 Opfer kosten. ■ Lee (60 000) gräbt sich bei Cold Harbor auf einem 7 mi langen Frontabschnitt ein, wo ihn Grant (115 000) mit einer „letzten Schlacht des Kriegs“ am nächsten Tag vernichten will.

„Als ich zu Fuß zwischen den Truppen umherging, sah ich, daß viele Soldaten ihre Jacken ausgezogen hatten ... Beim näheren Hinsehen fiel mir auf, daß die Männer ihre Namen und Adressen auf Papierzettel schrieben und diese auf dem Rücken ihrer Uniformen festnähten, damit man ihre Leichen identifizieren und ihre Familien benachrichtigen konnte.“ J. PORTER, Oberst der US-Armee.

3.6. – Schlacht von Cold Harbor, 9 mi nordöstlich von Richmond. Um :0430 schickt Grant 45 000 Mann gegen die 3 Korps der Nord-Virgina-Armee (Hill, Anderson und Early, der den kränkelnden Ewell ersetzt). In weniger als einer Stunde scheitert die Potomac-Armee an der ganzen Front, was Cold Harbor zum eindruckvollsten Sieg Lees im Bürgerkrieg macht. Grants größter taktischer Fehler kostet den Norden 7 000, Lee 1 500 Mann.

4.6. – Die Potomac- und Nord-Virginia-Armee stehen sich gegenüber. Das Feld gehört den Scharf- und Heckenschützen, ohne daß es zu größeren Kampfhandlungen kommt. ■ CS-General William *Grumble* Jones stellt ein Aufgebot aus Veteranen, Milizen und jungen Burschen zusammen, um David Hunters West-Virginia-Armee im Shenandoahtal aufzuhalten.

5.6. – Gefecht von Piedmont, südlich von Port Republic. Hunter (12 000) trifft auf Jones (5 600). Die Nordstaatler reiben den Gegner auf, Jones fällt an seiner rechten Flanke. Hunter verliert 800, die Rebellen 1 500 Mann, von denen der Großteil in Gefangenschaft sitzt. ■ Begräbniskommandos von *Yanks* und *Rebs* begraben ihre Toten von Cold Harbor.

6.6. – Hunter nimmt Staunton, richtet einigen Schaden an und zieht nach Lexington weiter.

7.6. – Sheridan will mit 2 Kav.-Div. die Virginia Central RR und den James-River-Kanal unbrauchbar machen, danach zu Hunter stoßen.

9.6. – *Beast* Butler (4 500), Symbol militärischer Inkompetenz, holt sich gegen Beauregard (2 500) bei Petersburg eine weitere Blamage ab. ■ Hunters Truppen terrorisieren die Zivilbevölkerung ... ein Verbrechen, das im Süden nie mehr verjährt.

11.6. – Sheridan (8 000) trifft vor dem Versorgungsbahnhof Trevilian auf Wade Hampton und *Fitz* Lee (5 200). *Johnny Reb* und *Billy Yank* kämpfen, bis ihnen die Munition ausgeht, Custer (für den das Gefecht beinahe das letzte gewesen wäre) kann mit seiner Michigan-Brigade dem Gegner knapp entkommen. Personalverluste: 1 000 (USA), 610 (CSA). ■ Hunter, durch Averell und Crook auf 18 000 Mann verstärkt, stößt nach Lynchburg vor.

12.6. – Sheridans Angriff auf Trevilian Station wird erneut abgeschlagen. *Little Phil* gibt das Unternehmen auf und reitet anstatt zu Hunter nach Cold Harbor zurück. Seiner Kolonne folgt ein Heer befreiter Sklaven. ■ Hunter nimmt Lexington und steckt das Virginia Military Institute in Brand (die Ausbildung der VMI-Kadetten wird nach Richmond verlegt). ■ Die Potomac-Armee zieht ihre ersten Verbände während der Nacht aus Cold Harbor ab. Warren bleibt zurück, um den Gegner im Auge zu behalten.

13.6. – 4 blaue Korps überqueren den von der Kriegsmarine kontrollierten James River mit Hilfe von Schiffen und einer 2 200 Fuß langen Pontonbrücke, ein weiteres Korps nimmt den Schiffsweg über den Pamunkey und York zum James River. ■ Lee, im Ungewissen über Grants Pläne, zieht sich aus Cold Habor zurück und blockiert die Zufahrt nach Richmond. ■ Jubal A. Early geht von Cold Harbor in das von Hunter bedrohte Lynchburg. ■ Richard S. Ewell übernimmt den Wehrbereich Richmond.

15.6. – *Baldy* Smith und Hancock (16 000) tauchen vor Petersburg auf. Ihr Angriff verspätet sich und wird – nachdem er Beauregards Verteidigungslinie 1 Meile zurückgeschoben hat – trotz klarer Vorteile abgebrochen (Beauregard sollte sich später erinnern, daß die Stadt zu diesem Zeitpunkt nicht zu halten war).

16.6. – Grant, der Härte als Basis für eine Friedenslösung sieht, läßt Lee nicht mehr los, Warren und Burnside wälzen sich Petersburg entgegen wie der James der Chesapeake Bucht. Beauregard, auf 14 000 Mann verstärkt, gibt etwas nach, schlägt einen Angriff Meades gegen :1800 jedoch ab. ■ George E. Pickett erobert Bermuda Hundred zurück. Grant richtet sein Hauptquartier in City Point/VA ein.

17.6. – Beauregard geht in der Nacht auf einen kräftesparenden Verteidigungsgürtel zurück, wo er Verstärkung durch A.P. Hill und Anderson erhält. Petersburg ist teilweise abgeschnürt, Schlupflöcher bleiben im Süden der Stadt. ■ David B. Birney vertritt den verletzten Hancock als KomGen. des II. Korps.

18.6. – Grant zieht die Lehre aus Meades verunglücktem Versuch, Pe-

US-GenMaj. Winfield S. Hancock, West-Pointer des Jahrgangs '44 (18. von 25). In Gettysburg verwundet, kehrt Hancock nach 6 Monaten Kampfpause zur Potomac-Armee zurück und befehligt das II. Korps.

Fort Mahone in der konföderierten Verteidigungslinie von Petersburg. Lee hält mit 50 000 Mann einen Frontabschnitt von 5 mi. Die Stadt ist teilweise abgeschnürt, doch Schlupflöcher bleiben.

tersburg im Direktangriff zu nehmen, und richtet sich für die Belagerung ein. Die Blauen haben in den letzten 4 Tagen 8 100 Mann verloren, halten dafür 2 der 5 in die Stadt führenden Bahnlinien. ■ Hunters Angriff auf das durch Early verstärkte Lynchburg erweist sich als Flopp.

19.6. – Hunter hat vor Lynchburg buchstäblich sein Pulver verschossen und setzt sich nach West-Virgina ab. Das Shenandoahtal ist einmal mehr in Rebellenhand, Hunters Ruf als Offizier gründlich lädiert.

21.6. – Lincoln trifft zum Kriegsrat in City Point ein. Grant will die restlichen Bahnverbindungen Petersburgs unterbrechen.

22.6. – *„Give it to them“:* Birney und Wright stoßen an der Jerusalem Blank Road auf A.P. Hill. Der Versuch, sich zur Weldon RR vorzukämpfen, die Petersburg mit dem Seehafen Wilmington verbindet, scheitert. Das II. und VI. Yankeekorps verlieren knapp 3 000, Hill 500 Mann. ■ Die Reitergeneräle James H. Wilson und August V. Kautz (3 300), im Umland von Petersburg zum Raid gegen die Weldon RR, South Side RR und Richmond & Danville aufgebrochen, reißen einen Bahnkörper bei Ford's Station auf. ■ Sheridan, dem Wade Hampton im Nacken sitzt, reitet zum James River.

23.6. – Sheridan kämpft am Chickahominy, Wilson vor Nottaway C.H.

24.6. – Rebellenreiter greifen Sheridan bei St. Mary's Church an.

25.6. – Kumpels aus Bergwerken Pennsylvanias wollen einen 511 Fuß langen Stollen unter einen Petersburger Frontvorsprung treiben. Burnside sieht die Chance, mit dem spektakulären Versuch seinen Ruf als militärische Doppelnatur zu korrigieren. Die Zahl der Skeptiker ist groß. ■ Wilson und Kautz werden bei Staunton River Bridge von 900 Rebellen in Schach gehalten.

26.6. – Early tritt zu einem Washington-Raid an, um den Abzug von Kampfverbänden der Potomac-Armee aus dem Petersburger Raum zu erzwingen. ■ Sheridan stößt zu Grants Belagerungsarmee.

28.6. – Wilson und Kautz, von Wade Hamptons Reitern und Mahones Infanteristen bei Stony Creek Station angegriffen, lassen Geschütze, Wagen und Verwundete zurück und suchen ihr Heil in der Flucht.

29.6. – John D. Imboden zerstört mehrere Brücken der B&O.

30.6. – Early geht von Staunton nach New Market, wo seine (zur Hälfte barfuß marschierenden) Fußsoldaten verzweifelt nach Schuhen rufen.

Operationen der Marine:

12.6. – Die in England gebaute CSS Alabama (Kom. Raphael Semmes) hat in 22 Monaten 64 Schiffe der US-Handelsflotte aufgebracht. An diesem Sonntag läuft das Kaperschiff für dringende Reparaturen den Hafen von Cherbourg/Frankreich an.

14.6. – Die Unionskorvette USS Kearsarge (Kom. John A. Winslow) trifft vor Cherbourg ein.

19.6. – Die CSS Alabama verläßt den Hafen von Cherbourg und eröffnet gegen :1100 das Gefecht mit der USS Kearsarge. Nach einer Stunde stellt die Alabama das Feuer ein und beginnt zu sinken. Kom. Semmes und 40 Besatzungsmitglieder können sich an Bord der englischen Yacht Deerhound retten. (Aktionen der CSS Alabama führen nach dem Krieg zu diplomatischen Verwicklungen, die das Verhältnis zwischen London und Washington belasten. Die USA fordern $45 Millionen Schadenersatz für die in England – trotz Neutralitätserklärung – ausgerüsteten Kaperfahrer und Kriegsschiffe, die erhebliche Lücken in die Tonnage der US-Handelsschiffahrt rissen. Ein internationales Schiedsgericht spricht Washington $15.5 Millionen zu.)

Unionsbatterie „Crow's Nest" bei Dutch Gap/VA (während der Verstärkung durch 10 inch Mörser). Im Hintergrund ein Observierungsturm für Yankeespäher.

Alfred H. Colquitt, General der Südarmee. Colquitt – ein politisch engagierter Rechtsanwalt – zeichnet sich in der Schlacht von Olustee/FL aus, kämpft unter Beauregard gegen Butler und wird nach dem Krieg Gouverneur von Georgia.

Der Süden im Todeskampf

Juli 1864

Der Norden: Mit Earlys Rebellen auf dem Weg nach Washington ist die Hauptstadt der Union so bedroht wie Richmond (der Gedanke alleine schürt Gespensterangst). ■ Die Öffentlichkeit ist aufgebracht. Ulysses S. Grant, der seit Mai über 60 000 Mann durch Tod und Verwundung verloren, den Endsieg trotzdem nicht errungen hat, steht im (Ver)Ruf des „Schlächters". ■ Washington beendet die Praxis, mit der sich Männer von der vaterländischen Pflichterfüllung freikaufen konnten. ■ Lincoln legt sein Veto gegen den Wade-Davis-Rekonstruktionsplan ein, der einer Neuordnung der Südstaaten harte Maßnahmen verschreibt (4.), und verhängt das Kriegsrecht über Kentucky, wo Sezessionisten nicht überall in der Minderheit sind (5.) ■ Lincoln ruft weitere 500 000 Mann zu den Waffen (18.).

Der Süden: George A. Trenholm löst Christopher Memminger als Finanzminister ab (18.).

Westlich des Mississippi: Missouri sieht kleinere Kampfhandlungen bei Fayette, Parkville, Richmond, Platte City, Versailles, Plattsburg und Pleasant Hill, in Arkansas kommt es zu Aktionen bei Benton, Van Buren, Brownsville und Little Rock. BrigGen. Stand Waties Cherokees greifen Fort Smith am Arkansas River an, in Texas erobern Rebellen Brownsville zurück.

Der westliche Schauplatz: Mit Sherman nur 8 mi vor Atlanta laufen *Joe* Johnston die Soldaten davon (und nicht selten zum Feind über). Statistisch gesehen ist knapp jeder 2. Wehrpflichtige fahnenflüchtig (die Südarmee weist bei Kriegsende 106 000 Deserteure aus). ■ Je tiefer Shermans Armeen im Süden stehen, umso gefährdeter sind die Versorgungslinien. GenMaj. Andrew J. Smith soll Forrests Reitern die Zügel anlegen. ■ Im 4. Kriegsjahr ist das auf 20 000 Einwohner angewachsene Atlanta nach Richmond die wichtigste Stadt der CSA. Atlantas Nachschubdepots, Pulver-, Geschützfabriken und 4 Bahnlinien kommen im Rahmen der Kriegsanstrengungen nicht zu überschätzende Rollen zu.

3.7. – Sherman, der Armeen für gleichzeitige exzentrische Operationen wie ein Schachspieler seine Figuren verschiebt, folgt Johnston zum Nickajack Creek. Bei Big Shanty und Vining's Station kommt es zu Schießereien.

4.7. – Das IV. Korps/Cumberland-Armee und XVI. Korps/Tennessee-Armee unter Howard und GenMaj. Grenville M. Dodge treffen bei

Vining's Station an der Western & Atlantic auf unerwarteten Widerstand. Der Landgewinn bleibt minimal, doch Johnston wird erneut zum Rückzug gezwungen, da Kampfgruppen Shermans bereits näher bei Atlanta stehen als die graue Tennessee-Armee.

5.7. – Thomas bezieht am Chattahoochee River Stellung, GenMaj. Stoneman führt Reiter der Ohio-Armee gegen Johnstons linke Flanke. ■ A.J. Smith (14 200) stößt von La Grange/TN nach Mississippi vor.

7.7. – A.J. Smith' Reiter treffen bei Ripley/MS auf Forrest. ■ An der Georgia-Front kommt es zu verschiedenen Aktionen.

8.7. – Schofield überquert den Chattahoochee bei der Mündung des Soap Creek, McPherson bedroht die Rebellen bei Turner's Ferry.

9.7. – Johnston geht über den Chattahoochee zurück, ein aufgebrachter *Jeff* Davis schickt (ausgerechnet) Braxton Bragg zur Lagebesprechung nach Atlanta.

10.7. – GenMaj. Lovell H. Rousseau (2 500), Ex-Senator aus Kentucky, bricht zum Kavallerie-Raid gegen die Montgomery & West Point RR in Alabama auf. Rousseaus Reiter legen in 12 Tagen 400 mi zurück, verlieren dabei lediglich 42 Mann.

13.7. – A.J. Smith steht im Raum Harrisburg-Tupelo.

14.7. – Schlacht von Tupelo/MS. GenLt. Stephen D. Lee und Forrest (9 000) greifen Andrew J. Smith (14 000) gegen :0730 an. Die blauen Infanteristen halten die grauen Reiter auf, die letzte größere Schlacht in Mississippi endet nach 2 Stunden mit taktischen Vorteilen der Union. Smith kann sich nur als halber Sieger fühlen, da ihm zur Verfolgung der Rebellen der Nachschub fehlt. Personalverluste USA: 670, CSA: 1 350. Forrest ist verwundet und

Rebellenlager vor Petersburg. Den Rebellen ist die Seife ausgegangen, nach zeitgenössischen Berichten erkennt man die Stellungen der ungewaschensten Soldaten der amerikanischen Geschichte schon von weitem . . . am Geruch.

US-BrigGen. Orlando B. Willcox mit seinem Stab vor Petersburg. Der Detroiter Jurist, während First Bull Run gefangengenommen, später ausgetauscht, führt während Grants Offensive eine Division des IX. Corps.

muß auf größere Aktionen vorerst verzichten.

15.7. – A.J. Smith geht nach Memphis zurück. ■ Richmond fragt bei *Joe* Johnston an, ob überhaupt und wann er die Initiative gegen Sherman ergreifen will. Johnstons Antwort ist vage.

17.7. – *Jeff* Davis ersetzt Johnston auf Vorschlag Braggs durch John B. Hood (einen Draufgänger nach dem Motto, daß nur der Frontalangriff den Mann zum Soldaten macht). Im Gegensatz zu Johnston sucht der Kentuckier die offene Schlacht.

19.7. – Am Vorabend der Schlacht um Atlanta hat Sherman seine Invasionsarmee geteilt. Schofields Ohio-Armee marschiert nach Osten, Thomas' Cumberland-Armee steht am Nordufer des Peachtree Creek, McPhersons Tennessee-Armee an der Georgia RR bei Decatur. Hood sieht seine Chance, die isolierte Cumberland-Armee zu schlagen, in einer offensiven Taktik.

20.7. – Schlacht am Peachtree Creek, nördlich von Atlanta. Hardee (für den erkrankten Hood) greift Hookers XX. Korps nach dem Überqueren des Peachtree Creek an, beide Seiten verfügen über 20 000 Mann. Die Blauröcke, die Hardee nach 3 Stunden am Boden haben, verlieren 1 800, die Grauen 4 800 Soldaten, darunter die BrigGen. Pettis, Stevens, Long und Featherstone. Die gebeutelten Rebellen gehen nach Atlanta zurück, um sich für einen neuen Angriff zu sammeln. Hood macht angebliche Führungsfehler Hardees für die Niederlage verantwortlich.

21.7. – Shermans Angriffskeile stoßen auf Atlanta zu. GenMaj. Francis P. Blair nimmt *Pat* Cleburnes Rebellen Leggett's Hill ab, Hood schickt Hardee gegen McPhersons Linke.

22.7. – Hardee (38 000) greift nach einem Nachtmarsch McPherson (30 000) zwischen Decatur und Atlanta an. Die Aktion ist schlecht koordiniert, Hood macht taktische Fehler. Benjamin F. Cheathams Korps kommt zu spät zum Einsatz, GenMaj. W.H.T. Walker verreitet sich und wird von einem Yankee vom Pferd geschossen. GenMaj. McPherson fällt östlich der Stadt. Der Offensivversuch scheitert, Hood verliert 8 000 Mann, der Norden knapp die Hälfte.

23.7. – Während *Yanks* und *Rebs* ihre Toten begraben herrscht Ruhe an der Georgia-Front.

27.7. – GenMaj. Howard übernimmt McPhersons Tennessee-Armee. Hooker, der Howard für die Katastrophe von Chancellorsville verantwortlich macht, tritt aus Protest als KomGen. des XX. Korps zurück. ■ Sherman schickt die Reitergeneräle George Stoneman (6 500) und Edward M. McCook (3 500) gegen die letzten intakten Bahnverbindungen Atlantas. Stoneman soll nach erfolgter Mission nach Macon und Andersonville weiterreiten, um rund 30 000 unter unmenschlichen Bedingungen festgehaltene Yankeesoldaten zu befreien, doch Shermans Befehle sind nur so gut wie seine Reitergeneräle.

28.7. – Schlacht von Ezra Church südwestlich von Atlanta. GenLt. Alexander P. Stewart und Stephen D. Lee, die Howard den Weg verlegen wollen, treffen bei der Straßenkreuzung Ezra Church auf *Blackjack* Logans XV. Korps. Die Blauröcke verlieren 560, die Grauen die Schlacht und knapp 4 600 Mann. Unter den Verwundeten ist *Old Straight* Stewart, Mathematikprofessor der Militärakademie West Point.

29.7. – Wheeler (10 000) nimmt GenMaj. Stoneman mit 700 Yankeereitern bei Macon gefangen (Stoneman wird kurze Zeit später ausgetauscht). ■ Schießereien bei Napoleonville/LA.

30.7. – Wheeler reibt Edward M. McCooks Kolonne bei Lovejoy's Station auf (Sherman, der absolut nichts von seinen Kavalleristen hält, fühlt sich in seinem (Vor)Urteil bestätigt).

Der östliche Schauplatz: Grant (110 000) hat die während Wilderness, Spotsylvania und Cold Harbor erlittenen Verluste mit frischen Truppen ausgeglichen und bleibt Lee 2:1 überlegen. ■ GenLt. Early tritt zum Raid gegen Washington, D.C. an, um Petersburgs Verteidiger zu entlasten.

1.7. – Freiwillige der 48. Pennsylvania treiben den Stollen zum Petersburger Frontvorsprungs vor. Geplant ist, am Tunnelende einige Tonnen Schießpulver zu zünden, dann Schaden und Verwirrung zum Vorstoß nach Petersburg zu nutzen.

2.7. – Earlys Rebellen marschieren (weiterhin barfuß) in Winchester ein. Die Grauröcke stehlen sich zusammen, was sie unbedingt brauchen, häufig auch etwas mehr.

3.7. – Sigel, mit Truppenresten im Shenandoahtal, gibt Martinsburg auf und zieht sich vor Early über den Potomac zurück. ■ Ein Angriff auf Fort Johnson vor Charleston kostet die Blauen 145 Soldaten.

5.7. – Early überquert den Potomac und schickt eine Reiterbrigade zum (erfolglosen) Befreiungsversuch von 18 000 gefangenen Rebellen nach Point Lookout/MD.

6.7. – Washington fordert zur Verstärkung seines Sicherungsrings Milizen aus New York und Pennsylvania an. Das vor Petersburg liegende VI.

James B. McPherson, KomGen. der blauen Tennessee-Armee. McPherson, Militäringenieur und Ausbilder in West Point, wird vor Atlanta von Rebellen gestellt und „auf der Flucht" erschossen.

GenMaj. John M. Schofield aus Gerry/NY. Schofield, Philosophielehrer in West Point, führt während Shermans Atlanta-Feldzug die Ohio-Armee.

Korps/Wright stellt James B. Ricketts Div. zur Verteidigung der Hauptstadt ab. ■ Der Missourier John McCausland, Mathematikprofessor am VMI, nimmt mit Earlys Reitern Hagerstown/MD und geht erst wieder, nachdem er die Bürger um $20 000 erleichtert hat.

8.7. – *Jubilee* Early marschiert durch die Pässe des South Mountain, dann den Georgetown Pike hinunter, kommt wegen der extremen Hitze jedoch nur langsam voran. ■ *Lew* Wallace würfelt in Maryland eine bunte Truppe zusammen, um Early beim Bahnknotenpunkt Monocacy Junction aufzuhalten. ■ Die Bevölkerung von Frederick hat die Wahl zwischen 2 Übeln: Entweder sie händigt Early $200 000 aus oder sie riskiert die Zerstörung der Stadt (als Rechtfertigung dient den Grauen Hunters Treiben im Shenandoahtal). Der Stadtrat bezahlt mit geliehenem Geld (Abschlagszahlungen ziehen sich bis 1951 hin).

9.7. – Schlacht von Monocacy Junction/MD. Early (10 000) trifft südöstlich von Frederick auf *Lew* Wallace (5 800). Bevor der in letzter Minute durch Rickett verstärkte Wallace das Weite sucht, schlägt er 5 Angriffe zurück. Personalverluste: 1 300 (USA), 800 (CSA). Wallaces Niederlage ist mehr wert als mancher Sieg: Die Stunden, die Early am Monocacy verliert, nutzt GenMaj. Horatio C. Wright zur Verlegung einer weiteren Division nach Washington.

10.7. – Early kommt Washington 20 mi näher. Von Angstparolen erfüllt, rufen Militärs und Politiker die Bürger zu den Waffen. ■ Fort Johnson im Hafen von Charleston weist einen weiteren Angriff ab.

11.7. – Early erreicht Forts und Erdwerke des äußeren Sicherungsgürtels von Washington. Die Verteidiger der Metropole verfügen über 20 000 Mann (darunter zahlreiche invalide Veteranen), 760 Kanonen und 74 Mörser.

12.7. – *„Get down, you damned fool“:* Early testet Washingtons Verteidigung, schätzt eigene Schwachpunkte (wie 12-Pfünder-Napoleons als schwerste Artillerie) richtig ein und zieht sich wieder zurück. Lincoln, der den Schußwechsel von Fort Stevens aus verfolgt, wird von einem Hptm. des VI. Korps recht deutlich aufgefordert, in Deckung zu gehen (was als weitere unwichtige Episode in der Kriegsgeschichte steht).

13.7. – Early, der Washington nicht erobert, jedoch in helle Aufregung versetzt hat, kommt aufgrund des mitzuschleppenden Beuteguts nur langsam voran.

14.7. – Die Rebellen gewinnen den Wettlauf mit dem VI. und XIX. Yankeekorps (15 000) zum Potomac und entkommen nach Virginia.

18.7. – Gefecht von Cool Spring. BrigGen. George Crook macht bei Snicker's Ferry taktische Fehler und wird von Early über den Shenandoah zurückgeschickt.

19.7. – Early stellt sich Verfolgern bei Berry's Ford/VA und weicht in der Nacht nach Winchester aus.

20.7. – GenMaj. Stephen D. Ramseur, der Earlys Rückzug nach Strasburg deckt, verliert gegen Averell (2 000) bei Stephenson's Depot 400 Mann.

22.7. – Das VI. Yankeekorps überläßt Early Hunters West-Virginia-Armee und geht nach Washington zurück. Scharmützel bei Berryville/VA.

23.7. – Early hat im Stil *Stonewall* Jacksons in Strasburg kehrtgemacht und marschiert auf dem Valley Turnpike wieder nach Norden. Kernstown, 2 mi südlich von Winchester, sieht ein hartes Gefecht.

24.7. – Zweite Schlacht von Kernstown. Early greift George Crook an. Ramseur und Breckinridge rollen die Yankeeflügel auf und schicken sie in die Flucht. Crook verliert 1 185, Early 600 Mann.

26.7. – Crook zieht sich über Bunker Hill nach Maryland zurück, Early unterbricht die B&O. ■ Der Petersburger Stollen ist gegraben. Burnsides „weiße" Divisionen haben sich in den Kämpfen der vergangenen Wochen aufgerieben, BrigGen. Edward Ferrero soll mit einer schwarzen Div. die Sturmspitze während des Angriffs stellen. Ferrero, Tanzlehrer der West Point-Kadetten, hat seine Truppen für diesen Tag speziell gedrillt.

27.7. – Hancock, mit Sheridan über dem James, um von Burnsides Angriff abzulenken, trifft bei Darbytown zwischen Richmond und Petersburg auf engagierten Widerstand und verliert 330 Soldaten.

29.7. – Early schickt Reitergeneral John McCausland über den Potomac nach Pennsylvania und Maryland. ■ Meade beugt der Kritik an „Farbigen als Kanonenfutter" vor und lehnt Ferreros schwarze Division als Sturmspitze gegen Petersburg ab.

George Crook, General der Nordarmee. Grey Fox Crook ersetzt den für einen höheren Kommandoposten ungeeigneten GenMaj. David Hunter als KomGen. des Wehrbereichs West-Virginia.

Jubal A. Early, angriffslustiger (und trinkfester) General der Südstaaten. Jubilee befehligt während Cold Harbor das II. Korps, setzt Washington in Aufregung und verliert sein Kommando nach der Niederlage bei Waynesborough/VA.

Pulvermagazin in Fort Brady am James River/VA. Mit fortlaufender Kriegsdauer spielt der Norden die Überlegenheit seiner Industrien und des Nachschubs immer mehr aus.

Burnsides Generäle losen, wer anstelle Ferreros den Angriff übernehmen soll. Die Entscheidung fällt auf den New Yorker James H. Ledlie, der – bisher weniger durch militärische Leistungen als Alkoholkonsum aufgefallen – als einer der unfähigsten Generäle in Blau gilt.

30.7. – Schlacht am Petersburger Krater. Gegen :0445 gehen 4 Tonnen Schießpulver der Stollenbauer hoch. Lee verliert 278 Mann und eine Artilleriebatterie. Die Explosion bricht einen Krater von 170 x 60 x 30 Fuß auf, doch Planungsfehler und die schnelle Reaktion der Rebellen retten die Stadt. Anstatt die Wirkung der Explosion militärisch zu nutzen, vergeuden die Blauen viel Zeit damit, den Krater als Spektakel zu bewundern. Ledlie und Ferrero sind zu betrunken, um einen Angriff zu führen, der Virginier William Mahone schlägt ab :0800 zurück. Burnsides IX. Korps verliert 3 800 Mann, darunter auffallend viele Farbige, die gefallen sind oder ermordet wurden. ■ McCausland (2 600) reitet in Chambersburg im Cumberland Valley ein und fordert von der Bevölkerung $500 000 in Greenbacks (bar) oder $100 000 in Gold. Als die Summe nicht aufzubringen ist, wird der Ort, der John Brown als Stützpunkt vor dem Angriff auf Harpers Ferry diente, geplündert und niedergebrannt. Der Schaden beläuft sich auf $1,5 Millionen.

31.7. – McCausland wird bei Hancock/MD von Averell angegriffen und zieht sich zurück.

August 1864

Der Norden: Grant lehnt den Austausch von Gefangenen erneut ab (18.) ■ Lincoln läßt ein „Blind-Memorandum" unterschreiben, mit dem er sein Kabinett im Falle einer Wahlniederlage verpflichtet, mit einem neuen Präsidenten zur Rettung der Union zusammenzuarbeiten (23.) ■ Der Chicagoer Parteitag der Demokraten nominiert George B. McClellan als PräsKan. für die Novemberwahl (31.).

Der Süden: Die Versorgungslage von Petersburg hat sich dramatisch verschlechtert. Das Huhn kostet $50, Kaffee wird aus Maiskörnern, Tee aus Brombeerblättern gemacht. Den Rebellen ist die Seife ausgegangen, Stellungen der ungewaschensten Soldaten der amerikanischen Geschichte erkennt man schon von weitem ... am Geruch.

Westlich des Mississippi: Sterling Price tritt zu einem neuen Raid durch Missouri an. Die Grauröcke rechnen mit Unterstützung der lokalen Bevölkerung und wenig Widerstand: Missouris Yankeeveteranen kämpfen getrennt von Haus und Hof auf den großen Kriegsschauplätzen.

13.8. – Jesse James wird bei Flat Rock Ford/Grand River schwer verwundet.

23.8. – Missouri hat in den letzten Tagen Kampfhandlungen bei Independence, Rolla, Fayette, Huntsville, Hartville, Columbia und Rocheport gesehen. Heute fechten Graue und Blaue bei Webster.

24.8. – Stand Waties Cherokees töten im Indianer-Territorium 20 Reiter der 2. Kansas Cavalry.

28.8. – Nach Aktionen bei Gaines Landing und Benton kommt es zum Waffengang bei Fayetteville/AR.

29.8. – Price bricht mit 12 000 Reitern zum Missouri-Raid auf (bis 2.12.).

William Mahone, General der Südstaaten. Der Virginier, der mit Ausnahme von Antietam in allen großen Schlachten der Nord-Virginia-Armee kämpfte, schlägt am Petersburger Krater Burnsides Angriff zurück und wird dafür zum GenMaj. befördert.

Der westliche Schauplatz: David G. Farragut (4 Panzer- und 14 hölzerne Schiffe) soll Mobile Bay für die Union erobern. Die strategisch wichtige Meeresbucht wird von Fort Gaines (Dauphin Island) und dem sternförmigen Fort Morgan (Pleasure Island) abgeriegelt. Der äußere Sicherungsring untersteht BrigGen. Richard *Ramrod* Page, Farraguts Freund aus besseren Tagen. Die Zufahrt ist mit pulvergefüllten Bierfässern vermint, vor Mobile/AL liegen das Panzerschiff CSS Tennessee und 3 Kanonenboote (Kom. Franklin Buchanan). ■ Frontalangriffe auf Städte wie Vicksburg oder Petersburg sind an der Defensive gescheitert (1 gut positionierter Soldat nimmt es mit 3 bis 4 Angreifern auf). Sherman zieht es vor, Atlanta einzuschnüren und auszuhungern.

3.8. – An der Georgia-Front kommt es zu einer einseitigen Affäre bei Jug Tavern, bei der die Blauen 250 Mann verlieren. ■ Schießereien bei Frogtown/GA. ■ GenMaj. Gordon Granger landet auf Dauphin Island und belagert Fort Gaines.

5.8. – *„Damn the torpedoes! Full speed ahead!“:* Die USS Tecumseh dringt in die Mobile Bay ein, läuft auf eine Seemine und nimmt 94 Blaujacken mit in die Tiefe. Farragut gurtet sich am Großmast des Flaggschiffs USS Hartford fest und brüllt seinen berühmten „Damn the torpedo“-Befehl. Die CSS Tennessee gibt nach kurzem Kampf auf, die CSS Gaines sinkt, die USS Philippi wird außer Gefecht gesetzt. Mobile/AL, mit dem einzigen Seehafen Alabamas, bleibt vorerst in Rebellenhand, doch Farragut blockiert seine Zufahrt.

6.8. – Die USS Chickasaw beschießt Fort Gaines. ■ Sherman stößt am Utoy Creek in Atlantas Südwesten auf entschlossenen Widerstand.

8.8. – Fort Gaines kapituliert und wird von Grangers Truppen besetzt. ■ Schießereien bei Salem/KY.

9.8. – Im Süden ziehen neue Zeiten ein: Zu Beginn des Kriegs taktisch undenkbar, fährt Sherman vor Atlanta zwei 32-Pfünder-Parrotts auf und terrorisiert damit die Zivilbevölkerung der Stadt. Erstes Opfer wird ein Kind in der Ivy Straße. ■ Granger belagert Fort Morgan an der Mobile Bay.

10.8. – Wheeler bricht zum Streifzug gegen Shermans Bahnverbindungen im nördlichen Georgia und östlichen Tennessee auf (bis 10.9.).

14.8. – Schießereien bei Lamar/MS.

15.8. – GenLt. *Dick* Taylor übernimmt den CS-Militärbereich Alabama, Mississippi und Ost-Louisiana. ■ Reitergefechte um Atlanta.

18.8. – H. Judson Kilpatrick startet einen Raid gegen die Macon & Western RR.

20.8. – Graue Infanteristen halten Kilpatricks Reiter vor Lovejoy's Station an der Macon & Western RR auf.

21.8. – Forrest (2 000) überfällt das schlecht verteidigte Memphis/TN. Die Unionsgarnison steckt eine beschämende Niederlage ein, die Generäle Cadwallader C. Washburn und Stephen A. Hurlbut können nur mit Glück entkommen.

23.8. – Fort Morgan (400) an der Einfahrt nach Mobile kapituliert. Wilmington am Cape Fear wird zum letzten intakten Seehafen der CSA.

26.8. – Sherman versucht, den Ring um Atlanta zu schließen. Am Chattahoochee River kommt es zu Schießereien.

28.8. – Slocums XX. Korps bleibt vor Atlanta, Thomas und Howard marschieren zur Atlanta & West Point RR.

30.8. – Mit dem Verlust der Atlanta & West Point ist die Macon & Western

Konföderierte Verteidigungsanlagen an der Etowah Brücke in Georgia. Feldbefestigungen und Erdwerke stellen Pickel, Schaufel und Spaten neben das Gewehr.

US-GenMaj. John Logan. Black Jack Logan, als demokratischer Kongreß-abgeordneter aus Illinois einer von Lincolns politischen Generälen, übernimmt nach McPhersons Tod vorübergehend die Tennessee-Armee.

Atlantas letzte Verbindung mit der Außenwelt. S.D. Lee und Hardee gehen an der M&W mit 2 Korps in Stellung.

31.8. – Schlacht von Jonesborough an der M&W. Hardee (25 000) greift Howards Tennessee-Armee (15 000) an, verliert in 2 Stunden 1 750 Mann und muß sich zurückziehen. Schofield besetzt die Bahnstation Rough and Ready.

Der östliche Schauplatz: Sheridan übernimmt den Wehrbereich Mitte mit der neugebildeten Shenandoah-Armee (das VI. Korps, 2 Kav.-Div., 2 aus Louisiana eingetroffene Div. und Brigaden aus Hunters Kommando). *Little Phil* soll Early aus dem Shenandoahtal treiben, die strategisch wichtige und landwirtschaftlich reiche Gegend dann derart verwüsten, daß „eine Krähe, die darüberfliegt, Verpflegung mitbringen muß" (Grant).

8.8. – Geplänkel bei Fairfax Station/VA.

9.8. – In Grants Hauptquartier City Point geht eine eingeschmuggelte Bombe hoch. 43 Personen kommen ums Leben, 125 werden verletzt.

10.8. – Sheridan steht südlich von Harpers Ferry. Early, der im Stil Jacksons den Gegner mit schnellen Bewegungen zu überraschen versucht, bewegt sich von Bunker Hill nach Winchester.

11.8. – Earlys und Sheridans Manöver führen zu Waffengängen bei Winchester, Berryville, Strasburg, Charles Town und am Cedar Creek.

15.8. – Hancock wird bei White's Tavern und Fussell's Mill/VA im Osten Richmonds in scharfe Gefechte verwickelt.

16.8. – Sheridan wartet in Winchester Verstärkungen ab. ■ Hancock scheitert bei Fussell's Mill und zieht sich in die Petersburger Stellung zurück.

17.8. – Earlys Voraustruppe fechtet bei Winchester mit Sheridans Nachhut. Die Yankees gehen nach Berryville zurück.

18.8. – Warren erobert mit 4 Divisionen Globe Tavern südlich von Petersburg und unterbricht die Weldon RR auf einer Strecke von 1 Meile. Ein Gefecht mit Henry Heth kostet die Blauen 840 Soldaten. ■ Sheridan geht nach Charles Town/WV, Early nach Bunker Hill. Am Opequon River kommt es zur Feindberührung.

19.8. – Gefecht von Globe Tavern. A.P. Hill (14 000) greift den durch Einheiten des II. und IX. Korps verstärkten Warren (20 000) in einem dichten Waldgebiet an. GenMaj. Samuel W. Crawfords Division wird aufgerieben, Warren verliert 380 Mann durch Tod und Verwundung, weitere 2 600 werden vermißt (was Gefangenschaft oder Fahnenflucht bedeuten kann).

Brücke über dem Potomac bei Washington, D.C. Early hat die Metropole nicht erobert, jedoch in helle Aufregung versetzt.

20.8. – Globe Tavern kommt nicht zur Ruhe, die Weldon RR bleibt in Yankeehand. ■ Early verfolgt Sheridan nach Berryville/WV.

21.8. – A.P. Hill, der in den letzten Tagen 1 600 Mann verloren hat, versucht erneut, Warren von der Weldon RR zu vertreiben. ■ Sheridan kämpft bei Berryville und Charles Town und zieht sich nach Halltown bei Harpers Ferry zurück. Das Shenandoahtal ist einmal mehr in Rebellenhand.

23.8. – Jubal A. Early testet Sheridan bei Halltown/WV.

25.8. – A.P. Hill wirft vor Reams' Station 9 Brigaden gegen Hancock. Die Yankees verlieren 2 500 Mann (darunter 2 070 „Vermißte“), die Rebellen 720.

27.8. – Early, ohne Aussicht, Sheridan bei Halltown zu schlagen, geht nach Stephenson's Depot und Bunker Hill zurück.

29.8. – Sheridans 3. Div./VI. Korps ist dem Gegner am Opequon Creek überlegen.

30.8. – GenMaj. George Crook ersetzt Hunter als KomGen. des Wehrbereichs West-Virginia.

Operationen der Marine

13.8. – Die Panzerschiffe CSS Fredericksburg, Virginia und Richmond attackieren den Gegner auf dem James River.

25.8. – Die CSS Tallahassee, die in den vergangenen 3 Wochen 31 Unionsschiffe versenkt hat, durchbricht den Blockadering und läuft in Wilmington ein.

September 1864

Der Norden: Shermans Siege vor Atlanta geben Lincolns Wahlkampf neuen Auftrieb (jetzt weiß man wer gewinnt). ■ Washingtons Einwohnerzahl (1860: 41 500) hat sich vervierfacht, Washingtons Probleme mit Kriminalität und Prostitution sind im gleichen Verhältnis gestiegen. ■ Bürger Louisianas (nur solche, die den Treueid auf die Union ablegten) stimmen für die Abschaffung der Sklaverei (5.) ■ McClellan nimmt die Nomination an und führt den Wahlkampf gegen Lincoln als „Friedenskandidat" der Demokraten (8.) ■ Frémont zieht sich aus dem Wahlkampf zurück, um die rep. Wählerschaft nicht aufzusplittern (17.).

Der Süden setzt auf *Little Mac:* McClellan als Zugpferd der Demokraten läßt Raum für den Verhandlungsfrieden. ■ Robert E. Lee schlägt die Einberufung von Farbigen zum Militärdienst vor (2.) ■ Davis trifft sich zum Kriegsrat mit Hood in Palmetto/GA (25.)

Westlich des Mississippi: Sterling Price tritt zum Missouri-Raid an. *Old Paps* offensichtlichstes Handicap: Nur 2 von 3 Reitern besitzen eine Waffe. ■ Im Indianer-Territorium wird bei Webbers's Falls, Flat Rock und Pryor's Creek gekämpft. Stand Watie fallen am Cabin Creek 202 Planwagen und $1,5 Millionen in die Hand. ■ Arkansas sieht Kampfhandlungen bei Fort Smith, Quitman, Brownsville, Searcy und Huntsville.

David Hunter, GenMaj. der Nordarmee. Hunters Truppen terrorisieren die Zivilbevölkerung im Shenandoahtal … ein Verbrechen, das im Süden nie verjährt.

19.9. – Missouri hatte Plänkeleien bei Brunswick, Caledonia, Thomasville und Lexington. An diesem Montag kommt Price mit 12 000 Reitern über die Grenze und führt bei Doniphan den ersten Schlag.

20.9. – Prices Rebellen nehmen Keytesville, kämpfen am 23. vor Rocheport, greifen am 24. Fayette, am 25. Farmington und Huntsville an und stehen am Tag darauf bei Ironton/MO. St. Louis zeichnet sich als Operationsziel ab.

27.9. – Gefecht bei Pilot Knob. BrigGen. Thomas Ewing Jr. (1 050, 11 Geschütze) schlägt Price (7 000, 14 Geschütze) vor Fort Davidson ab. Personalverluste USA: 1 200, CSA: 200. In der Nacht zieht sich Ewing nach St. Louis zurück. ■ *Bloody Bill* Anderson, mit 225 Guerillas in Missouri, reitet am Morgen mit 30 Mann in Centralia ein, plündert die Häuser und terrorisiert die Bevölkerung. Am Nachmittag bringt sein Terrortrupp den Zug der Wabash, St. Louis & Pacific zum Halten. *Bloody Bill* raubt die Passagiere aus und ermordet 25 unbewaffnete Soldaten. Maj. A.V. Johnson, der gegen Abend mit 158 Rekruten der 39. Missouri in Centralia eintrifft, wird von Anderson, Frank und Jesse James in den Hinterhalt gelockt. 116 Blauröcke fallen, 2 werden verwundet.

28.9. – Price will in Missouris Hauptstadt Jefferson City einen prosüdlichen Gouverneur einsetzen, schreckt vor dem Angriff jedoch zurück und taucht vor Leesburg und Cuba auf.

Der westliche Schauplatz:
1.9. – An der Macon RR bei Jonesborough werden die Kämpfe am frühen Nachmittag fortgesetzt. Hardees Korps bleibt 2. Sieger, Hood verliert die Schlacht, die er nicht hätte verlieren dürfen. Der graue Feldherr aus Owingsville/KY läßt in Atlanta zerstören, was sich in Eile zerstören läßt, und räumt die Stadt.

2.9. – *„Atlanta is ours, and fairly won“:* Das 2. Massachusetts/XX. Korps (Slocum) marschiert in Atlanta ein. Lincoln, den Shermans Erfolgsmeldung am Telegrafen erreicht, erklärt den 5.9. zum nationalen Feiertag. ■ Hood sammelt die müden Reste der Tennessee-Armee bei Lovejoy's Station, wo es zu mehreren Gefechten kommt.

4.9. – Yankeereiter überraschen Reitergeneral John H. Morgan in Greeneville/TN. Morgan fällt während eines kurzen Gefechts (um als Legende weiterzuleben).

7.9. – Sherman fordert die Bevölkerung zur Evakuierung Atlantas auf, was als brutaler Verstoß gegen amerikanische Prinzipien zum deutlichen Schriftwechsel mit Hood führt.

GenMaj. Henry W. Slocum. Der West-Pointer des Jahrgangs '52 (7. von 43) befehligt während Shermans „Marsch zum Meer“ den linken Yankeeflügel (XIV. und XX. Korps/Georgia-Armee).

11.9. – Sherman gibt der Bevölkerung 10 Tage, um Atlanta zu räumen.

„Wir wollen weder Eure Neger, Pferde, Häuser, Euer Land oder was Euch sonst noch gehört, aber wir wollen gerechten Gehorsam gegen die Gesetze der Vereinigten Staaten. Wir werden ihn bekommen, und wenn es die Zerstörung Eures Wohlstands mit sich bringt, ist das nicht unsere Schuld.“ WILLIAM T. SHERMAN

12.9. – Schießereien bei Memphis/TN.

16.9. – Forrest bricht in Verona/MS mit 4 300 Reitern (mit und ohne Pferd) und 12 Geschützen zu einem weiteren Raid gegen Shermans Nachschublinien auf.

22.9. – *Jeff* Davis trifft in Georgia ein.

24.9. – Forrest nimmt Athens an der Central Alabama RR und greift am Tag darauf die Garnison von Pulaski/TN an.

28.9. – Davis zieht den im Dauerstreit mit Hood liegenden GenLt. Hardee aus Georgia ab und übergibt ihm den Wehrbereich South Carolina.

Der östliche Schauplatz: Vor Petersburg ist die Lage seit Wochen unverändert. Jede Kampfhandlung schlägt Lücken in die Reihen der Verteidiger, die Lee aufgrund des Personalmangels nicht mehr auffüllen kann. ■ Sheridan schikaniert das Shenandoahtal, Early versucht, zu Lees Entlastung so viele Truppen wie möglich zu binden.

1.9. – Im Raum Winchester kommt es zu mehreren Begegnungen, jedoch zu keinem echten Waffengang. ■ Lee fordert *Fighting Dick* Andersons Korps von Early zurück.

John S. Mosby mit einer Gruppe Partisan Rangers. Mosbys Yankeefresser, die im westlichen Virginia in kleinen Gruppen operieren, greifen blaue Vorposten an und blockieren Hunters Nachschubwege.

3.9. – Anderson, auf dem Weg nach Petersburg, wird bei Berryville von Sheridan angegriffen und nach Winchester zurückgeschickt.

4.9. – Die blauen Kanoniere schießen beim Eintreffen der Nachricht vom Fall Atlantas vor Petersburg Salut.

5.9. – Yankees kämpfen bei Stephenson's Depot und Winchester, Brucetown und am Opequon, doch Grant hat den Eindruck, Sheridan komme nicht vom Fleck.

11.9. – Petersburgs Versorgungsengpaß zwingt Wade Hampton (4 000) zum Hamstern. Seine Reiter treiben im Umland 2 400 Stück Schlachtvieh auf und hinter die konföderierten Linien. Die Aktion kostet den Süden 60 Mann.

13.9. – Sheridan fechtet bei Bunker Hill und am Opequon Creek.

14.9. – Anderson kämpft sich nach Petersburg durch, doch Lees Gewinn ist Earlys Verlust.

16.9. – Grant und Sheridan halten Kriegsrat in Charles Town. Nach Andersons Abzug stehen 43 000 Yankees im Shenandoahtal lediglich 15 000 Rebellen gegenüber, die US-Garnison Harpers Ferry verfügt über weitere 7 000 Soldaten.

19.9. – Dritte Schlacht von Winchester. Nach Wochen des Manövrierens trifft Sheridan (38 000) am Übergang der Berryviller Straße über den Opequon Creek auf Early (14 000). Yankeereiter reißen mit dem Hauen und Stechen der klassischen Säbelattacke den linken Flügel des Gegners auf. Sheridan gewinnt die größte Schlacht des Shenandoahtals, die Verluste sind mit 4 000 Mann auf beiden Seiten etwa gleichhoch. GenMaj. Robert E. Rodes, ehemaliger Ausbilder am

VMI, fällt beim Versuch, Earlys Rückzug zu decken. In der Nacht marschieren die geschlagenen Rebellen 20 mi nach Fisher's Hill, unterhalb von Strasburg.

20.9. – Sheridan folgt den Grauen nach Fisher's Hill. Earlys Stellung gilt aufgrund des Geländevorteils selbst altgedienten Kämpfern als „beinahe uneinnehmbar". In der Nacht hält Sheridan Kriegsrat mit seinen Korpskommandeuren Crook, Wright und Emory, ein paar Stunden später kommt es zum Gefecht und Artillerieduell.

22.9. – Schlacht von Fisher's Hill/VA. Sheridan greift Early an. George Crook kann Earlys linke Flanke mit 2 Divisionen auf abenteuerlichen Wegen umgehen und die Rebellen überraschen, Wright und Emory besorgen den Rest. Der Einbruch der Dunkelheit rettet Early vor der Vernichtung. Die Blauen haben 530, die Grauen 1 230 Mann und 12 Geschütze verloren. Die Rebellen retirieren in der Nacht in Richtung New Market.

23.9. – Early kämpft bei Front Royal, Edenburg und Mt. Jackson.

26.9. – Sheridans Reiter halten Early bei Brown's Gap und Port Republic auf. ■ Grant plant nach Wochen mit nichtssagenden Scharmützel im Raum Richmond/Petersburg größere Aktionen, damit Lee den angeschlagenen Early nicht verstärken kann.

29.9. – BrigGen. William Birney, Zeitungsverleger aus Philadelphia, geht mit dem X. Korps (18 000) gegen Rebellenstellungen im Osten Richmonds vor, Edward O.C. Ord greift den Gegner mit Einheiten des XVIII. Korps bei Chaffin's Farm im Süden der Stadt an. Fort Harrison fällt, Fort Gilmer an der New Market Road kann sich halten. ■ Meade schickt 16 000 Infanteristen und Kavallerie gegen die Bahnlinie South Side.

30.9. – Robert E. Lee (11 000) versucht, Fort Harrison zurückzuerobern, die Blauen (20 000) schlagen 3 von ihm persönlich geführte Angriffe zurück. ■ Warren (V.), Parke (IX. Korps) und David M. Greggs Reiter werden bei Peebles' Farm, südwestlich von Petersburg, von den Rebellengenerälen Henry Heth und Cadmus M. Wilcox aufgefangen, machen in den nächsten Tagen jedoch Boden gut. Grant verliert 3 000 Mann, die grauen Verluste bleiben unbekannt. ■ Meades Bewegungen zwingen Lee zur Erweiterung der ohnehin stark ausgedünnten Frontlinie.

US-GenMaj. Philip H. Sheridan. Little Phil, Sohn irischer Einwanderer, vernichtet im Shenandoahtal Ernten, Viehherden und landwirtschaftliches Gerät, was der südlichen Feindbildpflege kräftig entgegenkommt.

Oktober 1864

Der Norden: Die Erfolge Shermans und Sheridans verhelfen Lincoln zu neuer Popularität, Republikaner schneiden bei Staatswahlen viel bes-

Verteidigungsanlage der Konföderierten vor Atlanta. Shermans Umgang mit der Zivilbevölkerung der Stadt wird im Süden als ein brutaler Verstoß gegen amerikanische Prinzipien gewertet.

ser als erwartet ab (11.) ■ David D. Porter übernimmt das Blockadegeschwader Nordatlantik (12.) ■ Maryland stimmt für die Abschaffung der Sklaverei (13.) ■ 30 Südstaatler unter Oblt. Bennett H. Young dringen von Kanada aus in Vermont ein, überfallen die Banken von St. Albans und türmen mit $200 000 (19.).

Der Süden: Die New Orleans Tribune erscheint als erste Tageszeitung für Farbige (14.) ■ Braxton Bragg übernimmt die Sicherung von Wilmington/NC (15.).

Westlich des Mississippi: *Old Pap* Price wirbt in Missouri einige tausend Rekruten und örtliche Partisanen an und versetzt St. Louis in Alarmbereitschaft.

2.10. – Price rückt in Washington am Missouri ein und sondiert die Lage vor Hermann. Am 4. schlägt er sich im Umland von Jefferson City mit Bundestruppen.

11.10. – *Bloody Bill* Andersons Guerillas schließen sich Price an.

12.10. – Schießereien bei Webber's Falls/IT.

14.10. – Scharmützel am Boca Chica Pass/TX.

15.10. – Price nimmt Sedalia, macht in Glasgow/MO 400 Gefangene, schreckt mit seiner relativ kleinen Invasionsarmee vor dem Angriff auf St. Louis jedoch zurück.

17.10. – Price brennt Smithville nieder und marschiert in Carollton ein. Um ihn herum schließt sich der Kreis der Verfolger: Im Süden stehen Andrew J. Smith' Infanteristen, im Osten Pleasontons Reiter, im Westen bezieht die Grenzland-Armee (Samuel R. Curtis) Position.

CS-BrigGen. Abraham Buford. Forrests Reitergeneral legt einen Hinterhalt auf dem Tennessee, deckt Hoods Rückzug nach der Schlacht von Nashville und beendet den Krieg als Befehlshaber der Rebellenreiter in Alabama.

20.10. – Price treibt Heimwehren, die sich ihm bei Lexington entgegenstellen, zum Little Blue River zurück.

21.10. – *Jo* Shelby schlägt GenMaj. James G. Blunt am Little Blue River in die Flucht.

23.10. – Gefecht von Westport/MO, südlich von Kansas City. Price (8 000) stellt sich Blunt und Pleasonton (20 000). Shelby geht über den Brush Creek, knapp 3 mi vor Westport, wird nach anfänglichen Erfolgen jedoch zum Stehen gebracht. Pleasonton schlägt die Rebellennachhut unter John S. Marmaduke. Beide Seiten zahlen rund 1 500 Tote und Verwundete, Marmaduke sitzt in Gefangenschaft.

24.10. – Sterling Price, dem Pleasonton und Reiter der Grenzland-Armee im Nacken sitzen, geht entlang der Grenze zwischen Missouri und Kansas nach Süden.

25.10. – Price deckt seine Wagenkolonne während des Übergangs am Marais des Cygnes River, als er von Pleasonton angegriffen wird. Die Rebellen (7 000, 8 Geschütze) sind dem Gegner überlegen, doch die Yankees erheblich besser ausgerüstet. Price steckt einen Teil seiner Wagenkolonne in Brand und bricht eine der letzten wichtigen Kampfhandlungen westlich des Mississippi bereits nach 30 Minuten ab.

26.10. – *Bloody Bill* Anderson reitet bei Orrick im Ray County/MO in einen Hinterhalt und wird erschossen.

28.10. – Blunt greift Shelby bei Newtonia an, läßt die Rebellen aufgrund von Querelen innerhalb seines Führungsstabs jedoch entkommen.

Der westliche Schauplatz: Die Blauröcke haben mit Atlanta ihr militärisches Ziel erreicht. Sherman (62 000) bleibt in Georgia, Thomas geht nach Nashville, Schofield nach Knoxville zurück. ■ Hood (40 000), von der Vision einer dem Hungertod nahen Yankeearmee verfolgt, marschiert zur W&A, um Shermans Nachschub abzuschneiden.

1.10. – Forrest kämpft bei Huntsville und Athens/AL.

2.10. – Hoods Vorausabteilung schlägt sich bei Big Shanty/GA und Kennesaw Water Tank mit dem Gegner und unterbricht die W&A.

5.10. – Gefecht von Allatoona, nördlich von Atlanta. GenMaj. Samuel G. French greift GenMaj. John M. Corse an, beide Seite verfügen über rund 2 000 Mann. Die Unionsgarnison kann sich halten, Corse verliert im letzten größeren Gefechts im Umland von Atlanta 705, French 800 Soldaten.

6.10. – Schießereien bei Florence/AL.

11.10. – Sherman läßt ein Korps in Atlanta zurück und rückt Hood bis Rome/GA nach.

13.10. – Grauröcke unterbrechen die W&A zwischen Reseca und Tunnel Hill, nehmen Dalton/GA und marschieren nach Westen.

17.10. – Hood, der fest davon ausgeht, daß ihm Sherman „bis hinauf zum Ohio“ folgen wird, plant den Offensivstoß nach Alabama und Tennessee.

18.10. – Sondierungsangriffe bei Summerville/GA und eine Zitterpartie vor Huntsville/AL.

22.10. – Hood bewegt sich auf Guntersville/AL. Der Tennessee führt Hochwasser und ist unpassierbar.

25.10. – Scharmützel bei Turkeytown/AL.

26.10. – Hood testet die Garnison in Decatur/AL.

28.10. – Sherman, den Rebellen bis Gaylesville/AL nachgerückt, überläßt Hood dem IV., XVI. und XXIII. Korps/Thomas und geht nach Atlanta zurück. ■ Forrests BrigGen. Abraham Buford, Pferdezüchter aus Kentucky, und Artilleriechef John Morton legen zwischen Fort Heiman und Paris Landing einen Hinterhalt, um Schiffe auf dem Tennessee River abzufangen.

29.10. – Die USS Mazeppa fährt in Forrests Hinterhalt. Die Rebellen übernehmen die Ladung von 9 000 Paar Schuhen und setzen das Schiff in Brand.

30.10. – Nach der Mazeppa sitzen die Transporter USS Venus und J.W. Cheeseman und das Kriegsschiff USS Undine in Forrests Falle. Die J.W. Cheeseman geht in Flammen auf, die Venus und Undine werden in den Dienst der Rebellenkavallerie gestellt.

31.10. – Hood baut Tuscumbia als Ausgangsstellung für den Offensivstoß nach Norden aus. Ohne Verhältnis zur Realität erwartet er in Tennessee den Zulauf von 25 000 wehrtüchtigen Rekruten.

Der östliche Schauplatz: Robert E. Lee hält bei Petersburg mit 50 000 Mann einen Frontabschnitt von 35 mi. Grant, der der Nord-Virginia-Armee den Todesstoß versetzen will, versucht die Front weiter auszudehnen. ■ Sheridan vernichtet im Shenandoahtal Ernten, Viehherden und landwirtschaftliches Gerät, was der südlichen Feindbildpflege kräftig entgegenkommt.

2.10. – Rebellen schlagen einen Angriff auf Saltville/VA zurück.

Atlanta nach der Eroberung durch Sherman. Mit der Zerstörung der Stadt durch die Nordarmee beginnt ein neuer Abschnitt der Kriegführung. (Aufnahme von George N. Barnard)

Unionsstellung am Big und Little Kennesaw bei Marietta/GA. In den Kennesaw-Bergen konnte der Defensivstratege Johnston den Geländevorteil nutzen und Sherman schlagen.

6.10. – Reitergeneral Thomas L. Rosser zieht gegen *Curly* Custer bei Brock's Gap im Shenandoahtal den kürzeren.

7.10. – BrigGen. Martin W. Garys abgesessene Kavallerie und BrigGen. John Greggs Texaner räumen Reitergeneral Kautz an der Darbytown Road vor Petersburg aus dem Weg, laufen sich jedoch gegen Stellungen des X. Korps fest. Die Nordarmee verliert 400, der Süden 1 300 Mann, darunter John Gregg.

9.10. – Gefecht von Tom's Brook. Custer und Wesley Merritt schlagen südlich von Fisher's Hill gegen Rosser kräftig zu und bringen 300 Gefangene ein.

10.10. – Sheridan geht über den Cedar Creek. Das VI. Korps marschiert nach Washington zurück.

13.10. – Mosby überfällt westlich von Harpers Ferry einen Zug der B&O und erbeutet $173 000.

16.10. – Sheridan reist zu einer Lagebesprechung nach Washington, KomGen. der Shenandoah-Armee in seiner Abwesenheit ist GenMaj. Horatio G. Wright, ehem. Französischlehrer der West Point-Kadetten. ■ Longstreet, in der Wilderness schwer verwundet, kehrt zu seinem Korps zurück.

19.10. – Schlacht am Cedar Creek, südlich von Middletown/VA. Early (8 800 Infanteristen und 1 200 Reiter) überrascht Wright (30 000) in seinem Nachtlager am Nordufer des Cedar Creek. Die Rebellen treiben Crooks und Emorys Korps auseinander, machen 1 300 Gefangene und erbeuten große Mengen an Waffen und Munition. Während die Grauen ihren Sieg mit flüssigen Lagerbeständen der Yankees feiern, beginnen sich die Blauröcke etwa 3 mi davon zu sammeln. Auf dem Rückweg von Washington hört Sheridan Geschützfeuer. Er galoppiert 12 mi zur Front und spornt seine Soldaten mit glühenden Appellen zum Kämpfen an (was als „Sheridans Ritt" in der Geschichte steht). In der letzten größeren Schlacht im Shenandoahtal werden die (zum Teil blauen) Grauen über den Cedar Creek zurückgetrieben. Sheridan fällt die Rebellenartillerie in die Hand. Personalverluste USA: 5 650, CSA: knapp 3 000, darunter Stephen D. Ramseur (27), der es im Süden als jüngster West-Pointer zum GenMaj. gebracht hatte.

27.10. – Gefecht von Burgess' Mill, 12 mi südwestlich von Petersburg. Hancock (2 Div./II.), Parke (IX.) und Warren (V. Korps) marschieren gegen die South Side RR und Boydton Plank Road, 2 Nachschublinien Lees. Die Operation ist schlecht koordiniert, CS-GenMaj. Cadmus M. Wilcox, ehemaliger Ausbilder in West Point, kann Parke und Warren am Hatcher's Run aufhalten. GenMaj. William Mahone, Henry Heth und Hamptons Reiter schlagen Hancock zurück. Die Nordarmee (20 000) bezahlt taktische Fehler mit knapp 1 770 Mann (die Verluste der Rebellen sind unbekannt). ■ Butler greift Longstreet an der Darbytown Road an, verliert das Gefecht und 600 Soldaten.

Reitergeneral August V. Kautz aus dem badischen Ispringen. Kautz reitet im Umland von Petersburg Raids gegen Lees Nachschublinien und schreibt in verbleibenden Musestunden an seinem Bestseller „The Company Clerk".

Operationen der Marine:
1.10. – Der englische Blockadebrecher Condor fährt der USS Niphon davon, doch vor Fort Fisher auf Grund. Die Spionin Rose O'Neal Greenhow, als Passagier an Bord, ertrinkt während eines Fluchtversuchs.

7.10. – Die USS Wachusett (Kom. Napoleon Collins) kapert die Tonnagekönigin CSS Florida im Hafen von Bahia/Brasilien und zieht sie in internationales Gewässer. Die Brasilianer protestieren vergeblich (die Florida sinkt am 28.11.).

19.10. – Die Rebellen stellen die CSS Shenandoah in Dienst.

27.10. – Leutnant William B. Cushing (14), 1861 wegen eines Streichs von der Marineakademie gewiesen, führt auf dem Roanoke River einen Torpedoangriff gegen die CSS Albemarle. 13 Yankees werden getötet oder gefangengenommen, unter den 2, die entkommen, ist Cushing. Die Albemarle sinkt.

November 1864

Der Norden hat die Wahl zwischen einer Fortsetzung des Kriegs bis zum Siegfrieden (Lincoln) und einem Verhandlungsfrieden (McClellan). Erstmals in der Geschichte stimmen im Feld stehende Soldaten mit ab. ■ Lincoln wird mit 55% der abgegebenen Stimmen für eine 2. Amtszeit gewählt (8.). *Honest Abe* siegte – Kentucky, New Jersey und Delaware ausgenommen – in allen Nordstaaten. ■ In New York legen eingeschleuste Südstaatler Feuer in 10 Hotels und Barnum's Museum. Im Hafen explodieren Flaschen mit selbstzündendem Inhalt (25./26.).

Clarissa (Clara) H. Barton aus Oxford/MA. Der „Engel des Schlachtfelds" hilft Kranken und Verwundeten in Virginia und vor Charleston/SC, wird 1864 Inspektorin der Krankenschwestern der US-Armee und gründet in der Nachkriegszeit das Amerikanische Rote Kreuz.

Der Süden: *Jeff* Davis greift die Friedensbewegung in Georgia an und schlägt dem Kongreß in Richmond den Kauf von 40 000 Sklaven als Arbeiter und Pioniere für das Militär vor (7.).

Westlich des Mississippi: Mit Sterling Prices Niederlage sind die letzten Hoffnungen des Südens auf einen militärischen Erfolg im Trans-Mississippi-Raum geschwunden. In Missouri kommt es bei Lebanon, Rolla, Greenton, Vera Cruz, Charleston, Neosho, Fayette und Osage noch zu einzelnen Aktionen, doch die konföderierte Gefahr ist endgültig gebannt.

6.11. – Yankees testen Prices Rumpftruppe bei Cane Hill/AR.

29.11. – Der religiöse Fanatiker John M. Chivington (950) greift mit der 1., 3. Colorado und 1. New Mexico Cavalry das Cheyenne- und Arapahoe-Lager Black Kettles am ausgetrockneten Sand Creek/Colorado an und tötet zwischen 400 und 600 unbewaffnete Indianer. Das Massaker löst im Westen mehrere Aufstände aus.

Der westliche Schauplatz: Hood (30 000) schließt im nördlichen Alabama die Vorbereitungen für einen Offensivstoß nach Tennessee ab. Die Westfront steht vor dem seltenen Spektakel, daß 2 große Armeen, die sich vernichten wollen, in grundverschiedene Richtungen marschieren. ■ Shermans Marsch in ungeschütztes Hinterland soll die CSA weiter aufspalten, dazu den Krieg so schrecklich machen, daß kein zweiter mehr angefangen wird. Geographisches Ziel der Yankees (4 Inf.-Korps, 2 Kav.- und 1 Art.-Brigade mit 62 000 Mann und 64 Geschützen) ist das rund 280 mi entfernte Savannah/GA.

1.11. – Forrests „Marine" fährt in Richtung Johnsonville/TN, Forrests Reiter ziehen am Tennesseeufer auf gleicher Höhe mit. An Bord der gekaperten Venus haben die Rebellen ihre Mazeppa-Schuhbeute und die schweren Feldgeschütze verstaut.

2.11. – Die USS Key West und Tawah greifen die Venus an, die mit Geschützen und Schuhen aufgegeben wird.

3.11. – Forrest erreicht Johnsonville, Nachschubdepot der Cumberland-Armee am Endpunkt des in der Saison navigierbaren Tennessee. In der Garnison stehen 700 Rekruten der 43. Wisconsin, 500 farbige Infanteristen, 800 bewaffnete Zivilisten und 20 Reiter der 11. Tennessee. Die Hügelstellung „Fort Johnson" verfügt über 4 12-Pfünder-Napoleons und 6 10-Pfünder-Parrotts der 1. Kansas Battery, am Ufer liegen die Kanonenboote Key West, Tawah und Elfin. ■ Das IV. Korps, in Chattanooga zur Abwehr Hoods aufgebrochen, trifft in Pulaski/TN ein.

4.11. – Kampf um Johnsonville/TN. Forrest hält die USS Moose, Curlew, Fairy, Paw Paw, Brilliant und Victory, die die Garnison verstärken sollen, vor Reynoldsburg Island fest. Die mit Rebellenreitern besetzte Udine will die USS Key West und Tawah in eine Falle locken, läuft jedoch auf und wird selbstversenkt. Gegen :1400 greift Forrest Johnsonville und die davorliegenden Kriegsschiffe an. Die Key West und Tawah geben auf und werden in Brand gesteckt, die Elfin läuft auf Grund. Mit den feindlichen Schiffen außer Gefecht zerstören die Rebellen Hafenanlagen und Warenhallen. Als sich Forrest in der Nacht zurückzieht, ist Johnsonville ein Flammenmeer. ■ Breckinridge führt eine Rebelleneinheit von Virginia nach Ost-Tennessee.

10.11. – Forrest kehrt nach Corinth zurück. Seine Bilanz kann sich sehen lassen: In 2 Wochen hat er 4 Kanonenboote, 14 Frachtschiffe, 20 Lastkähne und Militärgut und Waren im Wert von $ 6.7 Millionen zerstört, dem Feind Verluste von rund 500 Mann zugefügt und 150 Gefangene gemacht.

11.11. – *„Inflict all the damage you can:“* Sherman zerstört in und um Atlanta alles, was Militärs und Zivilisten nach seinem Abzug nützlich sein könnte. Kirchen und ein paar Privathäuser bleiben verschont. ■ Das Rebellenlager diskutiert, ob Hood Sherman in den tiefen Süden folgen oder in entgegengesetzter Richtung nach Norden vorstoßen soll.

14.11. – Mit dem Eintreffen des XXIII. Korps verfügt Schofield in Pulaski über 23 000 Mann. ■ Breckinridge kämpft bei Russelville/TN.

15.11. – Shermans Brandstifter treten in Atlanta ihren „Marsch zum Meer“ an: Der rechte Yankeeflügel (XV. und XVII. Korps/Tennessee-Armee/Howard) nimmt den Weg entlang der Macon-, der linke (XIV. und XX. Korps/Georgia-Armee/Slocum) geht entlang der Georgia RR. Das Kommando über die Reiter hat H. Judson Kilpatrick.

16.11. – Breckinridge trifft den Gegner bei Strawberry Plains/TN. ■ Forrest (8 000) stößt zu Hood.

19.11. – Sherman hat sich von Bahn- und Wasserverbindungen zum Norden unabhängig gemacht, seine Truppe raubt sich Geld und Gut zusammen, „lebt vom Land“, auf dem sie steht. ■ Georgia-Gouv. Joe Brown ruft alle Männer zwischen 16 und 55 zu den Waffen.

21.11. – Hood marschiert mit 3 Korps (B.F. Cheatham, S.D. Lee und A.P. Stewart) und Forrests Reitern in Tennessee ein und versucht, sich zwischen Schofield und Thomas zu schieben. Schuhe sind weiterhin Mangelware, rund die Hälfte der grauen Fußsoldaten läuft barfuß. ■ George Schofield steht in Pulaski. ■ Georgia-Miliz greift mit alten Männern und jungen Burschen Shermans Nachhut bei Griswoldville/GA an, 600 Kombattanten kämpfen ihr erstes und letztes Gefecht

22.11. – Slocum besetzt Georgias Hauptstadt Milledgeville und macht die ehrwürdige St. Stephens-Kirche zum Pferdestall. ■ Hoods Reiter erreichen Lawrenceburg, westlich von Pulaski. ■ Schofield sieht die Gefahr, umgangen zu werden, und zieht sich zum Duck River zurück.

23.11. – Howard steht bei Gordon/GA. ■ GenLt. William J. Hardee

CS-GenLt. John B. Hood. Der Kentuckier beginnt seinen Offensivstoß nach Tennessee. Die Westfront steht vor dem Spektakel, daß 2 große Armeen, die sich vernichten wollen, in grundverschiedene Richtungen marschieren.

Oliver O. Howard, GenMaj. der Nordarmee. Howard befehligt während Shermans „Marsch zum Meer“ den rechten Yankeeflügel (XV. und XVII. Korps/Tennessee-Armee).

erhält den Befehl über alles, was sich Sherman im Süden Georgias entgegenstellen will und kann.

24.11. – Forrest und Schofield haben mit den Übergängen am Duck River das gleiche Ziel. Schofield trifft als erster ein und sichert die Route nach Nashville.

25.11. – Slocum schlägt sich mit Wheeler vor Sandersville/GA. ■ Forrests Reiter und 2 Inf.-Korps versuchen, Schofield zu umgehen und im Rücken anzugreifen, bevor er über den Duck River gehen kann.

27.11. – Kilpatrick und Wheeler kämpfen bei Waynesborough/GA. ■ Schofield setzt mit Einbruch der Dunkelheit über den Duck River.

28.11. – Kilpatricks 5. Ohio Cavalry schlägt Wheeler am Buck Head Creek/GA. ■ Schofields Nachhut zerstört die Übergänge hinter sich. Die Tennessee-Armee rückt in Columbia ein. Forrest überquert den Duck River mit Hilfe von Pontons am Nachmittag.

29.11. – Hoods Hauptarmee setzt über den Duck River und versucht, Schofield abzufangen, bevor er Franklin erreicht. Forrest und BrigGen. George D. Wagner (4 000) liefern sich gegen Mittag bei der Straßenkreuzung von Spring Hill ein erstes Gefechte. Cleburne holt am Nachmittag auf, doch Schofield kann sich in der Nacht nach Franklin absetzen. Hood, dem Gegner klar überlegen, hat die beste Gelegenheit, seinen Feldzug in Tennessee zu gewinnen, versäumt.

30.11. – Schlacht von Franklin/TN, 15 mi südlich von Nashville. Hood (22 000) geht frontal gegen Schofield (20 000) vor. Die Tennessee-Armee, deren Artillerie und Nachhut einige Meilen zurückhängt, läuft 13 mal gegen das IV. und XXIII. Yankeecorps an. Forrest kämpft, bis ihm die Munition ausgeht, Cleburne, dem der Durchbruch gelingt, bleibt in einem vehementen Gegenangriff stecken. Auf dem Schlachtfeld fallen 6 graue Generäle, darunter *Pat* Cleburne, States R. Gist und Otho F. Strahl, 5 weitere werden verletzt. Die Bundestruppen ziehen sich gegen Mitternacht über den Harpeth River nach Nashville zurück. Hoods Offensivtaktik hat den Süden 1 750 Tote, 3 800 Verletzte und 1 100 Vermißte gekostet. BrigGen. George W. Gordon wartet das Kriegsende als Gefangener in Fort Warren ab. Schofield hat 2 330 Mann verloren.

Der östliche Schauplatz: Die Potomac-Armee, vor Petersburg in der Warteschleife, überläßt das Feld den Scharfschützen und Kanonieren. Strapazen und Entbehrungen der Verteidiger sind kaum zu beschreiben, doch die grauen Schützengräben widerstehen der weitaus besser gerüsteten, dreifachen Übermacht.

12.11. – Early kämpft am Cedar Creek und bei Middletown und gibt das Gros seiner Truppen an die Verteidiger von Petersburg ab.

18.11. – Schießereien bei Kabletown/WV.

28.11. – Rebellengeneral Rosser attackiert die B&O bei New Creek/WV.

30.11. – Georgia-Miliz schlägt einen Raid gegen die Charleston & Savannah RR bei Honey Hill/SC zurück.

Dezember 1864

Der Norden: Am Jahresende hat sich die militärische Potenz des Gegners weitgehend erschöpft, einzig ernstzunehmender Gegner bleibt Lees Nord-Virginia-Armee. Die Blockade des Südens wird kaum noch durchbrochen, die von 90 (1861) auf 670 Kriegsschiffe angewachsene Hochseemarine gilt als stärkste Seemacht der Welt. ■ Im 4. Kriegsjahr laufen der Nordarmee im Schnitt 7 330 Fahnenflüchtige pro Monat davon. Krankheiten und Kampfhandlungen dezimieren den Mannschaftsbestand, was Lincoln nach weiteren 300 000 Freiwilligen rufen läßt (19.).

Der Süden zittert dem Ende entgegen. Die letzte Phase des Kriegs wird zum Alptraum, das lähmende Gefühl der endgültigen Niederlage hat die Moral auf den Tiefpunkt gedrückt. Der Untergang dessen, was man später einmal den „alten Süden" nennt – den leichtlebigen, hochmütigen Süden mit seinen Standesvorteilen und heiteren Kavalieren – löst die Gesellschaft auf. Zur Regel wird, daß es keine Regeln mehr gibt.

Westlich des Mississippi übernimmt GenMaj. Grenville M. Dodge den Wehrbereich Missouri (2.). Bei New Madrid und Franklin kommt es zu einzelnen Aktionen (bei Kriegsende haben in Missouri 1 162 größere Kampfhandlungen stattgefunden, was lediglich von Virginia und Tennessee übertroffen wird). ■ Lewisburg/AR meldet einen Zusammenstoß (6.).

Der westliche Schauplatz: Selbstbedienung à la Sherman, fast alles ist erlaubt: Die Blauen lassen auf dem Weg zum Meer einen 60 mi breiten Streifen verbrannter Erde zurück, ihrer Spur folgen Yankeevandalen und Fahnenflüchtige, weiße und schwarze Kriminelle in Goldgräberstimmung. Ortschaften werden geplündert, Fabrikanlagen demoliert und Gleisanlagen abgetragen. Plantagen, Bauernhöfe und Pflanzungen gehen in Flammen auf. Grant bindet Lee im Norden, Sherman (62 000) stehen Wheelers 5 000 Reiter, 3 000 Georgia-Milizionäre und die Verteidiger des Großraums von Savannah (18 000) als letztes Aufgebot entgegen. ■ Die graue Tennessee-Armee, die Schofield an der Straßenkreuzung von Spring Hill/TN entkommen ließ, zieht gegen Nashville.

1.12. – Schofield erreicht Nashville, wo er zusammen mit Thomas Hood klar überlegen ist.

2.12. – Hood testet Nashville am Cumberland. Washington sieht eine Gefahr, daß die Rebellen die Stadt umgehen und zum Ohio marschieren könnten, und befiehlt Thomas den Angriff. Thomas telegrafiert zurück, daß er zwar ausreichend Kavallerie, aber keine Pferde für die Reiter habe. ■ Sherman steht vor Millen/GA.

4.12. – Wheeler und Kilpatrick fechten bei Waynesborough/GA. ■ Ein Eisregen über Nashville erstickt Kampfhandlungen im Keim.

7.12. – Sherman erreicht den Ogeechee River.

„Ich hielt die Zerstörung der Eisenbahnanlagen für äußerst wichtig und überwachte sie persönlich. Der einfachste Weg ist, die Eisenschienen in der Mitte durch ein Feuer zu erhitzen, das von den Holzschwellen gemacht wird, und sie

Der Bürgerkrieg als Kinderkrieg: Auf beiden Seiten der Front kämpfen sogenannte „Boy Soldiers", die jüngsten unter ihnen sind 12 und 13 Jahre alt.

Reitergeneral George Stoneman, von Wheeler bei Macon gefangengenommen und kurze Zeit später ausgetauscht, bricht in Knoxville/TN zum Offensivstoß nach Südwest-Virginia auf.

dann um einen Telegrafenmast oder einen Baumstamm zu binden.“
WILLIAM T. SHERMAN

9.12. – Grant stellt Thomas vor die Wahl, Hood anzugreifen oder sein Kommando abzugeben.

12.12. – Reitergeneral Stoneman (4 000) bricht in Knoxville/TN zum Offensivstoß nach Südwest-Virginia auf. ■ Thomas will Hood angreifen, sobald sich das Wetter bessert.

13.12. – Fort McAllister, 15 mi unterhalb der Stadt, kommt eine Schlüsselrolle in der Sicherung Savannahs zu. Die Festung hat während des Kriegs mehreren Angriffen getrotzt, heute kann Maj. George W. Anderson (225) BrigGen. William B. Hazen (1 500/XV. Korps) nicht viel entgegensetzen. Anderson verliert 71, Hazen 134 Mann (die meisten in einem Minenfeld). ■ Grant will der Westfront neue Ideen und Konzepte verschreiben und ersetzt Thomas durch *Blackjack* Logan. ■ Stoneman schlägt Reste von Morgans Reiterei bei Kingsport/TN.

14.12. – Mit aufklarendem Himmel über Nashville befiehlt Thomas den Angriff auf Hood (Logan ist noch nicht eingetroffen). ■ Nach dem Fall von Fort McAllister nimmt Sherman direkten Kontakt zur US-Marine auf. Die Eroberung Savannahs, Georgias bedeutendster Handelsplatz, ist nur noch eine Frage der Zeit. ■ Stoneman macht in Bristol/TN 300 Gefangene.

15./16.12. – Kampf um Nashville. Thomas (50 000) greift Hood (25 000) an. Forrests Reiter schlagen sich beim 28 mi entfernten Murfreesboro herum, Grant sagt seine Reise nach Nashville ab.

1. Kampftag (15.) – Dem Schlag gegen den rechten folgt der konzentrierte Angriff gegen den linken Flügel der Tennessee-Armee. Hood entgeht dem Untergang mit knapper Not. In der früh hereinbrechenden Dezembernacht weichen die Rebellen auf eine stark verkürzte Kampflinie zurück.

2. Kampftag (16.) – Ein typischer Wintertag mit Schnee und Regen sieht Thomas erneut im Angriff. GenMaj. James B. Steedmans farbige Brigaden bleiben am rechten Frontflügel (GenLt. Stephen D. Lee) hängen, den linken rollen abgesessene Yankeereiter beim Granny White Pike auf. Hood wird von 3 Seiten eingeschlossen, seine Frontmitte bricht im mörderischen Artilleriefeuer zusammen und sucht das Weite. Thomas verliert 3 060, Hood 1 500 Mann und 59 Geschütze, 4 500 Rebellen ergeben sich.

John Bell Hood, in der letzten größeren Schlacht der Westfront vernichtend geschlagen, geht mit Resten der Tennessee-Armee nach Columbia/TN zurück.

18.12. – Savannahs Verteidiger spielen auf Zeit: Hardee lehnt die Übergabe der Stadt ab, läßt eine Behelfsbrücke über den Savannah River bauen und setzt sich mit 10 000 Rebellen ab.

21.12. – *„I beg to present to you, as a Christmas gift, the city of Savannah":* Das XX. Yankeekorps marschiert zu „Hail to the Chief" und „Yankee Doodle" in Savannah ein. Sherman präsentiert die Stadt (plus 150 schwere Geschütze und 25 000 Baumwollballen) Lincoln telegrafisch „als Weihnachtsgeschenk". ■ Hood geht unter Rückzugsgefechten von Columbia nach Pulaski, erreicht am 25. den Tennessee River und hält auf Tupelo/MS.

28.12. – Schießereien bei Decatur/AL.

31.12. – Sherman legt in Savannah eine Ruhepause ein.

Der östliche Schauplatz: Die Fronten sind relativ ruhig, *Yanks* und *Rebs* vertreiben die Langeweile damit, ihre Stellungen dort auszubauen, wo es der Winter erlaubt. ■ Fort Fisher schützt die Zufahrt nach Wilmington/NC, dem letzten von Blockadebrechern genutzten Hafen der Konföderation. Die knapp 1 Meile lange Befestigungsanlage an der Mündung des Cape Fear River wird von Oberst William Lamb (1 400, 47 Geschütze) gehalten. In Sugar Loaf, 4 mi vor dem Fort, steht GenMaj. Robert F. Hoke (6 000) aus Braggs Kommando.

14.12. – Der Norden will Fort Fisher mit einer Land/See-Exp. nehmen. David D. Porter hat 60 Kriegsschiffe zusammengezogen, Butler (6 500, 2. Div./XXIV. Korps) schifft seine Landungstruppen in Fort Monroe ein.

18.12. – Breckinridge hält Stoneman bei Marion/VA auf.

19.12. – Sheridan schickt A.T.A. Tolbert mit 8 000 Reitern gegen die Virginia Central RR.

23.12. – Butler und Porter beladen das ausgemusterte Kanonenboot

Unionslager vor Nashville/TN am 16. Dezember 1864. Mit aufklarendem Himmel befiehlt Thomas den Angriff auf Hoods Tennessee-Armee.

C. S. Powell, Unteroffizier der Südarmee. Eine der schlimmsten Waffen der Rebellen ist ihr Kampfruf, der – so Zeitgenossen – zwischen dem „Brüllen von Berglöwen, dem Heulen von Koyoten und dem Gezeter hysterischer Frauenstimmen" liegt.

Louisiana mit 235 Tonnen Pulver und jagen es vor Fort Fisher in die Luft. Die Festungsanlagen bekommen Kratzer, doch das Endergebnis enttäuscht.

24.12. – Porter bombardiert Fort Fisher. Die Rebellen sparen Munition (Schäden an Unionsschiffen gehen auf das Konto von Rohrkrepierern).

25.12. – Butler setzt 2 mi nördlich von Fort Fisher 2 200 Mann an Land, bricht die Aktion jedoch schnell wieder ab.

27.12. – Butler geht nach Hampton Roads, Porter nach Beaufort/NC zurück. Fort Fischer bleibt vorerst in Rebellenhand.

Die Sieger schreiben Geschichte

Januar 1865

Der Norden: Der 13. Verfassungszusatz, der die Institution der Sklaverei verbietet, verfehlt die Zweidrittelmehrheit im Repräsentantenhaus (6.) ■ Edward O.C. Ord löst den mehr durch Skandale als Erfolge berühmt gewordenen Butler als KomGen. der James-Armee ab (7.) ■ Der einflußreiche Demokrat Moses F. Odell wird vom Gegner zum Befürworter des 13. Verfassungszusatzes (9.) ■ Der Kongreß diskutiert die Frage, ob Gott den Farbigen zum Menschen zweiter Klasse gemacht hat (10.) ■ Der Austausch von Kriegsgefangenen wird mit Grants Zustimmung wieder aufgenommen (24.) ■ Der 13. Verfassungszusatz erhält die notwendige Zweidrittelmehrheit, womit die Abschaffung der Sklaverei zum offiziellen Kriegsziel wird (31.).

Der Süden: Das Transportwesen ist zusammengebrochen, die Versorgungslage verzweifelt. Richmonder schreckt der Konsum von Katzen und Ratten nicht mehr ab, in den Schützengräben der Nord-Virginia-Armee brechen Krankheiten epidemieartig aus. ■ Davis stimmt inoffiziellen Friedensgesprächen mit dem Norden zu (28.) ■ Lee, KomGen. der Nord-Virginia-Armee, wird Oberbefehlshaber der CSA (31.).

Westlich des Mississippi rechnen die Blauen mit Süd-Guerillas und Grenzbanditen ab. Missouri meldet Aktionen bei Glasgow und Lexington, Arkansas bei Bentonville, Huntsville, Clarksville, Little Rock und Fayetteville. ■ GenMaj. John Pope übernimmt den Wehrbereich Missouri (31.).

Der westliche Schauplatz: John B. Hoods offensive Taktik hat den Süden in 2 Monaten rund 20 000 Mann gekostet. Am 13.1. (der ein Freitag ist) zieht der Kentuckier seine Konsequenzen und quittiert den Dienst. KomGen. der Tennessee-Armee wird GenLt. Richard Taylor.

2.1. – Yankees treffen an der M&O bei Franklin auf Rebellen.

14.1. – Taylors geschundene Tennessee-Armee soll die Carolinas gegen Sherman verteidigen. Die Grauröcke haben das Kämpfen satt und stimmen (als Fahnenflüchtige oder Überläufer) mit den Füßen ab.

15.1. – Das XXIII. Korps/Schofield wird auf den östlichen Schauplatz verlegt.

20.1. – Sherman marschiert auf dem östlichen Kriegsschauplatz ein.

Der östliche Schauplatz: Sherman (XV., XVII. Korps/Tennessee-Armee/ Howard, XIV., XX. Korps/Georgia-Armee/Slocum, Kilpatricks Kavallerie und 1 Art.-Brigade/64 Geschütze) tritt in Savannah zum Vorstoß nach den Carolinas an. Geographisches Ziel ist das 425 mi entfernte Goldsborough/NC. ■ GenMaj. Alfred H. Terry, KomGen. des XXIV. Korps/James Armee, und David D. Porter (Blockadegeschwader Nordatlantik) sollen Fort Fisher im zweiten Anlauf nehmen.

1.1. – Butler will bei Dutch Gap/VA einen Stichkanal bauen, damit die Flotte auf dem James River Batterien und Flußsperren der Rebellen umfahren kann. Der Versuch wird zum buchstäblichen Fehlschlag, als abgesprengte Erdmassen in die falsche Richtung stürzen und Butlers „Kanal" in Abschnitten wieder bedecken.

8.1. – Alfred H. Terry (8 000) und Porter treffen sich vor Beaufort.

11.1. – GenMaj. Thomas L. Rosser (300) bringt bei Beverly/WV 590 gefangene Yankees ein.

13.1. – Terry setzt, von Porters Schiffsartillerie gedeckt, 4 Inf.-Div. hinter Fort Fisher an Land.

15.1. – Kampf um Fort Fisher. Terry läßt 4 800 Mann zwischen dem Fort und Wilmington stehen, um Verstärkungen durch GenMaj. Robert F. Hoke abzublocken. Die Nordstaatler (3 000) greifen die Rebellen vom Westen her an, Marinesoldaten schlagen im Osten zu. Fort Fisher fällt gegen :2100 nach sechstündigem Kampf. Held des Tages ist der 20jährige Pennsylvanier Galusha Pennypacker, der sich vor Fort Fisher die Ernennung zum jüngsten BrigGen. des Bürgerkriegs erkämpfte. Personalverluste USA: 1 340, CSA: 500, darunter GenMaj. William H.C. Whiting. Mit dem Fall Fort Fishers ist die Zufahrt nach Wilmington blockiert.

16.1. – In Fort Fishers Magazin gehen 13 000 Pfund Pulver hoch. Die von

Innenansicht von Fort Fisher. Die knapp 1 Meile lange Befestigungsanlage an der Mündung des Cape Fear River schützt die Zufahrt nach Wilmington/ NC, dem letzten von Blockadebrechern genutzten Hafen der Konföderation.

Marie Tebe folgt ihrem Mann ins Feld und arbeitet als vivandiere (Marketenderin) bei der 27. Pennsylvania und 114. Pennsylvania (Collis' Zouaves). French Mary kocht, wäscht und flickt für die Soldaten, ist Krankenschwester und trägt das (Whiskey-, Brandy- oder) Wasserfäßchen als Statussymbol der Kleinhändlerin mit sich herum.

angetrunkenen Matrosen ausgelöste Explosion tötet 25 und verletzt 66 Personen.

20.1. – Shermans Vorauseinheiten marschieren in South Carolina ein. Die Blauröcke erinnern sich, wo der Krieg begonnen hat, und rächen sich an der Zivilbevölkerung.

21.1. – Sherman verlegt sein Hauptquartier von Savannah nach Beaufort/SC.

26.1. – Sherman läßt den Gegner über seine militärischen Ziele spekulieren und schickt Truppen zum Scheinangriff gegen Charleston.

Operationen der Marine:
7.1. – Das dänische Kriegsschiff Sphinx wird als CSS Stonewall in Dienst gestellt.

15.1. – Die USS Patapsco läuft vor Charleston auf eine Mine und sinkt.

23.1. – Die gepanzerten Schiffe CSS Fredericksburg, Richmond, Virginia, das Kanonenboot Drewry und mehrere Torpedoboote versuchen, Flußsperren am James River bei Trent's Reach zu durchbrechen. Die Drewry wird versenkt, die Virginia kann schwer beschädigt entkommen. Der Rest dreht ab.

Februar 1865

Der Norden hat rund 1 Million Männer unter Waffen, der Süden ein Zehntel davon. ■ John Rock, schwarzer Anwalt aus Boston, wird als erster Farbiger beim Supreme Court zugelassen (1.) ■ Lincoln und Seward treffen sich zu Friedensgesprächen an Bord des Dampfers USS River Queen vor Fort Monroe mit Repräsentanten Richmonds (Vizepräsident Steward, Senatspräsident Robert M. Hunter und der stellv. Kriegsminister John A. Campbell). Die Atmosphäre ist gelöst, doch Lincoln lehnt den Waffenstillstand ohne Kapitulation, den Frieden ohne Wiederherstellung der Union ab (3.) ■ Shermans Weisung Nr. 15 spricht befreiten Sklaven bis zur endgültigen Regelung durch den Kongreß Land in besetzten Gebieten zu (16.).

Der Süden: John C. Breckinridge löst James A. Seddon als Kriegsminister ab (6.) ■ Lee fordert eine Amnestie für Fahnenflüchtige, die innerhalb von 30 Tagen zu ihren Einheiten zurückkehren (9.) ■ Das Repräsentantenhaus, vor die Frage gestellt, ob es Farbige für oder gegen sich kämpfen lassen soll, stimmt der Einberufung von Sklaven zum Militärdienst zu (20.) ■ Tennessees Wähler stimmen für die Abschaffung der Sklaverei (22.).

Der westliche Schauplatz und westlich des Mississippi: Die großen Armeen stehen im Osten, der Westen sieht mit Raids, Sabotagen und Überfällen seine kleinen Kriege im Krieg. In Februar kommt es zu Aktionen bei Napoleonville/LA, Waterloo/AL, Athens/TN, Colesburg und Piketon/KY, Macon und Sturgeon/MO. Arkansas meldet Begegnungen bei Pine Bluff, Lewisburg und Douglas Landing.

Der östliche Schauplatz: Sherman trifft in South Carolina auf wenig Opposition, doch der ausgesprochen nasse Winter wirft einige Probleme für die Logistik auf. ■ Die Rebellen verfügen in den Carolinas noch über rund 20 000 Mann (Wheelers Reiter, Reste der Tennessee-Armee und die mit Hardee aus Savannah entkommene Truppe). Ihre Sache ist verloren, der Widerstandswille weitgehend gebrochen. Gestandene Veteranen trauen es weniger der Armee als der Natur des Landstrichs zu, die Blauen aufzuhalten.

1.2. – Shermans Hauptstreitmacht bewegt sich – hin und wieder durch Rebellenreiter an den Flügeln gestört – auf South Carolinas Hauptstadt Columbia.

2.2. – Howard hat im Umland des Salkehatchie River Feindberührung.

4.2. – Slocum setzt über den Savannah River.

5.2. – An der Petersburger Front gehen Wochen des puren Stellungskriegs zuende. Das II. und V. Korps der Potomac-Armee besetzen Boydton Plank Road. ■ Scharmützel bei Charles Town/WV.

6.2. – BrigGen. John Pegram, West-Pointer des Jahrgangs '54 und Prominentensohn, fällt beim Versuch, die Yankees zwischen Boydton Plank Road und Hatcher's Run aufzuhalten.

7.2. – Die Blauen geben Boydton Plank Road auf, bauen dafür die Front nach Hatcher's Run aus. Lee (46 000) ist gezwungen, seine Verteidigungslinie im Petersburger Raum auf 37 mi auszudehnen. Hatcher's Run hat Grant 1 500 Mann gekostet (die grauen Verluste sind unbekannt).

9.2. – Schofield übernimmt den Wehrbereich North Carolina und arbeitet Strategien für die Eroberung Wilmingtons aus.

11.2. – Sherman unterbricht die Bahnstrecke zwischen Charleston und Augusta.

14.2. – Sherman geht über den Congaree River.

16.2. – Die Rebellen räumen Columbia. Hardee, von seinen Versorgungslinien abgeschnitten, läßt Charleston evakuieren.

17.2. – *„Punish South Carolina as she deserves"*: Howards XV. Korps/Tennessee-Armee marschiert in Columbia ein, wo Einwohner den Fehler machen, *Yanks* mit (schlechtem) Schnaps zu hofieren. In der Nacht bricht ein verheerendes Feuer aus, dem dreiviertel der Stadt zum Opfer fallen. An der Main Street brennt – mit Ausnahme der Residenz des französischen Konsuls – jedes Haus. Zur Jahrhundertfrage wird, wer die Brandstifter sind. Sherman schiebt den Schwarzen Peter Hamptons Reitern zu, die im Umland Baumwollbestände verbrennen. Zweifel sind angebracht.

18.2. – Die Übergabe Charlestons, mit einer der ältesten deutschen Kolonien Nordamerikas, kommt ohne Übersetzer aus: Stadtkommandant BrigGen. Johann A. Wagener, Einwanderer aus Sievern bei Hannover, senkt die Fahne der CSA vor Alexander Schimmelpfennig. Den Yankees fallen 250 schwere Geschütze in die Hand. Sherman läßt Charleston nicht physisch zerstören (Gillmores Kanoniere haben ohnehin gute Arbeit geleistet), doch die Stadt, die Epidemien, Erdbeben, Hurrikans, Piraten und einer englischen Invasion trotzte, ist wirtschaftlich ruiniert. ■ Hptm. Thomas A. Huguenin gibt Fort Sumter auf.

19.2. – BrigGen. Jacob D. Cox stößt beim Versuch, Wilmington zu umgehen, bei Town Creek/NC auf Widerstand.

21.2. – Mit der Evakuierung Wilmingtons am Cape Fear River geben die Rebellen ihren letzten Atlantikhafen auf.

22.2. – Joseph E. Johnston übernimmt die Wehrbereiche South Carolina, Florida, Tennessee und Georgia.

23.2. – Shermans XX. Korps überquert den Catawba River, bevor es

Reitergeneral James H. Wilson, West-Pointer des Jahrgangs '60 (6. von 41) aus Shawneetown/IL. Wilson, Kavalleriechef unter GenMaj. George H. Thomas, nimmt Montgomery/AL, die erste Hauptstadt der CSA.

US-BrigGen. Wesley Merritt aus New York/NY. Merritt machte in der Schlacht von Brandy Station auf sich aufmerksam und übernimmt Sheridans 1. Cavalry Division.

von anhaltenden Regenfällen tagelang aufgehalten wird.

24.2. – Schießereien bei Camden/SC. ■ Wade Hampton bestätigt Sherman auf dessen Protestnote hin, daß seine Reiter Befehl haben, blaue Brandstifter auf der Stelle zu erschießen.

27.2. – BrigGen. Wesley Merritt führt Sheridans Reiter (10 000) den Shenandoah hinauf, um die Virginia Central und den James River-Kanal zu blockieren. Early hat sich nach der Schlacht von Cedar Creek in Waynesborough/VA für den Winter eingegraben. *Jubilees* Infanteristen – mit Ausnahme von Echols Brigade – verstärken Lee, seine Reiter irren auf Futtersuche für ihre Pferde im Umland umher.

März 1865

Der Norden richtet mit dem „Freedmen's Bureau" ein Wohlfahrtsamt ein, das Sklaven den Übergang in ein freies Arbeitsverhältnis erleichtern und durch den Krieg entwurzelte Weiße unterstützen soll (3.) ■ Lincoln tritt seine 2. Amtsperiode an. Der Präsident streicht heraus, daß er den besiegten Süden mit Nachsicht behandeln will (4.).

„Die Beeidigung des neuen Vizepräsidenten Andrew Johnson von Tennessee fand im Senatszimmer statt. Die Szene wird von glaubwürdigen Augenzeugen als eine der würdelosesten und skandalösesten geschildert, welche je die Hallen des Kapitols – und das will was sagen – beschimpft haben. Johnson war bestialisch betrunken und hielt in diesem Zustande eine Rede, über welche die Freunde der Regierung erröteten ... Dieser Mensch kann unter Umständen Präsident der Vereinigten Staaten werden .... 'Möge Gott' rufen die Oppositionsblätter aus Furcht vor dieser Möglichkeit höhnisch aus, 'Abraham Lincoln schonen und segnen'." FRIEDRICH KAPP

Der Süden: Der Kongreß stimmt dem Entwurf eines neuen Flaggensymbols zu (4.) ■ *Jeff* Davis unterzeichnet das Gesetz zur Einberufung von Negern zum Militärdienst (13.) ■ Richmond beginnt mit der Rekrutierung von Sklaven, die – obwohl nicht festgeschrieben – nach Ableistung des Militärdiensts freigelassen werden sollen (13.). Die Maßnahme kommt zu spät, keines der Negerregimenter sieht bis Kriegsende einen Einsatz.

Der westliche Schauplatz: Philadelphia/TN, Athens/TN, Decatur/AL, Tunnel Hill/GA und Washington/AR sehen Aktionen, doch im Westen sind die großen Schlachten geschlagen. ■ GenMaj. E.R.S. Canby (32 000) und KAdm. Henry K. Thatcher (20 Kriegsschiffe) treten zum Offensivstoß gegen Mobile/AL an. Die Stadt am Nordende der Mobile Bay wird von GenMaj. Dabney H. Maury (9 800), West-Pointer des Jahrgangs

’46, gehalten. Der innere Sicherungsring untersteht BrigGen. Randall L. Gibson. Im Umland liegen mehrere Forts (Fort Morgan ist seit August in Yankeehand), vor dem Hafen patrouillieren 4 Kriegsschiffe, darunter die CSS Nashville.

17.3. – E.R.S. Canby bricht zum Feldzug gegen Mobile auf.

18.3. – Die Blauen führen Scheinangriffe gegen die Westküste der Mobile Bay.

20.3. – GenMaj. Steele (13 000) stößt von Pensacola nach Mobile vor.

22.3. – James H. Wilson (13 000), Kavalleriechef von GenMaj. George H. Thomas, tritt zum Streifzug durch Alabama und Georgia an. Operationsziel ist Selma/AL mit der größten Rüstungsindustrie nach Richmond.

25.3. – Canby belagert Spanish Fort in der Sicherungslinie Mobiles.

Der östliche Schauplatz: Grant hält Richmond und Petersburg von 3 Seiten umklammert. Lee plant den Ausbruch, wartet wegen des schlechten Zustands seiner Artillerie- und Trainpferde jedoch das Ende der Schlammperiode ab. ■ *Joe* Johnston, Shermans Invasionsheer (100 000) klar unterlegen, will Kolonnen des Gegners isolieren und getrennt angreifen.

1.3. – Thomas L. Rosser demoliert Brücken im Shenandoahtal, Sheridan fordert Early zum letzten Gefecht.

2.3. – Custer (5 000) reitet bei Waynesborough einen Angriff gegen Early (2 000, 11 Geschütze). Das Gros der Rebellen ergibt sich, Early kann entkommen und geht nach Petersburg (wo er am 30.3. seines Kommandos enthoben wird). Das Shenandoahtal, Aufmarschstraße von Lees Invasionsarmeen, Dreh- und Angelpunkt der Kämpfe um Richmond, bleibt bis Kriegsende in Yankeehand. ■ Shermans XX. Korps rückt in Chesterfield/SC ein. ■ Robert E. Lee hat seine Armee im Kampf um Petersburg erschöpft und schlägt Grant ein Treffen vor.

3.3. – Politik ist Sache der Politiker: Lincoln untersagt Grant jedes politische Zusammenspiel mit Lee. ■ Sherman erreicht Cheraw/SC. ■ Sheridan besetzt Charlottesville/VA.

6.3. – Sherman überquert den Pee Dee River und marschiert in Richtung Fayetteville/NC. Die Blauröcke behandeln die Bevölkerung North Carolinas nicht gut, jedoch besser als die Nachbarn in South Carolina. ■ *Joe* Johnston übernimmt die Rebellentruppen in North Carolina.

9.3. – Braxton Bragg und Jacob D. Cox kämpfen bei Kinston in der Nähe von New Berne/NC. ■ Kilpatrick, bei Monroe’s Cross Roads/SC von Hampton und Wheeler an- und

Reitergeneral Wade Hampton. Der wohlhabende Pflanzer aus Charleston/SC hat bei Kriegsbeginn seine eigene Legion aufgestellt und finanziert. Nach Stuarts Tod übernimmt er den Befehl über das Cavalry Corps der Nord-Virginia-Armee.

im Bett aufgegriffen, tritt die Flucht ohne Hosen an.

10.3. – Bragg scheitert bei Kinston gegen Cox.

11.3. – Hptm. William R. Duncon rückt mit 68 Reitern in Fayetteville/NC ein, wo ihn GenLt. Wade Hampton erwartet. Die Yankees verlieren 22 Mann und Duncon. Nachrückende Kampfverbände (BrigGen. Giles A. Smith' 4. Div./XVII. Korps) stecken eine Reihe von Gebäuden in Brand, darunter 3 Zeitungsverlage.

14.3. – Jacob D. Cox aus Schofields Kommando nimmt Kinston.

15.3. – Sherman verläßt Fayetteville in 2 Kolonnen. Howard marschiert nach Goldsborough, Slocum nach Averasborough. Den Blauen folgt ein Heer befreiter Sklaven.

16.3. – GenMaj. Henry W. Slocum trifft an der Straße nach Goldsborough, südlich von Averasborough/NC, auf GenLt. William J. Hardee (6 000). Die Blauen verlieren 680, die Grauen 860 Mann und eine Geschützbatterie. Hardee setzt sich in der Nacht nach Smithville ab.

John W. Booth, Schauspieler aus Bel Air/MD. Nach einem fehlgeschlagenen Versuch, Lincoln in Washington zu kidnappen, dringt Booth 5 Tage nach Lees Kapitulation in die Präsidentenloge von Ford's New Washington Theatre ein und verwundet den Präsidenten mit einem Pistolenschuß.

17.3. – Der Versuch des Schauspielers John W. Booth, mit einer Entführung Lincolns die Freilassung kriegsgefangener Rebellen zu erpressen, scheitert im Anfangsstadium.

18.3. – Johnston stellt sich Slocum bei Bentonville/NC zum letzten Gefecht. Im bunten Aufgebot der Grauen stehen GenLt. Alexander P. Stewart mit Resten der Tennessee-Armee, Braxton Bragg mit der bei Kinston und Hardee mit der bei Averasborough erfolglosen Truppe. Dazu kommen Hamptons Reiter.

19.3. – Schlacht von Bentonville/NC. Johnston (21 000) trifft auf Slocum und Kilpatrick (30 000). Die Rebellen machen Boden gut, können die verschanzten Yankees jedoch nicht zum Rückzug zwingen. In der Nacht rücken Shermans Verstärkungen im Eiltempo an.

20.3. – Wheeler (3 000) stemmt sich der Flut entgegen, doch Sherman hat am Nachmittag nahezu seine gesamte Armee bei Bentonville versammelt. ■ George Stoneman (4 000) stößt von Tennessee nach Virginia und North Carolina vor.

21.3. – GenMaj. Joseph A. Mower (XX. Korps) rollt Johnstons linken Flügel bei Bentonville auf, bevor er durch Hardee und Wade Hampton abgefangen wird. Personalverluste der 3 Tage von Bentonville: 1 500 (USA), 2 600 (CSA). Sherman läßt Johnston in der Nacht entkommen.

23.3. – Sherman und Schofield treffen sich in Goldsborough.

24.3. – GenMaj. John B. Gordon klopft die Unionsfront nach Schwachstellen ab, durch die Lees

Ruinen von Columbia/SC. Während der Besetzung durch Howards Tennessee-Armee bricht in der Stadt ein verheerendes Feuer aus, dem dreiviertel der Gebäude zum Opfer fallen. Zur Jahrhundertfrage wird, wer die Brandstifter waren.

Nord-Virginia-Armee (35 000) aus Petersburg ausbrechen kann.

25.3. – John B. Gordon will mit Einheiten des I., II. und III. Korps Grants Belagerungsring östlich von Petersburg sprengen. Gegen :0300 gelingt einer Gruppe angeblicher Deserteure, die Vorposten von Fort Stedman zu überwältigen. Nachdrängende Grauröcke nehmen mehrere Batterien und besetzen rund 1 000 Yards Schützengräben, bevor sie gegen :0800 von der Realität eingeholt werden. Grant verliert 1 600, Lee 4 200 Mann. ■ Sheridan, der Early besiegt, die Virginia Central RR und den James River-Kanal unterbrochen hat, kehrt ins Umland von Petersburg zurück.

27.3.- Lincoln trifft Grant, Sherman und Porter an Bord der River Queen vor City Point/VA.

29.3. – Sheridan reitet mit 3 Kav.-Div. nach Dinwiddie C.H., südwestlich von Petersburg/VA. Humphreys und Warrens Infanteristen (II. und V. Korps) rücken zu Sheridans Verstärkung aus. *Bobby* Lee, in Gefahr von seiner westlichen Rückzugsroute abgeschnitten zu werden, schickt *Fitz* Lees Reiter und George E. Picketts Infanterie nach Five Forks. Entlang der Boydton Road kommt es zu ersten Gefechten.

30.3. – *Fitz* Lee und Pickett stellen 50 000 Yankees beim Straßenknotenpunkt Five Forks 19 000 Mann entgegen. Lee schlägt Sheridans Reiter unter Merritt zurück, Pickett wird im strömenden Regen von Warren und Humphrey nur getestet.

31.3. – Gefecht von Dinwiddie C.H., südlich der Straßenkreuzung von Five Forks. Pickett (10 000) kann Sheridan taktisch besiegen, muß sich in der Nacht jedoch zurückziehen, da ihm der verstärkte Gegner 5:1 überlegen ist. Warren hat Schwierigkeiten an der White Oak Road.

April 1865

Der westliche Schauplatz: Im Kampf um Mobile, eine der letzten größeren Städte der CSA, steht E.R.S. Canby

Gefallener Soldat der Südarmee. Wer im Süden zur Waffe gegriffen hat, hielt in der Regel keine Sklaven, kämpfte weniger für eine historisch überholte Gesellschaftsordnung als gegen den Herrschaftsanspruch des Nordens.

vor Spanisch Fort, Steele vor Fort Blakely. ■ James H. Wilson setzt seinen Raid in Alabama fort.

1.4. – GenLt. Forrest (2 000) versucht 2 von Wilsons Kav.-Div. (9 000) vor Ebenezer Church bei Plantersville/AL den Weg nach Selma zu verlegen. Die Rebellen, darunter Alabama-Miliz im ersten Kriegseinsatz, erliegen der drückenden Übermacht, Forrest wird durch den Säbelhieb eines Reiters der 17. Indiana Mounted Infantery verletzt. Die Grauen verlieren 400, die Blauen 55 Mann.

2.4. – Wilsons mit siebenschüssigen Repetierkarabinern ausgerüsteten Reiter greifen Forrest (7 000) vor Selma/AL an. Die Blauen machen 2 800 Gefangene und zerstören den Großteil der Stadt. Forrest kann entkommen und zieht sich nach Tuscaloosa/AL zurück.

8.4. – Randall L. Gibson evakuiert Spanish Fort/AL. ■ E.R.S. Canby (45 000) zieht gegen Fort Blakely (4 000) am Ostufer des Appalachee River.

9.4. – Canby nimmt Fort Blakely und macht über 3 000 Gefangene.

11.4. – GenMaj. Dabney H. Maury (4 500) gibt die Forts Tracy und Huger auf, räumt Mobile und kann mit 4 500 Mann und 27 Feldgeschützen entkommen.

12.4. – Wilson (12 000) nimmt Montgomery/AL, die erste Hauptstadt der CSA. ■ Canby, der im Kampf um die Stadt 1 580 Soldaten verloren hat, marschiert in Mobile ein.

16.4. – Wilson besetzt das Nachschubdepot Columbus am Chattahoochee River/GA, zerstört Brücken,

Eisenbahnanlagen und das gepanzerte Rammschiff CSS Jackson.

18.4. – Scharmützel bei Germantown/TN.

20.4. – Wilson nimmt Macon/GA.

27.4. – In Camp Fisk bei Vicksburg tauschen die Kriegsparteien Gefangene aus. Unter den Schiffen, die entlassene Yankees nach Norden bringen, ist die Sultana (Kom. Frederic Speed). Washington bezahlt die Passagen, $5 für untere Dienstgrade (das Doppelte für einen Offizier) macht Kapitäne und Schiffseigner zu späten Kriegsgewinnlern. Als die Sultana mit 1 866 Soldaten, 75 Kabinenpassagieren, 85 Mann Besatzung (55 Pferden und rund 100 Schweinen) ablegt, ist sie hoffnungslos überladen. Eine Kesselexplosion an Bord (für die es keine eindeutige Erklärung gibt) kostet 90 mi vor Memphis 1 240 Personen das Leben.

Der östliche Schauplatz: Lee hat die Wahl zwischen zwei Dilemmas: Die Räumung der Petersburger Stellung kommt der Freigabe Richmonds gleich, die Verteidigung würde die Nord-Virginia-Armee vernichten. Der graue Feldherr will seine Armee retten und mit Johnston vereinen. ■ Wilmer McLean spielt die Ironie des Schicksals eine Nebenrolle zu (eine weitere bekannte unwichtige Episode): McLeans Haus im heiß umkämpften Manassas hatte Beauregard als Hauptquartier gedient. Um den Kriegswirren zu entgehen, zog McLean vom Bull Run zum Appomattox. Dort holt ihn die Geschichte ein.

1.4. – Schlacht bei Five Forks. Sheridans Kavallerie und Warrens Infanteristen (27 000) greifen Pickett und *Fitz* Lee (10 500) an, Humphrey kämpft an der White Oak Road. Pickett und Lee sind bei einer Grillparty als der Angriff beginnt, die Blauen machen mit den Grauen kurzen Prozeß. Das letzte große Aufbäumen (oder „Waterloo") der Rebellen, kostet Grant 1 100, Lee über 5 000 Mann. Unter den Verlierern ist Gouverneur K. Warren, den Sheridan wegen verspäteten Eintreffens im Kampfraum seines Kommandos enthebt. ■ Mit Five Forks schließt sich der Belagerungsring um Petersburg. Grant (125 000) plant den Sturmangriff für Sonntag, den 2. April. *Bobby* Lee empfiehlt Davis telegrafisch, Richmond umgehend zu räumen.

2.4. – Kampfverbände der Potomac- und James-Armee (63 000), ab :0440 auf den Beinen, laufen im dichten Nebel gegen Lees Petersburger Stellungen an. Das IX. Korps stößt an der Jerusalem Plank Road vor, das XXIV. bei Hatcher's Run, das VI. an der South Side RR. Die Forts Baldwin und Gregg können sich lange genug halten, um Lees Rückzug teilweise zu decken. Am Abend ist der Kampf um Petersburg, der den Norden seit Juni 42 000, den Süden 28 000 Soldaten gekostet hat, entschieden, die Stadt in Yankeehand. ■ GenLt. A.P. Hill ist westlich der Boydton Plank Road gefallen, Lee zieht sich zum 40 mi entfernten Amelia C.H. zurück. Die Blauen bringen in Nachhutgefechten knapp 13 000 gefangene Rebellen ein. ■ *Jeff* Davis verläßt Richmond, abziehende Militärs und desillusionierte Bürger legen Feuer an verschiedenen Punkten der Stadt.

3.4. – Gottfried Weitzel reitet an der Spitze eines farbigen Kavallerieregiments, Yankeeinfanteristen ziehen zum „The Girl I Left Behind Me" der Regimentskapelle in Richmond ein. Die Stadt kapituliert gegen :815 offiziell, das „Weiße Haus der Konföderation" wird zu Weitzels blauem Hauptquartier. ■ *Jeff* Davis und sein Kabinett haben den Sonderzug nach Danville/VA genommen. ■ In New

Robert E. Lee 11 Tage nach Appomattox. Die Aufnahme von Mathew B. Brady zeigt Lee vor der Hintertür seines Hauses in Richmond/VA.

Reitergeneral George A. Custer. Curly hat von First Bull Run bis Appomattox in nahezu allen Schlachten der Potomac-Armee gekämpft. 1876 macht ihn sein Tod am Little Big Horn zum bekanntesten US-DivKom. des Jahrhunderts.

York schließt die Nachricht vom Fall Richmonds die öffentlichen Gebäude, Schulen und Banken.

4.4. – Im Norden läuten die Kirchenglocken, in Richmond kippen Stadtväter aus Angst vor alkoholisierten Besatzungstruppen Hochprozentiges in die Straßengräben. ■ Lincoln trifft mit der USS Malvern in Richmond ein, dessen schwarze Bevölkerung ihn als Messias begrüßt. ■ Sheridan blockiert die Bahnstrecke nach Danville, Lees Rückzugsroute nach North Carolina. ■ *Jeff* Davis ruft die Südstaatler zum weiteren Widerstand auf.

5.4. – Lee erreicht Amelia C.H. Seine ausgemergelten Truppen vermissen versprochene Essensrationen und marschieren nach Farmville weiter, wo Proviant aus Lynchburg erwartet wird.

6.4. – Gefecht am Saylor's Creek/VA. Sheridans Reiter und Horatio Wrights VI. Korps greifen Ewell und R.H. Anderson an. Ewells todmüde Truppen verweigern den Kampf und ergeben sich, John B. Gordon wird von einem übermächtigen Gegner besiegt. Das letzte größere Gefecht zwischen der Potomac- und Nord-Virginia-Armee kostet Grant 1 200, Lee mindestens 8 500 Mann und den Großteil seiner Wagenkolonne.

7.4. – Grant, der „die Verantwortung für weiteres Blutvergießen“ nicht auf sich nehmen will, fordert Lee zur Kapitulation auf. Lee, mit 8 000 bewaffneten und rund 20 000 unbewaffneten, hungrigen Soldaten, plant den Rückzug nach Lynchburg. Longstreet setzt über den Appomattox River.

8.4. – Custer fängt den Zug mit Essensrationen für die Nord-Virginia-Armee ab, Sheridan blockiert den Weg nach Lynchburg bei Appomattox Station/Clover Hill. ■ Robert E. Lee will im Morgengrauen des Palmsonntags durch Grants Linien stoßen.

9.4. – *Fitz* Lees und Gordons Ausbruchsversuch scheitert, Robert E. Lee bietet Grant die Kapitulation an. Zur Abwicklung der Formalitäten treffen sich Lee (in großer Uniform) und Grant (als sei er gerade aus dem Bett gestiegen) in Wilmer McLeans Haus bei Appomattox Court House. Grant akzeptiert die Kapitulation von 26 765 Soldaten der Nord-Virginia-Armee zu Bedingungen, die jenen von Vicksburg entsprechen. Obwohl mehrere konföderierte Armeen im Feld verbleiben, ist mit Lees Waffenstreckung der Krieg praktisch zu Ende.

„Ich weiß nicht, was General Lee in diesem Augenblick fühlte. Da er ein sehr würdevoller Mann war, konnte

man unmöglich erkennen, ob er innerlich froh war, daß die Sache endlich zum Ende kam, oder traurig über das Ergebnis." GenLt. Ulysses S. Grant

10.4. – Grant erteilt Lees Soldaten die Erlaubnis, „nach Hause zu gehen, ohne von der Autorität der Vereinigten Staaten behelligt zu werden", solange sie ihr Ehrenwort und sich an gültige Gesetze halten. ■ *Jeff* Davis dampft von Danville nach Greensborough/NC.

11.4. – Sherman, der sich voll auf Johnston konzentrieren kann, versucht den Gegner bei Raleigh/NC abzufangen. ■ *Jeff* Davis entkommt Stonemans Reitern bei Greensborough nur knapp.

12.4. – *„The war is over; the rebels are countryman again"* (Grant): Lees Soldaten im zerfetzten Grau übergeben an einem diesig blassen Tag ihre Waffen, Patronentaschen und die im Kampf zerschlissenen Fahnen. Die Offiziere versprechen auf Ehrenwort, in diesem Krieg den Arm nicht mehr gegen die Vereinigten Staaten zu erheben, Regimentskommandeure unterzeichnen für ihre Kommandos. Die „letzte Rebellenparade" wird von GenMaj. John B. Gordon angeführt und von GenMaj. Joshua L. Chamberlain abgenommen. Gordon, einer der wenigen erfolgreichen Generäle ohne West-Point-Abschluß, hat den Degen zum Gruß auf die Stiefelspitze gesenkt, die Yankees präsentieren die Gewehre „vor der verkörperten Tapferkeit". ■ Lee reitet auf seinem Pferd „Traveler" nach Hause. ■ Stoneman zerstört die Bahnstrecke von Wytheville nach Lynchburg/VA bei Salisbury/NC und macht 1 364 Gefangene. ■ *Jeff* Davis hält Kriegsrat mit Johnston und Beauregard.

13.4. – Sherman zieht während eines Wolkenbruchs in Raleigh/NC ein. ■ Kilpatrick steht bei Durham Station.

14.4. – „Ich danke Gott, daß ich diesen Tag erleben durfte": Robert Anderson zieht in Fort Sumter die Fahne hoch, die er vor 4 Jahren eingeholt hatte. Batterien und Forts um Charleston begrüßen das Sternenbanner mit Salut. ■ Lincoln besucht nach einem Karfreitagstreffen mit

Unionstruppen nach Lees Kapitulation vor Appomattox Court House. Der Krieg ist vorbei, die bittere Periode des Wiederaufbaus, der sozialen und wirtschaftlichen Umbildung beginnt.

Richmond bei Kriegsende mit dem zerstörten Waffenarsenal im Vordergrund. Ein von abziehenden Militärs und desillusionierten Bürgern gelegtes Feuer hat den Stadtteil zwischen James River und Kapitol weitgehend zerstört.

Grant das Stück „Our American Cousin" im ausverkauften Ford's New Washington Theatre. Um :2215 dringt der Schauspieler John W. Booth mit dem Ruf „Sic semper tyrannis" in die Präsidentenloge ein und verwundet Lincoln mit einem Pistolenschuß. Der Attentäter bricht sich beim Sprung auf die Bühne das Bein, entkommt trotzdem mit einem vor dem Theater bereitgestellten Pferd.

15.4. – *„Now he belongs to the ages"* (Stanton): Lincoln erliegt um :0722 im Peterson Haus, gegenüber von Fords Theater, seinen Verletzungen. Andrew Johnson wird um :1100 als Präsident der USA vereidigt. ■ Dr. Samuel Mudd richtet das Bein des Lincoln-Attentäters Booth, der mit seinem Komplizen David Herold aus Washington entkommen ist.

18.4. – Sherman und Johnston unterzeichnen bei Durham Station ein vorläufiges Memorandum. Das Schriftstück geht über die Kapitulation hinaus und wird in der nach Lincolns Tod auf harten Kurs dringenden Presse scharf kritisiert.

19.4. – *Jeff* Davis trifft in Charlotte/NC ein. Wade Hampton macht den Vorschlag, den Krieg westlich des Mississippi fortzuführen. ■ Lincoln ist im Weißen Haus aufgebahrt.

„Lincoln wird fortan im Pantheon der Geschichte als einer der Wohltäter der Menschheit, als der treue Ausdruck eines großen historischen Kampfes, als der Emanzipator der Schwarzen glänzen. Seine Schwächen und Mängel, mit denen seine Zeitgenossen rechneten, werden im Laufe der Jahre bald und zu Rechte vergessen sein." FRIEDRICH KAPP

20.4. – Lee lehnt den Guerillakrieg als Fortsetzung der Rebellion ab.

21.4. – Lincolns Leichnam wird von Washington nach Springfield/IL übergeführt. ■ John S. Mosby schickt seine Guerillas nach Hause.

23.4. – James H. Wilsons Reiter nehmen die Verfolgung von *Jeff* Davis auf.

24.4. – Präsident Andrew Johnson widerruft die zwischen Sherman und

Joe Johnston ausgehandelten Kapitulationsbedingungen. ■ *Jeff* Davis hält in Charlotte/NC seine letzte Kabinettsitzung ab.

26.4. – John W. Booth und David Herold werden auf Garrett's Farm östlich von Fredericksburg/VA gestellt. Herold ergibt sich, Booth verläßt sein Versteck mit der Pistole in der Hand und wird erschossen. ■ Johnston kapituliert in Benetts Haus bei Durham/NC zu den gleichen Bedingungen wie Lee.

27.4. – *Jeff* Davis verläßt Charlotte/NC mit einem harten Kern von 2 000 Getreuen, um sich in Alabama mit Taylor und Forrest zu treffen.

Mai 1865

2.5. – Präsident Johnson, der *Jeff* Davis eine Mitschuld am Tod Lincolns gibt, setzt für seine Gefangennahme ein Kopfgeld von $100 000 aus (tatsächlich hält Davis Lincolns Ermordung neben der Niederlage für die folgenreichste Katastrophe des Südens).

4.5. – Lincoln wird in Springfield/IL beigesetzt. ■ E.R.S. Canby nimmt in Citronelle/AL die Kapitulation der Generäle Taylor und Forrest entgegen. ■ Scharmützel bei Lexington/MO.

5.5. – Schießereien in den Peche Hills/MO.

10.5. – Reiter der 4. Michigan nehmen *Jeff* Davis bei Irwinville/GA gefangen. ■ William C. Quantrill wird bei Taylorsville/KY tödlich verwundet.

13.5. – Oberst John S. Ford, ohne Nachricht von Lees Kapitulation, schlägt auf Palmita Ranch bei Brownsville/TX im letzten Landgefecht des Kriegs eine blaue Streitmacht unter Oberst Theodore H. Barrett. Die Meldung aus Appomattox macht den Sieger zum Verlierer.

19.5. – Die CSS Stonewall gibt im kubanischen Havanna auf.

22.5. – *Jeff* Davis wird in seiner Zelle in Fort Monroe vorübergehend in Eisen gelegt.

23.5. – Washington empfängt die Potomac-Armee auf der Pennsylvania Avenue (schwarze Einheiten bleiben von den Festlichkeiten ausgeschlossen).

Siegesparade der Unionsarmeen auf Washingtons Pennsylvania Avenue: Der 23. Mai 1865 gehört den Veteranen Meades, der 24. den Streitkräften Shermans.

Hinrichtung der Booth-Komplizen Mary E. Surratt, Lewis T. Powell, David E. Herold und George A. Atzerodt in Washingtons Altem Gefängnis. (Aufnahme von Alexander Gardner)

24.5. – Shermans Armee marschiert zur Siegesparade in Washington ein.

25.5. – In Mobile/AL gehen 20 Tonnen Pulver hoch. Die Explosion kostet 300 Personen das Leben, der materielle Schaden liegt bei $5 Millionen.

27.5. – Johnson ordnet die Freilassung des Großteils der Kriegsgefangenen an.

29.5. – Johnson erläßt eine Generalamnestie für Personen, die die Rebellion unterstützten. Unter den Ausnahmen sind hohe Politiker und Militärs, US-Soldaten im Dienst des Südens und Personen mit einem jährlich zu versteuernden Einkommen über $20 000.

Juni 1865 – Das Schwert hat seine Schuldigkeit getan (die Welt auf halbem Weg zwischen Napoleons Kriegen und dem ersten Weltbrand eine Ahnung, was im 20. Jahrhundert folgen würde). Der Preis für den Weiterbestand der Union ist hoch: Die wiederum Vereinigten Staaten haben in 4 Kriegsjahren mit 10 455 Kampfhandlungen mehr Soldaten verloren als in ihren zurückliegenden und kommenden Kriegen zusammen. Tatsächliche Personalverluste liegen in der Grauzone, der Norden (mit 2,1 Millionen unter Waffen) dürfte rund 360 000 Soldaten verloren haben. 110 000 starben unmittelbar in Kampfhandlungen oder an kampfbedingten Verletzungen, der Rest an Krankheiten und in Gefangenenlagern (durch Unfälle, Mord, Selbstmord, Exekution etc.). Für den Süden (mit rund 800 000 unter Waffen) starben 260 000 Soldaten, davon 95 000 aufgrund von Kampfhandlungen. Die Zahl der durch Kriegseinwirkung getöteten Zivilisten ist unbekannt, dürfte im Süden bei 50 000 liegen. Die Union hat der Krieg $3 bis 4 Milliarden, die Konföderation $1 bis 2 Milliarden gekostet.

2.6. – E. Kirby Smith gibt als letzter Armeeführer des Südens auf. *Jo*

Shelby verweigert die Kapitulation und setzt sich mit 1 000 Rebellen nach Mexiko ab, um Kaiser Maximilian seine Dienste anzubieten.

22.6. – Kom. James I. Waddell, ohne Nachrichten vom Festland, greift mit dem 1 160 Tonnen großen Kaperfahrer CSS Shenandoah die Wahlfangflotte der USA in der Beringsee an.

28.6. – Die CSS Shenandoah bringt in der Beringsee 11 Schiffe auf.

Juli – Dezember 1865

7.7. – In Washingtons Altem Gefängnis werden 4 Komplizen des Lincoln-Attentäters Booth gehenkt.

4.11. – Die CSS Shenandoah zieht im Hafen von Liverpool/England die Fahne ein.

10.11. – *„Wirz, remember Andersonville!“:* In Andersonville, für 10 000 geplant, zeitweise mit 33 000 überbelegt, sind 13 000 Gefangene an Krankheiten, Entkräftung oder am Todeszaun gestorben. Lagerkommandant Heinrich H. Wirz wird in Washington nach kurzem Prozeß als Kriegsverbrecher hingerichtet.

18.12. – Der 13. Verfassungszusatz tritt in Kraft. 4 Millionen Farbige gelten als frei (die weiße Bevölkerung des Südens braucht rund 100 Jahre, um sich daran zu gewöhnen).

1866 – Die Welt der weißen Herrenhäuser und alten Formen Europas, der neureichen Bürger-Aristokratie und aristokratisch beherrschten Sicht, der Ritterlichkeit und schönen Frauen (die von ihren Männern abgöttisch geliebt wurden) ist nicht mehr. Die bittere Periode des Wiederaufbaus, der sozialen und wirtschaftlichen Umbildung beginnt. ■ Farbige in den USA erhalten die Staatsbürgerschaft.

1867 – Washingtons Kongreß wird von radikalen Republikanern beherrscht. Der Norden ruft nach Rache, *Billy Yank* fordert seine Kriegsbeute ein. Es war leichter gewesen auseinanderzugehen, als jetzt wieder zusammenzukommen. Alle möglichen Profiteure schlagen Kapital aus den am Boden liegenden Rebellenstaaten, Sondersteuern, Reparationszahlungen und Umerziehung bestärken Vorurteile, erhalten die Kluft. Mit dem Gesetz, das politisch Belastete von öffentlichen Ämtern fernhält, wird den Dixieländern die Führerschicht genommen (die Hälfte der Legislative South Carolinas besteht bald aus Farbigen, die fast ausnahmslos als Analphabeten gelten). Als sich Widerstand dagegen regt, teilt der Norden (trotz des Vetos Präs. Johnsons) den Süden in 5 Militärdistrikte unter Sheridan, Schofield, Sickles, Ord und Thomas (Reconstruction Act).

1868 – Dem Antrag auf Impeachment Präs. Johnsons fehlt im Senat 1 Stimme zur notwendigen Zweidrittelmehrheit. ■ Kriegsgeneral Ulysses S. Grant wird Präsident der USA. ■ Deutschamerikanische Veteranen protestieren gegen den Verkauf überschüssiger Waffen an Frankreich, das sich zum Krieg gegen das von Preußen beherrschte Deutschland rüstet.

1870 – Die Südstaaten haben die Auflagen der Rekonstruktion erfüllt und werden wieder in die Union aufgenommen.

1959 – Am 16. März stirbt in Kingsport/TN der letzte Bürgerkriegsveteran. John Salling, der für den Süden kämpfte, wurde 113 Jahre alt.

1997 – Der Geist des Südens weht noch immer, hin und wieder in Form der Fahne rot mit blauem Kreuz und weißen Sternen.

James I. Waddell, Kom. des Kaperfahrers CSS Shenandoah. Waddell, ohne Nachrichten vom Festland, greift die US-Wahlfangflotte in der Beringsee an und feuert die letzten Schüsse des Kriegs.

Bürgerkriegs-Brevier

Ein Wegweiser zu Schlachtfeldern, Festungen, Ausstellungen, Museen und Reenactments.

* **Andersonville/GA,** National Historic Site, an SR-49: Zwischen Februar 1864 und April 1865 wurden hier 45 000 kriegsgefangene Yankees festgehalten, 13 000 kamen ums Leben. Besucherzentrum, Diaschau, Museum, Selbstführer. Anderson National Cemetary mit 16 000 Grabstellen, Anderson Civil War Village und Civil War Drummer Boy Museum.

* **Appomattox Court House/VA,** National Historical Park, an SR-24: Am Nachmittag des 9. April 1865 kapitulierte Lee im Haus Wilmer McLeans (heute Rekonstruktion). 1 694 acres, Besucherzentrum, „Living-History"-Programm, Dorf im Stil von 1865, Court-House (Rekonstruktion). Historical Museum.

* **Arkansas Post/AR,** National Memorial, SR-165: Mit der Eroberung von Arkansas Post im April 1863 sicherten John McClernand und David Porter den Arkansas River für die Union. Besucherzentrum, Ausstellungen.

Arlington,/VA, I-395, Robert E. Lee Memorial: Im Arlington House, von George Washingtons Adoptivsohn Parke Custis gebaut, lebten Robert E. und Mary Lee von 1831–61. Während des Kriegs hielten Unionstruppen das Gelände aufgrund seiner strategischen Lage besetzt.

Atlanta/GA, an I-20, I-75, I-85. Civil War Museum mit Atlanta Cyclorama: 122 m langes Rundgemälde der Schlacht um Atlanta vom Sommer 1864. Ausgestellt ist die Lokomotive „Texas", mit der die Verfolgung Major Andrews aufgenommen wurde. Atlanta History Center. Grant Park mit Old Fort Walker und Brustwehren.

Biloxi/MS, Jefferson Davis Shrine, 5.5 mi von SR-90: Letzte Wohnstätte von *Jeff* Davis mit Einrichtungsgegenständen der Davisfamilie. Confederate Museum im Confederate Veteran's Hospital: Filmvorführungen, Waffen, Uniformen, Flaggen, medizinische Instrumente etc. Auf dem Friedhof Grabmal des unbekannten Soldaten und Grabstellen von 700 CS-Soldaten.

* **Brice's Cross Roads/MS,** National Battlefield Site, 6 mi von Baldwyn an SR-370: Wo Sturgis von Forrests Veteranen in die Flucht geschlagen wurde. Informationstafeln mit Schlachtverlauf.

Carnifix (Carnifex) Ferry/WV, Battlefield State Park, 10 mi südwestlich von Summersville: Im September 1861 traf Rosecrans hier auf John B. Floyd (2 600). 156 acres, Museum, Reenactments.

Chancellorsville Battlefield: Siehe Fredericksburg und Spotsylvania National Military Park.

Charleston/SC, I-26, Fort Sumter National Monument: Am 12. April 1861 eröffneten die Schüsse auf Fort Sumter den Bürgerkrieg. Das Fort, 1829–60 in Etappen auf einer künstlichen Insel gebaut, ist nur per Schiff zu erreichen. Festungsanlagen, Geschütze, Museum.

* **Chickamauga und Chattanooga/GA, TN,** National Military Park: Im September 1863 schlug Bragg Rosecrans am Chickamauga River, im November zwang Grant Bragg zum Rückzug. 8 113 acres, Besucherzentrum (US-27), Selbstführer, rund 1 600 Monumente, Geschütze und Geschichtstafeln. Confederama mit 6 000 Figuren am Fuß des Lookout Mountain. Ochs Memorial Museum.

Colonial Heights/VA, 1864 5 Monate lang Lees Hauptquartier, I-95: Civil War Museum mit Waffen und Memorabilien.

Columbus/KY, Columbus Belmont Battlefield, 2 mi von Columbus an SR-58: Im November 1861 scheiterte Grants Angriff auf Polks Rebellenlager. 156 acres, audiovisuelles Programm, Kette und 6-Tonnen-Anker, mit denen der Mississippi blokkiert war.

Columbus/GA, I-185. Confederate Naval Museum: Schiffsmodelle, Memorabilien, Reste des Kanonenboots CSS Chattahoochee und des Panzerschiffs CSS Jackson/Muscogee. National Infantry Museum.

Dallas/GA, Pickett's Mill Historic Centre, 5 mi von US-381: Wo sich Howard im Kampf um Atlanta eine Niederlage abholte. „Living-History"-Programm, Filmvorführungen, Memorabilien, Selbstführer.

Droop Mountain/WV, Battlefield State Park, US-219: Im November 1863 traf Averell hier auf Echols. 288 acres, Museum, Monumente, Memorabilien, Informationstafeln.

Durham/NC, Bennett Place State Historic Site, 4 mi von US-70/I-85: Am 26. April 1685 kapitulierte Johnston in Benetts Haus vor Sherman. Besucherzentrum, Führungen, Reenactments, Ausstellung mit Uniformen, Flaggen, Waffen und Fotografien.

Fort Davidson, Ironton/MO, State Historic Park, SR-21: Im September 1864 schlug Thomas Ewing Jr. Rebellen unter Sterling Price zurück. Besucherzentrum, Erdarbeiten.

Fort Delaware/DE, State Park, SR-9: In Fort Delaware auf Pea Patch Island wurden konföderierte Gefangene festgehalten. 710 acres, Museum.

* **Fort Donelson/TN,** National Battlefield, US-79: Mit der Eroberung des Forts im Februar 1862 stand Grant der Weg nach Süden offen. 554 acres, Besucherzentrum, Ausstellung, Diaschau, Selbstführer, Fort, Flußbatterien, Verteidigungsring und das Dover Hotel, in dem sich Bruckner ergab.

Fort Pulaski/GA, National Monument, US-80: Das Fort, 15 mi südöstlich von Savannah, galt als unzerstörbar, bis es Yankees 30 Stunden lang mit neuartigen Geschützen bombardierten. Besucherzentrum, Museum, Selbstführer.

Fort Monroe/VA vor Hampton, I-64. Die steinerne Festung an der Chesapeake Bay, während des gesamten Kriegs in Unionshand, wurde als Basis gegen Richmond und Marinestützpunkt genutzt. 1865–67 war Jefferson Davis hier gefangen. Casemate Museum u.a. mit Ausstellung über den Seekrieg.

Fort Ridgely/MN, State Park bei Sleepy Eye, SR-4: Während des Siouxaufstands von 1862 schlugen die Verteidiger mehrere Angriffe zurück. 584 acres, Besucherzentrum, Ausstellung, audiovisuelles Programm.

Fort Wayne/IN, I-69. The Lincoln Museum mit Bibliothek.

Frederick/MD, Monocacy National Battlefield, SR-355: Am 9. Juli 1864 besiegte Jubal Early am Monocacy River Lew Wallace in der Schlacht, „die Washington rettete". Besucherzentrum mit Ausstellung, Monumente an Urbana Pike und Araby Church Rd., Selbstführer über den Gambrill-Mill-Trail und Autotour. In Frederick: National Museum of Civil War Medicine und Barbara Fritchie-Museum.

* **Fredericksburg und Spotsylvania/VA,** National Military Park und National Cemetary, I-95: Bei Fredericksburg wurden zwischen 1862 und 1864 4 große Schlachten geschlagen (Fredericksburg, Chancellorsville, Wilderness und Spotsylvania C.H.). 7 775-acres-Park, Besucherzentrum an US-1 und VA-3, Selbstführer über 4 Schlachtfelder u.a. mit Sunken Road, Old Salem Church, Lee-Jackson Bivouac, Bloody Angle. 7 mi-Wanderweg bei Spotsylvania. Chatham auf Stafford Heights (SR-218): Hauptquartier Sumners und Feldhospital (Museum). Stonewall Jackson Shrine in Guiney's Station.

Front Royal/VA, Belle Boyd Cottage, US-340: Das Haus der Spionin Belle Boyd mit Memorabilien aus der Zeit des Bürgerkriegs. Warren Rifles Confederate Museum: Dokumente, Waffen, Fotografien, persönliche Gegenstände von Lee, Jackson, Early und Belle Boyd.

Galena/IL, Ulysses S. Grant Home, State Historic Site: Geschenk der Bürger Galenas an Grant, der hier von 1865–67 lebte. Original eingerichtetes Haus mit persönlichen Gegenständen der Grantfamilie. Besucherzentrum an US-20.

* **Gettysburg/PA,** National Military Park, I-15: Im Juli 1863 wurde hier die größte Schlacht des Kriegs geschlagen. 3 500 acres mit rund 1 000 Monumenten und Relikten, Besucherzentrum, Selbstführer, 35 mi-Autotour, „Living-History"-Programm. Wanderwege (High Water Mark-, Big Round Top Loop-, Billy Yank- und Johnny Reb-Trails). National Cemetary, Cyclorama Center mit „Pickett's Charge", Confederate States Armory & Museum, National Civil War Wax Museum, Soldier's National Museum, Lees Hauptquartier etc.

Greenville/TN, Abraham-Lincoln-Museum: Sammlung von Gegenständen aus Lincolns Besitz, Memorabilien des Bürgerkriegs.

Golfküste/AL, Fort Morgan Historic Site, SR 180: Strategisch wichtiges Fort auf Pleasure Island am Eingang zur Mobile Bay. Museum, Selbstführer.

* **Harpers Ferry/WV,** National Historical Park, US-340: Waffenarsenal und Rüstungsfabrik in strategisch wichtiger Lage, wechselte Harpers Ferry während des Kriegs mehrmals die Hand. 2 300 acres (die meisten Gebäude restauriert), Besucherzentrum, „Living-History"-Programm, Führungen, Black History Museum, Civil War Museum, John Brown Monument und Fort, Harper House.

Hodgenville/KY. Lincoln's Boyhood Home, 7 mi von US 31E. The Lincoln Museum.

Kennesaw/GA, Big Shanty Museum, 3 mi von I-75, mit der Lokomotive „General", die Major Andrews aus dem Bahnhof von Big Shanty entführte.

* **Kennesaw Mountain/GA,** National Battlefield Park, 2.5 mi nordwestlich von Marietta an Old US-41: Wo *Joe* Johnston Sherman schlagen konnte. 2882 acres, Besucherzentrum, Ausstellung, Diaschau, Informationstafeln, gut erhaltene Erdbefestigungen.

Knoxville/TN, Confederate Memorial Hall, I-40: James Longstreets Hauptquartier während der Belagerung der Stadt (1863). Bibliothek, Memorabilien, Bilder.

Lexington/KY, I-64, I-75. Hunt-Morgan-Haus: Prominentes Mitglied der Familie ist John H. Morgan (Grabstelle auf dem Lexington Cemetary). Bürgerkriegs-Memorabilien.

Lexington/MO, State Historic Side, 4 mi von US-24: Am 20. September 1861 erzwang Price die Kapitulation Lexingtons. Rundgang und Führungen mit Anderson House, das als Feldlazarett diente. Historical Museum.

Lexington/VA, US-11. Besucherzentrum, Virginia Military Institute, VMI-Museum, Stonewall Jackson House, Jackson Memorial Cemetary (mit Grab Jacksons), Washington and Lee University (mit Lee-Kapelle, Grabstätte der Familie Lee).

* **Manassas (Bull Run)/VA,** National Battlefield Park zwischen I-66 und US-29: Bei Manassas bezogen die Blauen (im Juni 1861 McDowell gegen Johnston und Beauregard, im August 1862 Pope gegen Lee) 2 deutliche Niederlagen. 5 000 acres, Besucherzentrum, Selbstführer, Führungen, Museum (Diaschau), Reiterdenkmal Stonewall Jacksons, Fußpfad nach Henry House Hill. 12 mi-Autotour durch das Kampfgebiet von Second Bull Run (u.a. Battery Heights, Stone House, Chinn Ridge).

Mansfield/LA, Commemorative Area, 3 mi von US-84: Im April 1864 besiegte Taylor Banks in einem Waldstreifen bei Sabine Crossroads. Museum, Diaschau, Memorabilien, Selbstführer, Wanderweg (u.a. mit der Eiche, unter der Taylor seinen Schlachtplan entworfen haben soll).

Memphis/TN, I-40. Confederate Park mit Schutzwehren. Denkmal für Jefferson Davis, der nach seiner Haftzeit in Memphis wohnte.

Middletown/VA, I-81, US-11. Im Umland von Middletown wurden die Schlachten von Fisher's Hill, Tom's Brook und Cedar Creek geschlagen. Belle Grove (CR-727), 100-acres-Farm im Zentrum der Kämpfe von Cedar Creek, war 1864 Sheridans Hauptquartier. Monumente, Informationstafeln und Selbstführer.

Montgomery/AL, I-65, I-85. First White House of the Confederacy und State Capitol, in dem Davis den Eid auf die CSA ablegte.

Nevada/MO, I-71: „Guerilla-Metropole“ Missouris mit Bushwhacker Museum im früheren Gefängnis.

New Bern(e)/NC, I-70. Civil War Museum mit einer der größten privaten Sammlungen.

New Market/VA, Battlefield Historical Park, I-81: Bei New Market (dem deutschen Neumarkt zwischen den Blue Ridge und Alleghany Mountains) bezog Sigel im Mai 1864 seine deutlichste Niederlage. 280 acres (Selbstführer) mit Hall of Valour Civil War Museum (Filmvorführung über Jacksons Feldzug im Shenandoahtal), Field of Lost Shoes und Bushong Farm. Battlefield Military Museum und Museum of American Cavalry.

Newton Grove/NC, Bentonville Battleground State Historic Site, US-701: Bei Bentonville stellte sich *Joe* Johnston Sherman im März 1865 zum letzten Gefecht. Besucherzentrum, Ausstellungen, Erdbefestigungen. Harper House, von beiden Seiten als Feldhospital benutzt.

Olustee/FL, Battlefield, I-10: Beim Eisenbahndepot Olustee fand im Februar 1864 die einzige Schlacht auf Floridas Boden statt. Museum.

* **Pea Ridge/AR,** National Military Park, US-62. Im März 1862 sicherte der Unionssieg den Staat Missouri für den Norden. Besucherzentrum, Ausstellung, Diaschau, Selbstführer zu Elkhorn Tavern.

Perryville/KY, Battlefield State Historic Site, US-150/SR-1920: Bei Perryville schlugen die Armeen Buells und Braggs im September 1862 die blutigste Schlacht auf Kentuckys Boden. Museum, Reenactments, Monumente, Grabstellen.

Petersburg/IL, Lincoln's New Salem Historic Site, SR-97: Rekonstruktion New Salems (600 acres), wo Lincoln von 1831–37 lebte. Besucherzentrum, Filmvorführungen.

* **Petersburg/VA,** National Battlefield, I-95, I-295: Auf dem Weg nach Appomattox belagerte Grant Petersburg 10 Monate lang. 2 700 acres, Besucherzentrum (SR-36), Erdbefestigungen, Selbstführer. Battlefield Tour (4 mi) und Siege Line Tour (16 mi). Der Krater, Battery Five, Fort Morton, Five Forks, City Point, wo Grant und Lincoln Kriegsrat hielten, und Ford Stedman, wo Lees letzte Offensive scheiterte. Siege Museum. Bei der Blandford Kirche fanden 30 000 CS-Soldaten ihre letzte Ruhestätte.

Philadelphia/PA, I-95, I-76, Civil War Library und Museum: Bibliothek, Uniformen, Waffen und Flaggen.

* **Richmond/VA,** National Battlefield Park, I-95, I-295: Battlefield Park mit Schwerpunkten auf McClellans Feldzug von 1862 (Seven Days, Chickahominy Bluff, Beaver Dam Creek, Watt House (Gaines' Mill) und Malvern Hill) und Grants Feldzug von 1864 (Cold Harbour, Fort Harrison). Im Park liegen Fort Darling (Drewry's Bluff) und Fort Brady. Besucherzentren, Ausstellungen, audiovisuelles Programm, „Living-History“-Programm, Selbstführer. In Richmond: Museum of the Confederacy mit einer der umfassendsten Sammlungen aus den Tagen der CSA. Im White House of the Confederacy lebte Jeff Davis von 1861–65. Hollywood Cemetary mit Grabstellen von rund 18 000 CS-Soldaten.

Richmond Hill/GA, I-95. Fort McAllister State Historic Park: Besucherzentrum, Ausstellung, Festungsanlagen.

Selma/AL, US-80. Die Stadt mit der nach Richmond bedeutendsten Rüstungsindustrie des Südens wurde im April 1865 von J.H. Wilson besetzt (und zum Großteil zerstört). Besucherzentrum, Selbstführer, Reenactments.

* **Sharpsburg/MD,** Antietam National Battlefield, SR-34/65: Am Antietam endete im September 1862 Lees erste Invasion. Besucherzentrum, Ausstellung, Karten, Monumente, Markierungen, „Living-History“-Programm. Selbstführer von der Dunker-Kirche über Maisfeld und Bloody Lane zu Burnsides Bridge. National Cemetary mit Grabstellen von 4 776 Unionssoldaten.

* **Shiloh/TN,** National Military Park, US-64: Im Juli 1862 griffen A.S. Johnston und Beauregard Grant vor Pittsburg Landing an. Besucherzentrum, Ausstellung, Filmvorführungen, 10 mi-Autotour. National Cemetary.

Spanish Fort/AL, Historic Blakeley State Park, 5.4 mi von I-10: Im April 1865 fand im Kampf um Mobile hier eines der letzten Gefechte statt. Reenactments.

Springfield/IL, I-55. Lincoln Tomb State Historic Site: Lincolns Grabstätte. Das 114. Infanterieregiment zeigt von Juni bis August Exerzierübungen in Uniformen des Bürgerkriegs.

* **Stone's River/TN,** National Battlefield, US-41/70S: Die Schlacht in der Nähe von Murfreesboro kostete Rosecrans und Bragg am Jahreswechsel 1862/63 rund 23 000 Mann. 370 acres (ein Zehntel des historischen Schlachtfelds), Besucherzentrum, Ausstellung, wahlweise Fußweg oder Autotour, Reenactments. Hazen's Brigade Monument, 1863 von Überlebenden des Gefechts von Hell's Half Acre gebaut. National Cemetary von 1865 mit 6 000 Grabstellen.

Strasburg/VA, Cedar Creek & Fisher's Hill Battlefields, Hupp's Hill Battlefield Park, US-11: Im Umland des von deutschen Einwanderern gegründeten Strasburg kämpften Jackson, Sheridan, Early, Banks, Ashby und Frémont. Hupp's Hill, 10 acres am Südende des Schlachtfelds von Cedar Creek, mit Museum, Studienzentrum und Erdbefestigungen. Vor Fisher's Hill traf Sheridan im September 1864 auf Early.

Stratford/VA, Rt. 214. Stratford Hall Plantation: Geburtsort Robert E. Lees (4 Generationen im Besitz der Familie Lee). Besucherzentrum, Diaschau, Museum, Führungen.

* **Tupelo/MS,** National Battlefield, SR-6. Im Juli 1864 kämpften Stephen D. Lee und Forrest hier gegen Andrew J. Smith. Das Ge-